普通高等教育“十五”国家级规划教材

现代检测技术

周杏鹏　仇国富　王寿荣　樑家顺

编著

陈林才　主审

高等教育出版社

内容简介

本书为普通高等教育“十五”国家级规划教材。主要介绍现代检测技术的基础知识和各种物理、化学成分参量检测的原理、方法和技术。在教材内容组织上,为便于教学与自学,采用贴近工程应用实际的按被测参量进行分类编排的方法(即按计量学分类法)。着重讲述工程重要参量的常用检测方法与技术实现机理、工作原理和应用特点,通过典型实例介绍技术先进、适合工程实际需要的高性价比自动检测系统的设计方法。基于我国经济与社会可持续发展对环境保护与污染治理的强大需求和我国环保行业目前严重缺乏环保自动化方面工程技术人才的被动局面,本教材增加同类教材中通常没有的“水环境和水污染检测技术”及“环境空气与大气污染检测技术”两章。

本教材内容包含的检测参量广,能较好地满足多类专业的宽口径教学需要,可供从事相关专业的科技和自动化工程技术人员参考。

图书在版编目(CIP)数据

现代检测技术/周杏鹏等编著. —北京:高等教育出版社,2004.1(2008 重印)

ISBN 978-7-04-013030-0

Ⅰ.现 ... Ⅱ.周 ... Ⅲ.传感器-检测-高等学校-教材 Ⅳ.TP212

中国版本图书馆 CIP 数据核字(2003)第 106766 号

出版发行	高等教育出版社	购书热线	010-58581118
社　　址	北京市西城区德外大街 4 号	免费咨询	800-810-0598
邮政编码	100011	网　　址	http://www.hep.edu.cn
总　　机	010-58581000		http://www.hep.com.cn
		网上订购	http://www.landraco.com
经　　销	蓝色畅想图书发行有限公司		http://www.landraco.com.cn
印　　刷	涿州市星河印刷有限公司	畅想教育	http://www.widedu.com
开　　本	787×960　1/16	版　　次	2004 年 1 月第 1 版
印　　张	24.75	印　　次	2008 年 4 月第 4 次印刷
字　　数	460 000	定　　价	30.80 元

本书如有缺页、倒页、脱页等质量问题,请到所购图书销售部门联系调换。

物料号 13030-00

前　言

随着科学技术的不断进步,在人类进入21世纪的同时,世界多数国家都纷纷加快本国信息化建设步伐,而现代检测技术正是实现自动化、信息化的基础与前提。

科学技术,特别是现代传感技术、新材料、大规模集成电路技术、先进的检测方法和网络、信息化技术的迅速发展,不断给传统检测技术带来新的变化。本书是针对自动化、测控技术与仪器、电气工程与自动化、环境工程等专业编写的普通高等教育"十五"国家级规划教材。

本教材是在周杏鹏、王寿荣、况迎辉编著的《检测技术及系统设计》(东南大学出版社1996.9出版)的基础上编写而成的,与旧教材相比,《现代检测技术》新增了第2、9和10三章,适当增加了检测技术基础知识的内容,删除了原教材中与自动化联系较少的"几何量测量"以及可能与"微机原理与接口技术"、"智能仪器设计"、"微机测控技术"等课程内容交叉的"自动检测系统的综合设计技术与方法"和"微机化检测系统设计实例与系统调试技术"三章,并把原教材中"压力检测"和"其他量检测"两章的相关内容重新编写后分别融入现教材的第3章和第10章;考虑到本教材涉及的各种物理和化学成分参量的检测需转化为各种微弱电(电压、电荷、电流、阻抗、频率等)信号的情况,特增加电参量测量一章;教材中还增加了"水环境与水污染检测技术"和"环境空气与大气污染检测技术"两章,这一方面是基于我国经济与社会可持续发展对环境保护专业人才的强大需求;另一方面也是考虑应尽早给在校自动化本科学生增补水和环境空气的质量检测技术知识,有利于引导他们毕业后跨入新世纪朝阳行业——环保行业,有助于逐步改变我国目前环保行业严重缺乏环保自动化方面的工程技术人才的被动局面。

本教材还汲取了国内外同类教材的长处,并针对按传感器分类编排的不足,采用更加贴近工程应用实际的按被测量参量(即按计量学分类法)分类编排教材内容的方法。教材共分11章:绪论;第1章 检测技术基础知识;第2章 电参量测量技术;第3章 力学量检测技术;第4章 运动量检测技术;第5章 振动测量技术;第6章 温度检测技术;第7章 物位检测技术;第8章 流量测量技术;第9章 水环境与水污染检测技术;第10章 环境空气与大气污染检测技术。重点讲述各种物理量和常见成分量检测的原理、方法与技术,这些方法和技术的特点、适用场合,如何选用合适的传感器,如何设计与之配套的信号调理电路和相应检测仪器、检测系统等。教材内容包含的检测参量广，且在3～10章的有关章节中还总结出了相应参量的常用测量方法及测量仪器的应用特点汇总表，不仅便于教学，还能较好地满足多专业的宽口径教学需要，而且可使有关科技人员在工程实际应用时，能以较短时间获得待测参量的现有检测技术与测量设备特点全貌，为其进一步学习研究提供捷径。

本教材具有内容全面、系统，取材新，技术先进，理论紧密联系工程实际，便于开展素质教学，以及定位准确，与相关各专业培养计划中的其他课程配合紧密，衔接好，没有交叉重复等特点。

本书由东南大学自动控制系周杏鹏、南京理工大学精密仪器系仇国富、东南大学仪器科学与工程系王寿荣、河海大学环境工程学院操家顺编著，由周杏鹏任主编，仇国富任副主编。其中，绪论及第1、6、7章由周杏鹏执笔，第2、3、8章由仇国富执笔，第4、5章由王寿荣执笔，第9、10章由操家顺执笔。本书承蒙天津大学陈林才教授主审，并请国家863专家、东南大学环境研究所所长吕锡武教授为特约审稿人，审阅了本书的第9、第10两章，他们提出不少宝贵意见，在此表示诚挚的谢意。

在本书编写过程中，曾得到黄本鹏、陈大新、刘峰雷、常飞、蔡娟、周天蕾、张扬、陈鸣慰等同学的大力帮助；还参考了许多相关的教材、书籍、期刊、产品样本及技术手册，在此对本教材引用文献的有关作者一并表示感谢。

限于笔者现有水平与能力，本书不足或不当之处恳请广大读者批评指正。

编者

2003年8月于南京

目　录

绪 论

1 检测技术的地位与作用

检测是指在各类生产、科研、试验及服务等各个领域,为及时获得被测、被控对象的有关信息而实时或非实时地对一些参量进行定性检查和定量测量。

对工业生产而言,采用各种先进的检测技术对生产全过程进行检查、监测,对确保安全生产,保证产品质量,提高产品合格率,降低能源和原材料消耗,提高企业的劳动生产率和经济效益是必不可少的。

中国有句古话:“工欲善其事,必先利其器”,用这句话来说明检测技术在我国现代化建设中的重要性是非常恰当的,今天我们所进行的“事”就是现代化建设大业,而“器”则是先进的检测手段。科学技术的进步、制造业和服务业的发展、军队现代化建设的大量需求,促进了检测技术的发展,而先进的检测手段也可提高制造业、服务业的自动化、信息化水平和劳动生产率,促进科学研究和国防建设的进步,提高人民的生活水平。

“检测”是测量,“计量”也是测量,两者有什么区别?一般说来,“计量”是指用精度等级更高的标准量具、器具或标准仪器,对送检量具、仪器或被测样品、样机进行考核性质的测量;这种测量通常具有非实时及离线和标定的性质,一般在规定的具有良好环境条件的计量室、实验室,采用比被测样品、样机更高精度的并按有关计量法规经定期校准的标准量具、器具或标准仪器进行测量。而“检测”通常是指在生产、实验等现场,利用某种合适的检测仪器或综合测试系统对被测对象进行在线、连续的测量。

在工业生产中,为了保证生产过程能正常、高效、经济地运行,必须对生产过程的某些重要工艺参数(如温度、压力、流量等)进行实时检测与优化控制。例如城镇生活污水处理厂在污水的收集、提升、处理、排放的生产过程中,通常需要实时准确地检测液位、流量、温度、浊度、泥位(泥、水分界面位置)、酸碱度(pH)、污水中溶解氧含量(DO)、五日化学需氧量(COD)、各种有害重金属含量等多种物理和化学成分参量;再由计算机根据这些实测物理、化学成分参量进行流量、(多种)加药(剂)量、曝气量及排泥优化控制;为保证设备完好及安全生产,需同时对污水处理所需机电动力设备和电气设备的温度、工作电压、电流、阻抗进行安全监测,这样才能实现污水处理安全、高效和低成本地运行。据了解,目前国内外一些城市污水处理厂由于在污水的收集、提升、处理及排放的各环节均实现自动检测与优化控制，因而大大降低了污水处理的运营成本，其污水处理的平均运行费用约为 0.4 元/m^3；而我国许多基本上靠人工操作的城镇污水处理厂其污水处理的平均运行费用约为 1.0 ~ 1.6 元/m^3，两者相比差距十分明显。

在军工生产和新型武器、装备研制过程中更离不开现代检测技术，对检测的需求更多，要求更高。研制任何一种新武器，从设计到零部件制造、装配到样机试验，都要经过成百、上千次严格的试验，每次试验需要同时高速、高精度地检测多种物理参量，测量点经常多达上千个。飞机、潜艇等在正常使用时都装备了上百个不同的检测传感器，组成十几至几十种检测仪表，实时监测和指示各部位的工作状况。在新机型设计、试验过程中需要检测的物理量更多，而检测点通常在5000个以上。在火箭、导弹和卫星的研制过程中，需动态高速检测的参量也很多，要求也更高；没有精确、可靠的检测手段，要使导弹准确命中目标和卫星准确入轨是根本不可能的。

用各种先进的医疗检测仪器可大大提高疾病的检查、诊断速度和准确性，有利于争取时间，对症治疗，增加患者战胜疾病的机会。

随着生活水平的提高，检测技术与人们日常生活也愈来愈密切。例如，新型建筑材料的物理、化学性能检测，装饰材料有害成分是否超标检测，城镇居民家庭室内的温度、湿度、防火、防盗及家用电器的安全监测等，不难看出检测技术在现代社会中的重要地位与作用。

2 现代检测系统的组成

尽管现代检测仪器和检测系统的种类、型号繁多，用途、性能千差万别，但它们的作用都是用于各种物理或化学成分等参量的检测，其组成单元按信号传递的流程来区分：通常由各种传感器（变送器）将非电被测物理或化学成分参量转换成电信号，然后经信号调理（信号转换、信号检波、信号滤波、信号放大等）、数据采集、信号处理后显示并输出（通常有 4 ~ 20 mA、经 D/A 转换和放大后的模拟电压、开关量、脉宽调制 PWM、串行数字通信和并行数字输出等），由以上设备以及系统所需的交、直流稳压电源和必要的输入设备（如拨动开关、按钮、数字拨码盘、数字键盘等）便组成了一个完整的检测（仪器）系统，其各部分关系如图 0－1 所示。

1. 传感器

传感器是检测系统与被测对象直接发生联系的器件或装置。它的作用是感受指定被测参量的变化并按照一定规律将其转换成一个相应的便于传递的输出信号。传感器通常由敏感元件和转换部分组成；其中，敏感元件为传感器直接感

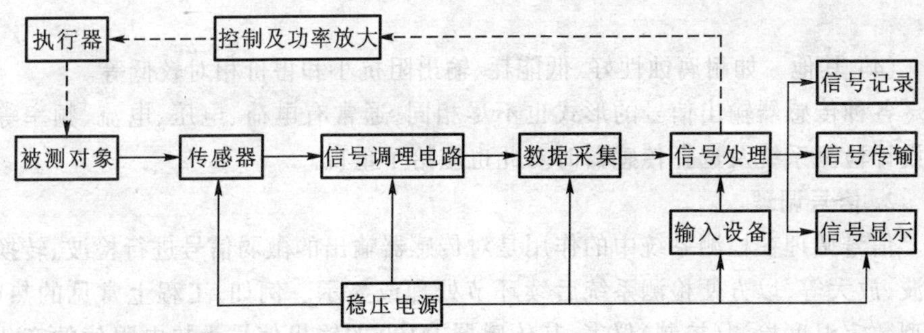

图 0-1 现代检测系统一般组成框图

受被测参量变化的部分,转换部分的作用通常是将敏感元件的输出转换为便于传输和后续环节处理的电信号。

例如,半导体应变片式传感器能把被测对象受力后的微小变形感受出来,通过一定的桥路转换成相应的电压信号输出。这样,通过测量传感器输出电压便可知道被测对象的受力情况。这里应该说明,并不是所有的传感器均可清楚、明晰地区分敏感和转换两部分;有的传感器已将这两部分合二为一,也有的仅有敏感元件(如热电阻、热电偶)而无转换部分,但人们仍习惯称其为传感器(如人们习惯称热电阻、热电偶为温度传感器)。

传感器种类繁多,其分类方法也较多。主要有按被测参量分类法(如温度传感器、湿度传感器、位移传感器、加速度传感器、荷重传感器等),按传感器转换机理(工作原理)分类法(如电阻式、电容式、电感式、压电式、超声波式、霍尔式等)和按输出信号分类法(分为模拟式传感器和数字式传感器两大类)等。采用按被测参量分类法有利于人们按照目标对象的检测要求选用传感器,而采用按传感器转换机理分类法有利于对传感器做研究和试验。

传感器作为检测系统的信号源,其性能的好坏将直接影响检测系统的精度和其他指标,是检测系统中十分重要的环节。本书主要介绍工程上涉及面较广、应用较多、需求量大的各种物理量、化学成分量常用的先进的检测技术与实现方法以及如何选用合适的传感器,对传感器要求了解其工作原理、应用特点,而对如何提高现有各种传感器本身的技术性能,以及设计开发新的传感器则不作深入研究。通常检测仪器、检测系统设计师对传感器有如下要求:

(1) 精确性　传感器的输出信号必须准确地反应其输入量,即被测量的变化。因此,传感器的输出与输入关系必须是严格的单值函数关系,最好是线性关系;

(2) 稳定性　传感器的输入、输出的单值函数关系最好不随时间和温度而变化,受外界其他因素的干扰影响亦应很小,重复性要好;

(3) 灵敏度　即要求被测参量较小的变化就可使传感器获得较大的输出信

号；

(4) 其他　如耐腐蚀性好、低能耗、输出阻抗小和售价相对较低等。

各种传感器输出信号的形式也不尽相同，通常有电荷、电压、电流、频率等，在设计检测系统及选择传感器时对此也应给予重视。

2. 信号调理

信号调理在检测系统中的作用是对传感器输出的微弱信号进行检波、转换、滤波、放大等，以方便检测系统后续环节处理或显示。例如，工程上常见的热电阻型数字温度检测（控制）仪表，其传感器 Pt100 的输出信号为热电阻值的变化。为便于处理，通常需设计一个四臂电桥，把随被测温度变化的热电阻阻值转换成电压信号；由于信号中往往夹杂着 50 Hz 工频等噪声电压，故其信号调理电路通常包括滤波、放大、线性化等环节。需要远传的话，通常采取 D/A 或 V/I 电路将获得的电压信号转换成标准的 4 ~ 20 mA 电流信号后再进行远距离传送。检测系统种类繁多，复杂程度差异很大，信号的形式也多种多样，各系统的精度、性能指标要求各不相同，它们所配置的信号调理电路的多寡也不尽一致。对信号调理电路的一般要求是：

(1) 能准确转换、稳定放大、可靠地传输信号；

(2) 信噪比高，抗干扰性能要好。

3. 数据采集

数据采集（系统）在检测系统中的作用是对信号调理后的连续模拟信号进行离散化并转换成与模拟信号电压幅度相对应的一系列数值信息，同时以一定的方式把这些转换数据及时传递给微处理器或依次自动存储。数据采集系统通常以各类模/数（A/D）转换器为核心，辅以模拟多路开关、采样/保持器、输入缓冲器、输出锁存器等。数据采集系统的主要性能指标是：

(1) 输入模拟电压信号范围，单位　V；

(2) 转换速度（率），单位　次/s；

(3) 分辨率，通常以模拟信号输入为满度时的转换值的倒数来表征；

(4) 转换误差，通常指实际转换数值与理想 A/D 转换器理论转换值之差。

4. 信号处理

信号处理模块是现代检测仪表、检测系统进行数据处理和各种控制的中枢环节，其作用和人的大脑相类似。现代检测仪表、检测系统中的信号处理模块通常以各种型号的单片机、微处理器为核心来构建，对高频信号和复杂信号的处理有时需增加数据传输和运算速度快、处理精度高的专用高速数据处理器（DSP）或直接采用工业控制计算机。

当然，由于检测仪表、检测系统种类和型号繁多，被测参量不同，检测对象和应用场合各异，用户对各检测仪表的测量范围、测量精度、功能的要求差别也很大。对检测仪表、检测系统的信号处理环节来说，只要能满足用户对信号处理的要求，则是愈简单愈可靠，成本愈低愈好。对一些容易实现且传感器输出信号大，用户对检测精度要求不高，只要求被测量不要超过某一上限值，一旦越限，送出声(喇叭或蜂鸣器)、光(指示灯)信号即可的检测仪表的信号处理模块，往往只需设计一个可靠的比较电路，该电路的一端为被测信号，另一端为表示上限值的固定电平；当被测信号小于设定的固定电平值，比较器输出为低电平，声、光报警器不动作，一旦被测信号电平大于固定电平值，比较器翻转，经功率放大驱动扬声器、指示灯动作。这种简单系统的信号处理就很简单，只要一片集成比较器芯片和几个分立元件即可。但对于热处理和炉温检测、控制系统来说，其信号处理电路将大大复杂化。因为对热处理炉炉温测控系统，用户不仅要求系统高精度地实时测量炉温，而且需要系统根据热处理工件的热处理工艺制定的时间－温度曲线进行实时控制(调节)。如果采用一般通用的中小规模集成电路来构建这一类较复杂的检测系统的信号处理模块，则不仅构建技术难度很大，而且所设计的信号处理模块必然结构复杂，调试困难，性能和可靠性差。

由于微处理器、单片机和大规模集成电路技术的迅速发展和这类芯片价格不断降低，对稍复杂一点的检测系统(仪器)其信号处理环节都应考虑选用合适型号的单片机、微处理器、DSP或新近开始推广的嵌入式模块为核心来设计和构建(或者由工控机兼任)，从而使所设计的检测系统获得更高的性能价格比。

5. 信号显示

通常人们都希望及时知道被测参量的瞬时值、累积值或其随时间的变化情况，因此，各类检测仪表和检测系统在信号处理器计算出被测参量的当前值后通常均需送至各自的显示器作实时显示。显示器是检测系统与人联系的主要环节之一，显示器一般可分为指示式、数字式和屏幕式三种。

(1) 指示式显示又称模拟式显示。被测参量数值大小由光指示器或指针在标尺上的相对位置来表示。用有形的指针位移模拟无形的被测量是较方便、直观的。指示式仪表有动圈式和动磁式等多种形式，但均有结构简单、价格低廉、显示直观的特点，在检测精度要求不高的单参量测量显示场合应用较多。指针式仪表存在指针驱动误差和标尺刻度误差，这种仪表的读数精度和仪器的灵敏度等受标尺最小分度的限制，如果操作者读仪表示值时，站位不当就会引入主观读数误差。

(2) 数字式显示以数字形式直接显示出被测参量数值的大小。在正常情况下，数字式显示彻底消除了显示驱动误差，能有效地克服读数的主观误差，(相对指示式仪表)可提高显示和读数的精度，还能方便地与计算机连接并进行数据传输。因此，各类检测仪表和检测系统正越来越多地采用数字式显示方式。

(3) 屏幕显示实际上是一种类似电视显示方法，具有形象性和易于读数的优点，又能同时在同一屏幕上显示一个被测量或多个被测量的(大量数据式)变化曲线，有利于对它们进行比较、分析。屏幕显示器一般体积较大，价格与普通指示式显示和数字式显示相比要高得多，其显示通常需由计算机控制，对环境温度、湿度等指标要求较高，在仪表控制室、监控中心等环境条件较好的场合使用较多。

6. 信号输出

在许多情况下，检测仪表和检测系统在信号处理器计算出被测参量的瞬时值后除送显示器进行实时显示外，通常还需把测量值及时传送给控制计算机、可编程控制器(PLC)或其他执行器、打印机、记录仪等，从而构成闭环控制系统或实现打印(记录)输出。检测仪表和检测系统的信号输出通常有 4 ~ 20 mA 的电流信号，经 D/A 转换和放大后的模拟电压、开关量、脉宽调制 PWM、串行数字通信和并行数字输出等多种形式，需根据测控系统的具体要求确定。

7. 输入设备

输入设备是操作人员和检测仪表或检测系统联系的另一主要环节，用于输入设置参数，下达有关命令等。最常用的输入设备是各种键盘、拨码盘、条码阅读器等。近年来，随着工业自动化、办公自动化和信息化程度的不断提高，通过网络或各种通信总线利用其他计算机或数字化智能终端，实现远程信息和数据输入的方式愈来愈普遍。最简单的输入设备是各种开关、按钮，模拟量的输入、设置，往往借助电位器进行。

8. 稳压电源

一个检测仪表或检测系统往往既有模拟电路部分，又有数字电路部分，通常需要多组幅值大小要求各异但稳定的电源。这类电源在检测系统使用现场一般无法直接提供，通常只能提供交流 220 V 工频电源或 + 24 V 直流电源。检测系统的设计者需要根据使用现场的供电电源情况及检测系统内部电路的实际需要，统一设计各组稳压电源，给系统各部分电路和器件分别提供它们所需的稳定电源。

最后，值得一提的是，以上七个部分不是所有的检测系统(仪表)都具备的，而且对有些简单的检测系统，其各环节之间的界线也不是十分清楚，需根据具体情况进行分析。

另外，在进行检测系统设计时，对于把以上各环节具体相连的传输通道，也应给予足够的重视。传输通道的作用是联系仪表的各个环节，给各环节的输入、输出信号提供通路。它可以是导线、管路(如光导纤维)以及信号所通过的空间等。信号传输通道比较简单，易被人们忽视，如果不按规定的要求布置及选择，则易造成信号的损失、失真或引入干扰等，影响检测系统的精度。

3　现代检测系统的分类

随着科技和生产的迅速发展,检测系统(仪表)的种类不断增加,其分类方法也很多,工程上常用的几种分类法如下。

1. 按被测参量分类

常见的被测参量可分为以下几类:

(1) 电工量　电压、电流、电功率、电阻、电容、频率、磁场强度、磁通密度等;

(2) 热工量　温度、热量、比热容、热流、热分布、压力、压差、真空度、流量、流速、物位、液位、界面等;

(3) 机械量　位移、形状、力、应力、力矩、重量、质量、转速、线速度、振动、加速度、噪声等;

(4) 物性和成分量　气体成分、液体成分、固体成分、酸碱度、盐度、浓度、粘度、粒度、密度、比重等;

(5) 光学量　光强、光通量、光照度、辐射能量等;

(6) 状态量　颜色、透明度、磨损量、裂纹、缺陷、泄漏、表面质量等。

严格地说,状态量范围更广,但是有些状态量由于已按习惯归入热工量、机械量、成分量中,因此,在这里不再重复列出。

2. 按被测参量的检测转换方法分类

被测参量通常是非电物理或化学成分量,通常需用某种传感器把被测参量转换成电量,以便于处理。被测量转换成电量的方法很多,最主要的有下列几类:

(1) 电磁转换　电阻式、应变式、压阻式、热阻式、电感式、互感式(差动变压器)、电容式、阻抗式(电涡流式)、磁电式、热电式、压电式、霍尔式、振频式、感应同步器、磁栅等;

(2) 光电转换　光电式、激光式、红外式、光栅、光导纤维式等;

(3) 其他能/电转换　声/电转换(超声波式)、辐射能/电转换(X射线式、β射线式、γ射线式)、化学能/电转换(各种电化学转换)等。

3. 按使用性质分类

按使用性质检测仪表通常可分为标准表、实验室表和工业用表等三种。顾名思义,“标准表”是各级计量部门专门用于精确计量、校准送检样品和样机的标准仪表。标准表的精度等级必须高于被测样品、样机所标称的精度等级;而其本身又根据量值传递的规定,必须经过更高一级法定计量部门的定期检定、校准,由更高精度等级的标准表检定之,并出具该标准表重新核定的合格证书,方可依法使用。

“实验室表”多用于各类实验室中,它的使用环境条件较好,往往无特殊的防水、防尘措施。对于温度、相对湿度、机械振动等的允许范围也较小。这类检测仪表的精度等级虽较工业用表为高,但使用条件要求较严,只适于实验室条件下的测量与读数,不适于远距离观察及传送信号等。

“工业用表”是长期使用于实际工业生产现场的检测仪表与检测系统。这类仪表为数最多,根据安装地点的不同,又有现场安装及控制室安装之分。前者应有可靠的防护,能抵御恶劣的环境条件,其显示也应醒目。工业用表的精度一般不很高,但要求能长期连续工作,并具有足够的可靠性。在某些场合下使用时,还必须保证不因仪表引起事故,如在易燃、易爆环境条件下使用时,各种检测仪表都应有很好的防爆性能。

此外,按检测系统的显示方式可分为指示式(主要是指针式)显示,数字式显示,屏幕式显示等几类。还有的分成模拟式、数字式、智能型(以 CPU 为核心,具有常规数字系统所没有的性能)等。

4 检测技术的发展趋势

随着世界各国现代化步伐的加快,对检测技术的要求越来越高。而科学技术,尤其是大规模集成电路技术、微型计算机技术、机电一体化技术、微机械和新材料技术的不断进步,则大大促进了现代检测技术的发展。目前,现代检测技术发展的总趋势大体有以下几个方面。

1. 不断拓展测量范围,努力提高检测精度和可靠性

随着科学技术的发展,对检测仪器和检测系统的性能要求,尤其是精度、测量范围、可靠性指标的要求愈来愈高。以温度为例,为满足某些科研实验的需求,不仅要求研制测温下限接近绝对零度(-273.15 ℃),且测温量程尽可能达到 15 K(约 -258 ℃)的高精度超低温检测仪表;同时,某些场合需连续测量液态金属的温度或长时间连续测量 2 500 ~ 3 000 ℃的高温介质温度,目前虽然已能研制和生产最高上限超过 2 800 ℃的热电偶,但测温范围一旦超过 2 500 ℃,其准确度将下降,而且极易氧化从而严重影响其使用寿命与可靠性;因此,寻找能长时间连续准确检测上限超过 2 000 ℃被测介质温度的新方法、新材料和研制(尤其是适合低成本大批量生产)出相应的测温传感器是各国科技工作者多年来一直努力要解决的课题。目前,非接触式辐射型温度检测仪表的测温上限,理论上最高可达 100 000 ℃以上,但与聚核反应优化控制理想温度约 10^8 ℃相比还相差 3 个数量级,这就说明超高温检测的需求远远高于当前温度检测所能达到的技术水平。

仅十余年前,如果在长度、位移检测中达到微米级的测量精度,则一定会被大家认为是高精度测量;但随着近几年许多国家大力开展微机电系统、超精细加工等高技术研究,"微米(10^{-6} m)、纳米(10^{-9} m)技术"很快成了人们熟知的词汇,这就意味着科技的发展迫切需要有达到纳米级,甚至更高精度的检测技术和检测系统。

目前,除了超高温、超低温度检测仍有待突破外,诸如混相流量检测、脉动流量检测、微差压(几十个帕)检测、超高压检测、高温高压下物质成分检测、分子量检测、高精度(0.02%以上)检测、大吨位(3×10^{-7} N以上)重量检测等都是需要尽早攻克的检测难题。

随着自动化程度不断提高,各行各业高效率的生产更依赖于各种检测、控制设备的安全可靠。努力研制在复杂和恶劣测量环境下能满足用户所需精度要求且能长期稳定工作的各种高可靠性检测仪器和检测系统将是检测技术的一个长期发展方向。对于航天、航空和武器系统等特殊用途的检测仪器的可靠性要求更高。例如,在卫星上安装的检测仪器,不仅要求体积小、重量轻,而且既要能耐高温,又要能在极低温和强辐射的环境下长期稳定地工作,因此,所有检测仪器都应有极高的可靠性和尽可能长的使用寿命。

2. 传感器逐渐向集成化、组合式、数字化方向发展

鉴于传感器与信号调理电路分开,微弱的传感器信号在通过电缆传输的过程中容易受到各种电磁干扰信号的影响,由于各种传感器输出信号形式众多,而使检测仪器与传感器的接口电路无法统一和标准化,实施起来颇为不便。

随着大规模集成电路技术的迅猛发展,采用贴片封装方式、体积大大缩小的通用和专用集成电路愈来愈普遍,因此,目前已有不少传感器实现了敏感元件与信号调理电路的集成和一体化,对外可直接输出标准的4~20 mA电流信号,成为名符其实的变送器。这对检测仪器整机研发与系统集成提供了的很大的方便,从而使得这类传感器身价倍增。

其次,一些厂商把两种或两种以上的敏感元件集成于一体,成为可实现多种功能的新型组合式传感器。例如,将热敏元件和湿敏元件及信号调理电路集成在一起,一个传感器可同时完成温度和湿度的测量。

此外,还有厂商把敏感元件与信号调理电路、信号处理电路统一设计并集成化,成为能直接输出数字信号的新型传感器。例如,美国DALLAS公司推出的数字温度传感器DS18B20,可测温度范围为-55~+150 ℃,精度为0.5 ℃,封装和形状与普通小功率三极管十分相似,采用独特的一线制数字信号输出。东南大学吴健雄实验室(教育部重点实验室)已成功研制出可用于检测和诊断不同类型和亚型的肝炎病毒的生物基因芯片。

3. 重视非接触式检测技术研究

在检测过程中,把传感器置于被测对象上,可灵敏地感知被测参量的变化,这种接触式检测方法通常比较直接、可靠,测量精度较高,但在某些情况下,因传感器的加入会对被测对象的工作状态产生干扰,而影响测量的精度。而在有些被测对象上,根本不允许或不可能安装传感器,例如测量高速旋转轴的振动、转矩等。因此,各种可行的非接触式检测技术的研究愈来愈受到重视,目前已商品化的光电式传感器、电涡流式传感器、超声波检测仪表、核辐射检测仪表等正是在这些背景下不断发展起来的。今后不仅需要继续改进和克服非接触式(传感器)检测仪器易受外界干扰及绝对精度较低等问题,而且相信对一些难以采用接触式检测或无法采用接触方式进行检测的,尤其是那些具有重大军事、经济或其他应用价值的非接触检测技术课题的研究投入会不断增加,非接触检测技术的研究、发展和应用步伐将会明显加快。

4. 检测系统智能化

近十年来,由于包括微处理器、单片机在内的大规模集成电路的成本和价格不断降低,功能和集成度不断提高,使得许许多多以单片机、微处理器或微型计算机为核心的现代检测仪器(系统)实现了智能化,这些现代检测仪器通常具有系统故障自测、自诊断、自调零、自校准、自选量程、自动测试和自动分选功能,强大数据处理和统计功能,远距离数据通信和输入、输出功能,可配置各种数字通信接口,传递检测数据和各种操作命令等,还可方便地接入不同规模的自动检测、控制与管理信息网络系统。与传统检测系统相比,智能化的现代检测系统具有更高的精度和性能/价格比。

正是由于智能化检测仪器、检测系统具有上述优点,所以多年来其市场占有率一直维持强劲的上升趋势。

第1章 检测技术基础知识

在工程实践中经常碰到这样的情况：某个新研制的检测（仪器）系统在实验室调试时测得的精度已经达到甚至超过设计指标，但一旦安装到环境比较恶劣、干扰严重的工作现场，其实测精度却往往大大低于实验室能达到的水平，甚至出现严重超差和无法正常运行的情况；从而需要设计人员根据现场测量获得的数据，结合该检测系统本身的静、动态特性，检测系统与被测对象的现场安装、连接情况及现场存在的各种噪声情况等进行综合分析，找出影响和造成检测系统实际精度下降的种种原因，然后对症下药，采取相应改进措施，直至该检测系统的实际测量精度和其他性能指标全部达到设计指标，这就是通常所说的现场调试过程。只有现场调试过程完成后，该检测系统才能投入正常运行。

测量精度（高、低）从概念上与测量误差（小、大）相对应，目前误差理论已发展成为一门专门学科，涉及内容很多。为适应读者的不同需要和便于后面各章的介绍，下面对测量误差的一些术语、概念、常用误差处理方法和检测系统的一般静态、动态特性及主要性能指标作一扼要的介绍。

1.1 检测系统误差分析基础

1.1.1 误差的基本概念

1. 测量误差的定义

测量是一个变换、放大、比较、显示、读数等环节的综合过程。由于检测系统（仪表）不可能绝对精确，测量原理的局限、测量方法的不尽完善、环境因素和外界干扰的存在以及测量过程可能会影响被测对象的原有状态等，也使得测量结果不能准确地反映被测量的真值而存在一定的偏差，这个偏差就是测量误差。

2. 真值

一个量严格定义的理论值通常叫理论真值，如三角形三内角和为180°等。许多量由于理论真值在实际工作中难以获得，常用约定真值或相对真值来代替理论真值。

（1）约定真值

根据国际计量委员会通过并发布的各种物理参量单位的定义，利用当今最先进科学技术复现这些实物单位基准，其值被公认为国际或国家基准，称为约定真值。例如，保存在国际计量局的 1 kg 铂铱合金原器就是 1 kg 质量的约定真值。在各地的实践中通常用这些约定真值国际基准或国家基准代替真值进行量值传递，也可对低一等级标准量值（标准器）或标准仪器进行比对、计量和校准。各地可用经过上级法定计量部门按规定定期送检、校验过的标准器或标准仪器及其修正值作为当地相应物理参量单位的约定真值。

(2) 相对真值

如果高一级检测仪器（计量器具）的误差仅为低一级检测仪器误差的 1/3 ~ 1/10，则可认为前者是后者的相对真值。例如，高精度石英钟的计时误差通常比普通机械闹钟的计时误差小 1 ~ 2 个数量级以上，因此高精度的石英钟可视为普通机械闹钟的相对真值。

3. 标称值

计量或测量器具上标注的量值，称为标称值。如天平的砝码上标注的 1 g、精密电阻器上标注的 100 Ω 等。由于制造工艺的不完备或环境条件发生变化，使这些计量或测量器具的实际值与其标称值之间存在一定的误差，使计量或测量器具的标称值存在不确定度（相关概念详见本章 1.5 节），通常需要根据精度等级或误差范围进行估计。

4. 示值

检测仪器（或系统）指示或显示（被测参量）的数值叫示值，也叫测量值或读数。由于传感器不可能绝对精确，信号调理、模/数转换不可避免地存在误差，加上测量时环境因素和外界干扰的存在以及测量过程可能会影响被测对象的原有状态等，都可使得示值与实际值存在偏差。

1.1.2 误差的表示方法

检测系统（仪器）的基本误差通常有以下几种表示形式：

1. 绝对误差

检测系统的测量值（即示值）X 与被测量的真值 X_0 之间的代数差值 Δx 称为检测系统测量值的绝对误差，即

$$\Delta x = X - X_0 \tag{1-1}$$

式中，真值 X_0 可为约定真值，也可是由高精度标准器所测得的相对真值。绝对误差 Δx 说明了系统示值偏离真值的大小，其值可正可负，具有和被测量相同的量纲。

在标定或校准检测系统样机时，常采用比较法，即对于同一被测量，将标准仪器（具有比样机更高的精度）的测量值作为近似真值 X_0 与被校检测系统的测量值 X 进行比较，它们的差值就是被校检测系统测量示值的绝对误差。如果它是一恒定值，即为检测系统的“系统误差”。该误差可能是系统在非正常工作条

件下使用而产生的,也可能是其他原因所造成的附加误差。此时对检测仪表的测量示值应加以修正,修正后才可得到被测量的实际值 X_0。

$$X_0 = X - \Delta x = X + C \tag{1-2}$$

式中,数值 C 称为修正值或校正量。修正值与示值的绝对误差数值相等,但符号相反,即

$$C = -\Delta x = X_0 - X \tag{1-3}$$

计量室用的标准器常由高一级的标准器定期校准,检定结果附带有示值修正表,或修正曲线 $C = f(x)$。

2. 相对误差

检测系统测量值(即示值)的绝对误差 Δx 与被测参量真值 X_0 的比值,称为检测系统测量(示值)的相对误差 δ,常用百分数表示,即

$$\delta = \frac{\Delta x}{X_0} \times 100\% = \frac{X - X_0}{X_0} \times 100\% \tag{1-4}$$

这里的真值可以是约定真值,也可以是相对真值(工程上,在无法得到本次测量的约定真值和相对真值时,常在被测参量(已消除系统误差)没有发生变化的条件下重复多次测量,用多次测量的平均值代替相对真值)。用相对误差通常比用绝对误差更能说明不同测量的精确程度,一般来说相对误差值小,其测量精度就高。

在评价检测系统的精度或测量质量时,有时利用相对误差作为衡量标准也不很准确。例如,用任一确定精度等级的检测仪表测量一个靠近测量范围下限的小量,计算得到的相对误差通常总比测量接近上限的大量(如 2/3 量程处)得到的相对误差大得多。故引入引用误差的概念。

3. 引用误差

检测系统测量值的绝对误差 Δx 与系统量程 L 之比值,称为检测系统测量值的引用误差 γ。引用误差 γ 通常仍以百分数表示

$$\gamma = \frac{\Delta x}{L} \times 100\% \tag{1-5}$$

比较式(1-5)和(1-4)可知:在 γ 的表示式中用量程 L 代替了真值 X_0,使用起来虽然更为方便,但引用误差的分子仍为绝对误差 Δx,当测量值为检测系统测量范围的不同数值时,各示值的绝对误差 Δx 也可能不同。因此,即使是同一检测系统,其测量范围内的不同示值处的引用误差也不一定相同。为此,可以取引用误差的最大值,既能克服上述的不足,又更好地说明了检测系统的测量精度。

4. 最大引用误差(或满度最大引用误差)

在规定的工作条件下,当被测量平稳增加或减少时,在检测系统全量程所有

测量值引用误差(绝对值)的最大者,或者说所有测量值中最大绝对误差(绝对值)与量程的比值的百分数,称为该系统的最大引用误差,用符号 γ_{max} 表示

$$\gamma_{max} = \frac{|\Delta x_{max}|}{L} \times 100\% \tag{1-6}$$

最大引用误差是检测系统基本误差的主要形式,故也常称为检测系统的基本误差。它是检测系统的最主要质量指标,能很好地表征检测系统的测量精度。

1.1.3　检测仪器的精度等级与容许误差

1. 精度等级

工业检测仪器(系统)常以最大引用误差作为判断精度等级的尺度。人为规定:取最大引用误差百分数的分子作为检测仪器(系统)精度等级的标志,也即用最大引用误差去掉正负号和百分号后的数字来表示精度等级,精度等级用符号 G 表示。

为统一和方便使用,国家标准 GB 776—76《测量指示仪表通用技术条件》规定,测量指示仪表的精度等级 G 分为 0.1、0.2、0.5、1.0、1.5、2.5、5.0 七个等级,这也是工业检测仪器(系统)常用的精度等级。检测仪器(系统)的精度等级由生产厂商根据其最大引用误差的大小并以选大不选小的原则就近套用上述精度等级得到。

例如,量程为 0 ~ 1 000 V 的数字电压表,如果其整个量程中最大绝对误差为 1.05 V,则有

$$\gamma_{max} = \frac{|\Delta x_{max}|}{L} \times 100\% = \frac{1.05}{1\ 000} \times 100\% = 0.105\%$$

由于 0.105 不是标准化精度等级值,因此需要就近套用标准化精度等级值。0.105 位于 0.1 级和 0.2 级之间,尽管该值与 0.1 更为接近,但按选大不选小的原则该数字电压表的精度等级 G 应为 0.2 级。因此,任何符合计量规范的检测仪器(系统)都满足

$$|\gamma_{max}| \leqslant G\% \tag{1-7}$$

由此可见,仪表的精度等级是反映仪表性能的最主要的质量指标,它充分地说明了仪表的测量精度,可较好地用于评估检测仪表在正常工作时(单次)测量的测量误差范围。

2. 容许误差

容许误差是指检测仪器在规定使用条件下可能产生的最大误差范围,它也是衡量检测仪器的最重要的质量指标之一。检测仪器的准确度、稳定度等指标都可用容许误差来表征。按照部颁标准 SJ 943—82《电子仪器误差的一般规定》的规定,容许误差可用工作误差、固有误差、影响误差、稳定性误差来描述,通常

直接用绝对误差表示。

(1) 工作误差

工作误差是指检测仪器(系统)在规定工作条件下正常工作时可能产生的最大误差。即当仪器外部环境的各种影响、仪器内部的工作状况及被测对象状态为任意的组合时,仪器工作所能产生误差的最大值。这种表示方式的优点是使用方便,可利用工作误差直接估计测量结果误差的最大范围。缺点是由于工作误差是在最不利组合下给出的,而在实际测量中环境条件、仪表本身和被测对象所有最不利组合出现的概率很小,所以,用工作误差来估计平时某次正常测量误差,往往偏大。

(2) 固有误差

当环境和各种试验条件均处于基准条件下时,检测仪器所反映的误差称固有误差。由于基准条件比较严格,所以,固有误差可以比较准确地反映仪器本身所固有的技术性能。

(3) 影响误差

影响误差是指仅有一个参量处在检测仪器(系统)规定工作范围内,而其他所有参量均处在基准条件时检测仪器(系统)所具有的误差,如环境温度变化产生的误差、供电电压波动产生的误差等。影响误差可用于分析检测仪器(系统)误差的主要构成,以及寻找减小和降低仪器误差的主要方向。

(4) 稳定性误差

稳定性误差是指仪表工作条件保持不变的情况下,在规定的时间内,检测仪器(系统)各测量值与其标称值间的最大偏差。用稳定性误差估计平时某次正常测量误差,通常比实际测量误差偏小。

工程上,常用工作误差和稳定性误差结合来估计平时测量误差和测量误差范围,评价检测仪器在正常使用时所具有的实际精度。

一般情况下,仪表精度等级的数字愈小,仪表的精度愈高。如0.5级的仪表精度优于1.0级仪表,而劣于0.2级仪表。工程上,单次测量值的误差通常就是用检测仪表的精度等级来估计的。但值得注意的是,精度等级高低仅说明该检测仪表的引用误差最大值的大小,它决不意味着该仪表某次实际测量中出现的具体误差值是多少。

【例1.1】 被测电压实际值约为21.7 V,现有四种电压表:1.5级、量程为0~30 V的A表;1.5级、量程为0~50 V的B表;1.0级、量程为0~50 V的C表;0.2级、量程为0~360 V的D表。请问选用哪种规格的电压表进行测量产生的测量误差较小?

【解】 根据(1-6)式,分别用四种表进行测量可能产生的最大绝对误差如下:

A表

$$|\Delta x_{max}| = |\gamma_{max}| \times L = 1.5\% \times 30\ V = 0.45\ V$$

B表

$$|\Delta x_{max}| = |\gamma_{max}| \times L = 1.5\% \times 50\ V = 0.75\ V$$

C表

$$|\Delta x_{max}| = |\gamma_{max}| \times L = 1.0\% \times 50\ V = 0.50\ V$$

D表

$$|\Delta x_{max}| = |\gamma_{max}| \times L = 0.2\% \times 360\ V = 0.72\ V$$

答:四者比较,通常选用A表进行测量所产生的测量误差较小。

由上例不难看出,检测仪表产生的测量误差不仅与所选仪表精度等级 G 有关,而且与所选仪表的量程有关。通常量程 L 和测量值 X 相差愈小,测量准确度较高。所以,在选择仪表时,应选择测量值尽可能接近的仪表量程。

1.1.4 测量误差的分类

从不同的角度,测量误差可有不同的分类方法。

1. 按误差的性质分类

根据测量误差的性质(或出现的规律),产生的原因,测量误差可分为系统误差、随机误差和粗大误差三类。

(1) 系统误差

在相同条件下,多次重复测量同一被测参量时,其测量误差的大小和符号保持不变,或在条件改变时,误差按某一确定的规律变化,这种测量误差称为系统误差。误差值恒定不变的又称为定值系统误差,误差值变化的则称为变值系统误差。变值系统误差又可分为累进性的、周期性的以及按复杂规律变化的几种。

系统误差产生的原因大体上有:测量所用的工具(仪器、量具等)本身性能不完善或安装、布置、调整不当而产生的误差;在测量过程中因温度、湿度、气压、电磁干扰等环境条件发生变化所产生的误差;因测量方法不完善、或者测量所依据的理论本身不完善等原因所产生的误差;因操作人员视读方式不当造成的读数误差等。总之,系统误差的特征是测量误差出现的有规律性和产生原因的可知性。系统误差产生的原因和变化规律一般可通过实验和分析查出。因此,系统误差可被设法确定并消除。

测量结果的准确度由系统误差来表征,系统误差愈小,则表明测量准确度愈高。

(2) 随机误差

在相同条件下多次重复测量同一被测参量时,测量误差的大小与符号均无规律变化,这类误差称为随机误差。随机误差主要是由于检测仪器或测量过程中某些未知或无法控制的随机因素(如仪器的某些元器件性能不稳定,外界温度、湿度变化,空中电磁波扰动,电网的畸变与波动等)综合作用的结果。随机误差的变化通常难以预测,因此也无法通过实验方法确定、修正和消除。但是通过足够多的测量比较可以发现随机误差服从某种统计规律(如正态分布、均匀分布、泊松分布等)。

通常用精密度表征随机误差的大小。精密度越低随机误差越大;反之,随机误差就越小。

(3) 粗大误差

粗大误差是指明显超出规定条件下预期的误差。其特点是误差数值大,明显歪曲了测量结果。粗大误差一般由外界重大干扰或仪器故障或不正确的操作等引起。存在粗大误差的测量值称为异常值或坏值,一般容易发现,发现后应立即剔除。也就是说,正常的测量数据应是剔除了粗大误差的数据,所以我们通常研究的测量结果误差中仅包含系统和随机两类误差。

系统误差和随机误差虽然是两类性质不同的误差,但两者并不是彼此孤立的。它们总是同时存在并对测量结果产生影响。许多情况下,我们很难把它们严格区分开来,有时不得不把并没有完全掌握或者分析起来过于复杂的系统误差当作随机误差来处理。例如,生产一批应变片,就每一只应变片而言,它的性能、误差是完全可以确定的,属于系统误差;但是由于应变片生产批量大和误差测定方法的限制,不允许逐只进行测定,而只能在同一批产品中按一定比例抽测,其余未测的只能按抽测误差来估计。这一估计具有随机误差的特点,是按随机误差方法来处理的。

同样,某些(如环境温度、电源电压波动等所引起的)随机误差,当掌握它的确切规律后,就可视为系统误差并设法修正。

由于在任何一次测量中,系统误差与随机误差一般都同时存在,所以常按其对测量结果的影响程度分三种情况来处理:系统误差远大于随机误差时,此时仅按系统误差处理;系统误差很小,已经校正,则可仅按随机误差处理;系统误差和随机误差差不多时应分别按不同方法来处理。

精度是反映检测仪器的综合指标,精度高必须做到准确度高、精密度也高,也就是说必须使系统误差和随机误差都小。

2. 按被测参量与时间的关系分类

按被测参量与时间的关系,测量误差可分为静态误差和动态误差两大类。习惯上,将被测参量不随时间变化时所测得的误差称为静态误差;在被参测量随时间变化过程中进行测量时所产生的附加误差称为动态误差。动态误差是由于检测系统对输入信号变化响应上的滞后或输入信号中不同频率成分通过检测系统时受到不同的衰减和延迟而造成的误差。动态误差的大小为动态时测量和静态时测量所得误差值的差值。

按产生误差的原因，把误差分为原理性误差、构造误差等。由于测量原理、方法的不完善，或对理论特性方程中的某些参数作了近似或略去了高次项而引起的误差叫原理性误差（也叫方法误差）；因检测仪器（系统）在结构上，在制造、调试工艺上不尽合理而引起的误差叫构造误差（也叫工具误差）。

1.2　系统误差处理

在一般工程测量中，系统误差与随机误差总是同时存在，尤其对装配刚结束、可正常运行的检测仪器，在出厂前进行的对比测试、校正和标定过程中，反映出的系统误差往往比随机误差大得多；而新购检测仪器尽管在出厂前，生产厂家已经对仪器的系统误差进行过精确的校正，但一旦安装到用户使用现场，也会因仪器的工况改变产生新的、甚至是很大的系统误差，为此需要进行现场调试和校正；在检测仪器使用过程中还会因元器件老化、线路板及元器件上积尘、外部环境发生某种变化等原因而造成检测仪器系统误差的变化，因此需对检测仪器定期检定与校准。

不难看出，为保证和提高测量精度，需要研究发现系统误差，进而设法校正和消除系统误差的原理、方法与措施。

1.2.1　系统误差的特点及常见变化规律

系统误差的特点是其出现的有规律性，系统误差的产生原因一般可通过实验和分析研究确定与消除。由于检测仪器种类和型号繁多，使用环境往往差异很大，产生系统误差的因素众多，因此系统误差所表现的特征，即变化规律往往也不尽一致。

系统误差（这里用 Δx 表示）随测量时间变化的几种常见关系曲线如图 1-1 所示。

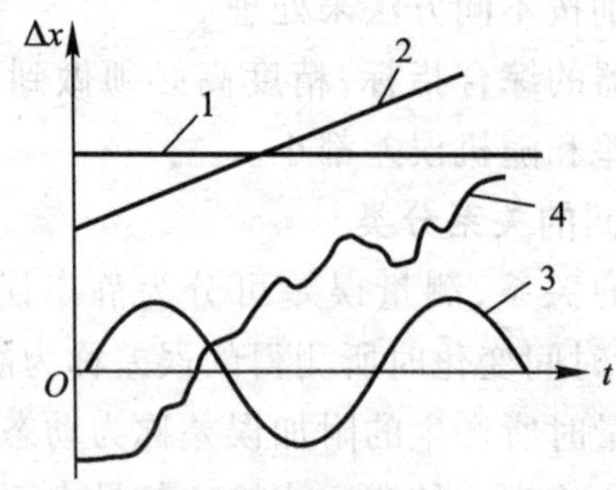

图 1-1　系统误差的几种常见关系曲线

曲线1表示测量误差的大小与方向不随时间变化的恒差型系统误差;曲线2为测量误差随时间以某种斜率呈线性变化的线性变差型系统误差;曲线3表示测量误差随时间作某种周期性变化的周期变差型系统误差;曲线4为上述三种关系曲线的某种组合形态,呈现复杂规律变化的复杂变差型系统误差。

1.2.2 系统误差的判别和确定

1. 恒差系统误差的确定

(1) 实验比对

对于不随时间变化的恒差型系统误差,通常可以采用通过实验比对的方法发现和确定。实验比对的方法又可分为标准器件法(简称标准件法)和标准仪器法(简称标准表法)两种。以电阻测量为例,标准件法就是检测仪器对高精度精密标准电阻器(其值作为约定真值)进行重复多次测量,测量值与标准电阻器的阻值的差值大小均稳定不变,该差值即可作为此检测仪器在该示值点的系统误差值。其相反数,即为此测量点的修正值。而标准表法就是把精度等级高于被检定仪器两档以上的同类高精度仪器作为近似没有误差的标准表,与被检定检测仪器同时、或依次对被测对象(本例为在被检定检测仪器测量范围内的电阻器)进行重复测量,把标准表示值视为相对真值,如果被检定检测仪器示值与标准表示值之差大小稳定不变,就可将该差值作为此检测仪器在该示值点的系统误差,该差值的相反数即为此检测仪器在此点的修正值。

当不能获得高精度的标准件或标准仪器时,可用多台同类或类似仪器进行重复测量、比对,把多台仪器重复测量的平均值近似作为相对真值,仔细观察和分析测量结果,亦可粗略地发现和确定被检仪器的系统误差。此方法只能判别被检仪器个体与其他群体间存在系统误差的情况。

(2) 原理分析与理论计算

对一些因转换原理、检测方法或设计制造方面存在不足而产生的恒差型系统误差,可通过原理分析与理论计算来加以修正。这类“不足”,经常表现为在传感器转换过程中存在零位误差,传感器输出信号与被测参量间存在非线性,传感器内阻大而信号调理电路输入阻抗不够高,或是信号处理时采用的是略去高次项的近似经验公式,或是采用经简化的电路模型等。对此需要针对性地仔细研究和计算、评估实际值与理想(或理论)值之间的恒定误差,然后设法校正、补偿和消除。

(3) 改变外界测量条件

有些检测系统一旦工作环境条件或被测参量数值发生改变,其测量系统误差往往也从一个固定值变化成另一个确定值。对这类检测系统需要通过逐个改变外界测量条件,来发现和确定仪器在其允许的不同工况条件下的系统误差。

2. 变差系统误差的确定

变差系统误差是指按某种确定规律变化的测量系统误差。对此可采用残差观察法或利用某些判断准则来发现,并确定是否存在变差系统误差。

(1) 残差观察法

当系统误差比随机误差大时,通过观察和分析测量数据及各测量值与全部测量数据算术平均值之差,即剩余误差(也叫残差),常常能发现该误差是否为按某种规律变化的变差系统误差。通常的做法是把一系列等精度重复测量值及其残差按测量时的先后次序分别列表,仔细观察和分析各测量数据残差值的大小和符号的变化情况,如果发现残差序列呈有规律递增或递减,且残差序列减去其中值后的新数列在以中值为原点的数轴上呈正负对称分布,则说明测量存在累进性的线性系统误差;如果发现偏差序列呈有规律交替重复变化,则说明测量存在周期性系统误差。

当系统误差比随机误差小时,就不能通过观察来发现系统误差,只能通过专门的判断准则才能较好地发现和确定。这些判断准则实质上是检验误差的分布是否偏离正态分布,常用的有马利科夫准则和阿贝－赫梅特准则等。

(2) 马利科夫准则

马利科夫准则适用于判断、发现和确定线性系统误差。此准则的实际操作方法是将在同一条件下顺序重复测量得到的一组测量值 X_1、X_2、…、X_n 顺序排列,并求出它们相应的残差 ν_1、ν_2、…,ν_i、…、ν_n。

$$\nu_i = X_i - \frac{1}{n}\sum_{i=1}^{n} X_i = X_i - \overline{X} \tag{1-8}$$

式中,X_i 为第 i 次测量值;n 为测量次数;$\overline{X}$ 为全部 n 次测量值的算术平均值,简称测量均值;ν_i 为第 i 次测量的残差。

将这些残差序列以中间值 ν_k 为界分为前后两组,分别求和,然后把两组残差和相减,即

$$D = \sum_{i=1}^{k}\nu_i - \sum_{i=s}^{n}\nu_i \tag{1-9}$$

当 n 为偶数时,取 $k=\frac{n}{2}$、$s=\frac{n}{2}+1$;当 n 为奇数时,取 $k=s=\frac{n+1}{2}$。

若 D 近似等于零,说明测量中不含线性系统误差;若 D 明显不为零(且大于 ν_i),则表明这组测量中存在线性系统误差。

(3) 阿贝－赫梅特准则

阿贝－赫梅特准则适用于判断、发现和确定周期性系统误差。此准则的实际操作方法也是将在同一条件下重复测量得到的一组测量值 X_1、X_2、…、X_n 按

序排列,并根据(1-8)式求出它们相应的残差 ν_1、ν_2、…、ν_n,然后计算

$$A = \left| \sum_{i=1}^{n-1} \nu_i \cdot \nu_{i+1} \right| = | \nu_1\nu_2 + \nu_2\nu_3 + \cdots + \nu_{n-1}\nu_n | \tag{1-10}$$

如果(1-10)式中 $A > \sigma^2 \sqrt{n-1}$成立(σ^2 为本测量数据序列的方差),则表明测量值中存在周期性系统误差。

1.2.3 减小和消除系统误差的方法

在测量过程中,若发现测量数据中存在系统误差,则需要作进一步地分析比较,找出产生该系统误差的主要原因以及相应减小系统误差的方法。由于产生系统误差的因素众多,且经常是若干因素共同作用,因而显得更加复杂,难以找到一种普遍有效的方法来减小和消除系统误差。下面几种是最常用的减小系统误差方法。

1. 针对产生系统误差的主要原因采取相应措施

对测量过程中可能产生的系统误差的环节作仔细分析,找出产生系统误差的主要原因,并采取相应措施是减小和消除系统误差最基本和最常用的方法。例如,如果发现测量数据中存在的系统误差的原因主要是传感器转换过程中存在零位误差或传感器输出信号与被测参量间存在非线性误差,则可采取相应措施调整传感器零位,仔细测量出传感器非线性误差,并据此调整线性化电路或用软件补偿的方法校正和消除此非线性误差。如果发现测量数据中存在的系统误差主要是因为信号处理时采用近似经验公式(如略去高次项等),则可考虑用改进算法、多保留高次项的措施来减小和消除系统误差。

2. 采用修正方法减小恒差系统误差

利用修正值来减小和消除系统误差是常用和非常有效的方法之一,在高精度测量、计量与标定时被广泛采用。

通常的做法是在测量前预先通过标准器件法或标准仪器法比对(计算),得到该检测仪器系统误差的修正值,制成系统误差修正表;然后用该检测仪器进行具体测量时可人工或由仪器自动地将测量值与修正值相加,从而大大减小或基本消除该检测仪器原先存在的系统误差。

除通过标准器件法或标准仪器法获取该检测仪器系统误差的修正值外,还可对各种影响因素,如温度、湿度、电源电压等变化引起的系统误差,通过反复实验绘制出相应的修正曲线或制成相应表格,供测量时使用。对随时间或温度不断变化的系统误差,如仪器的零位误差、增益误差等可采取定期测量和修正的方法解决。智能化检测仪器通常可对仪器的零位误差、增益误差间隔一定时间自动进行采样并自动实时修正处理,这也是智能化仪器能获得较高测量精度的主要原因。

3. 采用交叉读数法减小线性系统误差

交叉读数法也称对称测量法，是减小线性系统误差的有效方法。如果检测仪器在测量过程中存在线性系统误差，那么在被测参量保持不变的情况下其重复测量值也会随时间的变化而线性增加或减小。若选定整个测量时间范围内的某时刻为中点，则对称于此点的各对测量值的和都相同。根据这一特点，可在时间上将测量顺序等间隔对称安排，取各对称点两次交叉读入测量值，然后取其算术平均值作为测量值，即可有效地减小测量的线性系统误差。

4. 采用半周期法减小周期性系统误差

对周期性系统误差，可以相隔半个周期进行一次测量，如图 1－2 所示。取两次读数的算术平均值，即可有效地减小周期性系统误差。因为相差半周期的两次测量，其误差在理论上具有大小相等、符号相反的特征，所以这种方法在理论上能很好地减小和消除周期性系统误差。

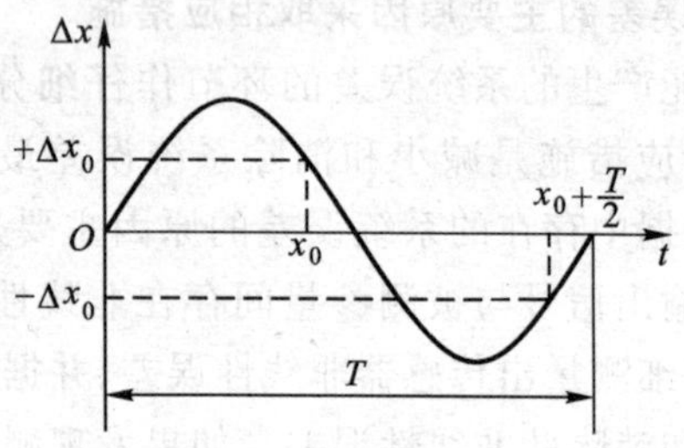

图 1－2 半周期法读数示意图

以上几种方法在具体实施时，由于种种原因都难以完全消除所有的系统误差，而只能将系统误差减小到对测量结果影响最小以至可以忽略不计的程度。

如果测量系统误差或残余系统误差代数和的绝对值不超过测量结果扩展不确定度（有关内容详见本章 1.5 节）的最后一位有效数字的一半，通常就认为测量系统误差已经很小，可忽略不计了。

1.3 随机误差处理

系统误差的特点是测量误差出现的有规律性及产生原因一般可通过实验和分析研究确定，并采取相应措施把其减小到一定的程度。为方便起见，本节对随机误差的分析讨论中都假定系统误差已被减小到可忽略不计的程度。

由于随机误差是由没有规律的大量微小因素共同作用所产生的结果，因而不易掌握，也难以清除。但是，随机误差具有随机变量的一切特点，它的概率分布通常服从一定的统计规律。这样，就可以用数理统计的方法，对其分布范围做出估计,得到随机影响的不确定度。

1.3.1 随机误差的分布规律

假定对某个被测参量进行等精度(测量误差影响程度相同)重复测量 n 次,其测量示值分别为 X_1、X_2、…,X_i、…,X_n、则各次测量的测量误差,即随机误差(假定已消除系统误差)分别为

$$\begin{aligned} \Delta x_1 &= X_1 - X_0 \\ \Delta x_2 &= X_2 - X_0 \\ &\vdots \\ \Delta x_i &= X_i - X_0 \\ &\vdots \\ \Delta x_n &= X_n - X_0 \end{aligned} \tag{1-11}$$

式中,X_0 为真值。

如果以偏差幅值(有正负)为横坐标,以偏差出现的次数为纵坐标作图。可以看出,随机误差整体上均具有下列统计特性:

(1) 有界性 即各个随机误差的绝对值(幅度)均不超过一定的界限;

(2) 单峰性 即绝对值(幅度)小的随机误差总要比绝对值(幅度)大的随机误差出现的概率大;

(3) 对称性 (幅度)等值而符号相反的随机误差出现的概率接近相等;

(4) 抵偿性 当等精度重复测量次数 $n\to\infty$ 时,所有测量值的随机误差的代数和为零,即

$$\lim_{n\to\infty}\sum_{i=1}^{n}\Delta x_i = 0$$

所以,在等精度重复测量次数足够大时,其算术平均值 $\overline{X}$ 就是其真值 X_0 较理想的替代值。

大量的试验结果还表明:测量值的偏差——当没有起决定性影响的误差源(项)存在时,随机误差的分布规律多数都服从正态分布;当有起决定性影响的误差源存在,还会出现诸如均匀分布、三角分布、梯形分布、t 分布等。下面对正态分布、均匀分布作简要介绍。

1. 正态分布

高斯于 1795 年提出的连续型正态分布随机变量 x 的概率密度函数表达式为:

$$p(x) = \frac{1}{\sqrt{2\pi}\sigma}e^{\frac{-(x-\mu)^2}{2\sigma^2}} \tag{1-12}$$

式中，μ 为随机变量的数学期望值；e 为自然对数的底；σ 为随机变量 x 的均方根差或称标准偏差(简称标准差)；

$$\sigma = \lim_{n \to \infty} \sqrt{\frac{\sum_{i=1}^{n} (x_i - \mu)^2}{n}} \tag{1-13}$$

σ^2 为随机变量的方差，数学上通常用 D 表示；n 为随机变量的个数。

其中，μ 和 σ 是决定正态分布曲线的两个特征参数。其中 μ 影响随机变量分布的集中位置，或称其正态分布的位置特征参数；σ 表征随机变量的分散程度，故称为正态分布的离散特征参数。μ 值改变，σ 值保持不变，正态分布曲线的形状保持不变而位置根据 μ 值改变而沿横坐标移动，如图 1-3 所示。当 μ 值不变，σ 值改变，则正态分布曲线的位置不变，但形状改变，如图 1-4 所示。σ 值变小，则正态分布曲线变得尖锐，表示随机变量的离散性变小；σ 值变大，则正态分布曲线变平缓，表示随机变量的离散性变大。

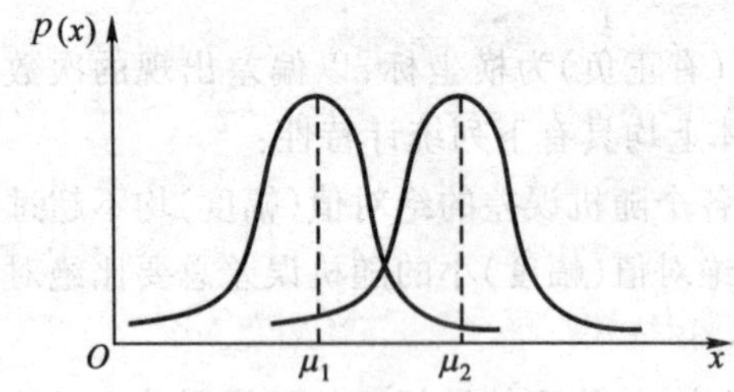

图 1-3　μ 对正态分布的影响示意图

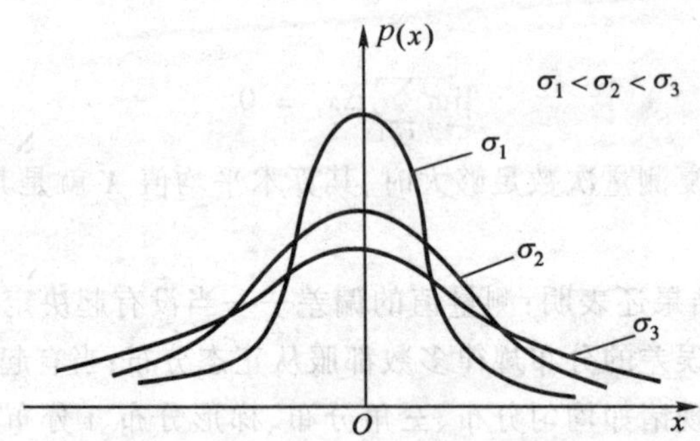

图 1-4　σ 对正态分布的影响示意图

在已经消除系统误差条件下的等精度重复测量中，当测量数据足够多时，测量的随机误差大都呈正态分布，因而完全可以参照式(1-12)的高斯方程对测量随机误差进行比较分析。

分析测量随机误差时，标准差 σ 表征测量数据离散程度。σ 值愈小，则测量数据愈集中,概率密度曲线愈陡峭,测量数据的精密度越高;反之,σ 值愈大,测量数据愈分散,概率密度曲线愈平坦,测量数据的精密度越低。

2. 均匀分布

在测试和计量中,随机误差有时还会服从非正态的均匀分布等。从误差分布图上看,均匀分布的特点是:在某一区域内,随机误差出现的概率处处相等,而在该区域外随机误差出现的概率为零。均匀分布的概率密度函数 $\varphi(x)$为

$$\varphi(x)=\begin{cases}\dfrac{1}{2a} & (-a\leqslant x\leqslant a)\\ 0 & (|x|>a)\end{cases} \tag{1-14}$$

式中,a 为随机误差 x 的极限值。

均匀分布的随机误差概率密度函数的图形呈直线,如图 1-5 所示。

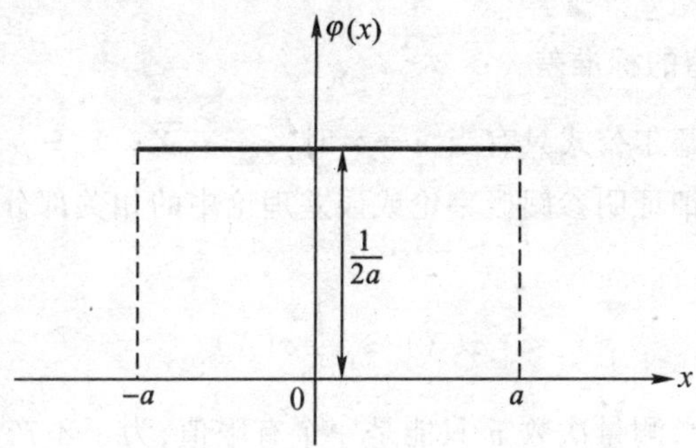

图 1-5 均匀分布曲线

较常见的均匀分布随机误差通常是因指示式仪器度盘、标尺刻度误差造成的误差,检测仪器最小分辨力限制引起的误差,数字仪表或屏幕显示测量系统产生的量化(±1)误差,智能化检测仪器在数字信号处理中存在的舍入误差等。此外,对于一些只知道误差出现的大致范围,而难以确切知道其分布规律的误差,在处理时亦经常按均匀分布误差对待。

1.3.2 测量数据的随机误差估计

1. 测量真值估计

在实际工程测量中,测量次数 n 不可能无穷大,而测量其值 X_0 通常也不可能已知。根据对已消除系统误差的有限次等精度测量数据样本 X_1、X_2、…、X_i、…、X_n,求其算术平均值 $\overline{X}$,即

$$\overline{X}=\frac{1}{n}\sum_{i=1}^{n}X_i \tag{1-15}$$

$\overline{X}$ 是被测参量真值 X_0(或数学期望 μ)的最佳估计值,也是实际测量中比较

容易得到的真值近似值。

2. 测量值的均方根误差估计

对已消除系统误差的一组 n 个(有限次)等精度测量数据 X_1、X_2、…、X_i、…、X_n,采用其算术平均值 $\overline{X}$ 近似代替测量真值 X_0 后,总会有偏差,偏差的大小,目前常使用贝塞尔(Bessel)公式来计算

$$\hat{\sigma} = \sqrt{\frac{\sum_{i=1}^{n}(X_i - \overline{X})^2}{n-1}} = \sqrt{\frac{\sum_{i=1}^{n}\nu_i^2}{n-1}} \tag{1-16}$$

式中,X_i 为第 i 次测量值;n 为测量次数,这里为一有限值;$\overline{X}$ 为全部 n 次测量值的算术平均值,简称测量均值;ν_i 为第 i 次测量的残差;$\hat{\sigma}$ 为标准偏差 σ 的估计值,亦称实验标准偏差。

3. 算术平均值的标准差

严格地讲,贝塞尔公式只有当 $n \to \infty$ 时,$\hat{\sigma} = \sigma$、$\overline{X} = X_0 = \mu$ 才成立。

可以证明(详细证明参阅概率论或误差理论中的相关部分)算术平均值的标准差为

$$\sigma(\overline{X}) = \frac{1}{\sqrt{n}}\sigma(X) \tag{1-17}$$

在实际工作中,测量次数 n 只能是一个有限值,为了不产生误解,建议用算术平均值 $\overline{X}$ 的标准差和方差的估计值 $\hat{\sigma}(\overline{X})$ 与 $\hat{\sigma}^2(\overline{X})$ 来代替式(1-17)中的 $\sigma(\overline{X})$ 与 $\sigma^2(\overline{X})$。

以上分析表明,算术平均值 $\overline{X}$ 的方差仅为单次测量值 X_i 方差的 $1/n$,也就是说,算术平均值 $\overline{X}$ 的离散度比测量数据 X_i 的离散度要小。所以,在有限次等精度重复测量中,用算术平均值估计被测量值要比用测量数据序列中任何一个都更为合理和可靠。

式(1-17)还表明,在 n 较小时,增加测量次数 n,可明显减小测量结果的标准偏差,提高测量的精密度。但随着 n 的增大,减小的程度愈来愈小;当 n 大到一定数值时 $\hat{\sigma}(\overline{X})$ 就几乎不变了。另外,增加测量次数 n 不仅数据采集和数据处理的工作量迅速增加,而且因测量时间不断增大而使“等精度”的测量条件无法保持,由此产生新的误差。所以,在实际测量中,对普通被测参量,测量次数 n 一般取 4~24 次。若要进一步提高测量精密度,通常需要从选择精度等级更高的测量仪器,采用更为科学的测量方案、改善外部测量环境等方面入手。

4.(正态分布时)测量结果的置信度

由上述可知,可用测量值 X_i 的算术平均值 $\overline{X}$ 作为数学期望 μ 的估计值,即

真值 X_0 的近似值。$\overline{X}$ 的分布离散程度可用贝塞尔公式等方法求出的重复性标准差 $\hat{\sigma}$(标准偏差的估计值)来表征,但仅知道这些还是不够的,还需要知道真值 X_0 落在某一数值区间的“肯定程度”,即估计真值 X_0 能以多大的概率落在某一数值区间。

以上就是数理统计学中数值区间估计问题。该数值区间称为置信区间,其界限称为置信限。该置信区间包含真值的概率称为置信概率,也可称为置信水平。这里置信限和置信概率综合体现测量结果的可靠程度,称为测量结果的置信度。显然,对同一测量结果而言,置信限愈大,置信概率就愈大;反之亦然。

对于正态分布,由于测量值在某一区间出现的概率与标准差 σ 的大小密切相关,故一般把测量值 X_i 与真值 X_0(或数学期望 μ)偏差 x 的置信区间取为 σ 的若干倍,即

$$x = \pm k\sigma \tag{1-18}$$

式中,k 为置信系数(或称置信因子),可被看作是描述在某一个置信概率情况下,标准偏差 σ 与误差限之间的一个系数。它的大小不但与概率有关,而且与概率分布有关。

对于正态分布,测量误差 x 落在某区间的概率表达式

$$P\{|x| \leqslant k\sigma\} = \int_{-k\sigma}^{+k\sigma} \frac{1}{\sqrt{2\pi}\sigma} e^{\frac{-(x-\mu)^2}{2\sigma^2}} dx \tag{1-19}$$

为表示方便,这里令 $\delta = \Delta x - \mu$ 则有

$$P(\delta) = \int_{-k\sigma}^{k\sigma} \frac{1}{\sqrt{2\pi}\sigma} e^{\frac{-\delta^2}{2\sigma^2}} d\delta = \int_{-k\sigma}^{k\sigma} p(\delta) d\delta \tag{1-20}$$

置信系数 k 值确定之后,则置信概率便可确定。由式(1-20),当 k 分别选取 1、2、3 时,即测量误差 x 分别落入正态分布置信区间 $\pm\sigma$、$\pm 2\sigma$、$\pm 3\sigma$ 的概率值分别如下:

$$P\{|\delta| \leqslant \sigma\} = \int_{-\sigma}^{+\sigma} p(\delta) d\delta = 0.6827$$

$$P\{|\delta| \leqslant 2\sigma\} = \int_{-2\sigma}^{+2\sigma} p(\delta) d\delta = 0.9545$$

$$P\{|\delta| \leqslant 3\sigma\} = \int_{-3\sigma}^{+3\sigma} p(\delta) d\delta = 0.9973$$

图 1-6 为上述不同置信区间的概率分布示意图。

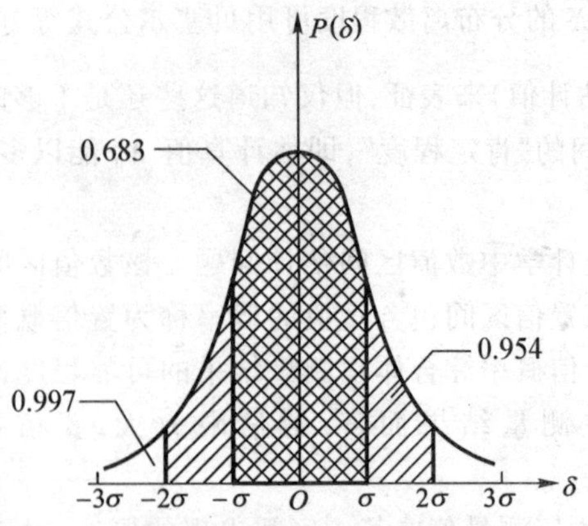

图 1-6　不同置信区间的概率分布示意图

1.4　粗大误差处理

上节关于随机误差的讨论是假设等精度测量已消除系统误差的情况下进行的,但是没有排除测量数据中存在粗大误差的可能性。当在测量数据中发现某个数据可能是异常数据时,一般不要不加分析就轻易将该数据直接从测量记录中删除,最好能分析出该数据出现的主客观原因。判断粗大误差可从定性分析和定量判断两方面来考虑。

定性分析就是对测量环境、测量条件、测量设备、测量步骤进行分析,看是否有某种外部条件或测量设备本身存在突变而瞬时破坏;测量操作是否有差错或等精度测量过程中是否存在其他可能引发粗大误差的因素;也可由同一操作者或另换有经验操作者再次重复进行前面的(等精度)测量,然后再将两组测量数据进行分析比较,或再与由不同测量仪器在同等条件下获得的结果进行对比,以分析该异常数据出现是否“异常”,进而判定该数据是否为粗大误差。这种判断属于定性判断,无严格的规则,应细致和谨慎地实施。

定量判断,就是以统计学原理和误差理论等相关专业知识为依据,对测量数据中的异常值的“异常程度”进行定量计算,以确定该异常值是否为应剔除的坏值。这里所谓的定量计算是相对上面的定性分析而言,它是建立在等精度测量符合一定的分布规律和置信概率基础上的,因此并不是绝对的。

下面介绍两种工程上常用的粗大误差判断准则。

1. 拉伊达准则

拉伊达准则是依据对于服从正态分布的等精度测量,其某次测量误差 $|X_i - X_0|$ 大于 3σ 的可能性仅为 0.27%。因此,把测量误差大于标准误差 σ(或

其估计值 $\hat{\sigma}$)的 3 倍的测量值作为测量坏值予以舍弃。由于等精度测量次数不可能无限多,因此,工程上实际应用的拉伊达准则表达式为

$$|\Delta x_k| = |X_k - \bar{X}| > 3\hat{\sigma} = K_L \quad (1-21)$$

式中,X_k 为被疑为坏值的异常测量值;$\bar{X}$ 为包括此异常测量值在内的所有测量值的算术平均值;$\hat{\sigma}$ 为包括此异常测量值在内的所有测量值的标准误差估计值;$K_L(=3\hat{\sigma})$为拉伊达准则的鉴别值。

当某个可疑数据 X_k 的 $|\Delta x_k| > 3\hat{\sigma}$ 时,则认为该测量数据是坏值,应予剔除。剔除该坏值后,剩余测量数据还应继续计算 $3\hat{\sigma}$ 和 $\bar{X}$,并按(1-21)式继续计算、判断和剔除其他坏值,直至不再有符合(1-21)式的坏值为止。

拉伊达准则是以测量误差符合正态分布为依据的,值得注意的是一般实际工程等精度测量次数大都较少,测量误差分布往往和标准正态分布相差较大;因此,在实际工程应用中当等精度测量次数较少(例如 $n \leqslant 20$)时,仍然采用基于正态分布的拉伊达准则,其可靠性将变差,且容易造成 $3\hat{\sigma}$ 鉴别值界限太宽而无法发现测量数据中应剔除的坏值。可以证明,当测量次数 $n < 10$ 时,X_k 的 $|\Delta x_k|$ 总是小于 $3\hat{\sigma}$。因此,当测量次数 $n < 10$ 时,拉伊达准则将彻底失效,不能判别任何粗大误差。即拉伊达准则只适用于测量次数较多(例如 $n > 25$ 以上),测量误差分布接近正态分布的情况。

2. 格拉布斯(Grubbs)准则

格拉布斯准则是以小样本测量数据,以 t 分布(详见概率论或误差理论有关书籍)为基础用数理统计方法推导得出的。理论上比较严谨,具有明确的概率意义,通常被认为实际工程应用中判断粗大误差比较好的准则。

格拉布斯准则是指小样本测量数据中某一测量值满足表达式

$$|\Delta x_k| = |X_k - \bar{X}| > K_G(n,\alpha)\hat{\sigma}(x) \quad (1-22)$$

式中,X_k 为被疑为坏值的异常测量值;$\bar{X}$ 为包括此异常测量值在内的所有测量值的算术平均值;$\hat{\sigma}(x)$为包括此异常测量值在内的所有测量值的标准误差估计值;$K_G(n,\alpha)$为格拉布斯准则的鉴别值;n 为测量次数;α 为危险概率,又称超差概率;它与置信概率 P 的关系为 $\alpha = 1 - P$。

当某个可疑数据 X_k 的 $|\Delta x_k| > K_G(n,\alpha)\hat{\sigma}(x)$时,则认为该测量数据是含有粗大误差的异常测量值,应予以剔除。

格拉布斯准则的鉴别值 $K_G(n,\alpha)$是和测量次数 n、危险概率 α 相关的数值,可通过查相应的数表获得。表 1-1 是工程常用 $\alpha = 0.05$ 和 $\alpha = 0.01$ 在不同测量次数 n 时,对应的格拉布斯准则鉴别值 $K_G(n,\alpha)$表。

当 $\alpha = 0.05$ 或 0.01 时,按测量数据个数 n 查表 1-1 得到格氏准则作为粗大误差的判别的鉴别值 $K_G(n,\alpha)$的置信概率 P 分别为 0.95 和 0.99。即按(1-

22)式得出的测量值大于按表1-1查得的鉴别值 $K_G(n,\alpha)$ 的可能性仅分别为0.5%和1%,这说明该数据是正常数据的概率已很小,可以认定该测量值为含有粗大误差的坏值并予以剔除。

表1-1　$K_G(n,\alpha)$ 数值表

n \ α	0.01	0.05	n \ α	0.01	0.05	n \ α	0.01	0.05
3	1.16	1.15	12	2.55	2.29	21	2.91	2.58
4	1.49	1.46	13	2.61	2.33	22	2.94	2.60
5	1.75	1.67	14	2.66	2.37	23	2.96	2.62
6	1.91	1.82	15	2.70	2.41	24	2.99	2.64
7	2.10	1.94	16	2.74	2.44	25	3.01	2.66
8	2.22	2.03	17	2.78	2.47	30	3.10	2.74
9	2.32	2.11	18	2.82	2.50	35	3.18	2.81
10	2.41	2.18	19	2.85	2.53	40	3.24	2.87
11	2.48	2.23	20	2.88	2.56	50	3.34	2.96

应注意的是,若按式(1-22)和表1-1查出多个可疑测量数据时,不能将它们都作为坏值一并剔除,每次只能舍弃误差最大的那个可疑测量数据,如误差超过鉴别值 $K_G(n,\alpha)$ 最大的两个可疑测量数据数值相等,也只能先剔除一个,然后按剔除后的测量数据序列重新计算 $\bar{X}$、$\hat{\sigma}(x)$ 并查表获得新的鉴别值 $K_G(n-1,\alpha)$,重复进行以上判别,直到判明无坏值为止。

格拉布斯准则是建立在统计理论基础上,对 $n<30$ 的小样本测量较为科学、合理的判断粗大误差的方法。因此,目前国内外普遍推荐使用此法处理小样本测量数据中的粗大误差。

如果发现在某个测量数据序列中,先后查出的坏值比例太大,则说明这批测量数据极不正常,应查找和消除故障后重新进行测量和处理。

1.5　测量不确定度的评定

在工程现场或实验室里对某一被测参量进行多次重复测量时,通常会因测量仪器精度不够高,测量方法不完善,测量过程中某些或某种环境条件有变化或测量数据记录发生差错等原因影响和造成测量结果不准确,测量数据之间存在离散性。尽管经前几节所介绍的方法或其他方法对测量数据进行了处理,但最终也只能得到被测参量在该时刻的近似值。实践证明,测量误差总是客观存在的,由于真值一般无法准确获得,因此也就不可能确切地知道测量误差的准确值。由此引出了测量不确定度概念。

测量不确定度是误差理论发展和完善的产物,是建立在概率论和统计学基础上的新概念。它表示由于测量误差的影响而对测量结果的不可信程度或不能肯定的程度。测量不确定度和测量精度均是描述测量结果可靠性的参数。但是,它们的区别是明显的,测量准确度因涉及一般无法获知的"真值"而只能是一个无法真正定量表示的定性概念;而测量不确定度的评定和计算只涉及已知量,所以,它是一个可以定量表示的确定数值。因此,在实际工程测量中,"精度"只能对测量结果或测量设备的可靠性作相对的定性描述,而作定量描述必须用"不确定度"。所以,测量不确定度才是定量表示在某个区域内以一定的概率分布的测量数据的质量或离散性的参数,但它并不是说明测量结果与真值是否接近的参数。

许多年来,世界各国对测量数据不确定度的定义和表达方式等存在一些差异和分歧,因此影响了国家间计量和测量成果的相互交流。为此,1993 年国际不确定度工作组制定的测量不确定度表达导则(Guide to the Expression of Uncertainty in Measurement),经国际计量局等国际组织批准执行,由国际标准化组织(ISO)公布。本教材亦将采用符合国际和国家标准的对误差理论和测量不确定度的表示方法。

1.5.1 测量不确定度的主要术语

1. 测量不确定度

测量不确定度表示测量结果(测量值)不能肯定的程度,是可定量地用于表达被测参量测量结果分散程度的参数。这个参数可以用标准偏差表示,也可以用标准偏差的倍数或置信区间的半宽度表示。

2. 标准不确定度

用被测参量测量结果概率分布的标准偏差表示的不确定度就称为标准不确定度,用符号 u 表示。

测量结果通常由多个测量数据子样组成,对表示各个测量数据子样不确定度的标准偏差,称为标准不确定度分量,用 u_i 表示。标准不确定度有 A 类和 B 类两类评定方法。

A 类标准不确定度是指用统计方法得到的不确定度,用符号 u_A 表示。

B 类标准不确定度是指用非统计方法得到的不确定度,即用根据资料或假定的概率分布估计的标准偏差表示的不确定度,称为 B 类标准不确定度,用符号 u_B 表示。A 类标准不确定度和 B 类标准不确定度仅评定方法不同。

3. 合成标准不确定度

由各不确定度分量合成的标准不确定度,称为合成标准不确定度。当间接测量时,即测量结果是由若干其他量求得的情况下,测量结果的标准不确定度等于各其他量的方差和协方差相应和的正平方根,用符号 u_C 表示。合成标准不确定度仍然是标准(偏)差,表示测量结果的分散性。这种合成方法,通常被称为“不确定度传播律”(过去有的地方也称其为“误差传播定律”,其实所传播的并不是误差,而是不确定度。现在均改称为“不确定度传播定律”)。

4. 扩展不确定度

扩展不确定度是由合成标准不确定度的倍数表示的测量不确定度。它用覆盖因子 k 乘以合成标准不确定度得到以一个区间的半宽度来表示的测量不确定度。覆盖因子 k 是为获得扩展不确定度,而与合成标准不确定度相乘的数字因子,它的取值决定了扩展不确定度的置信水平。通常 k 取 2~3 之间的某个值,类似于前面误差理论中的置信因子。扩展不确定度是测量结果附近的一个置信区间,被测量的值以较高的概率落在该区间内,用符号 U 表示。通常测量结果的不确定度都用扩展不确定度 U 表示。

当说明具有置信概率为 P 的扩展不确定度时,可以用 U_P 表示,此时覆盖因子也相应地以 k_P 表示。例如,$U_{0.99}$ 表示测量结果落在以 U 为半宽度区间的概率为 0.99。

U 和 u_C 作单独定量表示时,数值前可不加正负号。注意测量不确定度也可以用相对形式表示。

1.5.2　不确定度的评定

在分析和确定测量结果不确定度时,应使测量数据序列中不包括异常数据。即应先对测量数据进行异常判别,一旦发现有异常数据就应剔除。因此,在不确定度的评定前均要首先剔除测量数据序列中的坏值。

1. A类标准不确定度的评定

A类标准不确定度的评定通常可以采用下述统计与计算方法。在同一条件下对被测参量 X 进行 n 次等精度测量,测量值为 $X_i(i=1,2,\cdots,n)$。该样本数据的算术平均值为

$$\bar{X}=\frac{1}{n}\sum_{i=1}^{n}X_i$$

X 的实验标准偏差(标准偏差的估计值)可用贝塞尔公式计算

$$\hat{\sigma}(x)=\sqrt{\frac{\sum_{i=1}^{n}(X_i-\bar{X})^2}{n-1}}=\sqrt{\frac{\sum_{i=1}^{n}\nu_i^2}{n-1}}$$

式中，$\hat{\sigma}(x)$为实验标准偏差。

用 $\bar{X}$ 作为被测量 X 测量结果的估计值，则 A 类标准不确定度 u_A 为

$$u_A = \hat{\sigma}(\bar{X}) = \frac{1}{\sqrt{n}}\hat{\sigma}(X) \tag{1-23}$$

2. 标准不确定度的 B 类评定方法

当测量次数较少，不能用统计方法计算测量结果不确定度时，就需用 B 类方法评定。对某一被测参量只测一次，甚至不测量(各种标准器)就可获得测量结果，则该被测参量所对应的不确定度属于 B 类标准不确定度，记为 u_B。

B 类标准不确定度评定方法的主要信息来源是以前测量的数据、生产厂的产品技术说明书、仪器的鉴定证书或校准证书等。它通常不是利用直接测量获得数据，而是依据查证已有信息获得。例如：

① 最近之前进行类似测试的大量测量数据与统计规律；

② 本检测仪器近期性能指标的测量和校准报告；

③ 对新购检测设备可参考厂商的技术说明书中的指标；

④ 查询与被测数值相近的标准器件对比测量时获得的数据和误差。

应说明的是，B 类标准不确定度 u_B 与 A 类标准不确定度 u_A 同样可靠，特别是当测量自由度较小时，u_A 反而不如 u_B 可靠。

B 类标准不确定度是根据不同的信息来源，按照一定的换算关系进行评定的。例如，根据检测仪器近期性能指标的测量和校准报告等，并按某置信概率 P 评估该检测仪器的扩展不确定度 U_P，求得 U_P 的覆盖因子 k，则 B 类标准不确定度 u_B 等于扩展不确定度 U_P 除以覆盖因子 k，即

$$u_B(X) = U_P(X)/k \tag{1-24}$$

【例 1.2】 公称值为 100 g 的标准砝码 M，其检定证书上给出的实际值是 100.000 234 g，并说明这一值的置信概率为 0.99 的扩展不确定度是0.000 120 g，假定测量数据符合正态分布。求这一标准砝码的 B 类标准不确定度 u_B 和相对不确定度。

【解】 由于假定测量数据符合正态分布，因此，根据置信概率为 0.99 查《数学手册》概率论正态分布表可得 $k=2.576$；代入(1-24)式得 M 的 B 类标准不确定度为

$$u_B(X) = U_P(X)/k = 0.000\ 120\ \text{g} \div 2.576 = 46.6\ \mu\text{g}$$

其相对标准不确定度为

$$\frac{u_B(X)}{M} = \frac{46.6\ \mu\text{g}}{100\ \text{g}} = 4.7\times10^{-7}$$

在某些情况下，根据已有资料及现有信息只能估计被测参量 X_i 的上限 X_{max}

和下限 $X_{\min}$,而落在$[X_{\min},X_{\max}]$范围内的概率是1,对 X_i 在该范围内的分布并不清楚,此时只能认为是均匀分布。对于均匀分布,其覆盖(即置信)因子 $k=\sqrt{3}$,数学期望值为该分布范围的中值点,则其B类标准不确定度为

$$u_B(X) = \mu/\sqrt{3} = \frac{X_{\max} - X_{\min}}{2\sqrt{3}} = \frac{\sqrt{3}}{6}(X_{\max} - X_{\min}) \qquad (1-25)$$

3. 合成标准不确定度的评定方法

当测量结果有多个分量,则合成标准不确定度可用各分量的标准不确定度的合成得到。计算合成标准不确定度的公式称为测量不确定度传播率。合成标准不确定度仍然表示测量结果的分散性。当影响测量结果的几个不确定度分量彼此独立,即被测量 X 是由 n 个输入分量 $X_1,X_2,\cdots,X_n$ 的函数关系确定,且各分量不相关,根据国际标准化组织(ISO)1992年公布的《测量不确定度表达指南》的规定,在不必区分各分量不确定度是由A类评定方法还是B类评定方法获得的情况下,测量结果的合成标准不确定度 u_C 可简化为各分量标准不确定度 u_i 平方和的正算术平方根,由下式表示:

$$u_C(X) = \sqrt{\sum_{i=1}^{n}\left(\frac{\partial f}{\partial X_i}\right)^2 u^2(X_i)} \qquad (1-26)$$

式中,f 为被测量与各直接测量分量的函数关系表达式;n 为各直接测量分量的个数;$u(X_i)$为各直接测量分量的A类或B类标准不确定度分量;$\frac{\partial f}{\partial X_i}$为被测量 X(与各直接测量分量的函数关系表达式)对某分量 X_i 的偏导数,通常称为灵敏系数,也称为传播系数。为表示与书写方便用 C_i 代表$\frac{\partial f}{\partial X_i}$,则(1-26)式可改写成

$$u_C(X) = \sqrt{\sum_{i=1}^{n} C_i^2 u^2(X_i)} = \sqrt{\sum_{i=1}^{n} u_i^2(X)} \qquad (1-27)$$

这里应指出:式(1-26)及式(1-27)仅适用于影响测量结果的各分量彼此独立的场合。对各分量不独立的测量情况,在求测量结果合成标准不确定度或不确定度合成时,还需考虑协方差项的影响。因篇幅有限,关于考虑协方差的合成标准不确定度计算与合成不再深入讨论,有兴趣的读者可参阅相关资料。

4. 扩展不确定度的评定方法

根据扩展不确定度的定义,测量结果 X 的扩展不确定度 U 等于覆盖因子 k 与合成不确定度 u_C 的乘积,即

$$U = ku_C \qquad (1-28)$$

测量结果可表示为 $X = x \pm U$,x 是 X 被测量的最佳估计值,被测量 X 的可

能值以较高的概率落在 $x-U\leqslant X\leqslant x+U$ 区间内。覆盖因子 k 要根据测量结果所确定区间需要的置信概率进行选取。工程上,常用下述方法选取覆盖因子 k。

① 在无法得到合成标准不确定度的自由度,测量次数多且接近正态分布时,一般 k 取典型值为 2 或 3。在工程应用时,通常取 $k=2$(相当于置信概率为 0.95)。

② 根据测量值的分布规律和所要求的置信概率,选取 k 值。例如,假设为均匀分布时,置信概率 $P=0.99$,查表 1-2 和 $k=1.71$。

表 1-2 均匀分布时置信概率 P 与覆盖因子 k 的关系

$P\%$	k
57.74	1
95	1.65
99	1.71
100	1.73

③如果 $u_C(X)$的自由度较小,并要求区间具有规定的置信水平时,求覆盖因子 k 的方法如下:

设被测量 $X=f(X_1,X_2,\cdots,X_i,\cdots,X_n)$,先求出其合成标准不确定度 $u_C(X)$,再根据下式计算 $u_C(X)$的有效自由度

$$d_e = \frac{u_C^4(X)}{\sum_{i=1}^{N}\frac{C_i{}^4 u^4(X_i)}{d_i}} \tag{1-29}$$

式中,N 为各直接测量分量的个数;d_i 为 $u(X_i)$的自由度数;$C_i=\frac{\partial f}{\partial X_i}$为被测量 X 对某分量 X_i 的偏导数;$u(X_i)$为各直接测量分量的标准不确定度。

覆盖因子 k 的选择取决于测量结果 X 的置信度,即希望 X 以多大的置信概率(置信水平)落入 $x-U$ 至 $x+U$ 的区间,这要求有丰富的实践经验和扎实的专业知识。对测量结果 X 的分布不甚清楚的情况下,覆盖因子 k 的选择将更加困难。这时最简单的做法是在测量结果的置信水平要求很高时规定 $k=3$(相当于正态分布时的置信概率 0.997,对近似为正态的 t 分布的置信概率也可认为 0.99 或 99%)。在一般工程应用中习惯取 $k=2$(相应的置信概率近似为 0.95 或 95%)。

1.5.3 测量结果的表示和处理方法

在任何一个完整的测量过程结束时,都必须对测量结果进行报告,即给出被测量的估计值以及该估计值的不确定度。

设被测量 X 的估计值为 x，估计值所包含的已确定系统误差分量为 ε_x，估计值的不确定度为 U，则被测量 X 的测量结果可表示为

$$X = x - \varepsilon_x \pm U \tag{1-30}$$

或者

$$x - \varepsilon_x - U \leqslant X \leqslant x - \varepsilon_x - U \tag{1-31}$$

如果对已确定测量系统误差分量为 $\varepsilon_x = 0$，也就是说测量结果的估计值 X 不再含有可修正的系统误差，而仅含有不确定的误差分量，此时，测量结果可用下式表示：

$$X = x \pm U \tag{1-32}$$

或者

$$x - U \leqslant X \leqslant x + U \tag{1-33}$$

用上述两种形式给出测量结果时，通常应同时指明 k 的大小或测量结果的概率分布及置信概率等。

在工程测量实践中，常见的测量结果的表达形式有：

$$X = x \pm U \qquad (P = 0.90)$$

$$X = x \pm U \qquad (P = 0.95)$$

$$X = x \pm U \qquad (P = 0.99)$$

其中，$P = 0.95$，k 近似为 2 为工程习惯常用值可缺省，不必注明 P 值而其余 P 均应标注。

测量结果有时也以相对不确定度表示，例如：

$$X = x(1 \pm U_R) \qquad (P = 0.99)$$

式中，$U_R = U/x$ 为相对扩展不确定度。

值得一提的是：测量结果无论采用何种形式，最后都应给出测量单位（且只能出现一次）。

对送检样机或样品按一定步骤进行测量和校准等检定工作后，要对测量数据进行统计、分析处理，最后给出校准或检定证书。对某个重要被测参量进行测量后也要给出测量结果，并评估该测量结果的测量不确定度。对测量结果测量不确定度处理的一般过程如下：

(1) 根据被测量的定义和送检样机或样品所要求的测量条件，明确测量原理、测量标准，选择相应的测量方法、测量设备，建立被测量的数学模型等；

(2) 分析并列出对测量结果有较为明显影响的不确定度来源，每个来源为一个标准不确定度分量；

(3) 定量评定各不确定度分量，并特别注意采用 A 类评定方法时要先用恰当的方法依次剔除坏值；

(4) 计算测量结果合成标准不确定度和扩展不确定度；

(5) 完成测量结果报告。

下面通过一个实例来具体说明。

【例 1.3】 用数字电压表直接测量一个标称值为 10 Ω 标准电阻两端的电压,以便间接测定该电阻消耗的功率。由使用说明书得知该数字电压表各挡的精度等级均为 0.1,经法定计量技术机构计量鉴定合格,检定证书指出它的自由度为 8(如果没有该检测仪表具体自由度的可靠信息时,通常按自由度为无穷大处理)。标称值为 10 Ω 的标准电阻经法定计量技术机构检定,检定报告给出其校准值为 10.006 6 Ω,校准值的扩展不确定度为 0.003 2 Ω,覆盖因子 $k=2$。用电压表对该电阻值在同一条件下重复测量 8 次,测量值分别为 1.346 V,1.342 V,1.345 V,1.346 V,1.348 V,1.344 V,1.351 V,1.350 V。由于测量时间很短,温度和其他外部环境条件变化对测量结果的影响可不予考虑。对上述测量给出该 10 Ω 标准电阻承受的功率测量结果和扩展不确定度的测量报告。

【解】 (1)本例测量原理

(功率)$P=$(电压)$U\times$(电流)I

(2) 本例测量数学模型

$$P=U\cdot I=U\cdot\frac{U}{R}=\frac{U^2}{R}$$

(3) 计算 8 次测量结果的算术平均值

$$\begin{aligned}\overline{U} &= \frac{1}{n}\sum_{i=1}^{n}U_i = \frac{1}{8}\times(1.346+1.342+1.345+1.346+\\ &\quad 1.348+1.344+1.351+1.350)\ \mathrm{V}\\ &= 1.346\ 5\ \mathrm{V}\end{aligned}$$

$$\overline{P}=\frac{\overline{U}^2}{R}=\frac{(1.346\ 5\ \mathrm{V})^2}{10.006\ 6\Omega}=0.181\ 2\ \mathrm{W}$$

(4) 粗大误差检查处理

一般工程测量常用 $\alpha=1-P=1-0.95=0.05$ 选取危险系数,按小样本测量数据的粗大误差处理,用格拉布斯准则公式(1-22)检查上述 8 个数据,检查结果是上述 8 个数据全是正常数据,所以无需对(3)重新进行计算。

(5) 测量不确定度原因分析:

本例的测量不确定度主要来源为:a. 数字电压表本身存在一定误差;b. 标准电阻存在一定不确定度;c. 数字电压表内和外界的各种随机因素影响电压测量的准确性和重复性。

(6) 各分量标准不确定度的估计与评定

根据上述分析,本例功率测量结果的标准不确定度主要有电压测量标准不确定度和被测标准电阻标准不确定度两个分量组成,具体可按下述方法计算处理。

① 电压测量的标准不确定度 $u(U)$

电压测量的标准不确定度包括数字电压表不精确产生的标准不确定度分量和电压测量离散产生的标准不确定度分量。

a. 数字电压表不精确产生的标准不确定度分量

已知数字电压表的精度等级为 0.1 级，且该表经鉴定合格，所以其标准不确定度 $u_1(U)$ 可按 B 类方法评定，测量值可能的区间半宽度

$$a_1 = \overline{U} \times 0.1\% = 1.346\ 5\ \text{V} \times 0.001 = 0.001\ 346\ 5\ \text{V}$$

设在该区间内的概率分布为均匀分布，所以覆盖因子取工程上常用的值 $k_1 = \sqrt{3} = 1.732$，则

$$u_1(U) = a_1 / k_1 = 0.001\ 346\ 5\ \text{V}/1.732 = 7.774 \times 10^{-4}\ \text{V}$$

b. 电压测量离散产生的标准不确定度分量

本例采用 8 次测量值的算术平均值作为测量结果的最佳估计值，所以因电压测量离散产生的标准不确定度分量 u_2 按 A 类评定方法计算。

$$\hat{\sigma}(x) = \sqrt{\frac{\sum_{i=1}^{8}(x_i - \bar{x})^2}{8-1}} = 3.024\ \text{mV} = 3.024 \times 10^{-3}\ \text{V}$$

$$u_2(U) = \hat{\sigma}(x)/\sqrt{n} = 3.0 \times 10^{-3}\ \text{V}/\sqrt{8} = 1.1 \times 10^{-3}\ \text{V}$$

数字电压表产生的标准不确定度分量 $u(U)$ 为

$$u(U) = \sqrt{u_1^{\ 2}(U) + u_2^2(U)} = 10^{-4} \times \sqrt{7.774^2 + 10.69^2}\ \text{V}$$

$$= 1.322 \times 10^{-3}\ \text{V}$$

电压测量自由度可根据式(1－29)得

$$d_U = \frac{u^4(U)}{\dfrac{u_1^{\ 4}(U)}{d_1} + \dfrac{u_2^{\ 4}(U)}{d_2}} = \frac{(1.322 \times 10^{-3})^4}{\dfrac{(7.774 \times 10^{-4})^4}{8} + \dfrac{(1.1 \times 10^{-3})^4}{8-1}} \approx 13$$

② 标准电阻引入的不确定度分量 $u(R)$

由标准电阻的检定报告得知，其校准值的扩展不确定度 $U = 0.003\ 2\ \Omega$，且覆盖因子 $k = 2$。则 $u(R)$ 可采用 B 类评定方法得到

$$u(R) = \frac{U}{k} = \frac{0.003\ 2}{2} = 0.001\ 6\ \Omega$$

(7) 计算功率测量合成标准不确定度 $u_C(P)$

本例测量数学模型 $P = \frac{U^2}{R}$，其中被测量参量 U(电压)和 R(电阻)本身不相关。所以

$$u_C(P) = \sqrt{c_1^{\ 2} u^2(U) + c_2^{\ 2} u^2(R)}$$

$$= \sqrt{0.269\,1^2 \times 1.322^2 \times 10^{-6} + 0.018\,11^2 \times 0.001\,6^2}\ \mathrm{W}$$

$$= 3.569 \times 10^{-4}\ \mathrm{W}$$

式中 灵敏系数 $C_1 = \dfrac{\partial P}{\partial U} = \left|\dfrac{U^2}{R}\right|'_U = \dfrac{2U}{R} = \dfrac{2 \times 1.346\,5\ \mathrm{V}}{10.006\,6\Omega} = 0.269\,1\ \mathrm{V/\Omega}$

灵敏系数 $C_2 = \dfrac{\partial P}{\partial R} = \left|\dfrac{U^2}{R}\right|'_R = -\dfrac{U^2}{R^2} = -\dfrac{(1.346\,5\ \mathrm{V})^2}{(10.006\,6\Omega)^2} = -0.018\,11\ \mathrm{V^2/\Omega^2}$

(8) 计算确定功率测量扩展不确定度 U

① 按工程常用置信水平 95%（即 $P = 0.95$）考虑，计算功率合成标准不确定度 $u_C(P)$ 的有效自由度

$$d_e = \frac{u_C^4(P)}{\dfrac{C_1^4 u^4(U)}{d_U} + \dfrac{C_2^4 u^4(R)}{d_R}}$$

$$= \frac{(3.6 \times 10^{-4})^4}{\dfrac{(0.27 \times 1.3 \times 10^{-3})^4}{13} + \dfrac{(-0.018 \times 0.001\,6)^4}{\infty}} \approx 13$$

这里 $u(R)$ 的自由度题目中没有给出具体资料，且 $u(R)$ 采用 B 类评定方法获得，因此，习惯把其自由度看作无穷大。

② 根据 $P = 0.95$，$d = 13$，查《数学手册》中 t 分布表，得

$$k_{0.95} = t_{0.05}(13) = 2.160$$

③ 计算功率测量扩展不确定度 U（即 $U_{0.95}$）

$$U = k_{0.95} \cdot u_C(P) = 2.16 \times 3.569 \times 10^{-4}\ \mathrm{W} = 7.71 \times 10^{-4}\ \mathrm{W}$$

(9) 给出本例功率测量最终结果报告：

功率 $P = (0.181\,2 \pm 0.000\,8)\ \mathrm{W}$

本例置信水平为 0.95，覆盖因子 2.160，功率测量有效自由度为 13。

由于测量不确定度表达法则由国际标准化组织公布时间不长，我国还未因此建立严格的配套法规；因此，目前国内绝大部分检测、计量仪器与系统厂商生产的产品仍沿用以往有关的测量误差与测量精度的习惯标注方法。故其广泛推广和使用还有一个循序渐进的过程。

1.6 检测系统的静态特性

人们在设计或选用检测系统（包括简易的检测仪器和复杂的综合测量系统或装置）时，要综合考虑诸如被测参量变化的特点、变化范围、测量精度要求、测量速度要求、使用环境条件、检测系统本身的稳定性和售价等多种因素。其中，最主要的因素是检测系统本身的基本特性能否实现及时、真实地（达到所需的精

度要求)反映被测参量(在其变化范围内)的变化。只有这样,该检测系统才具备对此被测参量实施测量的基本条件。

1.6.1 概述

检测系统的基本特性一般分为两类:静态特性和动态特性。这是因为被测参量的变化大致可分为两种情况,一种是被测参量基本不变或变化很缓慢的情况,即所谓"准静态量"。此时,可用检测系统的一系列静态参数(静态特性)来对这类"准静态量"的测量结果进行表示、分析和处理。另一种是被测参量变化很快的情况,它必然要求检测系统的响应更为迅速,此时,应用检测系统的一系列动态参数(动态特性)来对这类"动态量"测量结果进行表示、分析和处理。

研究和分析检测系统的基本特性,主要有以下三个方面的用途。

第一,通过检测系统的已知基本特性,由测量结果推知被测参量的准确值;这也是检测系统对被测参量进行通常的测量过程。

第二,对多环节构成的较复杂的检测系统进行测量结果及(综合)不确定度的分析,即根据该检测系统各组成环节的已知基本特性,按照已知输入信号的流向,逐级推断和分析各环节输出信号及其不确定度。

第三,根据测量得到的(输出)结果和已知输入信号,推断和分析出检测系统的基本特性。这主要用于该检测系统的设计、研制和改进、优化,以及对无法获得更好性能的同类检测系统和未完全达到所需测量精度的重要检测项目进行深入分析、研究。

通常把被测参量作为检测系统的输入(亦称为激励)信号,而把检测系统的输出信号称为响应。由此,我们就可以把整个检测系统看成一个信息通道来进行分析。理想的信息通道应能不失真地传输各种激励信号。通过对检测系统在各种激励信号下的响应的分析,可以推断、评价该检测系统的基本特性与主要技术指标。

一般情况下,检测系统的静态特性与动态特性是相互关联的,检测系统的静态特性也会影响到动态条件下的测量。但为叙述方便和使问题简化,便于分析讨论,通常把静态特性与动态特性分开讨论,把造成动态误差的非线性因素作为静态特性处理,而在列运动方程时,忽略非线性因素,简化为线性微分方程。这样可使许多非常复杂的非线性工程测量问题大大简化,虽然会因此而增加一定的误差,但是绝大多数情况下此项误差与测量结果中含有的其他误差相比都是可以忽略的。

下面介绍的检测系统基本特性不仅适用于整个系统,也适用于组成检测系统的各个环节,如传感器、信号放大、信号滤波、数据采集、显示等。

1.6.2 检测系统静态特性方程与特性曲线

一般检测系统的静态特性均可用一个统一(但具体系数各异)的代数方程,即静态特性方程来描述,表示检测系统对被测参量的输出与输入间的关系,即

$$y(x)=a_0+a_1x+a_2x^2+\cdots+a_ix^i+\cdots+a_nx^n \tag{1-34}$$

式中,x 为输入量;$y(x)$为输出量;$a_0,a_1,\cdots,a_n$ 为常系数项。

如果方程(1-34)中除 a_0、a_1 不为零外,其余各项常数均为零,这时式(1-34)就成为一个线性方程,对应的检测系统就是一个线性系统。以输入量为横坐标,输出量为纵坐标,在直角平面坐标系中画出的静态特性曲线是一条直线。如果方程(1-34)右边仅有一次项的系数 a_1 不为零而其余各项系数均为零,这时检测系统的静态特性曲线为过坐标原点的一条直线,对应的检测系统成为没有零位误差的理想测量系统。但实际上检测系统难以做到除一次项系数外,二次以上高次项系数均绝对为零。由此可见,方程(1-34)通常总是一个非线性方程,式中各常数项决定输出特性曲线的形状。

通常,检测系统的设计者和使用者都希望检测系统输出和输入能保持这种较理想的线性关系,因为线性特性不仅能使系统设计简化,而且也有利于提高检测系统的测量精度。

当 $a_0\neq0$ 时,表示即使输入信号为 0,检测系统也仍有输出,该输出值工程上通常称为零位误差或零点偏移。对于相对固定的零位输出,可当作简单的系统误差进行处理。

检测系统的实际静态特性曲线是在静态标准条件下,采用更高精度等级(其测量精度误差小于被校检测系统允许误差的 1/3)的标准设备,同时对同一输入量进行对比测量,重复多次(不少于 3 次)进行全量程逐级地加载和卸载测量,全量程的逐级加载是指输入值从最小值逐渐等间隔地加大到满量程值:逐级卸载是指输入值从满量程值逐渐等间隔减小到最小值。加载测量又称为正行程或进程,卸载测量称为反行程或回程。进行一次逐级加载和卸载就可以得到一条与输入值相对应的输出信号的记录曲线,此曲线即为校准曲线。一般用多次校准曲线的平均值作为其静态特性曲线。将校准所得的一系列输入(x_i)、输出 $y_i(x_i)$数据分别代入式(1-34),可得到以待定系数 $a_0,a_1,\cdots,a_i,\cdots,a_n$ 为变量的 n 元一次线性方程组,求解后将 $a_0,a_1,\cdots,a_i,\cdots,a_n$ 的具体值代入式(1-34),就得到了该被校检测系统的具体静态特性方程。同时也可根据校准所得的一系列输入(x_i)、输出 $y_i(x_i)$数据,采用规定的方法(如工程上常用的最小二乘法)计算、拟合得到的一直线方程,由此方程得到的直线称为该检测系统的理想静态特性直线,亦称为拟合直线或工作直线。经处理后获得被校检测系统全量

程的一系列输入、输出数据，并据此绘制出的曲线称为检测系统的实际静态校准曲线，也称为实际静态特性曲线。由实测确定检测系统输入和输出关系的过程称为静态校准或静态标定。在对检测系统进行静态特性检定、测量时应满足一般静态校准的环境条件：环境温度(20±5) ℃，湿度不大于85%，大气压力为(101.3±8) kPa，没有振动和冲击等，否则将影响校准的准确度。

1.6.3 检测系统静态特性的主要参数

静态特性表征检测系统在被测参量处于稳定状态时的输出—输入关系。衡量检测系统静态特性的主要参数是指测量范围、精度等级、灵敏度、线性度、滞环、重复性、分辨力、灵敏限、可靠性等。

1. 测量范围

每个用于测量的检测仪器都有规定的测量范围，它是该仪表按规定的精度对被测变量进行测量的允许范围。测量范围的最小值和最大值分别称为测量下限和测量上限，简称下限和上限。仪表的量程可以用来表示其测量范围的大小，用其测量上限值与下限值的代数差来表示，即

$$\text{量程} = |\text{测量上限值} - \text{测量下限值}| \tag{1-35}$$

用下限与上限可完全表示仪表的测量范围，也可确定其量程。如一个温度测量仪表的下限值是 -50 ℃，上限值是 150 ℃，则其测量范围(量程)可表示为

$$\text{量程} = |150\ ℃ - (-50\ ℃)| = 200\ ℃$$

由此可见，给出仪表的测量范围便知其测量上下限及量程，反之只给出仪表的量程，却无法确定其上下限及测量范围。

2. 精度等级

检测仪器及系统精度等级，在1.1.3节中已描述，这里不再重述。

3. 灵敏度

灵敏度是指测量系统在静态测量时，输出量的增量与输入量的增量之比。即

$$S = \lim_{\Delta x \to 0}\left(\frac{\Delta y}{\Delta x}\right) = \frac{\mathrm{d}y}{\mathrm{d}x} \tag{1-36}$$

对线性测量系统来说，灵敏度为：

$$S = \frac{y}{x} = K = \frac{m_y}{m_x}\mathrm{tg}\theta \tag{1-37}$$

亦即线性测量系统的灵敏度是常数，可由静态特性曲线(直线)的斜率来求得，如图1-7(a)所示，式中，m_y、m_x 为 y 轴和 x 轴的比例尺，θ 为相应点切线与 x 轴间的夹角。非线性测量系统的灵敏度是变化的，如图1-7(b)所示。

对非线性测量系统来说，其灵敏度由静态特性曲线上各点的斜率来决定。

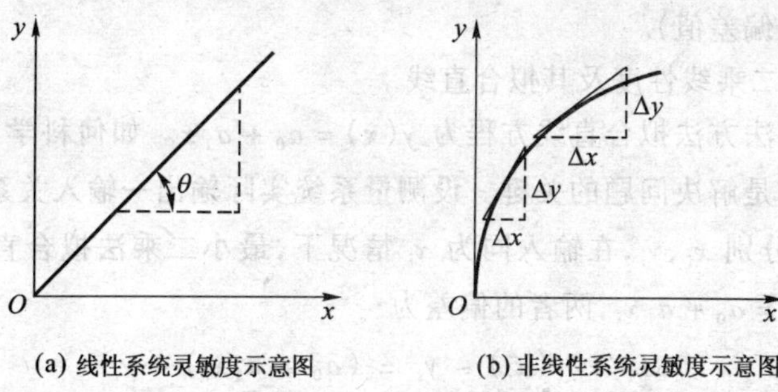

图 1-7 灵敏度示意图

灵敏度的量纲是输出量的量纲和输入量的量纲之比。

4. 线性度

线性度通常也称为非线性度。理想的测量系统，其静态特性曲线是一条直线。但实际测量系统的输入与输出曲线并不是一条理想的直线。线性度就是反映测量系统实际输出、输入关系曲线与据此拟合的理想直线 $y(x)=a_0+a_1x$ 的偏离程度。通常用最大非线性引用误差来表示。即

$$\delta_{\mathrm{L}}=\frac{|\Delta L_{\max}|}{Y_{\mathrm{FS}}}\times 100\% \tag{1-38}$$

式中，δ_{L} 为线性度；$\Delta L_{\max}$ 为校准曲线与拟合直线之间的最大偏差；Y_{FS} 为以拟合直线方程计算得到的满量程输出值。

由于最大偏差 $\Delta L_{\max}$ 是以拟合直线为基准计算的，因此拟合直线确定的方法不同，则 $\Delta L_{\max}$ 不同，测量系统线性度 δ_{L} 也不同。所以，在表示线性度时应注意要同时说明具体采用的拟合方法。选择拟合直线，通常以全量程多数测量点的非线性误差都相对较小的为佳。常用的拟合直线方法有理论直线法、端基线法和最小二乘法等，与之相对应的即是理论线性度、端基线性度和最小二乘法线性度等。实际工程中多采用理论线性度和最小二乘法线性度。

(1) 理论线性度及其拟合直线

理论线性度也称绝对线性度。它以测量系统静态理想特性 $y(x)=kx$ 作为拟合直线，如图 1-8 中的直线 1(曲线 2 为系统全量程多次重复测量平均后获得的实际输出—输入关系曲线，曲线 3 为系统全量程多次重复测量平均后获得的实际测量数据，采用最小二乘法方法拟合得到的直线)。此方法优点是简单、方便和直观；缺点是多数测量点的非线性误差相对都较大(ΔL_1 为该直线与实际

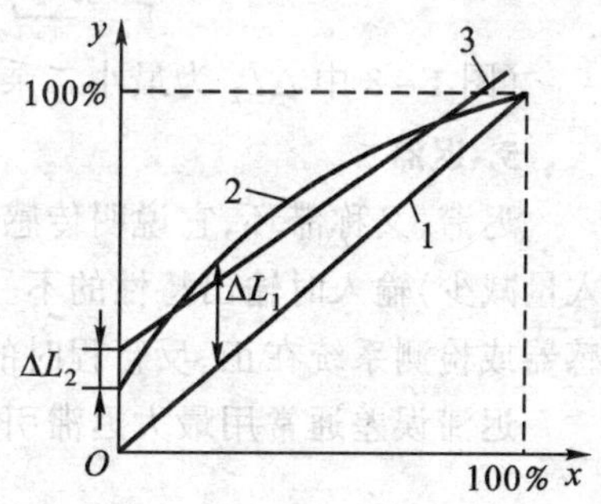

图 1-8 最小二乘和理论线性度及其拟合直线

曲线在某点的偏差值)。

(2) 最小二乘线性度及其拟合直线

最小二乘法方法拟合直线方程为 $y(x) = a_0 + a_1 x$。如何科学、合理地确定系数 a_0 和 a_1 是解决问题的关键。设测量系统实际输出—输入关系曲线上某点的输入、输出分别 x_i、y_i,在输入同为 x_i 情况下,最小二乘法拟合直线上得到输出值为 $y(x_i) = a_0 + a_1 x_i$,两者的偏差为

$$\Delta L_i = y(x_i) - y_i = (a_0 + a_1 x_i) - y_i$$

最小二乘拟合直线的原则是使确定的 n 个特征测量点的均方差为最小值,因

$$\frac{1}{n}\sum_{i=1}^{n}\Delta L_i^2 = \frac{1}{n}\sum_{i=1}^{n}[(a_0 + a_1 x_i) - y_i]^2 = f(a_0, a_1) \tag{1-39}$$

为此必有 $f(a_0, a_1)$ 对 a_0 和 a_1 的偏导数为零,即

$$\frac{\partial f(a_0, a_1)}{\partial a_0} = 0$$

$$\frac{\partial f(a_0, a_1)}{\partial a_1} = 0$$

把 $f(a_0, a_1)$ 的表达式代入上述两方程,整理可得到关于最小二乘拟合直线的待定系数 a_0 和 a_1 的两个表达式

$$a_0 = \frac{\left(\sum_{i=1}^{n} x_i^{\ 2}\right)\left(\sum_{i=1}^{n} y_i\right) - \left(\sum_{i=1}^{n} x_i\right)\left(\sum_{i=1}^{n} x_i y_i\right)}{n\sum_{i=1}^{n} x_i^{\ 2} - \left(\sum_{i=1}^{n} x_i\right)^2} \tag{1-40}$$

$$a_1 = \frac{n\sum_{i=1}^{n} x_i y_i - \left(\sum_{i=1}^{n} x_i\right)\left(\sum_{i=1}^{n} y_i\right)}{n\sum_{i=1}^{n} x_i^{\ 2} - \left(\sum_{i=1}^{n} x_i\right)^2}$$

(图 1-8 中 ΔL_2 为最小二乘拟合曲线与实际曲线在某点的偏差值)

5. 迟滞

迟滞,又称滞环,它说明传感器或检测系统的正向(输入量增大)和反向(输入量减少)输入时输出特性的不一致程度,亦即对应于同一大小的输入信号,传感器或检测系统在正、反行程时的输出信号的数值不相等,见图 1-9 所示。

迟滞误差通常用最大迟滞引用误差来表示,即

$$\delta_H = \frac{\Delta H_{max}}{Y_{FS}} \times 100\% \tag{1-41}$$

式中,δ_H 为最大迟滞引用误差;ΔH_{max} 为(输入量相同时)正反行程输出之间的最

大绝对偏差；Y_{FS}为测量系统满量程值。

在多次重复测量时，应以正反程输出量平均值间的最大迟滞差值来计算。迟滞误差通常是由于弹性元件、磁性元件以及摩擦、间隙等原因所引起的，一般需通过具体实测才能确定。

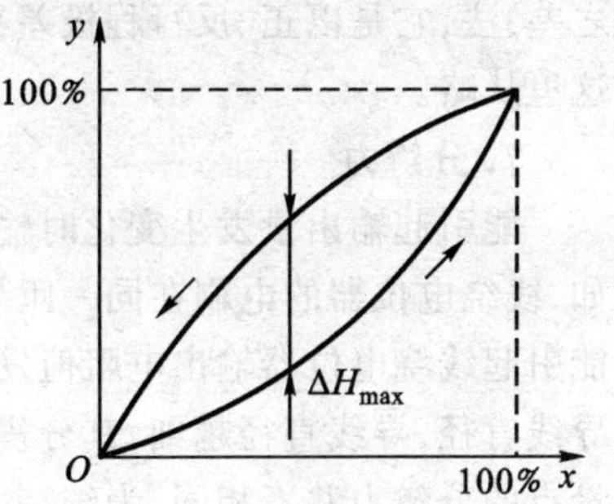

图 1-9 迟滞特性示意图

6. 重复性

重复性表示检测系统或传感器在输入量按同一方向（同为正行程或同为反行程）作全量程连续多次变动时所得特性曲线的不一致程度，如图 1-10 所示。

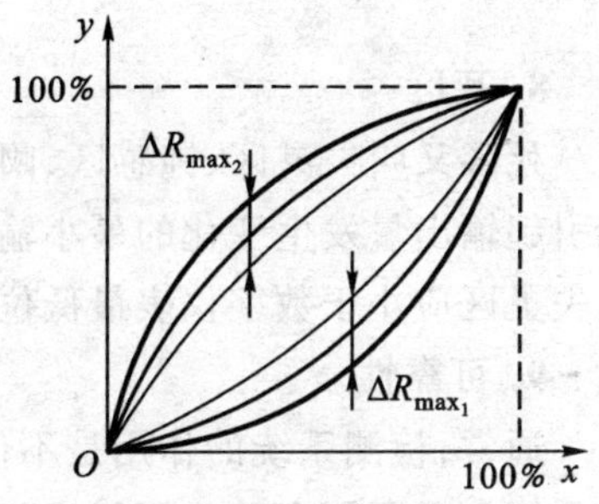

图 1-10 检测系统重复性示意图

特性曲线一致性好，重复性就好，误差也小。重复性误差是属于随机误差性质的，测量数据的离散程度是与随机误差的精密度相关的，因此应该根据标准偏差来计算重复性指标。重复性误差 δ_R 可按下式计算：

$$\delta_R = \frac{Z\sigma_{max}}{Y_{FS}} \times 100\% \qquad (1-42)$$

式中，δ_R 为重复性误差；Z 为置信系数，对正态分布，当 Z 取 2 时，置信概率为 95%，Z 取 3 时，概率为 99.73%；对测量点和样本数较少时，可按 t 分布表选取所需置信概率所对应的置信系数。σ_{max} 为正、反向各测量点标准偏差的最大值；Y_{FS} 为测量系统满量程值。

式(1-42)中标准偏差 σ_{max} 的计算方法可按贝塞尔公式计算。按贝塞尔公式计算，通常应先算出各个校准级上的正、反行程的子样标准偏差，即

$$\sigma_{zj} = \sqrt{\frac{1}{n-1}\sum_{i=1}^{n}(y_{zi} - \bar{y}_{zj})^2}$$

$$\sigma_{Fj} = \sqrt{\frac{1}{n-1}\sum_{i=1}^{n}(y_{Fi} - \bar{y}_{Fj})^2} \qquad (1-43)$$

式中，$\sigma_{zj}\sigma_{Fj}$ 为第 j 次测量正行程和反行程测量数据的子样标准偏差（$j=1,2,\cdots,m$）；y_{zi}、y_{Fi} 为第 j 次测量上正行程和反行程的第 i 个测量数据（$i=1,2,\cdots,n$）；$\bar{y}_{zj}$、$\bar{y}_{Fj}$ 为第 j 次测量上正行程和反行程测量数据的算术平均值。

取上述 $\sigma_{zj}\sigma_{Fj}$（正反行程 σ 共 $2m$ 个测量点）中的最大值 σ_{max} 及所选置信系数和量程便可按式(1-42)计算，得到测量系统的重复性误差 δ_R。

计算标准偏差还有一种较常见的方法——极差（测量数据最大值与最小值

之差)法,它是以正、反行程极差平均值和极差系数来计算标准偏差。限于篇幅,这里从略。

7. 分辨力

能引起输出量发生变化时输入量的最小变化量称为检测系统的分辨力。例如,线绕电位器的电刷在同一匝导线上滑动时,其输出电阻值不发生变化,因此能引起线绕电位器输出电阻值发生变化的(电刷)最小位移 ΔX 为电位器所用的导线直径,导线直径越细,其分辨力就愈高。许多测量系统在全量程范围内各测量点的分辨力并不相同,为统一,常用全量程中能引起输出变化的各点最小输入量中的最大值 ΔX_{max} 相对满量程输出值的百分数来表示系统的分辨力。即

$$k = \frac{\Delta X_{max}}{Y_{FS}} \tag{1-44}$$

8. 死区

死区又叫失灵区、钝感区、阈值等,它指检测系统在量程零点(或起始点)处能引起输出量发生变化的最小输入量。通常均希望减小失灵区,对数字仪表来说失灵区应小于数字仪表最低位的二分之一。

9. 可靠性

通常,检测系统的作用是不仅要提供实时测量数据,而且往往作为整个自动化系统中必不可少的重要组成环节而直接参与和影响生产过程控制。因此,检测系统一旦出现故障就会导致整个自动化系统瘫痪,甚至造成严重的生产事故,为此必须十分重视检测系统的可靠性。衡量检测系统可靠性的指标有:

(1) 平均无故障时间 MTBF(Mean Time Between Failure)　指检测系统在正常工作条件下开始连续不间断工作,直至因系统本身发生故障丧失正常工作能力时为止的时间,单位通常为小时或天。

(2) 可信任概率 P　表示在给定时间内检测系统在正常工作条件下保持规定技术指标(限内)的概率。

(3) 故障率　故障率也称失效率,它是平均无故障时间 MTBF 的倒数。

(4) 有效度　衡量检测系统可靠性的综合指标是有效度,对于排除故障,修复后又可投入正常工作的检测系统,其有效度 A 定义为平均无故障时间与平均无故障时间、平均故障修复时间 MTTR(Mean Time To Repair)和的比值,即

$$A = \frac{\text{MTBF}}{\text{MTBF} + \text{MTTR}} \tag{1-45}$$

对于使用者来说,当然希望平均无故障时间尽可能长,同时又希望平均故障修复时间尽可能的短,也即有效度的数值越大越好。此值越接近 1,检测系统工作越可靠。

以上是检测系统的主要技术指标,此外检测系统还有经济方面的指标,如功

耗、价格、使用寿命等。

检测系统使用方面的指标有:操作维修是否方便,能否可靠安全运行以及抗干扰与防护能力的强弱,重量、体积的大小,自动化程度的高低等。

1.7 检测系统的动态特性

当被测(输入量、激励)随时间变化时,因系统总是存在着机械的、电气的和磁的各种惯性,而使检测系统(仪器)不能实时无失真地反映被测量值,这时的测量过程就称为动态测量。检测系统的动态特性是指在动态测量时,输出量与随时间变化的输入量之间的关系。而研究动态特性时必须建立测量系统的动态数学模型。

1.7.1 检测系统的(动态)数学模型

检测系统的动态特性的数学模型主要有三种形式:时域分析用的微分方程;频域分析用的频率特性;复频域用的传递函数。测量系统动态特性由其本身各个环节的物理特性决定,因此如果知道上述三种数学模型中的任一种,都可推导出另外两种形式的数学模型。

1. 微分方程

对于线性时不变的测量系统来说,表征其动态特性的常系数线性微分方程式为

$$a_n \frac{\mathrm{d}^n Y(t)}{\mathrm{d}t^n} + a_{n-1} \frac{\mathrm{d}^{n-1} Y(t)}{\mathrm{d}t^{n-1}} + \cdots + a_1 \frac{\mathrm{d}Y(t)}{\mathrm{d}t} + a_0 Y(t)$$

$$= b_m \frac{\mathrm{d}^m X(t)}{\mathrm{d}t^m} + b_{m-1} \frac{\mathrm{d}^{m-1} X(t)}{\mathrm{d}t^{m-1}} + \cdots + b_1 \frac{\mathrm{d}X(t)}{\mathrm{d}t} + b_0 X(t) \quad (1-46)$$

式中,$Y(t)$为输出量或响应;$X(t)$为输入量或激励;$a_0, a_1, \cdots, a_n, b_0, b_1, \cdots, b_m$为与测量系统结构的物理参数有关的系数;$\frac{\mathrm{d}^n Y(t)}{\mathrm{d}t^n}$为输出量 Y 对时间 t 的 n 阶导数;$\frac{\mathrm{d}^m X(t)}{\mathrm{d}t^m}$为输入量 X 对时间 t 的 m 阶导数。

由式(1-46)可以求出在某一输入量作用下测量系统的动态特性。但是对一个复杂的测量系统和复杂的被测信号,求该方程的通解和特解颇为困难,往往采用传递函数和频率响应函数更为方便。

2. 传递函数

若测量系统的初始条件为零,则把测量系统输出(响应函数)$Y(t)$的拉氏变换 $Y(s)$与测量系统输入(激励函数)$X(t)$的拉氏变换 $X(s)$之比称为测量系统

的传递函数 $H(s)$。

假定在初始 $t=0$ 时,满足输出 $Y(t)=0$ 和输入 $X(t)=0$,以及它们对时间的各阶导数的初始值均为零的初始条件,这时 $Y(t)$ 和 $X(t)$ 的拉氏变换 $Y(s)$ 和 $X(s)$ 计算公式为

$$\begin{aligned} Y(s) &= \int_0^{\infty} y(t)\mathrm{e}^{-st}\mathrm{d}t \\ X(s) &= \int_0^{\infty} x(t)\mathrm{e}^{-st}\mathrm{d}t \end{aligned} \tag{1-47}$$

满足上述初始条件时,对(1-46)式两边取拉氏变换,就得测量系统的传递函数

$$H(s) = \frac{Y(s)}{X(s)} = \frac{b_m s^m + b_{m-1}s^{m-1} + \cdots + b_1 s + b_0}{a_n s^n + a_{n-1}s^{n-1} + \cdots + a_1 s + a_0} \tag{1-48}$$

上式分母中 s 的最高指数 n 即代表微分方程的阶数,相应地当 $n=1$, $n=2$ 则称为一阶系统传递函数和二阶系统传递函数。由式(1-48)可得:

$$Y(s) = H(s) \cdot X(s) \tag{1-49}$$

知道测量系统传递函数和输入函数即可得到输出(测量结果)函数 $Y(s)$,然后利用拉氏反变换,求出 $Y(s)$ 的原函数,即瞬态输出响应为

$$y(t) = L^{-1}[Y(s)] \tag{1-50}$$

传递函数具有以下特点:

(1) 传递函数是测量系统本身各环节固有特性的反映,它不受输入信号影响,但包含瞬态、稳态时间和频率响应的全部信息;

(2) 传递函数 $H(s)$ 是通过把实际测量系统抽象成数学模型后经过拉氏变换得到的,它只反映测量系统的响应特性;

(3) 同一传递函数可能表征多个响应特性相似,但具体物理结构和形式却完全不同的设备,例如一个 RC 滤波电路与有阻尼弹簧的响应特性就类似,它们同为一阶系统。

3. 频率(响应)特性

在初始状态为零的条件下,把测量系统的输出 $Y(t)$ 的傅里叶变换 $Y(\mathrm{j}\omega)$ 与输入 $X(t)$ 的傅里叶变换 $X(\mathrm{j}\omega)$ 之比称为测量系统的频率响应特性,简称频率特性。通常用 $H(\mathrm{j}\omega)$ 来表示。

对稳定的常系数线性测量系统,可取 $s=\mathrm{j}\omega$,即令其实部为零,这样式(1-47)就变为

$$Y(\mathrm{j}\omega) = \int_0^{\infty} y(t)\mathrm{e}^{-\mathrm{j}\omega t}\mathrm{d}t \tag{1-51}$$

$$X(\mathrm{j}\omega) = \int_0^{\infty} x(t)\mathrm{e}^{-\mathrm{j}\omega t}\mathrm{d}t$$

根据式(1-51)或直接由式(1-48)转换得到测量系统的频率特性$H(\mathrm{j}\omega)$

$$H(\mathrm{j}\omega)=\frac{Y(\mathrm{j}\omega)}{X(\mathrm{j}\omega)}=\frac{b_m(\mathrm{j}\omega)^m+b_{m-1}(\mathrm{j}\omega)^{m-1}+\cdots+b_1(\mathrm{j}\omega)+b_0}{a_n(\mathrm{j}\omega)^n+a_{n-1}(\mathrm{j}\omega)^{n-1}+\cdots+a_1(\mathrm{j}\omega)+a_0} \quad (1-52)$$

从物理意义上说,通过傅里叶变换可将满足一定初始条件的任意信号分解成一系列不同频率的正弦信号之和(叠加),从而将信号由时域变换至频率域来分析。因此频率响应函数是在频率域中反映测量系统对正弦输入信号的稳态响应,也被称为正弦传递函数。

传递函数表达式(1-48)和频率特性表达式(1-52)形式相似,但前者是测量系统输出与输入信号的拉氏变换式之比,其输入并不限于正弦信号,所反映的系统特性不仅有稳态也包含瞬态;后者仅反映测量系统对正弦输入信号的稳态响应。

对线性测量系统其稳态响应(输出)是与输入(激励)同频率的正弦信号。对同一正弦输入,不同测量系统稳态响应的频率虽相同,但幅度和相位角通常不同。同一测量系统当输入正弦信号的频率改变时,系统输出与输入正弦信号幅值之比随(输入信号)频率变化关系称为测量系统的幅频特性,通常用$A(\omega)$表示;系统输出与输入正弦信号相位差随(输入信号)频率变化的关系称为测量系统的相频特性,通常用$\Phi(\omega)$表示。幅频特性和相频特性合起来统称为测量系统的频率(响应)特性。根据得到的频率特性可以方便地在频率域直观、形象和定量地分析研究测量系统的动态特性。

1.7.2 一阶和二阶系统的数学模型

如果知道测量系统的数学模型,经过适当的运算,通常都可以推算得到该测量系统对任何输入的动态输出响应。但是测量系统的数学模型中的具体参数确定通常需经实验测定,亦称动态标定。工程上常用阶跃和正弦两种形式的信号作为标定信号。阶跃输入信号的函数表达式为

$$x(t)=\begin{cases}0 & t\leqslant 0\\ A & t>0\end{cases}$$

式中,A为阶跃输入信号幅值。

采用阶跃输入信号具有适用性广、实施简单、易于操作等特点。采用正弦输入信号对分析测量系统频率特性十分方便,但在对压力、流量、温度、物位等检测系统的实际应用中一般难以碰到被测参量以正弦方式变化的情况,可把被测参量随时间变化看作是在不同时刻一系列阶跃输入的叠加。工程上常见的各类检测系统的动态响应特性大都与理想的一阶或二阶系统相近,少数复杂系统也可

近似地看作两个或多个二阶系统的串并联。

1. 一阶系统的标准微分方程

不论是电学、力学，还是热工测量系统，其一阶系统的运动微分方程最终都可化成如下通式

$$\tau \frac{\mathrm{d}y(t)}{\mathrm{d}x(t)} + y(t) = kx(t) \tag{1-53}$$

式中，$y(t)$为测量系统的输出函数；$x(t)$为测量系统的输入函数；τ 为测量系统的时间常数；k 为测量系统的放大倍数。

上述一阶系统的传递函数表达式为

$$H(s) = \frac{Y(s)}{X(s)} = \frac{k}{1 + \tau s} \tag{1-54}$$

上述一阶系统的频率特性表达式为

$$H(\mathrm{j}\omega) = \frac{Y(\mathrm{j}\omega)}{X(\mathrm{j}\omega)} = \frac{k}{1 + \mathrm{j}\omega\tau} \tag{1-55}$$

其幅频特性表达式为

$$A(\omega) = |H(\mathrm{j}\omega)| = \frac{k}{\sqrt{1 + (\omega\tau)^2}} \tag{1-56}$$

其相频特性表达式为

$$\Phi(\omega) = -\arctan\omega\tau \tag{1-57}$$

2. 二阶系统的标准微分方程

不论是电学、力学或热工测量系统，其二阶系统的运动微分方程最终都可化成如下通式

$$\frac{1}{\omega_0^2}\frac{\mathrm{d}^2 y(t)}{\mathrm{d}t^2} + \frac{2\zeta}{\omega_0}\frac{\mathrm{d}y(t)}{\mathrm{d}t} + y(t) = Kx(t) \tag{1-58}$$

式中，ω_0 为二阶系统的固有角频率；ζ 为二阶系统的阻尼比；K 为二阶系统的放大倍数或称系统静态灵敏度。

上述二阶系统的传递函数表达式为

$$H(s) = \frac{Y(s)}{X(s)} = \frac{K}{\frac{1}{\omega_0^2}s^2 + 2\frac{\zeta}{\omega_0}s + 1} \tag{1-59}$$

上述二阶系统的频率特性表达式为

$$H(\mathrm{j}\omega) = \frac{Y(\mathrm{j}\omega)}{X(\mathrm{j}\omega)} = \frac{K}{\left[1 - \left(\frac{\omega}{\omega_0}\right)^2\right] + 2\mathrm{j}\zeta\frac{\omega}{\omega_0}} \tag{1-60}$$

其幅频特性表达式为

$$A(\omega)=|H(j\omega)|=\frac{K}{\sqrt{\left[1-\left(\frac{\omega}{\omega_0}\right)^2\right]^2+\left[2\zeta\left(\frac{\omega}{\omega_0}\right)\right]^2}} \tag{1-61}$$

其相频特性表达式为

$$\Phi(\omega)=-\arctan\frac{2\zeta\frac{\omega}{\omega_0}}{1-\left(\frac{\omega}{\omega_0}\right)^2} \tag{1-62}$$

下面着重介绍一阶和二阶系统的动态特性参数。

1.7.3 一阶和二阶系统的动态特性参数

检测系统的时域动态性能指标一般都是用阶跃输入时检测系统的输出响应,即过渡过程曲线上的特性参数来表示。

1. 一阶系统的时域动态特性参数

一阶测量系统时域动态特性参数主要是时间常数及与之相关的输出响应时间。

(1) 时间常数 τ

时间常数是一阶系统的最重要的动态性能指标,一阶测量系统为阶跃输入时,其输出量上升到稳态值的63.2%所需的时间,就为时间常数 τ。一阶测量系统为阶跃输入时响应曲线的初始斜率为 $1/\tau$。

(2) 响应时间 t_r

当系统阶跃输入的幅值为 A 时,对一阶测量系统传递函数式(1-54)进行拉氏反变换,得一阶测量系统的对阶跃输入的输出响应表达式为

$$y(t)=kA(1-e^{-\frac{t}{\tau}}) \tag{1-63}$$

其输出响应曲线如图1-11所示。

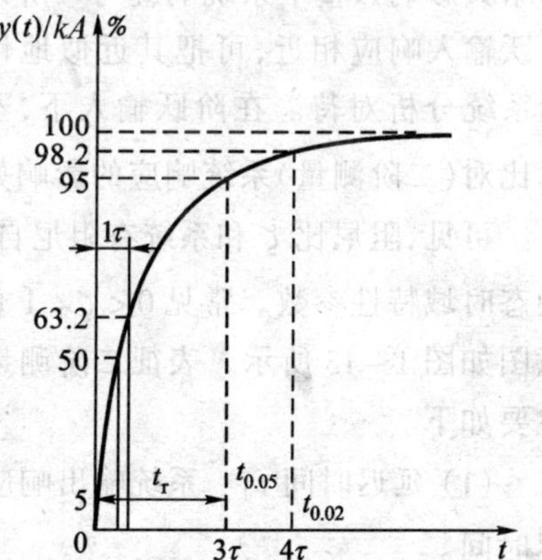

图1-11 一阶测量系统对阶跃输入的响应

从式(1-63)和图1-11,可知一阶测量系统响应 $y(t)$ 随时间 t 增加而增大,当 $t=\infty$ 时趋于最终稳态值,即 $y(\infty)=kA$。理论上,在阶跃输入后的任何具体时刻都不能得到系统的最终稳态值,即总是 $y(t<\infty)<kA$。因而工程上通常把 $t_r=4\tau$(这时有一阶测量系统的输出 $y(4\tau)\approx y(\infty)\times 98.2\%=$

0.982kA)当作一阶测量系统对阶跃输入的输出响应时间。一阶检测系统的时间常数越小,其系统输出的响应就越快。顺便指出,在某些实际工程应用中根据具体测量和试验需要,也有把 $t_r=5\tau$ 或 $t_r=3\tau$ 作为一阶测量系统对阶跃输入输出响应时间的情况。

2. 二阶系统的时域动态特性参数和性能指标

对二阶测量系统,当输入信号 $x(t)$ 为幅值等于 A 的阶跃信号时,通过对二阶测量系统传递函数式(1-59)进行拉氏反变换,可得常见二阶测量系统(通常有 $0<\zeta<1$,称为欠阻尼)的对阶跃输入的输出响应表达式

$$y(t)=KA\left[1-\frac{e^{-\omega_0\zeta t}}{\sqrt{1-\zeta^2}}\sin\left(\omega_d t+\arctan\frac{\sqrt{1-\zeta^2}}{\zeta}\right)\right] \tag{1-64}$$

上式右边括号外的系数与一阶测量系统阶跃输入时的响应相同,其全部输出由二项叠加而成。其中一项为不随时间变化的稳态响应 KA,另一项为幅值随时间变化的阻尼衰减振荡(暂态响应)。暂态响应的振荡角频率 ω_d 称为系统有阻尼自然振荡角频率。暂态响应的幅值按指数 $e^{-\omega_0\zeta t}$ 规律衰减,阻尼比 ζ 愈大暂态幅值衰减愈快。如果 $\zeta=0$,则二阶测量系统对阶跃的响应将为等幅无阻尼振荡;如果 $\zeta=1$,称为临界阻尼,这时二阶测量系统对阶跃的响应为稳态响应 KA 叠加上一项幅值随时间作指数减少的暂态项,系统响应无振荡;如果 $\zeta>1$,称为过阻尼,其暂态响应为两个幅值随时间作指数减少的暂态项,且因其中一个衰减很快(通常可忽略其影响),整个系统响应与一阶系统对阶跃输入响应相近,可把其近似地作为一阶系统分析对待。在阶跃输入下,不同阻尼比对(二阶测量)系统响应的影响如图 1-12 所示。

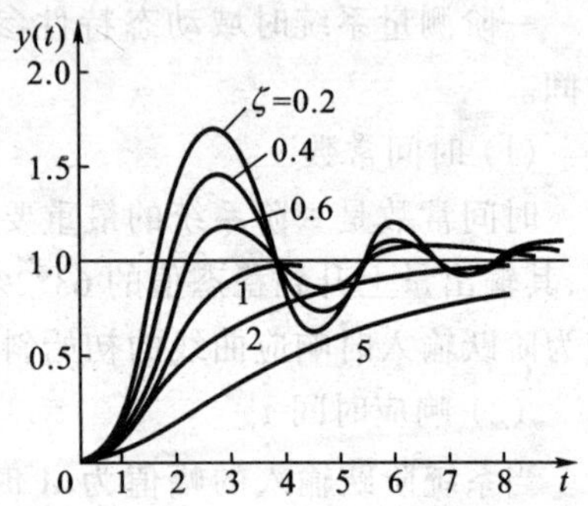

图 1-12　阶跃输入下,二阶测量系统(不同阻尼比)响应

可见,阻尼比 ζ 和系统有阻尼自然振荡角频率 ω_d 是二阶测量系统最主要的动态时域特性参数。常见 $0<\zeta<1$ 衰减振荡型二阶系统的时域动态性能指标示意图如图 1-13 所示。表征二阶测量系统在阶跃输入作用下时域主要性能指标主要如下。

(1) 延迟时间 t_d　系统输出响应值达到稳态值的 50% 所需的时间,称为延迟时间。

(2) 上升时间 t_r　系统输出响应值从 10% 到达 90% 稳态值所需的时间,称为上升时间。

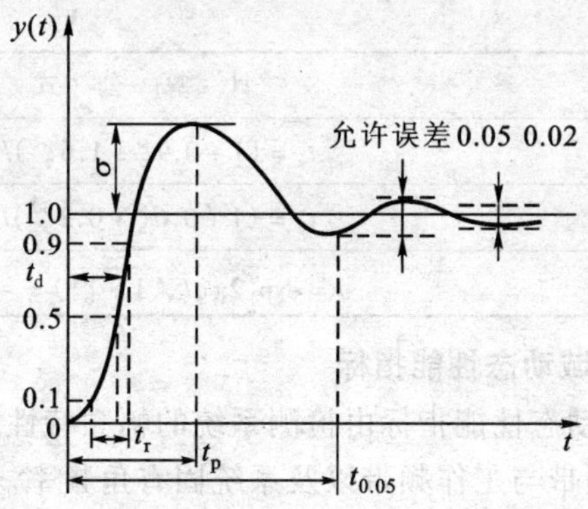

图 1-13 二阶系统的时域动态性能指标示意图

(3) 响应时间 t_s 在响应曲线上,系统输出响应达到一个允许误差范围的稳态值,并永远保持在这一允许误差范围内所需的最小时间,称为响应时间。根据不同的应用要求,允许误差范围取值不同,对应的响应时间也不同。工程中多数选系统输出响应第一次到达稳态值的 95% 或 98%(也即允许误差为 ±5% 或 ±2%)的时间为响应时间。

(4) 峰值时间 t_p 输出响应曲线达到第一个峰值所需的时间,称为峰值时间。因为峰值时间与超调量相对应,所以峰值时间等于阻尼振荡周期的一半,即 $t_p = T/2$。

(5) 超调量 σ 超调量为输出响应曲线的最大偏差与稳态值比值的百分数,即

$$\sigma = [y(t_p) - y(\infty)]/y(\infty) \times 100\%$$

(6) 衰减率 d 衰减振荡型二阶系统过渡过程曲线上相差一个周期 T 的两个峰值之比称为衰减率。

上述衰减振荡型二阶检测系统的动态性能指标、相互关系及计算公式如表 1-3 所示。

表 1-3 $0<\zeta<1$ 二阶检测系统时域动态性能指标

名　称	计 算 公 式
振荡周期 T	$T = 2\pi/\omega_d$
振荡频率 ω_d	$\omega_d = \omega_0\sqrt{1-\zeta^2}$
峰值时间 t_p	$t_p = \pi/(\omega_0\sqrt{1-\zeta^2}) = \pi/\omega_d = T/2$
超调量 σ	$\sigma = \exp(-\pi\zeta\sqrt{1-\zeta^2}) \times 100\%$
响应时间 t_s	$t_{0.05} = 3.5/\zeta\omega_d$ $t_{0.02} = 4.5/\zeta\omega_d$

续表

名　　称	计　算　公　式
上升时间 t_r	$t_r=(1+0.9\zeta+1.6\zeta^2)/\omega_0$
延迟时间 t_d	$t_d=(1+0.6\zeta+0.2\zeta^2)/\omega_0$
衰减率 d	$d=\exp(2\pi\zeta/\sqrt{1-\zeta^2})=-2\ln\sigma$

3. 检测系统的频域动态性能指标

检测系统的频域动态性能指标由检测系统的幅频特性和相频特性的特性参数来表示,主要有通频带与工作频带以及系统固有角频率。

(1) 系统的通频带与工作频带

如果一个检测系统,其输出 $Y(t)$与输入 $X(t)$之间满足

$$Y(t)=AX(t-\tau) \tag{1-65}$$

即系统的输出与输入之间有一个数值为 A 的固定放大倍数和相移为 τ 的延时。这样的系统称为完全不失真系统。在工程上,完全不失真系统难于实现。一些设计较好的检测系统通常也只在一定的频度范围内使幅频特性曲线保持一段较为平坦的近似水平的线段(在这一范围 A 近似不变)。工程上,把幅频放大倍数大于 $A/\sqrt{2}$的范围叫通频带。而检测系统的相频特性近似线性的范围一般比通频带小得多。为使检测系统有较高的精度,应选检测系统相频特性近似线性或幅频特性近似水平的频率范围为系统的工作频带。

(2) 系统的固有频率 ω_0

当$|H(j\omega)|=|H(j\omega)|_{max}$时所对应的频率称为系统固有角频率 ω_0。知道和确定了检测系统的固有角频率 ω_0,就可以确定该系统可测信号的频率范围,以保证测量获得较高的精度,这在设计和选用检测仪器和检测系统时是非常重要的。

第2章　电参量测量技术

在现代检测技术中,对于各种类型的被测量的测量,大多数都是直接或通过各种传感器、电路等转换为与被测量相关的电压、电流、频率等电学基本参量后进行检测和处理的,这样既便于对被测量的检测、处理、记录和控制,又能提高测量的精度。因此,了解和掌握这些基本电参量的测量方法是十分重要的。本章分别将介绍时间、频率、相位、电压、电流以及阻抗等参量的测量方法。

2.1　频率、时间和相位的测量

时间是国际单位制中七个基本物理量之一,单位是秒(s)。频率以单位时间内周期性振荡的次数来计量,单位是赫[兹](Hz)。因此,频率测量和时间测量是紧密相联系的。

频率、时间的应用与人们日常生活息息相关,在当代高科技中显得尤为重要。例如,邮电通信,大地测量,地震预报,人造卫星、宇宙飞船、航天飞机的导航定位控制等都与频率、时间密切相关,因此准确测量时间和频率是十分重要的。

相位是描述交流信号的三要素之一。相位差的测量是研究信号、网络特性的不可缺少的重要方面。

2.1.1　频率的测量

在工业生产领域中周期性现象十分普遍,如各种周而复始的旋转运动、往复运动,各种传感器和测量电路变换后的周期性脉冲等。周期性过程重复出现一次所需要的时间称为周期,用符号 T(单位是 s)表示。单位时间内周期性过程重复出现的次数称为频率,记为 f(单位是 Hz)。周期与频率互为倒数关系

$$f = \frac{1}{T} \tag{2-1}$$

目前频率测量技术已能达到很高的精确度,因此在检测技术中,常将一些非电量或其他电参量转换成频率进行测量,以提高测量的精度。

频率测量方法可分为计数法和模拟法两类。计数法测量精度高、操作简便,可直接显示数字,便于与微机结合实现测量过程自动化,应用最为广泛;模拟法因为简单经济,在有些场合仍有应用。

1. 频率(周期)的数字测量

(1) 计数法测量原理

计数法就是在一定的时间间隔 T 内,对周期性脉冲的重复次数进行计数。若周期性脉冲的周期为 T_A,则计数结果为

$$N = \frac{T}{T_A} \tag{2-2}$$

计数法原理如图 2-1(a)所示,周期为 T_A 的脉冲①加到闸门的输入端,宽度为 T 的门控信号②加到闸门的控制端控制闸门的开、闭时间,只有在闸门开通时间 T 内闸门才输出计数脉冲③到十进制计数器进行计数。在闸门打开前计数器先清零,闸门关闭时,计数器的计数值 N 由 T 和 T_A 决定。如果 T 和 T_A 一个为已知标准量,另一个为待测量,则从计数值 N 和已知标准量便可求得未知待测量。

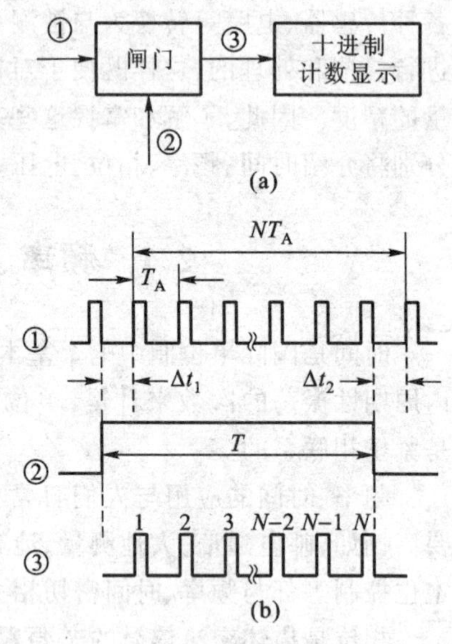

图 2-1 计数法测量原理

由于 T 和 T_A 两个量是不相关的,T 不一定正好是 T_A 的整数 N 倍,即 T 与 NT_A 之间有一定误差,如图 2-1(b)所示。图中 Δt_1,是闸门开启时刻至第一个计数脉冲前沿的时间(假设计数脉冲前沿使计数器翻转计数),Δt_2 是闸门关闭时刻至下一个计数脉冲前沿的时间。处在 T 区间内的计数脉冲个数(即计数器计数结果)为 N,则

$$\begin{aligned} T &= NT_A + \Delta t_1 - \Delta t_2 = \left(N + \frac{\Delta t_1 - \Delta t_2}{T_A}\right) T_A \\ &= (N + \Delta N)\, T_A \end{aligned} \tag{2-3}$$

式中

$$\Delta N = \frac{\Delta t_1 - \Delta t_2}{T_A} \tag{2-4}$$

显然,$0 \leqslant \Delta t_1 \leqslant T_A$,$0 \leqslant \Delta t_2 \leqslant T_A$。若 $\Delta t_1 = \Delta t_2$,则 $\Delta N = 0$;若 $\Delta t_1 = T_A$,$\Delta t_2 = 0$,则 $\Delta N = 1$;若 $\Delta t_1 = 0$,$\Delta t_2 = T_A$,则 $\Delta N = -1$,因此脉冲计数的最大绝对误差(又称量化误差)为

$$\Delta N = \pm 1 \tag{2-5}$$

脉冲计数最大相对误差为

$$\frac{\Delta N}{N} = \pm \frac{1}{N} = \pm \frac{T_A}{T} \tag{2-6}$$

(2) 通用计数器的基本组成和工作方式

电子计数器一般都具有测量频率(测频)和测量周期(测周)等两种以上的测量功能,故统称通用计数器。通用计数器的基本组成如图 2-2 所示。

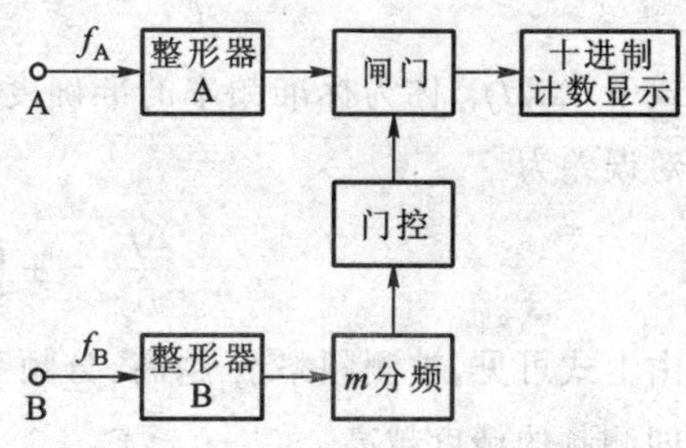

图 2-2 通用计数器的基本组成

图 2-2 中整形器是将频率为 f_A(或 f_B)的正弦信号整形为周期为 $T_A=1/f_A$(或 $T_B=1/f_B$)的脉冲信号。门控电路是将周期为 mT_B(f_B 经 m 分频)的脉冲变为闸门时间为 $T=mT_B$ 的门控信号,将 $T=mT_B$ 代入式(2-2)可得图 2-2 中十进制计数器的计数结果为

$$N=\frac{mT_B}{T_A}=m\frac{f_A}{f_B} \tag{2-7}$$

由上式可见,图 2-2 中计数结果 N 与 A、B 两输入端所加的信号频率的比值 f_A/f_B 成正比,因此图 2-2 所示计数器可用于频率比的测量,即工作在频率比测量方式。

若将被测信号 f_x 接到图 2-2 中 A 输入端(即 $f_A=f_x$),晶振标准频率 f_C 信号接到 B 输入端(即 $f_B=f_C$)则称计数器工作在测频方式,此时式(2-7)变为

$$N=\frac{mf_x}{f_C} \tag{2-8}$$

$$f_x=\frac{Nf_C}{m} \tag{2-9}$$

若将被测信号 f_x 接到图 2-2 中 B 输入端(即 $f_B=f_x$),晶振标准频率 f_C 信号接到 A 输入端(即 $f_A=f_C$),则称计数器工作在测周方式,此时,式(2-7)变为

$$N=\frac{mf_C}{f_x}=mf_C T_x \tag{2-10}$$

$$T_x=\frac{N}{mf_C} \tag{2-11}$$

(3) 频率(周期)的测量误差与测量范围

由式(2-1)可见,周期与频率互为倒数,只要测出其中一个就可求得另一个,因此,从理论上讲测量频率与测量周期是等效的,但是从实际测量效果来看,图 2-2 所示通用计数器工作在测频方式和工作在测周方式,无论测量误差还是测量范围都不一样。

① 测频方式

由式(2-9)可得“测频”的相对误差为

$$\frac{\Delta f_x}{f_x}=\frac{\Delta N}{N}+\frac{\Delta f_C}{f_C}=\frac{1}{N}+\frac{\Delta f_C}{f_C}$$

式中，$\Delta f_C/f_C$ 称为标准频率的准确度。将式(2－8)代入上式可得测频的最大相对误差为

$$\frac{\Delta f_x}{f_x}=\pm\left(\frac{f_C}{mf_x}+\left|\frac{\Delta f_C}{f_C}\right|\right) \tag{2-12}$$

由上式可见，被测频率 f_x 越高，分频系数 m 越大，测频的相对误差 $\Delta f_x/f_x$ 越小，即测频的精度越高。

若采用 K 位十进制计数器，则最大允许计数值为

$$N_{\max}=10^K-1 \tag{2-13}$$

为使计数结果不超过计数器最大允许计数值而发生溢出，要求 $N=\frac{mf_x}{f_C}\leqslant N_{\max}$ 即

$$f_x\leqslant\frac{N_{\max}}{m}\cdot f_C \tag{2-14}$$

若该计数器的计数脉冲频率最大允许值为 $f_{\max}$，则还要求

$$f_x\leqslant f_{\max} \tag{2-15}$$

为满足测量精度 γ，要求 $\frac{\Delta f_x}{f_x}\leqslant\gamma$，代入式(2－12)可知，$f_x$ 应满足

$$f_x\geqslant\frac{f_C}{m\left(\gamma-\left|\frac{\Delta f_C}{f_C}\right|\right)} \tag{2-16}$$

一般晶振的精度很高，$\left|\frac{\Delta f_C}{f_C}\right|\ll\gamma$，故上式简化为

$$f_x\geqslant\frac{f_C}{m\gamma} \tag{2-17}$$

因此可得“测频”范围为

$$\frac{f_C}{m\gamma}\leqslant f_x\leqslant\frac{N_{\max}}{m}f_C\text{（或 }f_{\max}\text{）} \tag{2-18}$$

由上式可见，测频方式所能测量的最低频率受测量精度要求值 γ 的限制，所能测量的最高频率受所采用的计数器的容量($N_{\max}$)或速度($f_{\max}$)的限制。

② 测周方式

由式(2－11)可得测周的相对误差为

$$\frac{\Delta T_x}{T_x}=\frac{\Delta N}{N}-\frac{\Delta f_C}{f_C}=\frac{1}{N}-\frac{\Delta f_C}{f_C}$$

将式(2－10)代入得测周的最大相对误差为

$$\frac{\Delta T_x}{T_x} = \pm\left(\frac{f_x}{mf_C} + \left|\frac{\Delta f_C}{f_C}\right|\right) \tag{2-19}$$

因 $T_x = 1/f_x$，$\Delta T_x/T_x = -\Delta f_x/f_x$，故由上式可得测周法测频的最大相对误差为

$$\frac{\Delta f_x}{f_x} = \pm\left(\frac{f_x}{mf_C} + \left|\frac{\Delta f_C}{f_C}\right|\right) \tag{2-20}$$

由上式可见，被测频率 f_x 越低，分频系数 m 越大，测周的相对误差 $\Delta T_x/T_x$ 越小，即测周的精度越高；同样，f_x 越低，m 越大，用测周法测频的相对误差 $\Delta f_x/f_x$越小，测频的精度也越高。

对比式(2-12)和式(2-20)可见，直接测频与测周法测频的相对误差是不一样的。若被测频率 f_x 较高，则直接测频的相对误差较小；若被测频率 f_x 较低，则用测周法测频的相对误差较小。令式(2-12)与式(2-20)相等，可求得测频与测周相对误差都一样的中界频率 f_0 为

$$f_0 = f_C \tag{2-21}$$

因此，从提高测量精度考虑，当被测频率 f_x 高于中界频率即晶振标准频率f_C 时，应采用直接测频法测量频率，当被测频率 f_x 低于中界频率即晶振标准频率f_C 时应采用测周法测量频率。

测周法的周期测量范围，同样也受到测量精度要求值 γ 和计数器的限制，即应满足

$$\begin{cases} f_C \leqslant f_{max} \\ N = mT_xf_C \leqslant N_{max} \\ \dfrac{\Delta T_x}{T_x} \leqslant \gamma \end{cases}$$

故 T_x 的测量范围为

$$\frac{1}{mf_C\left(\gamma - \left|\dfrac{\Delta f_C}{f_C}\right|\right)} \leqslant T_x \leqslant \frac{N_{max}}{mf_C} \tag{2-22}$$

若取 $f_C = f_{max}$，并考虑到 $\left|\dfrac{\Delta f_C}{f_C}\right| \ll \gamma$，则上式简化为

$$\frac{1}{\gamma mf_{max}} \leqslant T_x \leqslant \frac{N_{max}}{mf_{max}} \tag{2-23}$$

图 2-2 中分频系数 m 一般取 10 的整数次幂且分挡可选，即

$$m = 10^n \quad (n = 0,1,2,3,\cdots) \tag{2-24}$$

代入式(2-9)和式(2-11)得

$$f_x = \frac{N}{10^n} \cdot f_C \tag{2-25}$$

$$T_x = \frac{N}{10^n} \cdot T_C \tag{2-26}$$

由式(2 – 25)和式(2 – 26)可见,改变 n 只是改变f_x 和 T_x 的指示数字的小数点位置。例如 $N = 100, f_C = 1$ MHz($T_C = 1$ μs),若取 $n = 2$,则 $f_x = 1$ MHz, $T_x = 1$ μs。若取 $n = 3$,则 $f_x = 0.1$ MHz, $T_x = 0.1$ μs。

2. 频率的模拟测量

简要介绍几种频率的模拟测量方法:

(1) 直读法测频

① 电桥法测频

电桥法测频是利用交流电桥的平衡条件和电桥电源频率有关这一特性来测频的,在电桥面板上将调节电桥平衡的可变电阻(或电容)的调节旋钮(度盘)按频率刻度,则在电桥指示平衡时,测试者便可从刻度上直接读得被测信号频率 f_x。

这种电桥测频的精度约为 ±(0.5 ~ 1)%。在高频时,由于寄生参数影响严重,会使测量精度大大下降,所以这种电桥测频法仅适用于 10 kHz 以下的音频范围。

② 谐振法测频

谐振法利用电感、电容串联谐振回路或并联谐振回路的谐振特性来实现测频。当被测频率加到变压器式的谐振电路中时,调节电容使谐振电路达到揩振。如果电容的调节度盘按谐振频率刻度,则可直接从该刻度读出被测频率值。

谐振法测量频率的精度大约在 ±(0.25 ~ 1)%范围内,常作为频率粗测或某些仪器的附属测频部件。

③ 频率 – 电压($f - U$)转换法测频

这种测频方法的原理是利用相关电路把正弦频率 f_x 转换为周期相等、宽度 τ、幅度 U_m 均为定值的矩形脉冲列,用低通滤波器滤除其全部交流分量,则平均值即直流分量为

$$U_0 = \frac{U_m \cdot \tau}{T_x} = U_m \cdot \tau \cdot f_x \tag{2-27}$$

输出的直流电压用依照式(2 – 27)按频率刻度的电压表指示,则从电压表指针所指刻度便可直接读出被测频率 f_x。$f - U$ 转换式频率计最高测量频率可达几兆赫。可以连续监视频率的变化是这种测量法的突出优点。

(2) 比较法测频

比较法测频就是用标准频率 f_C 与被测频率 f_x 进行比较,当把标准频率调节到与被测频率相等时指零仪表(零示器)便指零,此时的标准频率值即为被测频率值。比较法测频可分为拍频法测频与差频法测频两种。前者是将待测频率

信号与标准频率信号在线性元件上叠加产生拍频。后者是将待测频率信号与标准频率信号在非线性元件上进行混频。目前拍频法测量频率的绝对误差约为零点几赫兹,差频法测量频率的误差可优于 10^{-5} 量级,最低可测的信号电平达 0.1 μV ~ 1 μV。拍频法和差频法在常规场合很少采用。

(3) 示波器测量频率

用示波器测量频率有两种方法:一种是将被测信号加到示波器的 Y 通道,在荧光屏上测量被测信号的周期。另一种是将被测信号和标准频率信号分别加到示波器的 X 通道和 Y 通道,观测荧光屏上显示的李沙育图形。

2.1.2 时间间隔的数字测量

时间间隔和周期的测量都是测量信号或信号间的时间长度。所以,它们的测量方案基本相同,如图 2-3 所示。所不同的仅是此处的门控电路不再采用计数触发方式,而只是要求根据测量时间间隔,给出起始计数和终止计数两个触发信号。因此,设置了 B、C 两个通道,可以将起始信号 U_B 接入 B 通道,使门控双稳电路置 1,因而主闸门开启,基准时标通过主闸门进入计数器计数;当终止信号 U_C 接通 C 通道,使门控双稳电路复零时,主闸门关闭,计数结束。从而得到了两个被测信号的时间间隔。

若时间间隔即门控信号的宽度(闸门时间)为 t_x,选用时标周期为 T_C(图中 $T_C = 1$ μs,10 μs,…,10 s,分挡可选),则计数结果为

$$N = \frac{t_x}{T_C} = t_x \cdot f_C \tag{2-28}$$

将上式与式(2-10)对比可见,时间间隔的测量相当于分频系数 $m = 1$ 的周期 T_x 的测量情况。测时间间隔不能像测周期那样把被测信号分频即周期扩大 m 倍来减小量化误差。测量时间间隔的误差分析与测量周期的误差分析相似,一般

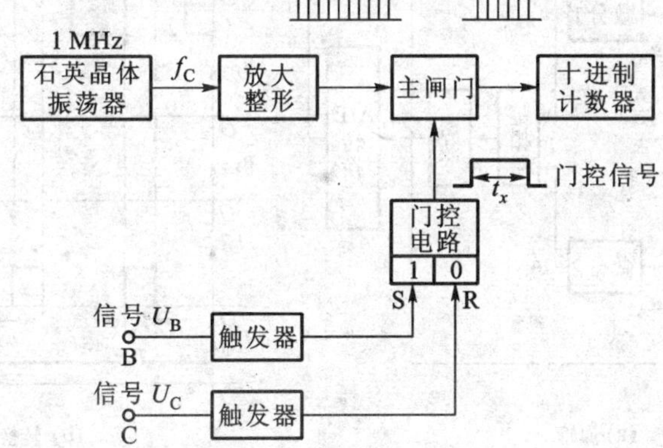

图 2-3 时间间隔测量原理

来说,测量时间间隔的误差比测周期时大。

2.1.3 相位差的数字测量

测量相位差的方法很多,主要有:用示波器测量;与标准移相器比较(零示法);把相位差转换为电压来测量;把相位差转换为时间间隔来测量等。

1. 相位 - 电压转换法

相位 - 电压转换式数字相位计的原理框图如图 2-4(a)所示。其各点波形如图 2-4(b)所示。u_1 和 u_2 为频率相同、相位差 φ_x 的两个被测正弦信号,经限幅放大和脉冲整形后变成两个方波,再经微分得到两个对应被测信号负向过零瞬间的尖脉冲,鉴相器为非饱和型高速双稳态电路,被这两组负脉冲所触发,输出周期为 T,宽度为 T_x 的方波,若方波幅度为 U_g,则用低通滤波器将方波中的基波和谐波分量全部滤除后,此方波的平均值即直流分量为

$$U_O = U_g \frac{T_x}{T} \tag{2-29}$$

式中,T 为被测信号的周期,T_x 由两信号的相位差 φ_x 决定,即

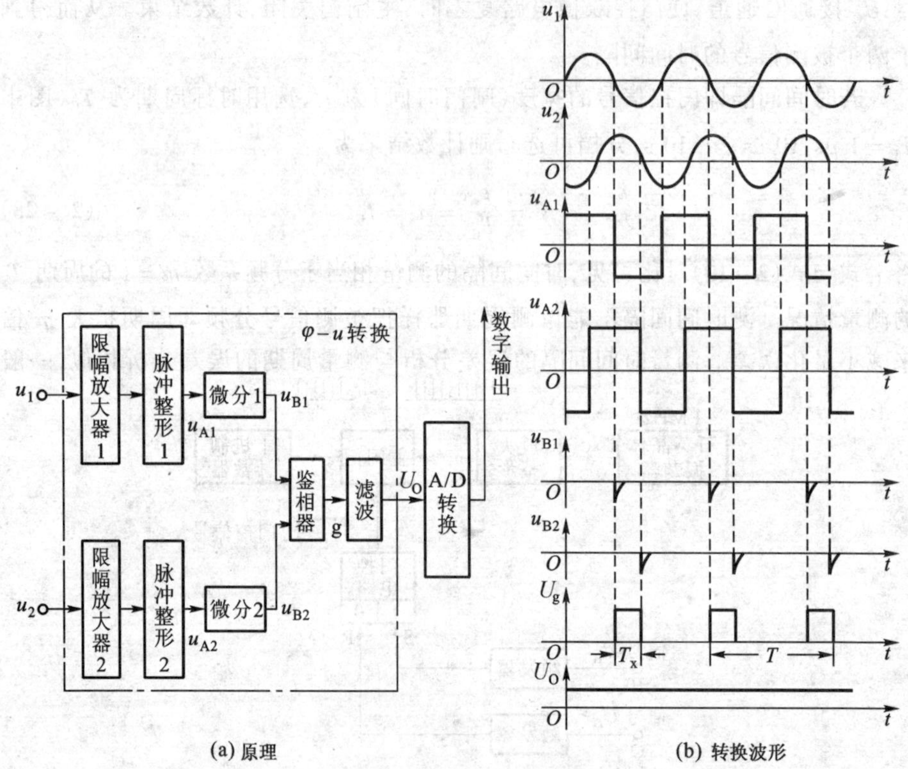

(a) 原理　　(b) 转换波形

图 2-4 相位 - 电压转换式数字相位计原理

$$\frac{T_x}{T} = \frac{\varphi_x}{360°} \tag{2-30}$$

将式(2-30)代入式(2-29)得相位差

$$\varphi_x = 360° \frac{U_0}{U_g} \tag{2-31}$$

2. 相位-时间转换法

将上述相位-电压转换法中鉴相器的时间间隔 T_x 用计数法对它进行测量，便构成相位-时间转换式相位计，如图 2-5 所示。它与时间间隔的计数测量原理基本相同，若时标脉冲周期为 T_C，则在 T_x 时间内的计数值为

$$N = \frac{T_x}{T_C} = \frac{\varphi_x}{360°} \cdot \frac{T}{T_C} \tag{2-32}$$

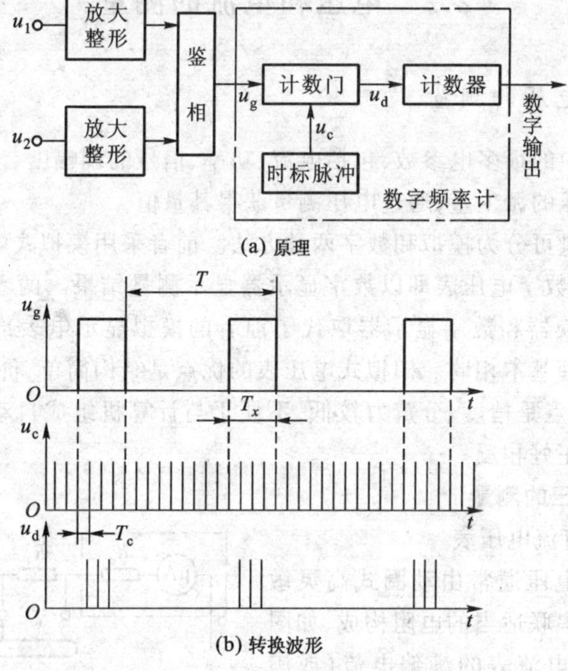

图 2-5 相位-时间转换式相位计原理图

如果采用十进制计数器计数，而且时标脉冲周期 T_C 与被测信号周期 T 满足以下关系式

$$T_C = \frac{T}{360° \cdot 10^n} \tag{2-33}$$

式中，n 为正整数。

代入式(2-32)可得

$$\varphi_x = N/10^n \tag{2-34}$$

相对量化误差为

$$\frac{\Delta\varphi}{\varphi_x} = \frac{1}{N} \tag{2-35}$$

由式(2-33)可知,时标脉冲频率 f_C 与被测信号频率 f_x 的关系为

$$f_C = 360 \times 10^n \times f_x \tag{2-36}$$

由上式可见,由于时标频率 f_C 不允许太高,所以计数式相位计只能用于测量低频率信号的相位差,而且要求测量精度越高(即 n 越大),能测量的频率 f_x 越低。此外,由上式还可见,当被测信号频率 f_x 改变时,时标脉冲频率 f_C 也必须按式(2-36)相应改变。这些是计数式相位计的缺点。

2.2 电压和电流的测量

2.2.1 电压的测量

电量测量中的很多电参数,包括电流、功率、信号的调幅度、设备的灵敏度等都可以视作电压的派生量,通过电压测量获得其量值。

电压的测量可分为模拟和数字两种方法。前者采用模拟式电压表显示测量结果,后者采用数字电压表即以数字显示器显示测量结果。两者的区别仅在于后者用 A/D 转换器和数字显示器取代了前者的模拟显示电表部分。两者前端部分的工作原理基本相同。模拟式电压表的优点是结构简单,价格便宜,测量频率范围较宽;缺点是精度、分辨力较低,不便于与计算机组成自动测试系统。数字式电压表则正好相反。

1. 直流电压的测量

(1) 普通直流电压表

普通直流电压通常由动圈式高灵敏度直流电流表串联适当的电阻构成,如图 2-6 所示。设电流表的满偏电流(或满度电流)为 I_m,电流表本身内阻为 R_e,串联电阻 R_n 所构成的电压表的满度电压为

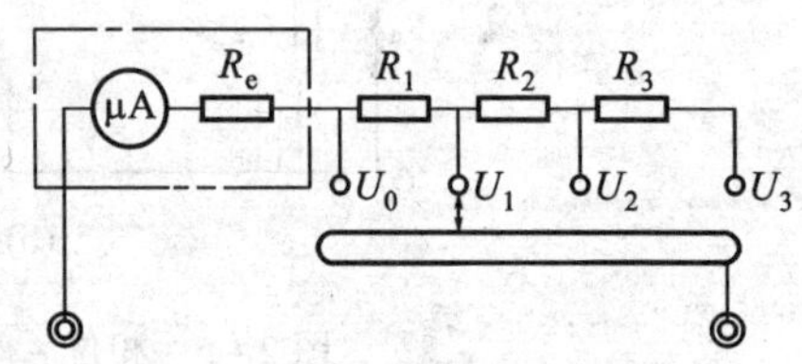

图 2-6 普通直流电压表电路

$$U_m = I_m(R_e + R_n) \tag{2-37}$$

所构成的电压表的内阻为

$$R_v = R_e + R_n = \frac{U_m}{I_m} \tag{2-38}$$

如图中电流表串接 3 个电阻后，除最小电压量程 $U_0 = I_m \cdot R_e$ 外，又增加了 U_1、U_2、U_3 等 3 个量程，根据所需扩展的量程，可估算出 3 个扩展电阻的阻值

$$R_1 = U_1/I_m - R_e$$

$$R_2 = (U_2 - U_1)/I_m$$

$$R_3 = (U_3 - U_2)/I_m$$

通常把内阻 R_v 与量程 U_m 之比(Ω/V 数)定义为电压表的电压灵敏度。

$$K_v = R_v/U_m = 1/I_m \quad (\Omega/V) \tag{2-39}$$

"Ω/V"数越大，表明为使指针偏转同样角度所需驱动电流越小。"Ω/V"数一般标明在磁电式电压表表盘上，可依据它推算出不同量程时的电压表内阻，即

$$R_v = K_v \cdot U_m \tag{2-40}$$

动圈式直流电压表的结构简单，使用方便，误差除来源于读数误差外，主要决定于表头本身和扩展电阻的精度，一般在 ±1% 左右，精密电压表可达 ±0.1%。其主要缺点是灵敏度不高和输入电阻低。在量程较低时，输入电阻更小，其负载效应对被测电路工作状态及测量结果的影响不可忽略。

在工程测量中为了满足测量精度的要求，常采用输入电阻和电压灵敏度高的模拟式直流电子电压表进行测量。

(2) 直流电子电压表

直流电子电压表通常是在磁电式表头前加装跟随器(以提高输入阻抗)和直流放大器(以提高测量灵敏度)构成，当需要测量高直流电压时，输入端接入由高阻值电阻构成的分压电路。

直流电子电压表中的直流放大器的零点漂移影响电压灵敏度的提高。为此，电子电压表中常采用斩波稳零式放大器或称调制式放大器以抑制零点漂移，使电子电压表能测量微伏级的电压。

(3) 直流数字电压表

将直流电子电压表中磁电式表头用 A/D 转换器及与之相连的数字显示器代替，即构成直流数字电压表，如图 2-7 所示。图中 A/D 转换器把直流电压转换成相应的数字量，送往数字显示器显示出来。在数字电压表前端配接适当的转换电路，将被测参数转换成直流电压，就可构成测量该被测参数的数字仪表。因此直流数字电压表是许多数字式电测仪表的核心部件，用途很广。

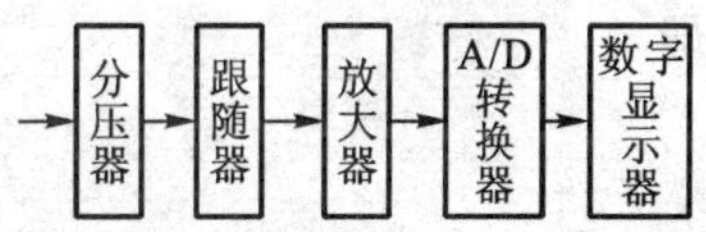

图 2-7 直流数字电压表框图

2. 交流电压的测量

(1) 交流电压的表征

交流电压可以用峰值、平均值、有效值、波形系数以及波峰系数来表征。

① 峰值

周期性交流电压 $u(t)$ 在一个周期内偏离零电平的最大值称为峰值，用 U_0 表示，正、负峰值不等时分别用 U_{P+} 和 U_{P-} 表示，如图 2－8(a)所示。$u(t)$ 在一个周期内偏离直流分量 U_0 的最大值称为幅值或振幅，用 U_m 表示，正、负幅值不等时分别用 U_{m+} 和 U_{m-} 表示，如图 2－8(b)所示，图中 $U_0=0$，且正、负幅值相等。

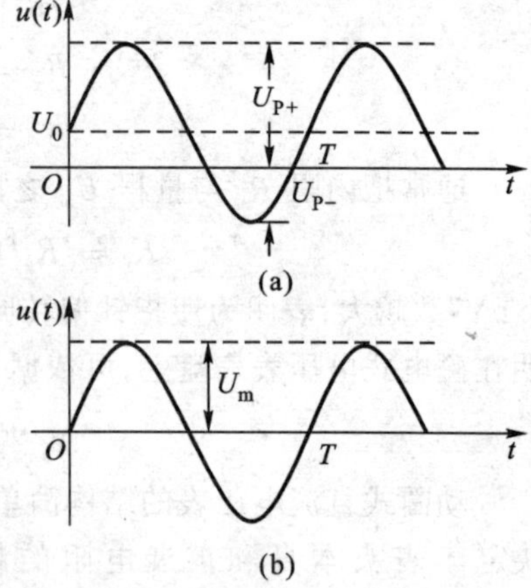

图 2－8　交流电压的峰值和幅值

② 平均值

$u(t)$ 的平均值 $\bar{U}$ 的数学定义为

$$\bar{U} = \frac{1}{T}\int_0^T u(t)\mathrm{d}t \qquad (2-41)$$

按照这个定义，$\bar{U}$ 实质上就是被测电压的直流分量 U_0，如图 2－8(a)中虚线所示。

在电子测量中，平均值通常指交流电压检波(也称整流)以后的平均值，又可分为半波整流平均值和全波整流平均值。全波整流平均值定义为

$$\bar{U} = \frac{1}{T}\int_0^T |u(t)|\mathrm{d}t \qquad (2-42)$$

如不另加说明，平均值通常指全波整流平均值。

③ 有效值

一个交流电压 $u(t)$ 和一个直流电压 U 分别加在同一电阻 R 上，若它们在一个周期内产生的热量相等，则交流电压有效值等于该直流电压 U，可表示为

$$\int_0^T \frac{u^2(t)}{R}\mathrm{d}t = \frac{U^2}{R}\cdot T$$

即

$$U = \sqrt{\frac{1}{T}\int_0^T u^2(t)\mathrm{d}t} \qquad (2-43)$$

④ 波形系数、波峰系数

交流电压的波形系数 K_F 定义为该电压的有效值与平均值之比

$$K_F = \frac{U}{\bar{U}} \qquad (2-44)$$

交流电压的波峰系数 K_P 定义为该电压的峰值与有效值之比

$$K_P = \frac{U_P}{U} \qquad (2-45)$$

不同电压波形，其 K_F、K_P 值不同，表 2－1 列出了几种常见电压的有关参数。

表 2－1 不同波形交流电压的参数

名称	波形图	波形系数 K_F	波峰系数 K_P	有效值 U	平均值 $\bar{U}$
正弦波	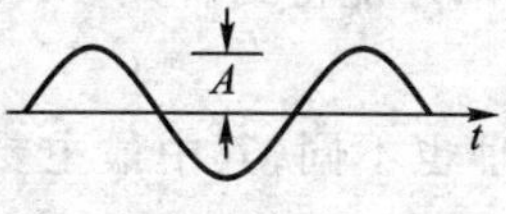	1.11	1.414	$A/\sqrt{2}$	$2A/\pi$
半波整流	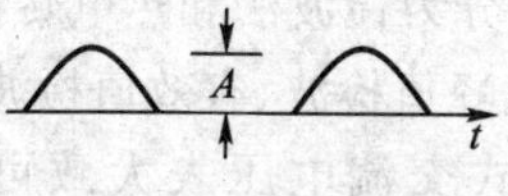	1.57	2	$A/2$	A/π
全波整流	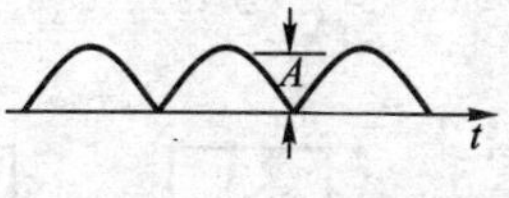	1.11	1.414	$A/\sqrt{2}$	$2A/\pi$
三角波	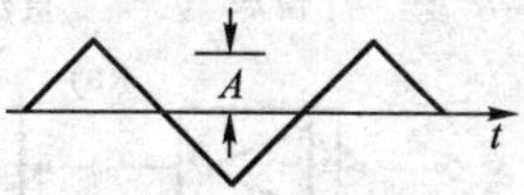	1.15	1.73	$A/\sqrt{3}$	$A/2$
方 波	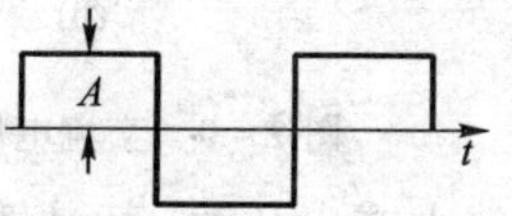	1	1	A	A
锯齿波	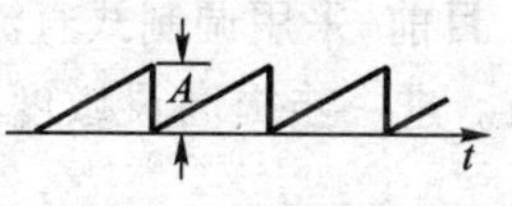	1.15	1.73	$A/\sqrt{3}$	$A/\sqrt{2}$
脉冲波	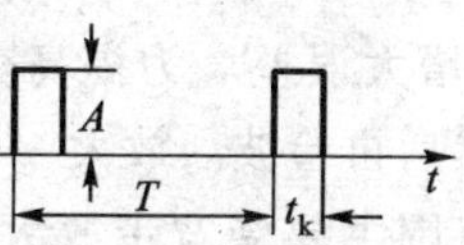	$\sqrt{\frac{T}{t_k}}$	$\sqrt{\frac{T}{t_k}}$	$\sqrt{\frac{t_k}{T}}\cdot A$	$\frac{t_k}{T}\cdot A$
白噪声	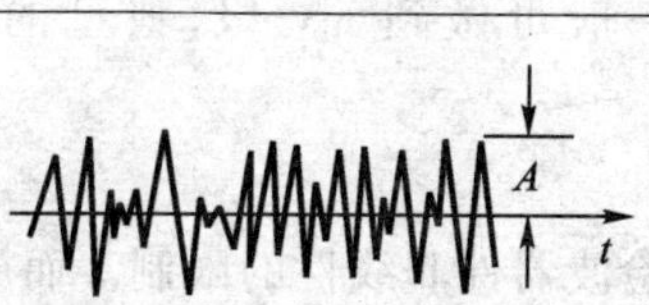	1.25	3	$\frac{A}{3}$	$\frac{A}{3.75}$

虽然交流电压量值可以用峰值、有效值和平均值表征，但基于功率的概念，国际上一直以有效值作为交流电压的表征量。例如电压表，除特殊情况外，几乎都按正弦波的有效值来定度。当用以正弦波的有效值定度的交流电压表测量电压时，如果被测电压是正弦波，那么由表 2-1 很容易从电压表读数即有效值得知它的峰值和平均值；如果被测电压是非正弦波，那就需根据电压表读数和电压表所采用的检波方法，进行必要的波形换算，才能得到有关参数。

(2) 交流电压的测量方法

测量交流电压的方法很多，依据的原理也不同，其中最主要的是利用交流/直流(AC/DC)转换电路将交流电压转换成直流电压，然后再接到直流电压表上进行测量。根据 AC/DC 转换器的类型，可分为检波法和热电转换法。根据检波特性的不同，检波法又可分成平均值检波、峰值检波、有效值检波等。

按照 AC/DC 变换的先后不同，模拟式交流电压表大致可分成下列三种类型。

① 检波—放大式

图 2-9(a)为检波—放大式电压表的组成方框图，它是将被测电压先检波变成直流电流，然后再用直流放大器放大，放大后的直流电流去驱动电流表偏转。这种类型的特点是“先检波后放大”，故测量电压的频率范围只决定于检波器的频响(一般在 20 Hz 至数百兆赫)，通常所称“高频电压表”或“超高频电压表”都属于这一类型。早期的检波—放大式电压表，其灵敏度不高，一般约为 0.1 V，主要受直流放大器增益的限制。目前，采用调制式直流放大器，可把检波—放大式电压表的灵敏度提高到 mV 级。进一步提高灵敏度将受到检波器件的非线性限制。

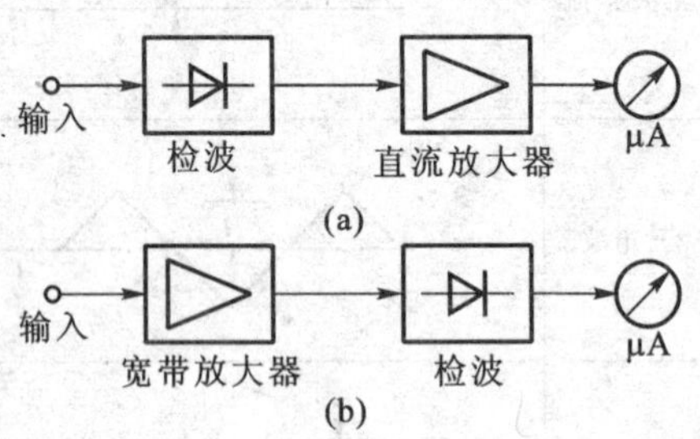

图 2-9　交流电压表类型

② 放大—检波式

当被测电压较低时，直接检波会显著增大误差。为提高交流电压表的测量灵敏度，先用宽带放大器放大被测电压，然后再检波。放大-检波式电压表的方框图见图 2-9(b)。这种电压表的频率范围主要受宽带放大器带宽的限制，而灵敏度受放大器内部噪声的限制，一般可做到 mV 级，典型的频率范围为 20 Hz ~ 10 MHz，故又称“视频毫伏表”。

③ 外差式电压表

检波—放大式电压表的灵敏度受检波器件非线性的限制。而放大—检波式电压表，由于宽带放大器增益和带宽的矛盾，也很难把频率上限提得很高，同时，两种测量方法的灵敏度都受到仪器内部噪声和外部干扰的限制。

图 2-10 所示外差测量方法可以解决上述矛盾。输入电路包括输入衰减器(用于大电压测量)和高频放大器(用于宽频带低增益放大)。被测信号通过输入电路,在混频器中与本机振荡器(本振)频率 f_L 混频,输出频率固定的中频($f_L - f_x$)信号(可改变 f_L 以跟踪信号频率 f_x,保持 $f_L - f_x$ 不变),用中频放大器选择并放大,然后检波,并用表头指示。

由于中频放大器具有良好的频率选择性,而且中频是固定的,这样就解决了放大器增益与带宽的矛盾。同时,由于中频放大器有很窄的带通滤波特性,从而可以在高增益条件下,大大削弱内部噪声的影响,使测量灵敏度提高到 μV 级。因此,这类仪表称为高频微伏表。

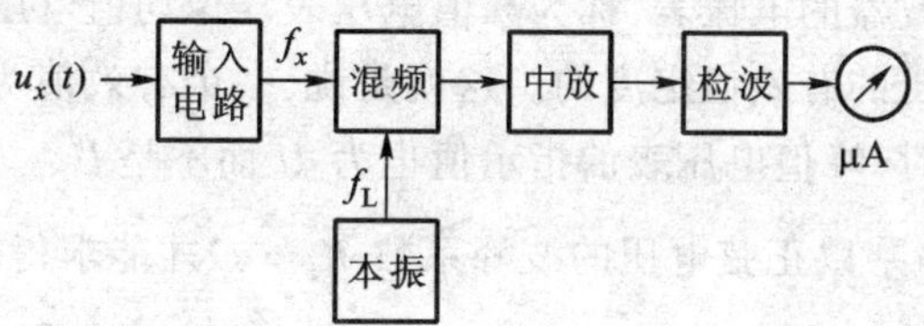

图 2-10 外差式电压表

(3) 低频交流电压的测量

通常把测量低频(1 MHz 以下)信号电压的电压表称作交流电压表或交流毫伏表。这类电压表一般采用放大—检波式,检波器多为平均值检波器或有效值检波器,分别构成均值电压表或有效值电压表。

平均值电压表中的检波器是平均值检波器,电压表的读数与被测电压的平均值成正比。但是,平均值电压表的表头却不是按平均值定度的,而是按正弦波的有效值定度的。这就是说,一个有效值为 U 的正弦电压加到平均值电压表上时平均值电压表的指示值也为 U 而不是 $\bar{U}$。由式(2-44)可知,只有将指示值 U 除以正弦波的波形系数 $K_F = 1.11$ 才能求得被测正弦电压的平均值 $\bar{U}$。

由于表头是按正弦波的有效值定度的,因此表头指示值并不适用于被测电压为非正弦电压的情况。当用平均值电压表测量非正弦电压时,应先将读数值 U_a 除以正弦波的波形系数 $K_F = 1.11$,折算成正弦波电压的平均值。由于平均值电压表的读数只与被测电压的平均值有关,与其波形无关,所以正弦波形与非正弦波形的指示值相等,就意味着两者的平均值也相等。折算出的正弦电压的平均值也就是被测非正弦电压的平均值,将此平均值乘以被测电压的波形系数 K_F,即可求得被测非正弦电压的有效值 U_{xrms}。因此,波形换算公式为

$$U_{xrms} = \frac{U_a \cdot K_F}{1.11} = 0.9 K_F U_a \tag{2-46}$$

显然,如果被测电压不是正弦波时,直接将电压表指示值作为被测电压的有

效值,必将带来较大的误差,通常称作“波形误差”。由上式可得,波形误差计算公式为

$$\gamma = \frac{U_a - 0.9U_a K_F}{U_a} \times 100\% = (1 - 0.9K_F) \times 100\% \qquad (2-47)$$

(4) 高频交流电压的测量

高频交流电压的测量不采用放大—检波式(以避免高频测量受放大器通频带的限制)而采用检波—放大式或外差式电压表来测量。最常用的检波—放大式高频电压表都把高频二极管构成的峰值检波器放置在屏蔽良好的探头(探极)内,用探头探针直接接触被测点,把被测高频信号首先变成直流电压,这样可大大减少分布参数的影响和信号传输损失。

采用峰值检波器的电压表,称为峰值电压表。像均值电压表一样,峰值电压表也是按正弦电压的有效值定度的。这就是说,一个有效值为 U 的正弦电压加到峰值电压表上时,峰值电压表的指示值也为 U 而不是 U_P。据式(2-45)可知,只有将指示值 U_a 乘以正弦电压的波峰系数 $K_P=\sqrt{2}$才能求得被测正弦电压的峰值 U_P,即

$$U_P = \sqrt{2}U_a \qquad (2-48)$$

如果被测电压为非正弦电压,峰值电压表读数也为 U_a,那就意味着该被测非正弦电压的峰值也为 $U_P=\sqrt{2}U_a$。据式(2-45),该被测非正弦电压的有效值 U_{xrms} 等于其峰值 U_P 除以其波峰系数 K_P,因此非正弦电压的波形换算公式为

$$U_{xrms} = \frac{U_P}{K_P} = \frac{\sqrt{2}}{K_P}U_a \qquad (2-49)$$

3. 高电压测量技术

在有些电子设备测试中,有高达万伏的电压;在电力系统中则常遇到需测量数十万伏甚至更高电压的问题。在电力系统中,广泛应用电压互感器配上低压电压表来测量高电压,在试验室条件下则用高压静电电压表、峰值电压表、球隙测压器、高压分压器等仪器、装置来测量高电压。

(1) 高压静电电压表

在两个特制的电极间加上电压 u,电极间就会受到静电力 f 的作用,而且 f 的大小与 u 的数值有固定的关系,因而设法测量 f 的大小或它所引起的可动极板的位移或偏转就能确定所加电压 u 的大小。利用这一原理制成的仪表即为静电电压表,它可以用来测量低电压,也可以在高电压测量中得到应用。

如果采用的是消除了边缘效应的平板电极,那么应用静电场理论,很容易求得 f 与 u 的关系式,并可得知 $f \propto u^2$,但仪表不可能反映力的瞬时值 f,而只能反映其平均值 F。

如果 u 是按正弦函数作周期性变化的交流电压，则电极在一个周期 T 内所受到的作用力平均值 F 与交流电压的有效值 U 的平方成正比，或者反过来

$$U \propto \sqrt{F} \tag{2-50}$$

即静电电压表用于测量交流电压时，测得的是它的有效值。

为了减小极间距离 d 和仪表体积，极间应采用均匀电场，所以高压静电电压表的电极均采用消除了边缘效应的平板电极，如图 2-11 所示，圆形的可动电极 1 位于保护电极 2 的中心部位，二者之间只隔着很小的空隙 g，连接线使电极 1 和 2 具有相同的电位。为保证边缘电场不会影响到电极 1 和 3 工作面之间电场的均匀性，固定电极 3 和保护电极 2 的外直径 D 相对于它们之间的距离 d 来说要取得比较大，而它们的边缘也应具有足够大的曲率半径 r 以避免出现电晕放电。

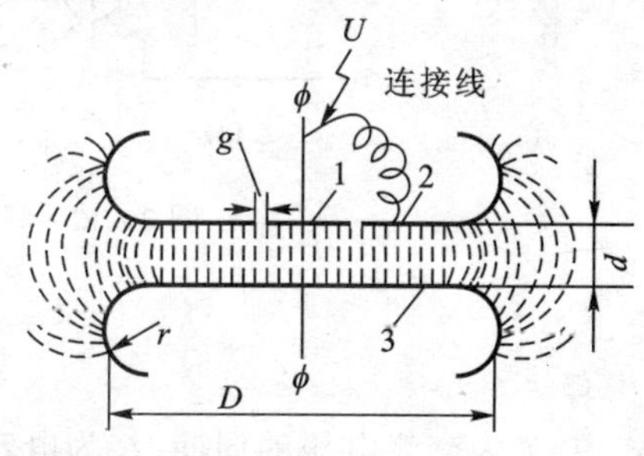

图 2-11 静电电压表极板结构示意图

静电电压表的内阻抗特别大，能直接测量相当高的交流和直流电压。在大气中工作的高压静电电压表的量程上限在 50～250 kV 的范围内；电极处于压缩 SF_6 气体中的高压静电电压表的量程上限可提高到 500～600 kV。

(2) 峰值电压表

在不少场合，只需要测量高电压的峰值，例如绝缘的击穿就仅仅取决于电压的峰值。现已制成的产品有交流峰值电压表和冲击峰值电压表，它们通常均与分压器配合起来使用。

交流峰值电压表的工作原理可分为两类：

① 利用整流电容电流来测量交流高压

如图 2-12(a)．当被测电压 u 随时间而变化时，流过电容 C 的电流 $i_C = C\dfrac{du}{dt}$。在 u 的正半波，电流经整流元件 D_1 及检流计 G 流回电源。如果流过 G 的电流平均值为 I_{av}，那么它与被测电压的峰值 U_m 之间存在下面的关系

$$U_m = \frac{I_{av}}{2Cf} \tag{2-51}$$

式中，C 为电容器的电容量；f 为被测电压的频率。

② 利用电容器充电电压来测量交流高压

如图 2-12(b)，幅值为 U_m 的被测交流电压经整流器 D 使电容 C 充电到某一电压 U_d，它可以用静电电压表 PV 或用电阻(R)串联微安表 PA 测得。如用后一种测量方法，则被测电压的峰值

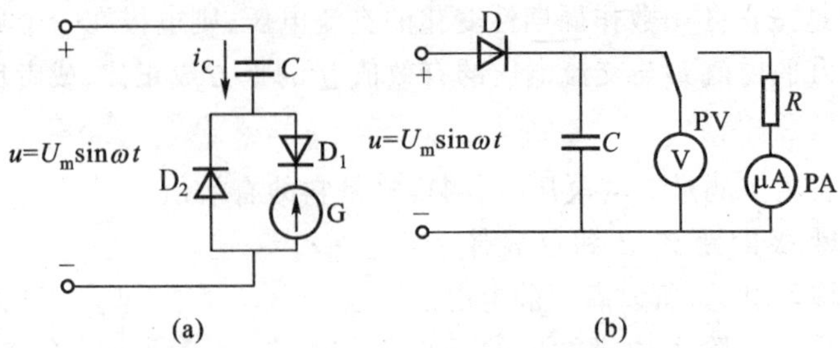

图 2 - 12　峰值电压表接线原理图

$$U_m = \frac{U_d}{1 - \dfrac{T}{2RC}} \tag{2-52}$$

式中，T 为交流电压的周期；C 为电容器的电容量；R 为串联电阻的阻值。

在 $RC \geqslant 20T$ 的情况下，式(2 - 52)的误差 $\leqslant 2.5\%$。

(3) 球隙测压器

球隙测压器是惟一能直接测量高达数兆伏的各类高电压峰值的测量装置。它由一对直径相同的金属球构成，测量误差约 2% ~ 3%，能满足大多数工程测试的要求。

它的工作原理基于一定直径(D)的球隙在一定极间距离(d)时的放电(击穿)电压为一定值。若已知直径 D 和极间距离 d，球隙的放电电压可从理论上推得计算公式，但因存在某些难以准确估计的影响因素，所得结果往往不能满足测量精度的要求。在实用上，通常均通过实验的方法得出不同球隙的放电电压数据，为了使用的方便，它们被制成表格或曲线备用。

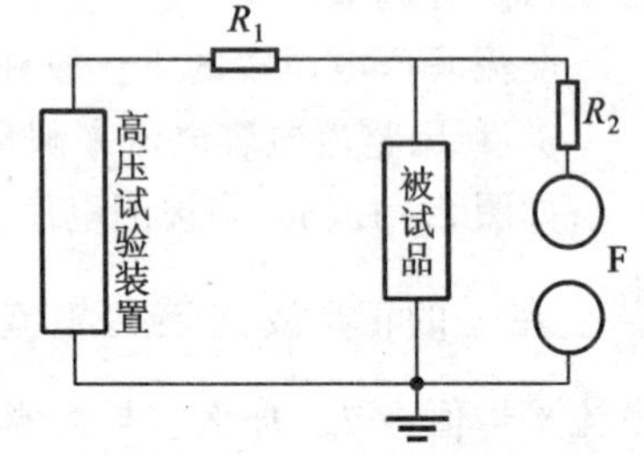

图 2 - 13　球隙测压器接入示意图

球隙在高压试验时的接入方式如图 2 - 13 所示，图中 R_1 为限流电阻，当被试品或球隙击穿时，它既限制流过试验装置的电流，也限制流过球隙 F 的电流；R_2 为球隙测压器的专用保护电阻，主要防止球隙在持续作用电压下放电时，虽然已有 R_1 的限流作用，但流过球隙的电流仍过大，又未能及时切断，从而使两球的工作面被放电火花所灼伤。不过在测量冲击电压时，一般不希望接有 R_2，因为这时电压的变化速率 $\mathrm{d}u/\mathrm{d}t$ 很大，流过球隙的电容电流 $C_F\mathrm{d}u/\mathrm{d}t$ 也较大(C_F 为两球间的电容)，就会在 R_2 上造成一定压降，使作用在球隙上的电压与被试品上的电压不一致，引起较大的误差。

(4) 高压分压器

当被测电压很高时，不但高压静电电压表无法直接测量，就是球隙测压器亦将无能为力,因为球极的直径不能无限增大(一般不超过 2 m)。当需要用示波器测量电压的波形时,也不能直接将很高的被测电压引到示波器的偏转极板上去。在这些场合,采用高压分压器来分出一小部分电压,然后利用静电电压表、峰值电压表、高压脉冲示波器等测量仪器进行测量,是最合理的解决方案。

对分压器最重要的技术要求有二:分压比的准确度和稳定性(幅值误差要小);分出的电压与被测高电压波形的相似性(波形畸变要小)。

按照用途的不同,分压器可分为交流高压分压器、直流高压分压器和冲击高压分压器等;按照分压元件的不同,它又可分为电阻分压器、电容分压器、阻容分压器等三种类型。每一分压器均由高压臂和低压臂组成。在低压臂上得到的就是分给测量仪器的低电压。这里对各种分压器不再作具体介绍,读者可以参考有关资料。

2.2.2 电流的测量

1. 电流表直接测量法

直接测量电流的方法通常是在被测电流的通路中串入适当量程的电流表,让被测电流的全部或一部分流过电流表。从电流表上直接读取被测电流值或被测电流分流值。

对于图 2-14(a)所示电路,被测电流实际值为

$$I_x = \frac{U}{R_0 + R_L} = \frac{U}{R} \tag{2-53}$$

式中,R_0、R_L 分别为信号源内阻和负载电阻。$R = R_0 + R_L$ 为电流回路电阻。

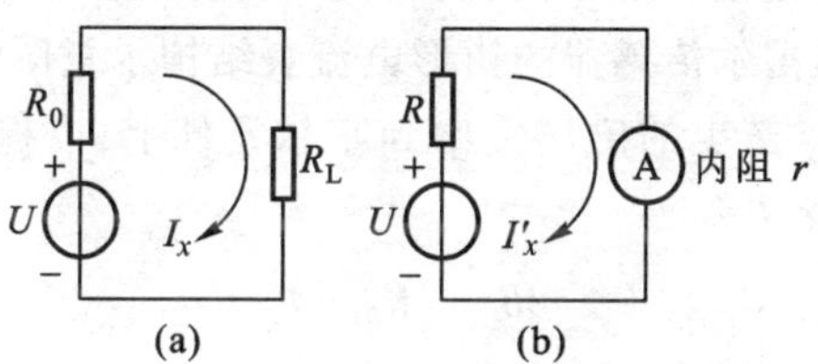

图 2-14 用电流表测量电流

在电路中串接一个内阻为 r 的电流表,如图 2-14(b)所示,则流过电流表的电流即电流表读数值为

$$I'_x = \frac{U}{R + r} = \frac{I_x}{1 + \frac{r}{R}} \tag{2-54}$$

相对测量误差为

$$\delta = \frac{I'_x - I_x}{I_x} = -\frac{r}{R + r} \tag{2-55}$$

由上式可见，为使电流表读数值 I_x' 尽可能接近被测电流实际值 I_x，就要求电流表的内阻 r 尽可能接近于零，也就是说，电流表内阻越小越好。

在串入电流表不方便或没有适当量程的电流表时，可以采取间接测量的方法，即把电流转换成电压、频率、磁场强度等物理量，直接测量转换量后根据该转换量与被测电流的对应关系求得电流值。下面介绍几种间接测量电流的转换方法。

2. 电流－电压转换法

可以采用在被测电流回路中串入很小的标准电阻 r（称之为取样电阻），将被测电流转换为被测电压 U_x

$$U_x = I_x' \cdot r \tag{2-56}$$

当满足条件 $r \ll R$ 时，由式(2－54)、式(2－56)可得

$$U_x = I_x \cdot r \text{ 或 } I_x = \frac{U_x}{r} \tag{2-57}$$

若被测电流 I_x 很大，可以直接用高阻抗电压表测量标准电阻两端电压 U_x；若被测电流 I_x 较小，应将 U_x 放大到接近电压表量程的适当值后再由电压表进行测量，为了减小 U_x 的测量误差，要求该放大电路应具有极高的输入阻抗和极低的输出阻抗，为此，一般采用电压串联负反馈放大电路。

3. 电流－磁场转换法

无论用电流表直接测量电流还是用上述转换法间接测量电流，都需要切断电路接入测量装置。在不允许切断电路或被测电流太大的情况下，可采取通过测量电流所产生的磁场的方法来间接测得该电流的值。

图2－15为采用霍尔传感器的钳形电流表结构示意图。冷轧硅钢片圆环的作用是将被测电流 I_x 产生的磁场集中到霍尔元件上，以提高灵敏度，作用于霍尔片的磁感应强度 B 为

$$B = K_B \cdot I_x \tag{2-58}$$

式中，K_B 为电磁转换灵敏度。

线性集成霍尔片的输出电压 U_o 为

$$U_o = K_H \cdot I \cdot B = K_H K_B \cdot I \cdot I_x = K \cdot I_x \tag{2-59}$$

式中，I 为霍尔片控制电流；K_H 为霍尔片灵敏度；K 为电流表灵敏度，$K = K_H K_B I$。

若 I_x 为直流，则 U_o 亦为直流；若 I_x 为交流，则 U_o 亦为交流。霍尔式钳形电流表可测的最大电流达100 kA以上，可用来测量输电线上的电流，也可用来测量电子束、离子束等无法用普通电流表直接进行测量的电流。图2－15中被测电流导线如果在硅钢片圆环上绕几圈，电流表灵敏度便会减小几倍。用这种

办法可调整霍尔式钳形电流表的灵敏度和量程。

4. 电流互感器法

除上述方法外,采用电流互感器法也可以在不切断电路的情况下,测得电路中的电流。电流互感器的结构如图 2-16 所示,它是在磁环上(或铁心)上绕一些线圈而构成的,假设被测电流(一次侧电流)为 i_1,一次绕组匝数为 N_1,二次绕组匝数为 N_2,则二次侧电流为

$$i_2 = i_1(N_1/N_2)$$

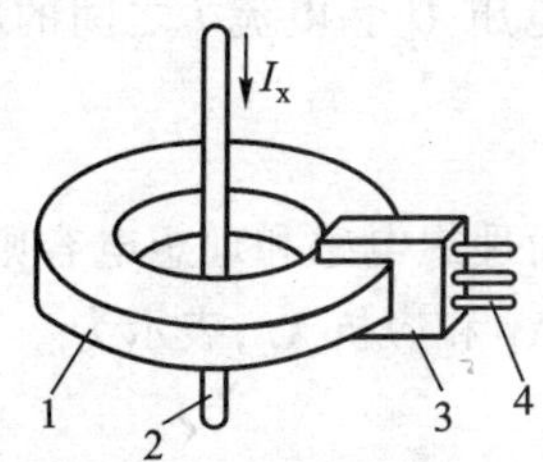

图 2-15　霍尔式钳形电流表

1—冷轧硅钢片圆环;2—被测电流导线;
3—霍尔元件;4—霍尔元件引脚

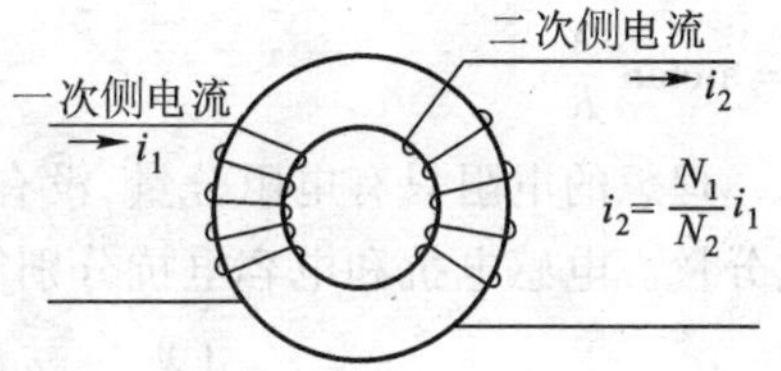

二次侧电流 i_2

一次侧电流 i_1

$i_2=\frac{N_1}{N_2}i_1$

图 2-16　电流互感器

可见,只要测得二次侧电流 i_2,就可得知被测电流(一次侧电流)的大小。

由于电流互感器二次绕组匝数远大于一次绕组匝数,在使用时二次侧绝对不允许开路,否则会使一次侧电流完全变成励磁电流,铁心达到高度饱和状态,使铁心严重发热并在二次侧产生很高的电压,引起互感器的热破坏和电击穿,对人身造成伤害。此外,为了人身安全,互感器二次绕组一端必须可靠地接地(安全接地)。

电流互感器输出的是电流,测量时,互感器二次绕组接一电阻 R,从 R 上取得电压接到放大器或交直流变换器上,R 的大小由互感器的容量决定(一般常用电流互感器为 10 V·A 或 5 V·A),R 上输出电压 U_o 为

$$U_o = i_2 \cdot R = i_1 R(N_1/N_2) \tag{2-60}$$

2.3　阻抗的测量

电阻 R、电感 L 和电容 C 是电路的 3 种基本元件,在测量技术中,许多传感器如电阻式、电感式和电容式传感器是将被测量转换为电阻、电感或电容输出的。本节研究和介绍 R、L、C 元件的阻抗及这三种元件参数的测量方法。

2.3.1　概述

1. 阻抗定义

阻抗是描述一个元、器件或电路网络中电压、电流关系的特征参量，其定义为

$$Z = \frac{\dot{U}}{\dot{I}} = R + \mathrm{j}X = |Z|\mathrm{e}^{\mathrm{j}\theta} = |Z|(\cos\theta + \mathrm{j}\sin\theta) \tag{2-61}$$

式中，$\dot{U}$、$\dot{I}$ 分别为电压和电流相量；R 和 X 分别为阻抗的电阻分量和电抗分量；$|Z|$是阻抗的模，$|Z| = \sqrt{R^2 + X^2}$；θ 为相角，即电压 $\dot{U}$ 和电流 $\dot{I}$ 之间的相位差，$\theta = \arctan\dfrac{X}{R}$。

理想的电阻只有电阻分量，没有电抗分量；而理想电感和理想电容则只有电抗分量。电感电抗和电容电抗分别简称为感抗 X_L 和容抗 X_C，表示为

$$\begin{cases} X_L = \omega L = 2\pi fL \\ X_C = 1/(\omega C) = 1/(2\pi fC) \end{cases} \tag{2-62}$$

式中，ω 和 f 是信号角频率和频率。

2. 电阻、电感和电容的等效电路

实际的电阻、电感和电容元件，不可能是理想的，存在着寄生电容、寄生电感和损耗。图 2-17 是考虑了各种因素后，实际电阻 R、电感 L、电容 C 元件的等效电路

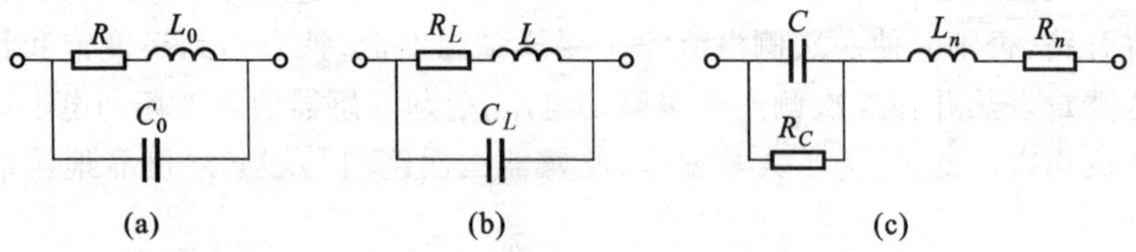

图 2-17　电阻 R、电感 L、电容 C 元件的等效电路

(1) 电阻

同一个电阻元件在通以直流电和交流电时测得的电阻值是不相同的。在高频交流下，须考虑电阻元件的引线电感 L_0 和分布电容 C_0 的影响，其等效电路如图 2-17(a)所示，图中 R 为理想电阻。由图可知此元件在频率 f 下的等效阻抗为

$$Z_{\mathrm{e}} = \frac{(R + \mathrm{j}\omega L_0)\dfrac{1}{\mathrm{j}\omega C_0}}{R + \mathrm{j}\omega L_0 + \dfrac{1}{\mathrm{j}\omega C_0}}$$

$$
\begin{aligned}
&= \frac{R}{(1-\omega^2 L_0 C_0)^2 + (\omega C_0 R)^2} + \mathrm{j}\omega \frac{L_0(1-\omega^2 L_0 C_0) - R^2 C_0}{(1-\omega^2 L_0 C_0)^2 + (\omega C_0 R)^2} \\
&= R_e + \mathrm{j}X_e
\end{aligned} \tag{2-63}
$$

上式中 $\omega = 2\pi f$，R_e 和 X_e 分别为等效电阻分量和电抗分量，且

$$
R_e = \frac{R}{(1-\omega^2 L_0 C_0)^2 + (\omega C_0 R)^2} \tag{2-64}
$$

从上式可知，R_e 除与 f 有关外，还与 L_0、C_0 有关。这表明当 L_0、C_0 不可忽略时，在交流下测此电阻元件的电阻值，得到的将是 R_e 而非 R 值。

(2) 电感

电感元件除电感 L 外，也总是有损耗电阻 R_L 和分布电容 C_L。一般情况下 R_L 和 C_L 的影响很小。电感元件接于直流并达到稳态时，可视为电阻；若接于低频交流电路则可视为理想电感 L 和损耗电阻 R_L 的串联；在高频时其等效电路如图 2-17(b)所示。比较图 2-17(a)和图 2-17(b)可知二者实际上是相同的，电感元件的高频等效阻抗可参照式(2-63)来确定。

$$
\begin{aligned}
Z_e &= \frac{R_L}{(1-\omega^2 L C_L)^2 + (\omega C_L R_L)^2} + \mathrm{j}\omega \frac{L(1-\omega^2 L C_L) - R_L^2 C_L}{(1-\omega^2 L C_L)^2 + (\omega C_L R_L)^2} \\
&= R_e + \mathrm{j}\omega L_e
\end{aligned} \tag{2-65}
$$

式中，R_e 和 L_e 分别为电感元件的等效电阻和等效电感。

$$
L_e = \frac{L(1-\omega^2 L C_L) - R_L^2 C_L}{(1-\omega^2 L C_L)^2 + (\omega C_L R_L)^2} \tag{2-66}
$$

从上式知当 C_L 甚小时或 R_L、C_L 和 ω 都不大时，L_e 才会等于 L 或接近等于 L。

(3) 电容

在交流下电容元件总有一定介质损耗，此外其引线也有一定电阻 R_n 和分布电感 L_n，因此电容元件等效电路如图 2-17(c)所示。图中 C 是元件的固有电容，R_C 是介质损耗的等效电阻。等效阻抗为

$$
\begin{aligned}
Z_e &= \frac{R_C}{1+\mathrm{j}\omega C R_C} + \mathrm{j}\omega L_n + R_n \\
&= \left(\frac{R_C}{1+(\omega C R_C)^2} + R_n\right) - \mathrm{j}\omega\left(\frac{C R_C^2}{1+(\omega C R_C)^2} - L_n\right) \\
&= R_e - \mathrm{j}\omega\left(\frac{1}{\omega^2 C_e}\right)
\end{aligned} \tag{2-67}
$$

式中，R_e 和 C_e 分别为电容元件的等效电阻和等效电容，且

$$C_e = \frac{1 + (\omega CR_C)^2}{\omega^2 (CR_C^2 - \omega^2 C^2 R_C^2 L_n - L_n)} \tag{2-68}$$

一般介质损耗甚小，可忽略（即 $R_C \to \infty$），则上式简化为

$$C_e = \frac{C}{1 - \omega^2 CL_n} \tag{2-69}$$

由上式可知，若 L_n 越大，频率越高，则 C_e 与 C 相差就越大。

从上述讨论中可以看出，在交流下测量 R、L、C，实际所测的都是等效值 R_e、L_e、C_e；由于电阻、电容和电感的实际阻抗随环境以及工作频率的变化而变化，因此，在阻抗测量中应尽量按实际工作条件（尤其是工作频率）进行，否则，测得的结果将会有很大的误差，甚至是错误的结果。

2.3.2 直流电阻测量

在直流条件下测得的电阻称直流电阻。在工程和实验应用中，所需测量的电阻范围很宽，约为 $10^{-6} \sim 10^{17}\Omega$ 或更宽。从测量角度出发，一般将电阻分为小电阻（1Ω 以下，如接触电阻、导线电阻等），中值电阻（$1 \sim 10^6\Omega$）和大电阻（$10^6\Omega$ 以上，如绝缘材料电阻）。

电阻的测量方法很多，按原理可分为直接测量法、比较测量法、间接测量法；也可分为电表法、电桥法、谐振法及利用变换器测量电阻等方法。

1. 电表法

电表法测量电阻的原理建立在欧姆定律之上，电压－电流表法（简称伏－安法）、欧姆表法及三表法是电表法的常见形式。

(1) 伏－安法

测量直流电阻的伏－安法是一种间接测量法，利用电流表和电压表同时测出流经被测电阻 R_x 的电流及其两端电压，根据欧姆定律，被测电阻 R_x 的阻值为

$$R_x = \frac{U_V}{I_A} \tag{2-70}$$

式中，U_V 和 I_A 分别为电压表和电流表的示值。

伏－安法测量电阻有两种方案，如图 2－18 所示，图中 R_V、R_A 分别为电压表和电流表的内阻。图 2－18(a)所示方案电流表示值包含了流过电压表的电流，适用于测量阻值较小的电阻；图 2－18(b)所示方案电压表的示值包含了电流表上的压降，适用于测量阻值较大的元件。

伏－安法的优点是可按被测电阻的工作电流测量，因此非常适合测量电阻值与电流有关的非线性元件（如热敏电阻等），且测量简单。但由于电表有内阻，

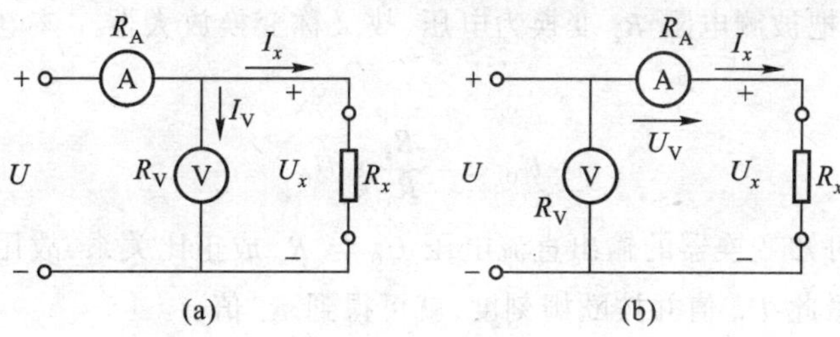

图 2-18　伏-安法测量直流电阻

故无论用哪种方案均存在方法误差,因此,伏-安法测量精度不高。

(2) 欧姆表法

从式(2-70)可知,如果 U_V 保持不变,被测电阻 R_x 将与通过电流表 A 的电流 I_A 成单值的反比关系,而磁电式电流表指针的偏转角 θ 与通过的电流 I_A 成正比,则电流表指针的偏转角能反映 R_x 值大小。因此,如将电流表按欧姆值刻度,就成为可直接测量电阻值 R_x 的仪表,称为欧姆表。

欧姆表测量电阻的电路如图 2-19 所示。

图中 R_A 为欧姆表内阻,这里欧姆表实际是按欧姆值刻度的磁电式微安表;R_1 为限流电阻,S 是短接开关;欧姆表中以电池的电压 U_S 作为恒定电压源,考虑到电池的电压会逐渐降低,为了消除电压变化对电阻测量的影响,设有调零电阻 R_2。被测电阻 R_x 串联接入电路中。

测量前,先将 S 闭合并调节 R_2 直至欧姆表指针正确指在 0 刻度,然后断开 S,接入被测电阻 R_x 进行测量,并从欧姆表直接读出被测值。

除传统的指针式欧姆表外,数字式欧姆表也已普遍使用。数字式欧姆表一般是在数字式直流电压表的输入端加一"欧姆电压变换器"后得到的,图 2-20 是欧姆-电压变换器的原理。

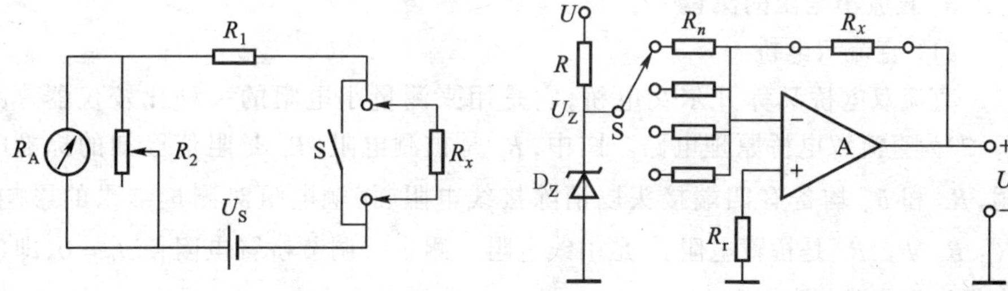

图 2-19　欧姆表测量电阻电路　　图 2-20　欧姆-电压变换器原理电路

图中外接电源 U 经 R 和稳压二极管 D_Z,提供稳定的基准电压 U_Z;S 为量程开关,用来切换不同的输入电阻 R_n,以改变欧姆量程范围;A 是反相接法的运算

放大器，用来把被测电阻 R_x 变换为电压，故又称变换放大器。该电路的输出电压为

$$U_0 = -\frac{R_x}{R_n} \cdot U_0 \qquad (2-71)$$

从上式可知变换器的输出直流电压 U_0 与 R_x 成正比关系，故用直流数字式电压表来测量此 U_0 值并按欧姆刻度，就可得到 R_x 值。

2. 电桥法

测量直流电阻最常用的是电桥法。电桥分为直流电桥和交流电桥两大类，直流电桥主要用于测量电阻。

直流电桥由四个桥臂、检流计和电源组成，其原理电路如图 2-21 所示。图中 R_1、R_2、R_3 是标准电阻，R_x 是被测电阻；G 是灵敏度很高的微安级磁电式检流计，用来指零。测量时调节 R_1、R_2、R_3 使电桥平衡，电桥达到平衡时 U_{BD} 为零，检流计 G 中无电流，由电桥平衡条件 $R_1 \cdot R_3 = R_2 \cdot R_x$ 可得被测电阻

$$R_x = \frac{R_1}{R_2} \cdot R_3 \qquad (2-72)$$

由上式可见，这种方法实质上是用标准电阻与被测电阻 R_x 相比较，用指零仪表指示被测量与标准量是否相等（平衡），从而求得被测量。因此这种方法又称为零位式测量法或比较测量法，测量的精度几乎等于标准量的精度，这是它的优点。这种测量方法的缺点是在测量过程中，为获得平衡状态，需要进行反复调节，测试速度慢，不能适应大量、快速测量的需要，也不适合于电阻传感器的变化电阻的测量。

直流单电桥测电阻的范围在 1 Ω～1 MΩ 之间。电阻大于 1 MΩ 时，电桥的漏电流对测量误差的影响已不能忽略；而电阻小于 1 Ω 时，接线电阻和接触电阻的影响开始增大。

3. 直流小电阻的测量

(1) 直流双电桥

直流双电桥又称开尔文电桥，它是用来测量小电阻的一种比较仪器。图 2-22为直流双电桥原理电路。图中，R_x 是被测电阻，R_n 是阻值已知的标准电阻，R_x 和 R_n 均备有四端接头以消除接线电阻、接触电阻对测量结果的影响。R_1、R_2、R_3、R_4 是桥臂电阻，r 是引线电阻。测量时调节桥臂电阻使 $I_0 = 0$，即使电桥达到平衡，则有

$$\begin{cases} I_1 R_1 = I_2 R_3 + I_3 R_x \\ I_1 R_2 = I_2 R_4 + I_3 R_n \\ (I_3 - I_2) r = I_2 (R_3 + R_4) \end{cases} \qquad (2-73)$$

解此方程组可得

$$R_x = \frac{R_1}{R_2}R_n + \frac{r}{R_3 + R_4 + r}\left(\frac{R_1}{R_2} - \frac{R_3}{R_4}\right)R_4 \tag{2-74}$$

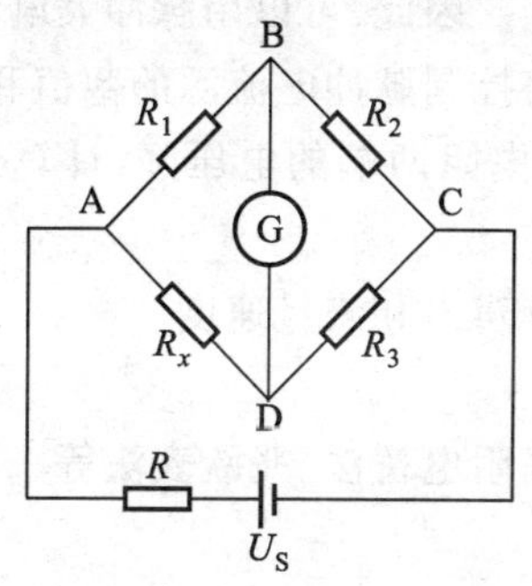

图 2-21 直流单电桥原理电路

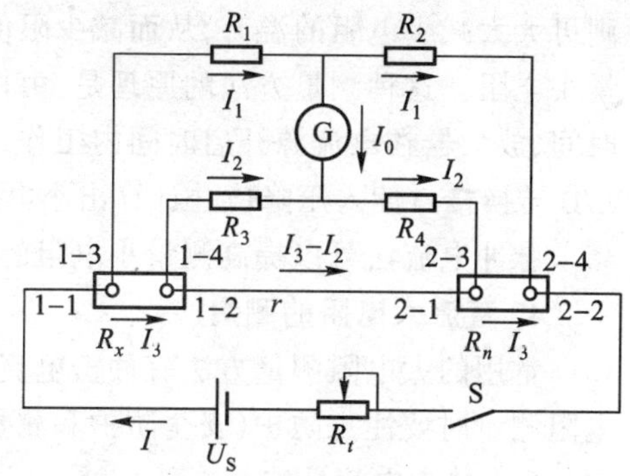

图 2-22 直流双电桥原理电路

使电桥在调节平衡的过程中保持 $R_1/R_2 = R_3/R_4$（结构上把 R_1、R_3 和 R_2、R_4 都做成同轴调节的电阻），则(2-74)式简化为

$$R_x = \frac{R_1}{R_2}R_n \tag{2-75}$$

上式与单电桥公式(2-72)相似，但单电桥测量的是二端电阻，它包括桥臂间的引线电阻、接触电阻及被测电阻在内，当被测电阻很小时（1 Ω 以下），引线和接触电阻不能忽略，故测量误差很大。而双电桥中，引线和接触电阻都分别包括在相应的桥臂上，桥臂电阻 R_1、R_2、R_3 和 R_4 都选择在 10 Ω 以上，即远大于引线和接触电阻，这样就可以消除或大大减少引线和接触电阻对测量结果的影响。双电桥测量小电阻的范围一般在 $1 \sim 10^{-5}$ Ω 之间。

(2) 数字微欧计

用直流双电桥测量小电阻有操作不方便，费时的缺点，且测量精度除与仪器有关外，还与操作人员的熟练程度有关。近些年研究发展起来的数字微欧计，是一种测量低值电阻的数字式仪表。它的基本原理是：利用直流恒流源在被测电阻 R_x 上产生直流电压降 U_x，然后通过电压放大和 A/D 转换器变为数字显示的电阻值。在测量过程中，采用“四端子”（电流端子、电位端子）测量法，消除引线和接触电阻带来的误差。数字微欧计具有操作简单，省时，数显，对操作人员要求不高等优点。

(3) 脉冲电流测量法

由于小电阻数值很小，如果采用电流-电压降法进行测量，则因压降一般很小，信噪比很低，要想获得高测量精度颇为困难。如加大测量电流，可以增加在

被测电阻 R_x 上的电压降，降低对测量压降仪器的要求，但被测电阻的温度也就随之升高，阻值亦相应变化，这种现象称为电阻的负载效应。

电阻的温升是通过电流和通过时间的函数，如果控制通过电流的时间很短，则可大大减少电阻的温升，从而减少阻值的改变。因此，可以用脉冲大电流来测量小电阻。这种测量方法的原理是：由控制电路控制脉冲电流源的数值和启、停时间，放大器在电流源开启时间内工作，放大小电阻两端的电压降，计算机通过 A/D 转换接口读入压降值并计算出小电阻值。

脉冲电流法可以提高测量小电阻的精度、分辨力和测量速度。

4. 直流大电阻的测量

常用的大电阻测量方法有冲击电流计法、高阻电桥法、兆欧表法等。大阻值电阻测量时要注意防护(安全防护和测量防护)。

(1) 冲击电流计法

冲击电流计法测量原理如图 2-23 所示。图中 R_x 为被测电阻。当开关 S 倒向“1”时，电容 C 被充电，充电时间为 t，其上的电压和电荷分别为

$$u_C = U_S\left(1 - e^{-\frac{t}{R_x C}}\right) \tag{2-76}$$

$$Q_C = Cu_C = CU_S\left(1 - e^{-\frac{t}{R_x C}}\right)$$

式中，U_S 为电源电压。

由于 $t/R_x C$ 很小，取 $e^{-\frac{t}{R_x C}}$ 的级数展开式的前两项已经足够，故有

$$Q_C = CU_S - CU_S\left[1 + \left(-\frac{t}{R_x C}\right)\right] = \frac{U_S \cdot t}{R_x} \tag{2-77}$$

由此得

$$R_x = \frac{U_S \cdot t}{Q_C} \tag{2-78}$$

经过时间 t，开关 S 由“1”倒向“2”，冲击电流计测出 Q_C 为

$$Q_C = C_Q \cdot \alpha_m \tag{2-79}$$

式中，C_Q 为冲击电流计的冲击常数，α_m 为电流计的最大偏转角。于是有

$$R_x = \frac{U_S \cdot t}{C_Q \cdot \alpha_m} \tag{2-80}$$

(2) 高阻电桥法

高阻电桥法利用如图 2-24 所示的六臂电桥，通过电路变换并结合四臂电桥的基本平衡条件就可推得关系式为

$$R_x = \frac{R_2 R_3 R_4 + R_2 R_3 R_5 + R_2 R_4 R_5 + R_2 R_4 R_6}{R_3 R_6} \tag{2-81}$$

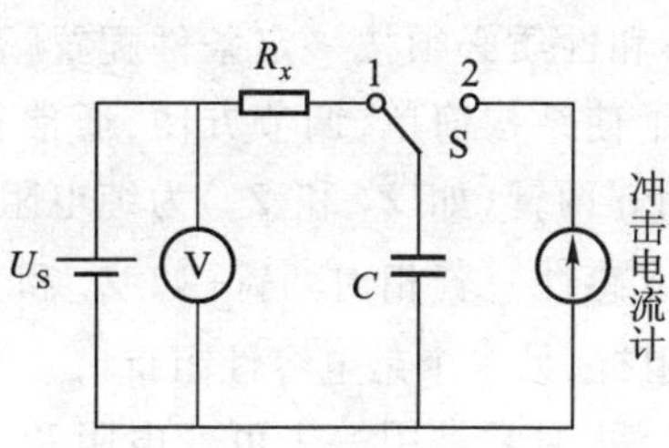

图 2-23 冲击法测量大电阻原理

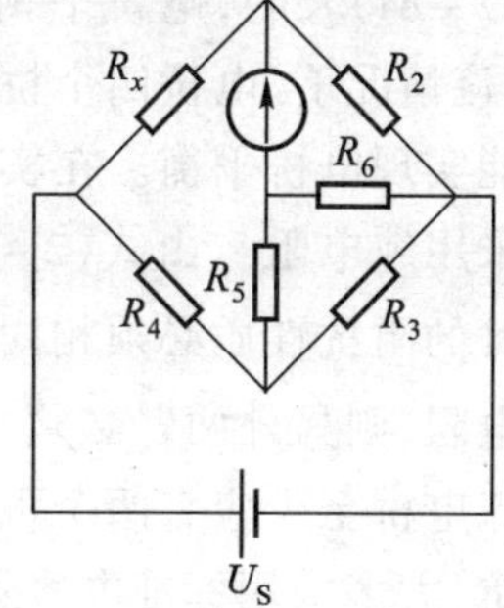

图 2-24 高阻电桥测量原理

高阻电桥测量范围为 $10^8 \sim 10^{17}\ \Omega$。被测电阻值小于 $10^{12}\ \Omega$ 时，测量误差为 0.03%，被测电阻值为 $10^{13}\ \Omega$ 时误差为 0.1%。这种电桥的供电电压在 50～1 000 V范围。

2.3.3 交流阻抗及 L、C 的测量

如 2.3.1 节中分析，在交流条件下，R、L、C 元件必须考虑损耗、引线电阻、分布电感和分布电容的影响，R、L、C 元件的实际阻抗随环境以及工作频率的变化而变化。测量交流阻抗和 L、C 参数的方法可用传统的交流电桥，也可以用变量器电桥和数字式阻抗测量仪等仪器。

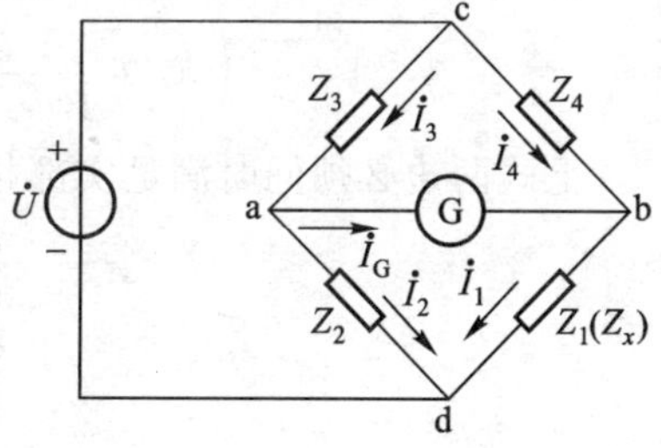

图 2-25 交流四臂电桥

1. 交流阻抗电桥

图 2-25 是交流阻抗电桥原理图。由 4 个桥臂阻抗 Z_1、Z_2、Z_3 和 Z_4，1 个激励源 $\dot{U}$ 和 1 个检流计 G 组成。

(1) 电桥平衡条件

调节各桥臂参数，使检流计读数 $I_G = 0$，则电桥处于平衡，可得

$$Z_1 Z_3 = Z_2 Z_4 \tag{2-82}$$

设 Z_1 为被测阻抗 Z_x，则电桥平衡后 Z_x 可从其他三个桥臂阻抗求得。

式(2-82)为交流阻抗电桥的平衡条件。若将其用指数形式表示则有

$$|Z_1| e^{j\varphi_1} |Z_3| e^{j\varphi_3} = |Z_2| e^{j\varphi_2} |Z_4| e^{j\varphi_4} \tag{2-83}$$

根据复数相等的定义，上式必须同时满足

$$\begin{cases} |Z_1| \cdot |Z_3| = |Z_2| \cdot |Z_4| \\ \varphi_1 + \varphi_3 = \varphi_2 + \varphi_4 \end{cases} \tag{2-84}$$

式(2-84)表明,电桥平衡必须同时满足模平衡和相位平衡两个条件。因此,在交流情况下,电桥四个桥臂阻抗的大小和性质必须按一定条件配置,否则可能不能实现电桥平衡。在实用电桥中,为了使结构简单,调节方便,通常有两个桥臂采用纯电阻。由式(2-82)可知,若相邻两臂(如 Z_3 和 Z_4)为纯电阻,则另外两臂的阻抗性质必须相同(即同为容性或感性);若相对两臂(如 Z_2 和 Z_4)采用纯电阻,则另外两臂必须一个是电感性阻抗,另一个是电容性阻抗。

交流电桥至少应有两个可调节的标准元件,通常是用一个可变电阻和一个可变电抗,大多采用标准电容器作为标准电抗器。需反复调节可调标准元件,以使式(2-84)成立,调节交流电桥平衡要比调节直流电桥平衡麻烦得多。

(2) 电桥电路及元件参数的测量

交流阻抗电桥有多种配置形式,各有特点和适用范围。此处仅以串联电容电桥为例说明。

图 2-25 中,若 Z_1 和 Z_2 为串联电容,Z_3 和 Z_4 为纯电阻,则构成串联电容电桥(或称维恩电桥)。设

$$\begin{cases} Z_1 = R_x + \dfrac{1}{\mathrm{j}\omega C_x}, Z_2 = R_2 + \dfrac{1}{\mathrm{j}\omega C_2} \\ Z_3 = R_3, Z_4 = R_4 \end{cases}$$

根据电桥平衡条件,得

$$\left(R_x + \frac{1}{\mathrm{j}\omega C_x}\right)R_3 = \left(R_2 + \frac{1}{\mathrm{j}\omega C_2}\right)R_4$$

上式两边必须同时满足实部相等和虚部相等条件,因此可以解得

$$\begin{cases} R_x = \dfrac{R_4}{R_3}R_2 \\ C_x = \dfrac{R_3}{R_4}C_2 \end{cases} \tag{2-85}$$

由上式可知,当选择 R_2 和 C_2 为可调元件时,被测量的参数 R_x 和 C_x 可以分别读数。

串联电容电桥适于测量损耗小的电容,且便于读数。其他形式电桥的特点和平衡条件请参阅相关资料。

2. 变量器电桥

交流四臂电桥适用于在低频时测量交流电阻、电感、电容等,且使用不太方便。变量器电桥可用于高频时的阻抗测量。变量器电桥有变压式、变流式和双边式三种结构,双边式是前两种结构形式的组合。

图 2-26 为常用的双边式变量器电桥原理电路。图中 Z_x 是被测阻抗;Z_b 是标准阻抗;G 是检流计;n_1 和 n_2 是变量器 B_1 二次绕组上两个绕组的匝数;

$\dot{U}_1$、$\dot{U}_2$ 是 n_1、n_2 上的感应电压，m_1、m_2 是变量器 B_2 一次绕组上两个绕组的匝数。$\dot{I}_1$ 是电桥平衡时流经 Z_x 和 m_1 的电流；$\dot{I}_2$ 是流经 Z_b 和 m_2 的电流。若 B_1 的漏抗和内电阻都可忽略，则电桥平衡时可得

$$\begin{cases} \dot{I}_1 = \dot{U}_1 / Z_x \\ \dot{I}_2 = \dot{U}_2 / Z_b \\ \dot{U}_1 / \dot{U}_2 = n_1 / n_2 \end{cases} \tag{2-86}$$

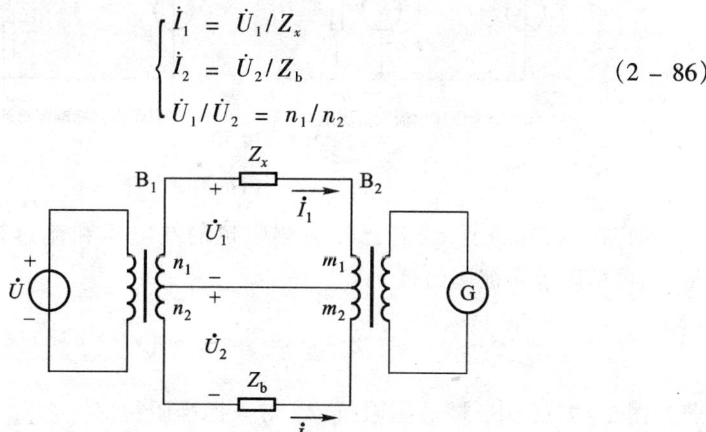

图 2-26 双边式变量器电桥

对 B_2，电桥平衡时 G 指零，可得

$$\dot{I}_1 \cdot m_1 - \dot{I}_2 \cdot m_2 = 0 \tag{2-87}$$

由(2-86)和(2-87)式可解得

$$Z_x = \frac{n_1 m_1}{n_2 m_2} Z_b \tag{2-88}$$

由于 n_1、n_2、m_1、m_2 和 Z_b 均为已知值，故从式(2-88)可求出 Z_x。

变量器电桥的特点是：匝数比可以做得很准确，也不受温度，老化等因素的影响；灵敏度高；收敛性好；桥路所用标准元件少。因此变量器电桥得到广泛应用，其工作频率可达几百兆赫兹；电阻量程为 $10^{-4} \sim 10^{9}\ \Omega$，精度可达 $\pm(0.01 \sim 0.001)\%$；电容量程为 $10^{-8} \sim 10^{4}\ \mu F$，精度最高可达 $\pm 1 \times 10^{-7}$；电感量程为 $10^{-2}\ \mu H \sim 10^{5}\ H$，精度 $\pm 0.01\%$。

3. 数字式阻抗测量仪

传统的阻抗测量仪是模拟式的。主要采用电桥法、谐振法和伏安法进行测量，缺点较多。测量技术的发展，要求对阻抗的测量既精确又快速，并实现自动测量和数字显示。近年来，由于高性能微处理器的使用使得现在的阻抗测量仪向数字化、智能化方向发展。

(1) 矢量阻抗测量原理

目前带有微处理器的数字式阻抗测量仪多采用矢量阻抗测量法，即从阻抗的基本定义出发，根据被测阻抗元件两端的电压矢量和流过被测阻抗元件的电

流矢量计算出被测阻抗元件的值。

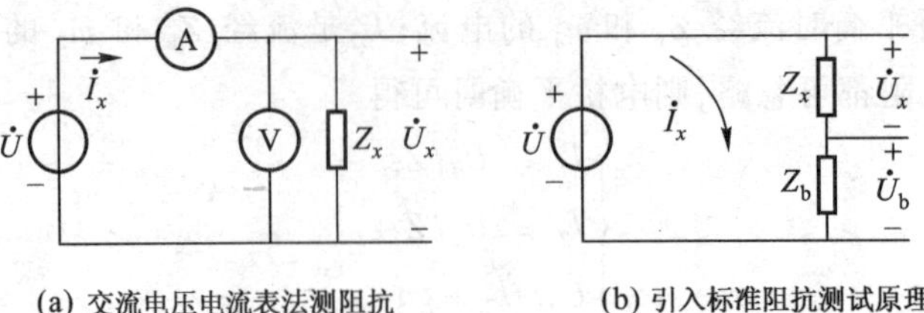

(a) 交流电压电流表法测阻抗 (b) 引入标准阻抗测试原理

图 2-27 阻抗测量原理

如图 2-27(a)所示,若已知被测阻抗的端电压和流过被测阻抗的电流矢量,则可精确求得被测阻抗

$$Z_x = \frac{\dot{U}_x}{\dot{I}_x} = R_x + \mathrm{j}X_x \tag{2-89}$$

若在图 2-27(a)中,将被测阻抗 Z_x 与一标准阻抗 Z_b 串联,如图 2-27(b)所示,则可得

$$Z_x = \frac{\dot{U}_x}{\dot{U}_b} Z_b \tag{2-90}$$

可见,这样就将对阻抗 Z_x 的测量变成了测量两个矢量电压的比。

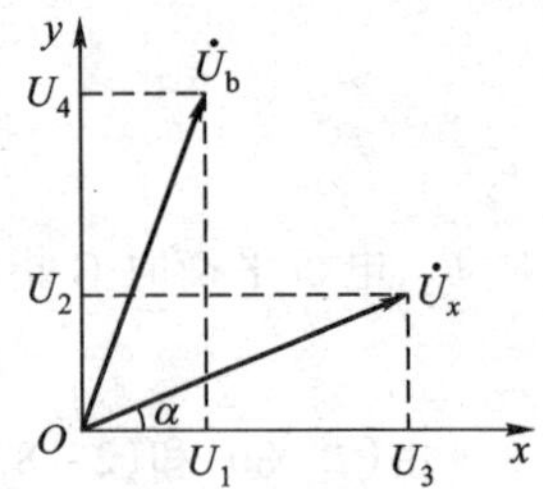

图 2-28 矢量关系图

被测阻抗 Z_x 两端电压 $\dot{U}_x$ 与标准阻抗 Z_b 两端电压 $\dot{U}_b$ 的矢量关系如图 2-28 所示。图中

$$\begin{cases} \dot{U}_x = U_3 + \mathrm{j}U_2 \\ \dot{U}_b = U_1 + \mathrm{j}U_4 \end{cases} \tag{2-91}$$

若式(2-90)中 Z_b 用标准电阻 R_b 代替,则

$$\begin{aligned} Z_x &= \frac{\dot{U}_x}{\dot{U}_b} R_b = \frac{U_3 + \mathrm{j}U_2}{U_1 + \mathrm{j}U_4} R_b \\ &= R_b \left(\frac{U_1 U_3 + U_2 U_4}{U_1^2 + U_4^2} + \mathrm{j} \frac{U_1 U_2 - U_3 U_4}{U_1^2 + U_4^2} \right) \end{aligned} \tag{2-92}$$

可见,只要知道两个电压矢量在直角坐标轴上的投影,则经过标量运算,就可求出被测阻抗 Z_x。

(2) 数字式阻抗测量仪组成

组成数字式阻抗测量仪有多种方案,图 2-29 是采用鉴相原理的阻抗-电压变换器,用它与数字电压表结合,可以实现对阻抗的数字化测量。

图中被测阻抗 $Z_x = R_x + \mathrm{j}X_x$,$\dot{U}$ 是稳定的正弦信号源,设放大器的增益为

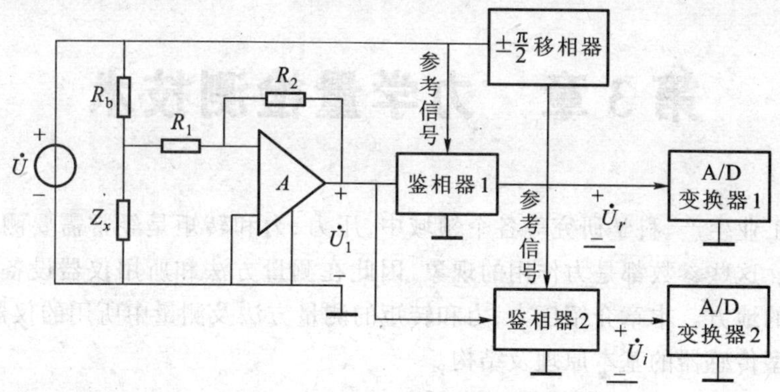

图 2-29 阻抗-电压变换器

K，令 $R_b \gg |R_x + jX_x|$，则由图可知

$$\dot{U}_1 = K \cdot \frac{R_x + jX_x}{R_b + R_x + jX_x}\dot{U} \approx \frac{K\dot{U}}{R_b}(R_x + jX_x) \tag{2-93}$$

$$= \dot{U}_{1r} + \dot{U}_{1i}$$

式中

$$\dot{U}_{1r} = \frac{KR_x}{R_b}\dot{U} \tag{2-94}$$

$$\dot{U}_{1i} = j\frac{KX_x}{R_b}\dot{U} \tag{2-95}$$

由上两式可知，放大器输出电压 $\dot{U}_1$ 中包含有与信号源 $\dot{U}$ 同相的分量 $\dot{U}_{1r}$ 以及与 $\dot{U}$ 正交的分量 $\dot{U}_{1i}$。因此，若能将 $\dot{U}_{1r}$ 和 $\dot{U}_{1i}$ 分离出来，则由式(2-94)可得

$$R_x = \frac{\dot{U}_{1r}}{K\dot{U}}R_b \tag{2-96}$$

若被测元件是电感，则由(2-65)和(2-95)式得

$$L_x = \frac{\dot{U}_{1i}}{\omega K\dot{U}}R_b \tag{2-97}$$

若被测元件是电容，则由(2-67)和(2-95)式得

$$C_x = \frac{K\dot{U}}{\omega R_b \dot{U}_{1i}} \tag{2-98}$$

图 2-29 中的鉴相器包含有乘法器和低通滤波器，鉴相器 1 的参考信号就是信号源 $\dot{U}$，而鉴相器 2 的参考信号比 $\dot{U}$ 有 $\pi/2$ 的相移。因此，鉴相器 1 和鉴相器 2 可以分离出与 R_x 和 X_x 成比例的同相电压分量 U_r 和正交电压分量 U_i，经 A/D 转换后，即可实现被测阻抗的数字化测量。

第3章　力学量检测技术

在工业生产、科学研究等各个领域中,压力、力和转矩是经常需要测量的重要参数。这些参数都是力作用的现象,因此在测量方法和所用仪器设备上有很多相同的地方。本章介绍压力、力和转矩的测量方法及测量中所用的仪器设备、所用典型传感器的基本原理及结构。

3.1　压力的测量

3.1.1　压力的基本概念

压力是工业生产过程中重要的工艺参数之一,正确地测量和控制压力是保证工业生产过程良好地运行,达到高产、优质、低耗及安全生产的重要环节。

1. 压力的定义

压力是垂直地作用在单位面积上的力,即物理学中常称的压强。工程上,习惯把压强称为压力。由此定义,压力可表示为

$$p = F/S \tag{3-1}$$

式中,p 为压力;F 为垂直作用力;S 为受力面积。

2. 压力的表示方法

由于参照点不同,在工程上压力有几种不同的表示方法。

(1) 绝对压力　被测介质作用于物体表面上的全部压力称为绝对压力,用符号 p_i 表示。

(2) 大气压力　由地球表面空气质量所形成的压力,称为大气压力。它随地理纬度、海拔高度及气象条件而变化,用符号 p_0 表示。

(3) 表压力　绝对压力与当地大气压之差称为表压力,用符号 p_g 表示,$p_g = p_i - p_0$。通常压力测量仪表总是处于大气之中,其测得的压力值均是表压力。

(4) 真空度(负压)　当绝对压力小于大气压力时,表压力为负值(负压力),其绝对值称为真空度,用符号 p_V 表示,$p_V = |p_g|$。

(5) 差压(压差)　任意两个压力 p_1、p_2 之差称为差压(Δp),$\Delta p = p_1 - p_2$。

这几种表示法的关系如图3-1所示。此外,工程上按压力随时间的变化关系还有静态压力(不随时间变化或变化缓慢的压力)和动态压力(随时间作快速

变化的压力)之分。

3. 压力的计量单位

压力是力和面积的导出量。在国际单位制中,取力的单位为牛顿,面积单位为米^2,则压力单位为牛顿/米^2,用符号 N/m^2 表示;压力单位又称为帕斯卡或简称帕,符号为 Pa。$1\ Pa = 1\ N/m^2$。因帕单位太小,工程上常用 kPa(10^3 Pa)和 MPa(10^6 Pa)表示。我国已规定帕斯卡为压力的法定单位。

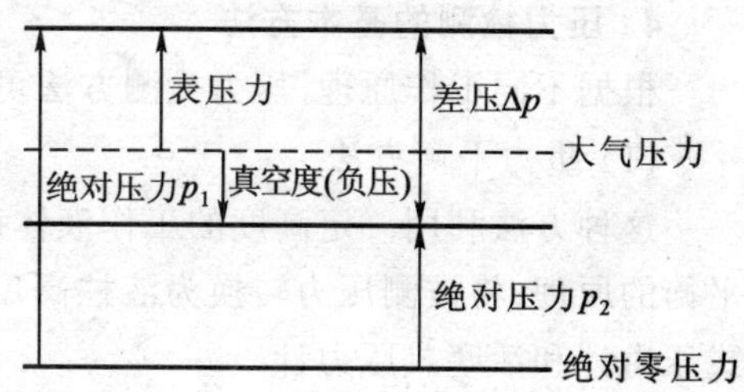

图 3-1 各种压力之间的关系

由于历史发展的原因、单位制的不同以及使用场合的差异,压力还有多种不同的单位。目前工程技术部门仍在使用的压力单位有工程大气压、物理大气压、巴、毫米水柱、毫米汞柱等。各种压力单位间的换算关系列于表 3-1 中。

表 3-1 压力单位换算表

单位	帕 /Pa(N/m^2)	巴 /bar	毫米水柱 /mmH_2O	标准大气压 /atm	工程大气压 /($kgf\cdot cm^{-2}$)	毫米汞柱 /mmHg	磅力/英寸^2 /($lbf\cdot in^{-2}$)
帕 /Pa(N/m^2)	1	1×10^{-5}	1.019 716 $\times10^{-1}$	0.986 923 6 $\times10^{-5}$	1.019 716 $\times10^{-5}$	0.750 06 $\times10^{-2}$	1.450 442 $\times10^{-4}$
巴 /bar	1×10^{5}	1	1.019 716 $\times10^{4}$	0.986 923 6	1.019 716	0.750 06 $\times10^{3}$	1.450 442 $\times10$
毫米水柱 /mmH_2O	0.980 665 $\times10$	0.980 665 $\times10^{-4}$	1	0.967 8 $\times10^{-4}$	1×10^{-4}	0.735 56 $\times10^{-1}$	1.422 3 $\times10^{-3}$
标准大气压 /atm	1.013 25 $\times10^{5}$	1.013 25	1.033 227 $\times10^{4}$	1	1.033 2	0.76×10^{3}	1.469 6 $\times10$
工程大气压 /($kgf\cdot cm^{-2}$)	0.980 665 $\times10^{5}$	0.980 665	1×10^{4}	0.967 8	1	0.735 56 $\times10^{3}$	1.422 398 $\times10$
毫米汞柱 /mmHg	1.333 224 $\times10^{2}$	1.333 224 $\times10^{-3}$	1.359 51 $\times10$	1.316 $\times10^{-3}$	1.359 51 $\times10^{-3}$	1	1.934 $\times10^{-2}$
磅力/英寸^2 /($lbf\cdot in^{-2}$)	0.689 49 $\times10^{4}$	0.689 49 $\times10^{-1}$	0.703 07 $\times10^{3}$	0.680 5 $\times10^{-1}$	0.703 07 $\times10^{-1}$	0.517 15 $\times10^{2}$	1

4. 压力检测的基本方法

根据不同工作原理,压力检测方法可分为如下几种:

(1) 重力平衡方法

这种方法利用一定高度的工作液体产生的重力或砝码的重量与被测压力相平衡的原理,将被测压力转换为液柱高度或平衡砝码的重量来测量。例如液柱式压力计和活塞式压力计。

(2) 弹性力平衡方法

利用弹性元件受压力作用发生弹性变形而产生的弹性力与被测压力相平衡的原理,将压力转换成位移,通过测量弹性元件位移变形的大小测出被测压力。此类压力计有多种类型,可以测量压力、负压、绝对压力和压差,应用最为广泛。

(3) 机械力平衡方法

这种方法是将被测压力经变换元件转换成一个集中力,用外力与之平衡,通过测量平衡时的外力测得被测压力。力平衡式仪表可以达到较高精度,但是结构复杂。

(4) 物性测量方法

利用敏感元件在压力的作用下,其某些物理特性发生与压力成确定关系变化的原理,将被测压力直接转换为各种电量来测量。如应变式、压电式、电容式压力传感器等。

3.1.2 常用压力检测仪表

1. 液柱式压力计

应用液柱测量压力的方法是以流体静力学原理为基础的。一般是采用充有水或水银等液体的玻璃 U 形管、单管或斜管进行压力测量的,其结构形式如图 3-2所示。

(1) U 形管压力计

图 3-2(a)所示的 U 形管是用来测量压力和压差的仪表。在 U 形管两端接入不同压力 p_1 和 p_2 时,根据流体静力平衡原理可知,U 形管两边管内液柱差 h 与被测压力 p_1 和 p_2 的关系为

$$p_1 A = p_2 A + \rho g h A \tag{3-2}$$

式中,A 为 U 形管内孔截面积;ρ 为 U 形管内工作液的密度;g 为重力加速度。由上式可求得两压力的差值 Δp 或在已知一个压力的情况下(例如压力 p_2),求出另一压力值。

$$\begin{aligned} \Delta p &= p_1 - p_2 = \rho g h \\ p_1 &= p_2 + \rho g h \end{aligned} \tag{3-3}$$

可见U形管内的液柱差 h 与被测压差或压力成正比,因此被测压差或压力可以用工作液高度 h 的大小来表示。

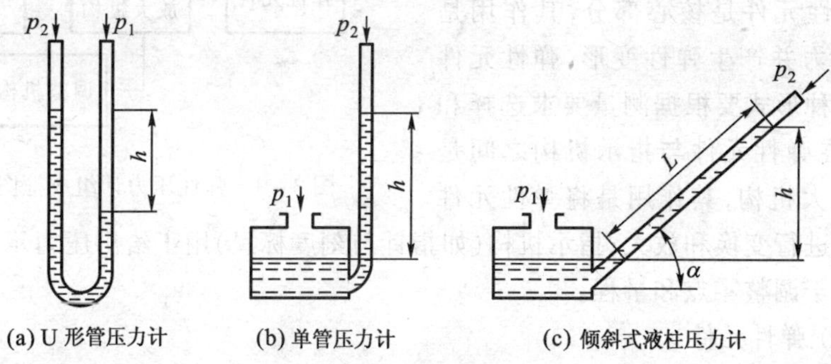

图 3-2 液柱式压力计

(2) 单管压力计

U形管压力计中 h 需两次读数,读数误差较大。为了减小读数误差,可以采用单管压力计。

单管压力计如图3-2(b)所示,它相当于将U形管的一端换成一个大直径的容器,测压原理与U形管相同。当大容器一侧通入被测压力 p_1,管一侧通入大气压 p_2 时,满足下列关系

$$\Delta p = p_1 - p_2 = h\rho g = (h_1 + h_2)\rho g = \left(1 + \frac{d^2}{D^2}\right) h_1 \rho g \tag{3-4}$$

式中,h 为两液面的高度差;h_1 为玻璃管内液面上升高度;h_2 为大容器内液面下降高度;d 为玻璃管直径;D 为大容器直径。由于 $D \gg d$,故 d^2/D^2 可以忽略不计,即 h_2 的变化可以忽略不计,故 $h \approx h_1$,式(3-4)可写成

$$\Delta p = h\rho g \approx h_1 \rho g \tag{3-5}$$

管内工作液面上升的高度 h 即可表示被测压力的大小。

(3) 斜管压力计

用U形管或单管压力计来测量微小的压力时,因为液柱高度变化很小,读数困难,为了提高灵敏度,减小误差,可将单管压力计的玻璃管制成斜管,如图3-2(c)所示。大容器通入被测压力 p_1,斜管通大气压力 p_2,则 Δp 与液柱之间的关系仍然与式(3-5)相同,

$$\Delta p = h\rho g = L\rho g \sin\alpha \tag{3-6}$$

式中,L 为斜管内液柱的长度;α 为斜管倾斜角。

由于 $L > h$,所以斜管压力计比单管压力计更灵敏,可以提高测量精度。

2. 弹性压力计

当被测压力作用于弹性元件时,弹性元件便产生相应的弹性变形(即机械位

移)。根据变形量的大小,可以测得被测压力的数值。

弹性压力计的组成如图 3-3 所示。弹性元件是核心部分,其作用是感受压力并产生弹性变形,弹性元件采用何种形式要根据测量要求选择和设计;在弹性元件与指示机构之间是变换放大机构,其作用是将弹性元件的变形进行变换和放大;指示机构(如指针与刻度标尺)用于给出压力示值;调整机构用于调整零点和量程。

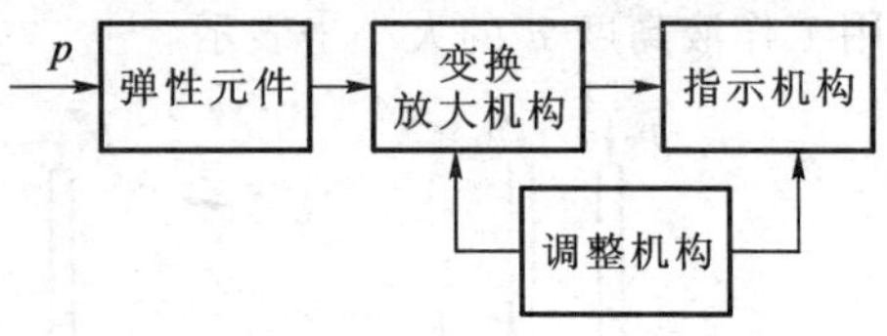

图 3-3　弹性压力计组成框图

(1) 弹性元件

同样的压力下,不同结构、不同材料的弹性元件会产生不同的弹性变形。常用的弹性元件有弹簧管、波纹管、薄膜等,如表 3-2 所示。其中波纹膜片和波纹管多用于微压和低压测量;单圈和多圈弹簧管可用于高、中、低压或真空度的测量。

表 3-2　弹性元件的结构和特性

类别	名称	示意图	压力测量范围/kPa		输出特性	动态性质	
			最小	最大		时间常数/s	自振频率/Hz
薄膜式	平薄膜	x　p_x	0 ~ 10	$0 \sim 10^5$	F(力)　x(位移)　p_x	$10^{-5} \sim 10^{-2}$	$10 \sim 10^4$
	波纹膜	x　p_x	$0 \sim 10^{-3}$	$0 \sim 10^3$	F(力)　x(位移)　p_x	$10^{-2} \sim 10^{-1}$	$10 \sim 10^2$
	挠性膜	p_x　x	$0 \sim 10^{-5}$	$0 \sim 10^2$	F,x　p_x	$10^{-2} \sim 1$	$1 \sim 10^2$

续表

类别	名称	示意图	压力测量范围/kPa		输出特性	动态性质	
			最小	最大		时间常数/s	自振频率/Hz
波纹管式	波纹管	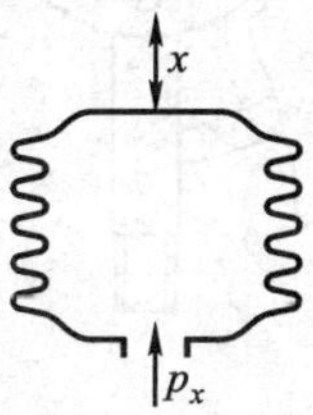	$0\sim10^{-3}$	$0\sim10^{3}$	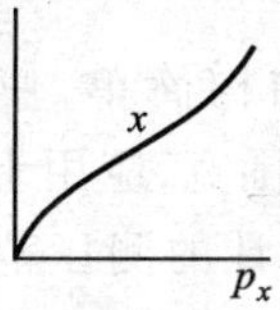	$10^{-2}\sim10^{-1}$	$10\sim10^{2}$
弹簧管式	单圈弹簧管	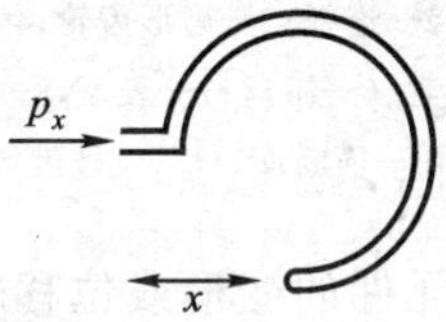	$0\sim10^{-1}$	$0\sim10^{6}$	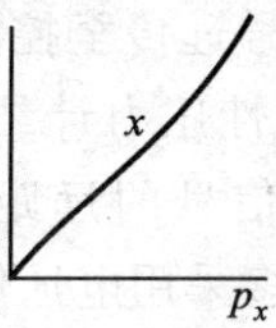	—	$10^{2}\sim10^{3}$
	多圈弹簧管	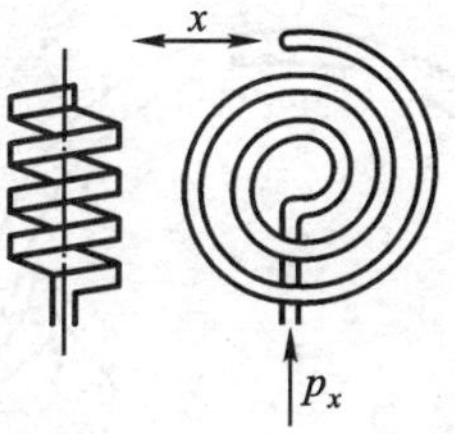	$0\sim10^{-2}$	$0\sim10^{5}$	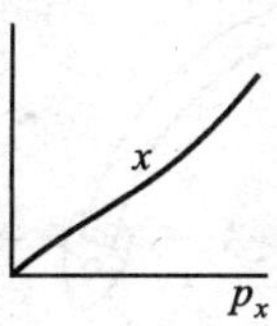	—	$10\sim10^{2}$

弹性元件常用的材料有铜合金、弹性合金、不锈钢等,各适用于不同的测压范围和被测介质。近来半导体硅材料得到了更多的应用。各种弹性元件组成了多种型式的弹性压力计,它们通过各种传动放大机构直接指示被测压力值。这类直读式测压仪表有弹簧管压力计、波纹管差压计、膜盒式压力计等。

(2) 弹簧管压力计

弹簧管式压力计是工业生产上应用很广泛的一种直读式测压仪表,以单圈弹簧管结构应用最多。其一般结构如图 3-4 所示。

被测压力由接口引入,使弹簧管自由端产生位移,通过拉杆使扇形齿轮逆时针偏转,并带动啮合的中心齿轮转动,与中心齿轮同轴的指针将同时顺时针偏转,并在面板的刻度标尺上指示出被测压力值。通过调整螺钉可以改变拉杆与扇形齿轮的接合点位置,从而改变放大比,调整仪表的量程。转动轴上装有游丝,用以消除两个齿轮啮合的间隙,减小仪表的变差。直接改变指针套在转动轴上的角度,就可以调整仪表的机械零点。

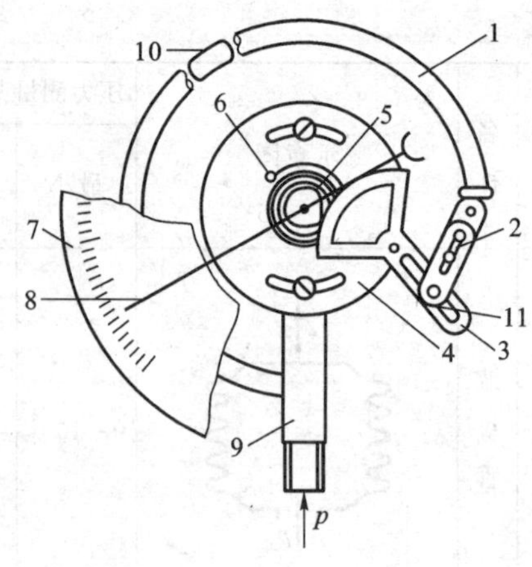

图 3-4　弹簧管压力计结构

1—弹簧管;2—连杆;3—扇形齿轮;4—底座;5—中心齿轮;6—游丝;7—表盘;8—指针;9—接头;10—横断面;11—灵敏度调整槽

弹簧管压力计结构简单,使用方便,价格低廉,测压范围宽,应用十分广泛。一般弹簧管压力计的测压范围为 $-10^5 \sim 10^9$ Pa,精度最高可达 ±0.1%。

(3) 弹性压力计信号远传方式

弹性压力计可以在现场指示,但是许多情况下要求将信号远传至控制室。一般可以在已有的弹性压力计结构上增加转换部件,实现信号的远距离传送。弹性压力计信号多采用电远传方式,即把弹性元件的变形或位移转换为电信号输出。常见的转换方式有电位计式、霍尔元件式、电感式、差动变压器式等,图 3-5 给出两种电远传弹性压力计结构原理。

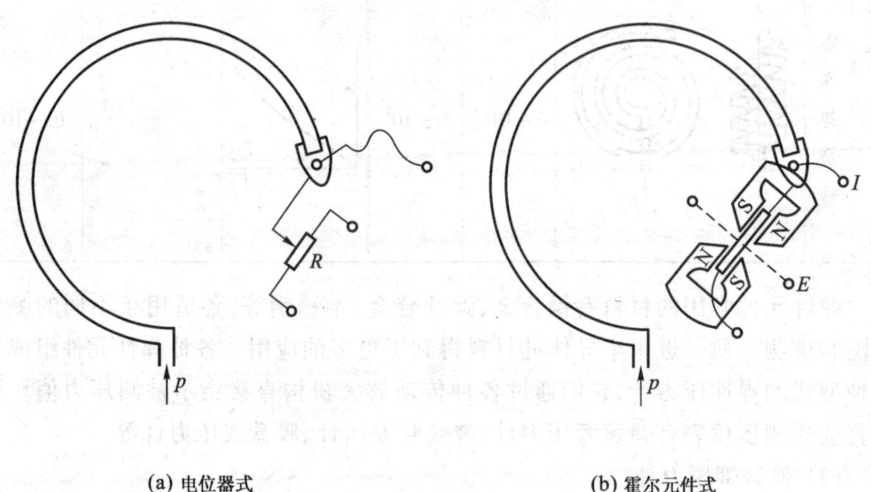

(a) 电位器式　　(b) 霍尔元件式

图 3-5　弹性压力计信号电远传方式原理

图 3-5(a)为电位器式,在弹性元件的自由端处安装滑线电位器,滑线电位器的滑动触点与自由端连接并随之移动,自由端的位移就转换为电位器的电信号输出。这种远传方法比较简单,可以有很好的线性输出,但是滑线电位器的结

构可靠性较差。

图 3-5(b)为霍尔元件式，其转换原理基于半导体材料的霍尔效应。由半导体材料制成的片状霍尔元件固定在弹性元件的自由端，并处于两对磁场方向相反的磁极组件构成的线性不均匀磁场的间隙中。霍尔元件被自由端带动在不均匀磁场中移动时，将感受不同的磁场强度。若在霍尔元件的两端通以恒定电流，则在垂直于磁场和电流方向的另两侧将产生霍尔电势，此输出电势即对应于自由端位移，从而给出被测压力值。这种仪表结构简单，灵敏度高，寿命长，但对外部磁场敏感，耐振性差。

3. 力平衡式压力计

力平衡式压力计采用反馈力平衡的原理，反馈力的平衡方式可以是弹性力平衡或电磁力平衡等。力平衡式压力计的基本构成如图 3-6 所示，被测压力或压差作用于弹性敏感元件上，弹性敏感元件感受压力作用并将其转换为位移或力，并作用于力平衡系统，力平衡系统受力后将偏离原有的平衡状态；由偏差检测器输出偏差值至放大器；放大器将信号放大并输出电流（或电压）信号，电流信号控制反馈力或力矩发生机构，使之产生反馈力；当反馈力与作用力平衡时，仪表处于新的平衡状态；显示机构可输出与被测压力或压差相对应的信号。

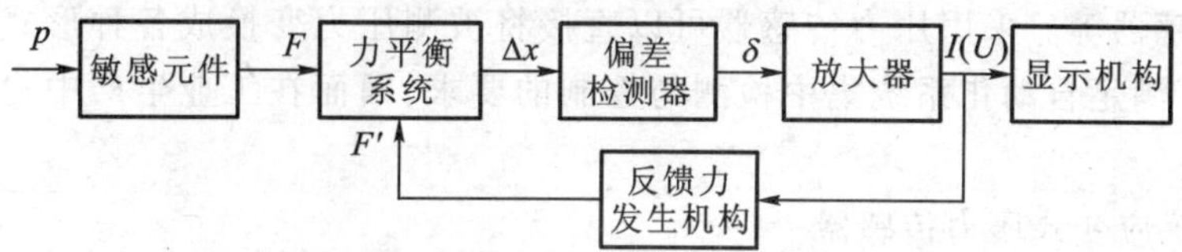

图 3-6　力平衡式压力计的基本框图

图 3-7 是一种弹性力平衡式压力测量系统的原理示意图。它由弹性敏感元件（测压波纹管）、杠杆、差动电容变换器、伺服放大器 A、伺服电机 M、减速器和反馈弹簧等元部件组成。

被测压力 p_1、p_2 分别导入波纹管和密封壳体内，测压波纹管将压力差转换为集中力 F_p 使杠杆转动，差动电容变换器的动极片偏离零位，电桥输出电压 u_C，其幅值与杠杆的转角成比例，而相位与杠杆偏转的方向（即压力差的方向）相对应。电压 u_C 经伺服放大器放大后，驱动伺服电机转动，经减速器后，一方面带动输出轴转动，指示出杠杆转角的大小；另一方面使螺栓转动，从而压缩和拉长反馈弹簧（螺栓使弹簧产生的位移量为 x），改变反馈弹簧施加在杠杆上的力 F_{XS}。当集中力 F_P 产生的力矩与反馈力 F_{XS} 产生的力矩相平衡时，系统处于平衡状态。由于反馈力 F_{XS} 与压力差 $\Delta p = p_1 - p_2$ 产生的集中力 F_P 成比例，则弹簧的位移 x 与压力差 Δp 所产生的集中力 F_P 成比例，故输出轴转角 β 与压力差 Δp 成比例。

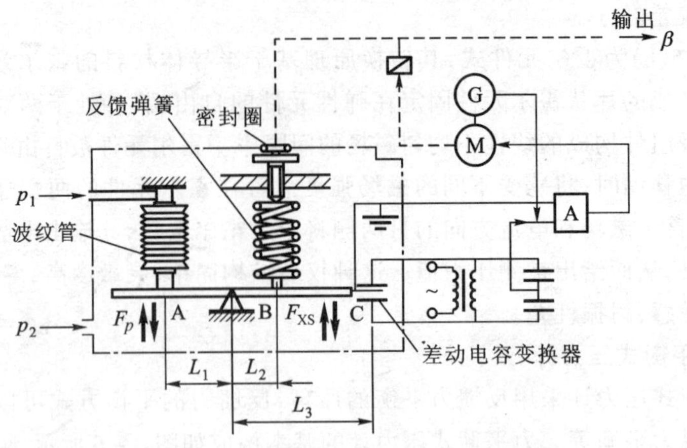

图 3－7　弹性力平衡式压力测量系统的原理

4. 压力传感器

能够测量压力并提供远传电信号的装置统称为压力传感器。压力传感器是压力检测仪表的重要组成部分，其结构型式多种多样，常见的型式有应变式、压阻式、电容式、压电式、振频式压力传感器等。此外还有光电式、光纤式、超声式压力传感器等。采用压力传感器可以直接将被测压力变换成各种形式的电信号，便于满足自动化系统集中检测与控制的要求，因而在工业生产中得到广泛应用。

(1) 应变式压力传感器

应变式压力传感器是一种通过测量各种弹性元件的应变来间接测量压力的传感器。根据制作材料的不同，应变元件可以分为金属和半导体两大类。应变元件的工作原理基于导体和半导体的“应变效应”，即当导体和半导体材料发生机械变形时，其电阻值将发生变化。电阻值的相对变化与应变有以下关系：

$$\frac{\Delta R}{R} = K\varepsilon \tag{3-7}$$

式中，ε 为材料的应变；K 为材料的电阻应变系数，即单位应变引起的电阻相对变化量。金属材料的 K 值约为 2～6，半导体材料的 K 值可达 60～180。

金属电阻应变片主要有丝式应变片和箔式应变片两种结构。如图 3－8 所示。

丝式应变片由金属丝栅(亦称敏感栅)、基底、引线、保护膜等组成。敏感栅一般采用直径 0.015～0.05 mm 的金属丝，用粘合剂固定在厚 0.02～0.04 mm 的纸或胶膜基底上。引线是由直径 0.1～0.2 mm 低阻镀锡铜线制成，用于将敏感栅与测量电路相连。

箔式应变片的敏感栅是用厚度为 0.003～0.01 mm 的金属箔经光刻、腐蚀等

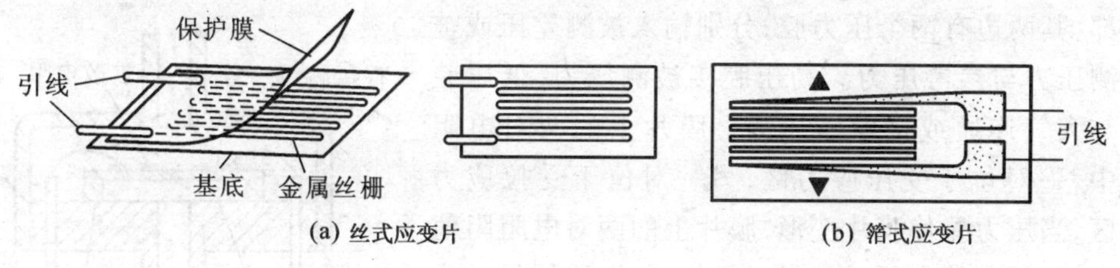

(a) 丝式应变片 (b) 箔式应变片

图 3-8 电阻应变片结构

工艺制成的。优点是表面积与截面积之比大,散热条件好,能承受较大电流和较高电压,因而输出灵敏度高,并可制成各种需要的形状,便于大批量生产。由于上述优点,它已逐渐取代丝式应变式。

应变片与弹性元件的装配可以采用粘贴式或非粘贴式,在弹性元件受压变形的同时应变片亦发生应变,其电阻值将有相应的改变。粘贴式应变压力计可采用1、2或4个特性相同的应变元件,粘贴在弹性元件的适当位置上,并分别接入电桥的桥臂,则电桥输出信号可以反映被测压力的大小。为了提高测量灵敏度,通常采用两对应变片,并使相对桥臂的应变片分别处于接受拉应力和压应力的位置。

应变式压力传感器所用弹性元件可根据被测介质和测量范围的不同而采用各种型式,常见的有圆膜片、弹性梁、应变筒等。图 3-9 给出几种弹性元件和应变式压力传感器的结构及电桥式测量电路示意图。

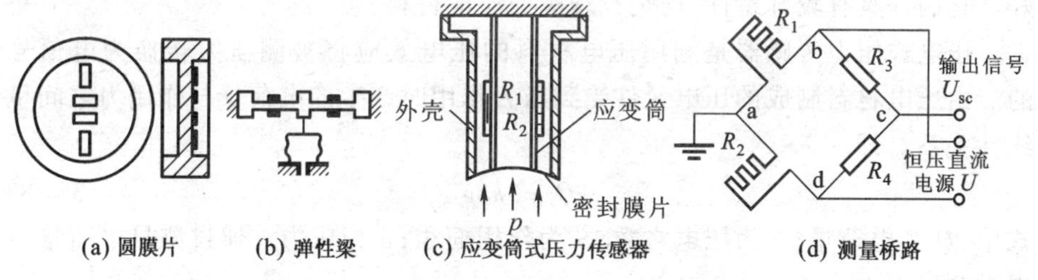

(a) 圆膜片 (b) 弹性梁 (c) 应变筒式压力传感器 (d) 测量桥路

图 3-9 应变式压力传感器

(2) 压阻式压力传感器

固体受力后电阻率发生变化的现象称为压阻效应。压阻式压力传感器是基于半导体材料(单晶硅)的压阻效应原理制成的传感器,它是利用集成电路工艺直接在硅平膜片上按一定晶向制成扩散压敏电阻,当硅膜片受压时,膜片的变形将使扩散电阻的阻值发生变化。硅膜片上的扩散电阻通常构成桥式测量电路,相对的桥臂电阻是对称布置的,电阻变化时,电桥输出电压与膜片所受压力成对应关系。

图 3-10 为一种压阻式压力传感器的结构示意图,硅膜片在圆形硅杯的底

部,其两边有两个压力腔,分别输入被测差压或被测压力与参考压力。高压腔接被测压力,低压腔与大气连通或接参考压力。膜片上的两对电阻中,一对位于受压应力区,另一对位于受拉应力区,当压力差使膜片变形,膜片上的两对电阻阻值发生变化,使电桥输出相应压力变化的信号。为了补偿温度效应的影响,一般还可在膜片上沿对压力不敏感的晶向生成一个电阻,这个电阻只感受温度变化,可接入桥路作为温度补偿电阻,以提高测量精度。

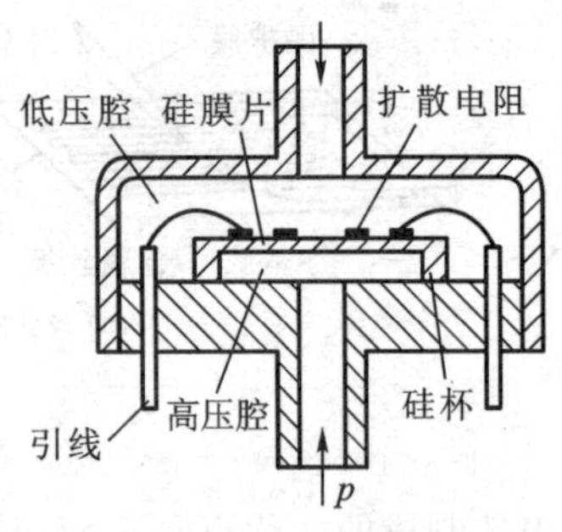

图 3 – 10 压阻式压力传感器

压阻式压力传感器的特点是灵敏度高,频率响应高;测量范围宽,可测低至 10 Pa和微压到高至 60 MPa 的高压;精度高,工作可靠,其精度可达 ±0.2% ~ 0.02%;易于微小型化,目前国内生产出直径 $\phi 1.8 \sim \phi 2$ mm 的压阻式压力传感器。

(3) 压电式压力传感器

某些电介质沿着某一个方向受力而发生机械变形(压缩或伸长)时,其内部将发生极化现象,而在其某些表面上会产生电荷。当外力去掉后,它又会重新回到不带电的状态,此现象称为“压电效应”。常用的压电材料有天然的压电晶体(如石英晶体)和压电陶瓷(如钛酸钡)两大类,它们的压电机理并不相同,压电陶瓷是人造多晶体,压电常数比石英晶体高,但机械性能和稳定性不如石英晶体好。它们都具有较好特性,均是较理想的压电材料。

压电式压力传感器是利用压电材料的压电效应将被测压力转换为电信号的。由压电材料制成的压电元件受到压力作用时产生的电荷量与作用力之间呈线性关系。即

$$Q = kSp \tag{3-8}$$

式中,Q 为电荷量;k 为压电常数;S 为作用面积;p 为压力。通过测量电荷量可知被测压力大小。

图 3 – 11 为一种压电式压力传感器的结构示意图。压电元件夹于两个弹性膜片之间,压电元件的一个侧面与膜片接触并接地,另一侧面通过引线将电荷量引出。被测压力均匀作用在膜片上,使压电元件受力而产生电荷。电荷量一般用电荷放大器或电压放大器放大,转换为电压或电流输出,输出信号与被测压力值相对应。

除在校准用的标准压力传感器或高精度压力传感器中采用石英晶体做压电元件外,一般压电式压力传感器的压电元件材料多为压电陶瓷,也有用高分子材料或复合材料的。

更换压电元件可以改变压力的测量范围;在配用电荷放大器时,可以用将多

个压电元件并联的方式提高传感器的灵敏度；在配用电压放大器时，可以用将多个压电元件串联的方式提高传感器的灵敏度。

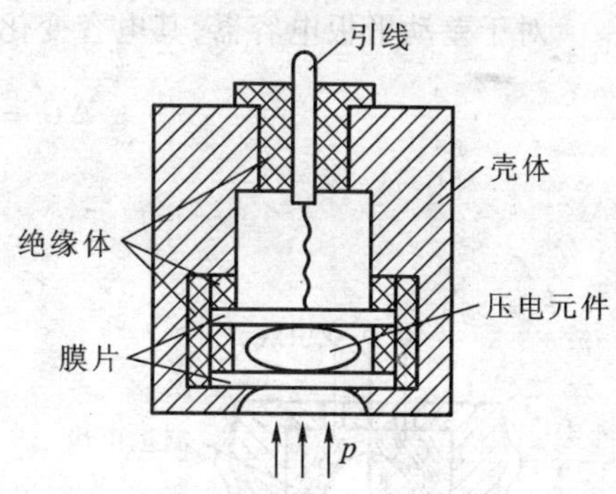

图 3-11 压电式压力传感器结构示意图

压电式压力传感器体积小，结构简单，工作可靠；测量范围宽，可测 100 MPa 以下的压力；测量精度较高；频率响应高，可达 30 kHz，是动态压力检测中常用的传感器，但由于压电元件存在电荷泄漏，故不适宜测量缓慢变化的压力和静态压力。

(4) 电容式压力传感器

电容式压力传感器采用变电容测量原理，将由被测压力引起的弹性元件的位移变化转变为电容的变化，用测量电容的方法测出电容量，便可知道被测压力的大小。

根据平行板电容器的电容量表达式

$$C = \frac{\varepsilon A}{d} \tag{3-9}$$

式中，ε 为电容极板间介质的介电常数；A 为两平行板相对面积；d 为两平行板间距。

由式(3-9)可知，改变 A、d、ε 其中任意一个参数都可以使电容量发生变化，在实际测量中，大多采用保持其中两个参数不变，而仅改变 A 或 d 一个参数的方法，把参数的变化转换为电容量的变化。因此，电容量的变化与被测参数的大小成比例。

① 差动变极距式电容压力传感器

改变电容两平行板间距 d 的测量方式有较高的灵敏度，但当位移较大时非线性严重。采用差动电容法可以改善非线性，提高灵敏度，并可减小因 ε 受温度影响引起的不稳定性。图 3-12 是一种电容式差压传感器示意图。左右对称的不锈钢基座内有玻璃绝缘层，其内侧的凹形球面上除边缘部分外镀有金属膜作为固定电极，中间被夹紧的弹性膜片作为可动测量电极，左、右固定电极和测量电极经引线引出，从而组成了两个电容器。不锈钢基座和玻璃绝缘层中心开有小孔，不锈钢基座两边外侧焊上了波纹密封隔离膜片，这样测量电极将空间分隔成左、右两个腔室，其中充满硅油。当隔离膜片感受两侧压力的作用时，通过硅油将差压传递到弹性测量膜片的两侧从而使膜片产生位移。电容极板间距离的变化，将引起两侧电容器电容值的改变。

对于差动平板电容器,其电容变化与板间距离变化的关系可表示为

$$\Delta C = 2C_0 \frac{\Delta d}{d_0} \tag{3-10}$$

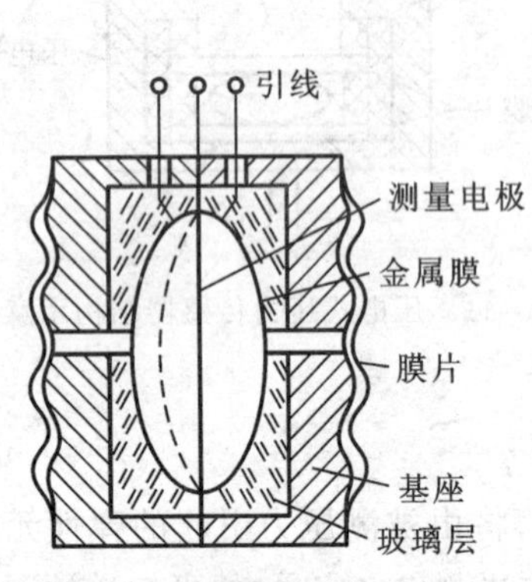

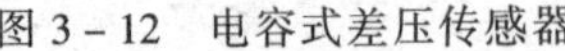

图 3-12　电容式差压传感器

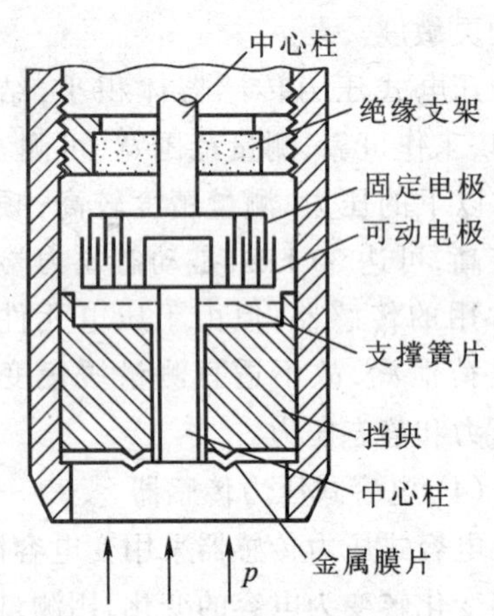

图 3-13　变面积式电容压力传感器

式中,C_0 为初始电容值;d_0 为极板间初始距离;Δd 为距离变化量。

此电容量的变化经过适当的变换器电路,可以转换成反映被测差压的标准电信号输出。

这种传感器结构坚实,灵敏度高,过载能力大;精度高,其精度可达 ±0.25% ~ ±0.05%;可以测量压力和差压。

② 变面积式电容压力传感器

图 3-13 所示为一种变面积式电容压力传感器。被测压力作用在金属膜片上,通过中心柱和支撑簧片,使可动电极随簧片中心位移而动作。可动电极与固定电极均是金属同心多层圆筒,断面呈梳齿形,其电容量由两电极交错重叠部分的面积所决定。固定电极与外壳之间绝缘,可动电极则与外壳导通。压力引起的极间电容变化由中心柱引至适当的变换器电路,转换成反映被测压力的电信号输出。

金属膜片为不锈钢材质,膜片后设有带波纹面的挡块,限制膜片过大变形,以保护膜片在过载时不至于损坏。膜片中心位移不超过 0.3 mm,膜片背面为无硅油的封闭空间,不与被测介质接触,可视为恒定的大气压,故仅适用于压力测量,而不能测量压差。

(5) 谐振式压力传感器

谐振式压力传感器是靠被测压力所形成的应力改变弹性元件的谐振频率,通过测量频率信号的变化来检测压力。这种传感器特别适合与计算机配合使

用,组成高精度的测量控制系统。根据谐振原理可以制成振筒、振弦及振膜式等多种型式的压力传感器。

① 振筒式压力传感器

振筒式压力传感器的感压元件是一个薄壁金属圆筒,圆柱筒本身具有一定的固有频率,当筒壁受压张紧后,其刚度发生变化,固有频率相应改变。在一定的压力作用下,变化后的振筒频率可以近似表示为

$$f_p = f_0 \sqrt{1 + \alpha p} \tag{3-11}$$

式中,f_p 为受压后的振筒频率;f_0 为固有频率;α 为结构系数;p 为被测压力。

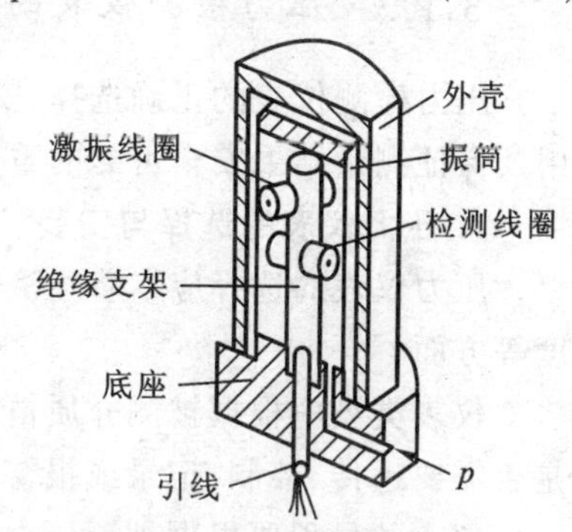

图 3-14 振筒式压力传感器

传感器由振筒组件和激振电路组成,如图 3-14 所示。振筒用低温度系数的恒弹性材料制成,一端封闭为自由端,开口端固定在底座上,压力由内侧引入。绝缘支架上固定着激振线圈和检测线圈,二者空间位置互相垂直,以减小电磁耦合。激振线圈使振筒按固有的频率振动,受压前后的频率变化可由检测线圈检出。

此种仪表体积小,输出频率信号,重复性好,耐振;精度高,其精度为 ±0.1% 和 ±0.01%;适用于气体压力测量。

② 振膜式压力传感器

振膜式压力传感器结构如图 3-15(a)所示。振膜为一个平膜片,且与环形壳体做成整体结构,它和基座构成密封的压力测量室,被测压力 p 经过导压管进入压力测量室内。参考压力室可以通大气用于测量表压,也可以抽成真空测量负压。装于基座顶部的电磁线圈作为激振源给膜片提供激振力,当激振频率

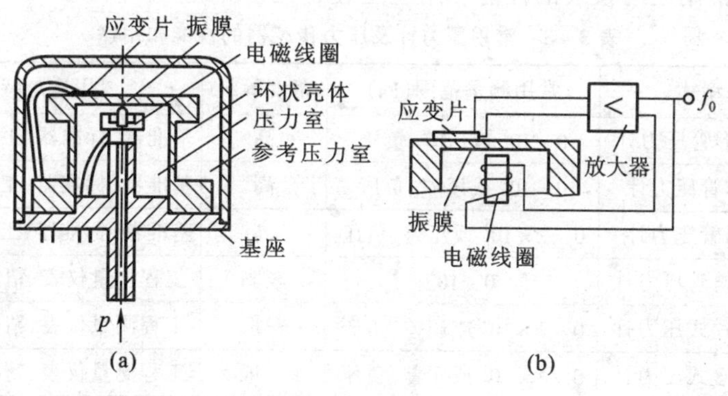

图 3-15 振膜式压力传感器

与膜片固有频率一致时，膜片产生谐振。没有压力时，膜片是平的，其谐振频率为 f_0；当有压力作用时，膜片受力变形，其张紧力增加，则相应的谐振频率也随之增加，频率随压力变化且为单值函数关系。

在膜片上粘贴有应变片，它可以输出一个与谐振频率相同的信号。此信号经放大器放大后，再反馈给激振线圈以维持膜片的连续振动，构成一个闭环正反馈自激振荡系统。如图 3－15(b)所示。

3.1.3　压力检测仪表的使用与校准

压力检测仪表的正确选择、安装和校准是保证其在生产过程中发挥应有作用及保证测量结果安全可靠的重要环节。

1. 压力仪表的选择与安装

压力仪表的选择应本着经济合理的原则综合考虑仪表类型、测量范围和精度等方面。

仪表类型应根据被测介质情况、现场环境及生产过程对仪表的要求，如信号是否需要远传、控制、记录或报警等，结合各类压力仪表的特点选择。

仪表的量程要根据被测压力的大小及其在测量过程中变化的情况来选取。在测量稳定压力、脉动压力和高压时，最大工作压力应分别不超过仪表测量上限值的 2/3、1/2 和 3/5；被测压力的最小值不应低于仪表测量上限值的 1/3，以保证仪表的线性和测量结果的准确性。具体选择应在国家规定的标准系列中选取。

仪表的精度应根据工艺生产的要求在规定的精度等级中选择确定。所选精度等级应小于或至少等于工艺要求的仪表允许最大引用误差。

压力测量系统(包括测取压力的取压口、传递压力的引压管路和测量仪表)安装的正确与否直接影响测量结果的准确性。应根据具体被测介质、管路和环境条件，选取适当的取压口位置、正确安装引压管路和测量仪表。

一些常用压力仪表的性能和用途见表 3－3。

表 3－3　常用压力计及压力传感器的性能和用途

仪表型式		常用测量范围(Pa)	精度等级	用途与特点
液柱式压力计	U 形管压力计	$0 \sim 10^5$ 或压差、负压	高	基准器、标准器、工程测量仪表
	单管压力计	$0 \sim 10^5$ 或压差、负压	高	基准器、标准器、工程测量仪表
	斜管压力计	$0 \sim 2 \times 10^3$ 或压差、负压	高	基准器、标准器、工程测量仪表
弹性压力计	弹簧管压力计	$0 \sim 10^9$	较高	工程测量仪表、精密测量仪表
	膜片式压力计	$0 \sim 2 \times 10^6$ 或压差、负压	一般	工程测量仪表、精密测量仪表
	膜盒式压力计	$0 \sim 4 \times 10^4$ 或压差、负压	一般	工程测量仪表、精密测量仪表
	波纹管压力计	$0 \sim 4 \times 10^6$ 或压差、负压	一般	工程测量仪表、精密测量仪表

续表

仪表型式	常用测量范围(Pa)	精度等级	用途与特点
活塞式压力计	$0 \sim 2.5\times10^8$ 或负压	很高	基准器、标准器
电位计式压力传感器	$0\sim6\times10^7$	一般	工程测量仪表
电容式压力传感器	$0\sim10^7$ 或压差	较高	工程测量仪表
电感式压力传感器	$0\sim6\times10^7$	较高	工程测量仪表
霍尔式压力传感器	$0\sim6\times10^7$	一般	工程测量仪表
振频式压力传感器	$0\sim10^7$ 或压差、负压	较高	工程测量仪表
应变式压力传感器	$0\sim10^8$ 或压差、负压	较高	工程测量仪表
压电式压力传感器	$0\sim10^7$ 或压差、负压	较高	工程测量仪表

2. 压力检测仪表的标准

压力检测仪表在出厂前均需经过校准，使之符合精度等级要求；使用中的仪表会因弹性元件疲劳、传动机构磨损及腐蚀、电子元器件的老化等造成误差，所以必须定期进行校准，以保证测量结果有足够的准确度；另外，新的仪表在安装使用前，为防止运输过程中由于振动或碰撞所造成的误差，也应对新仪表进行校准，以保证仪表示值的可靠性。

(1) 静态校准

压力检测仪表的静态校准是在静态标准条件下（温度 20 ± 5℃，湿度 ≤ 80%，大气压力为($1.01\times10^5 \pm 1.06\times10^4$) Pa(760 ± 80 mmHg)，且无振动冲击的环境)，采用一定标准等级的校准设备，对仪表重复（不少于 3 次）进行全量程逐级加载和卸载测试，获得各次校准数据，以确定仪表的静态基本性能指标和精度的过程。

① 校准方法

校准方法通常有两种：一种是将被校表与标准表的示值在相同条件下进行比较；另一种是将被校表的示值与标准压力比较。无论是压力表还是压力传感器、变送器，均可采用上述两种方法。一般在被校表的测量范围内，均匀地选择至少 5 个以上的校验点，其中应包括起始点和终点。

标准仪表的选择原则是：标准表的允许绝对误差应小于被校表的允许绝对误差的 1/3 ~ 1/5，这样可忽略标准表的误差，将其示值作为真实压力。采用此种校验方法比较方便，所以实际校验中应用较多。将被校表示值与标准压力比较的方法主要用于校验 0.2 级以上的精密压力表，亦可用于校验各种工业用压力表。

② 压力校准仪器

常用的压力校准仪器有液柱式压力计、活塞式压力计或配有高精度标准表的压力校验泵。

图 3 - 16 为活塞式压力校准系统的结构原理。由图中可见,测量活塞以及砝码的重力与螺旋压力发生器共同作用于密闭系统内的工作液体(一般采用洁净的变压器油或蓖麻油等),当系统内工作液体的压力与此重力相平衡时,测量活塞 1 将被顶起而稳定在活塞筒 3 内的任一平衡位置上。这时有压力平衡关系

$$p = \frac{1}{A}(m + m_0)g \tag{3-12}$$

式中,p 为系统内的工作液体压力;m 与 m_0 分别为活塞与砝码的质量;g 为重力加速度;A 为测量活塞的有效面积。对于一定的活塞压力计,A 为常数。

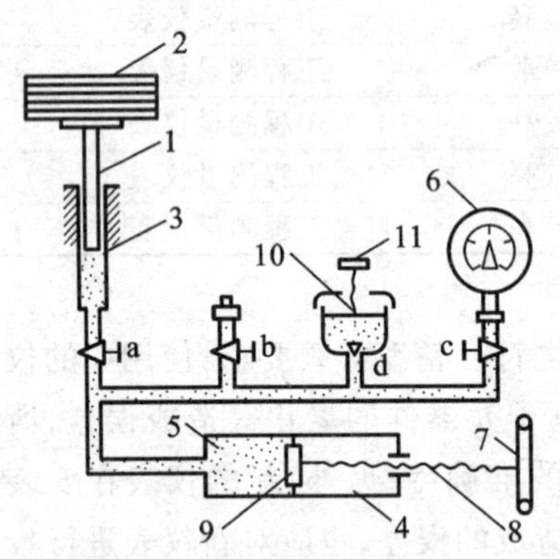

图 3 - 16　活塞式压力校准系统的结构原理

a、b、c—切断阀　d—进油阀;

1—测量活塞;2—砝码;3—活塞筒;4—螺旋压力发生器;5—工作液;6—压力表;7—手轮;8—丝杠;9—工作活塞;10—被校油杯;11—进油阀

在承重托盘上换不同的砝码,由螺旋压力发生器推动工作活塞,工作液体就可处于不同的平衡压力下,因此可以方便而准确地由平衡时所加的砝码和活塞本身的质量得到压力 p 的数值。此压力可以作为标准压力,用以校验压力表。如果把被校压力表 6 上的示值与这一准确的压力 p 相比较,便可知道被校压力表的误差大小。也可以关闭 a 阀,在 b 阀上部接入标准压力表,由压力发生器改变工作液压力,比较被校表和标准表上的示值进行校准。

(2) 动态校准

在一些工程技术领域常会遇到压力动态变化的情况,例如,火箭发动机的燃烧室压力在启动点火后的瞬间,有极为快速的变化;在产生振荡燃烧时,压力变化频率从几赫到数千赫。为了能够准确测量压力的动态变化,要求压力传感器的频率响应特性要好。实际上压力传感器的频率响应特性决定了该传感器对动态压力测量的适用范围和测量精度。因此,对用于动态压力测量的传感器或测压系统必须进行动态校准,以确定其动态特性参数,如频率响应函数、固有频率、阻尼比等。

压力检测系统的动态校准首先需要解决标准动态压力信号源问题。产生标准动态压力信号的装置有多种形式,根据其所提供的标准动态压力信号可分为两类:一类是稳态周期性压力信号源,如机械正弦压力发生器、凸轮控制喷嘴、电磁谐振器等;另一类是非稳态压力信号源,如激波管、闭式爆炸器、快速卸载阀及落锤液压动校装置等。

① 稳态校准

图 3－17 和图 3－18 所示均为产生稳态周期性校准压力源的装置，图 3－17 是电磁式正弦压力发生器。当流过电磁式力发生器中的电流成正弦规律变化时便产生正弦力，使输给传感器的介质压力按正弦规律变化。

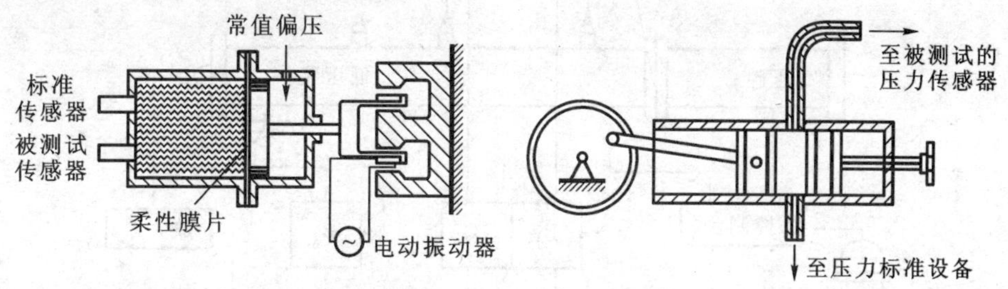

图 3－17 电磁式正弦压力发生器　　图 3－18 机械式正弦压力发生器

图 3－18 中利用偏心轮使活塞产生位移，其位移与时间的关系按正弦规律变化，使活塞中介质的压力按正弦规律变化。这种设备可提供的压力源频率为 300 Hz 左右，常用来标定谐振频率低的压力测量设备。

上述装置只提供了可变的压力源，主要适用于将未知特性的被校传感器与已知特性的标准传感器进行比较。也可以通过改变压力源频率，同时监测被校仪表或传感器输出的方法求出被校仪表的频率特性。

这类方法的主要优点是结构简单，易于实现。但由于难以提供高频高振幅的压力信号，仅适用于低压和低频的压力校准中，不能用于压力检测仪表的高频动态特性校准。

② 非稳态校准。

激波管是测定压力传感器频率响应特性的最常用的方便而简单的设备。目前，激波管已成为国际计量部门用来校准压力传感器动态性能的标准装置。

激波管是一个具有恒等截面(圆形或方形)的内壁非常光滑的两头封闭的长管。管中间被一膜片分成两个密封的腔室，左边较短的是高压腔，右边较长的是低压腔。当高、低压腔室的压力差达到一定值时，膜片突然破裂(自然破裂或人工控制破裂)，于是高压室的气体向低压室迅速膨胀，形成激波并以超音速的常值速度在低压腔的静止气体中运动。激波阵面厚度极薄，激波阵面之后是一个能持续一定时间的压力平台，压力上升时间极短，约为 10^{-9}s，且压力幅度可以方便地改变和控制。此外，激波阵面到达低压腔端面后将反射回来，且其后压力将再次升高，因而激波管是一个理想的压力阶跃发生器。

激波管校准传感器动态特性的基本原理是：用激波管产生的阶跃压力来激励被校压力传感器，并用适当的设备记录在这一阶跃压力激励下被校传感器所产生的瞬时响应，根据其过渡过程曲线，运用适当的计算方法，求得被校压力传感器的频率响应特性。

图 3 - 19 为激波管法校准压力传感器动态特性系统图。整个试验装置包括激波管、气源、测量和记录部分。

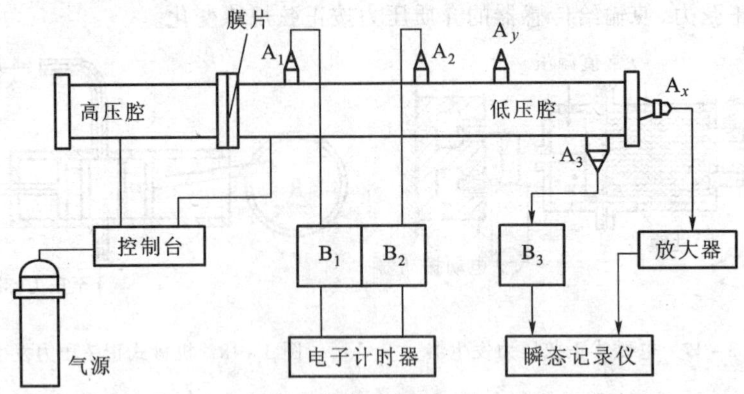

图 3 - 19　激波管校准系统图

图 3 - 19 中，A_1、A_2、A_3 为压电式压力传感器，装在激波管的侧面，其中 A_1 和 A_2 特性相同，用于测量激波速度；A_x 和 A_y 为被校压力传感器；B_1，B_2，B_3 为电荷放大器。

气源用于供给激波管压缩空气或其他气体。膜片一般选用纯铝膜片，其厚度根据校准压力值的大小而定，为达到瞬时破裂的目的，要在铝片上预先压纹。根据压力的大小也可用赛璐珞或描图纸等作膜片。

当激波管中间膜片破裂时，激波掠过传感器 A_1，其输出电信号经电荷放大器 B_1 放大触发电子计时器开始计时；当激波到达 A_2 时，其输出信号经放大加到电子计时器使之停止计时。电子计时器测得激波经过传感器 A_1 和 A_2 两点间时间为 $\Delta t(\mu s)$。如果 A_1 和 A_2 间距离为 L，则激波马赫数 Ms 为

$$Ms = \frac{L}{\Delta t \cdot a} \cdot 10^6$$

式中，a 为校准时的当地音速，$a = 331.3 + 0.54T$ (m/s)；T 为校准时低压腔温度(℃)。

被校传感器可装在低压腔的侧壁上，如图 3 - 19 中 A_y，也可装在低压室的底端面上，如图 3 - 19 中 A_x，采用哪种安装形式，要根据传感器实际应用安装的情况来决定。两种方法产生的压力不同，根据激波管理论，可以求出激波管掠过侧面的入射激波阶跃压力 Δp_2 和底端面的反射激波阶跃压力 Δp_5。

$$\Delta p_2 = p_2 - p_1 = \frac{7}{6}(Ms^2 - 1)p_1 \tag{3-13}$$

$$\Delta p_5 = p_5 - p_1 = \frac{7}{3}(Ms^2 - 1)\frac{4Ms^2 + 2}{Ms^2 + 5}p_1 \tag{3-14}$$

式中，p_1 为低压室的充气压力；p_2 为入射激波压力；p_5 为反射激波压力。

校准时，瞬态记录仪处于等待记录状态。A_3 是触发传感器，当激波到达 A_3 时，A_3 输出一个脉冲信号；经放大送至瞬态记录仪外触发输入端，触发并开始记录；紧接着被校传感器 A_x 也被激波激励，其输出信号经放大送至记录仪输入端，于是 A_x 对激波的响应由瞬态记录仪记录下来。瞬态记录仪中所存数据经分析处理后，可得到被校压力传感器的频率响应特性。

3.2 力的测量

3.2.1 力的基本概念

1. 力

力是一个重要的物理量。力体现了物质之间的相互作用，凡是能使物体的运动状态或物体所具有的动量发生改变而获得加速度或者使物体发生变形的作用都称为力。

按照力产生原因的不同，可以把力分为重力、弹性力、惯性力、膨胀力、摩擦力、浮力、电磁力等。按力对时间的变化性质可分为静态力和动态力两大类。静态力是指不变的力或变化很缓慢的力，动态力是指随时间变化显著的力，如冲击力、交变力或随机变化的力等。

2. 力的单位

力在国际单位制(SI)中是导出量，牛顿第二定律($F = ma$)揭示了力(F)的大小与物体质量(m)和加速度(a)的关系，即力是质量和加速度的乘积。因此力的单位和标准都取决于质量和加速度的单位与标准。质量是国际单位制中的一个基本量，单位是 kg(千克)；加速度是基本量长度和时间的导出量，单位是 m/s^2 (米/秒^2)。在我国法定计量单位制和国际单位制中，规定力的单位为牛顿(N)，定义为：使 1 kg 质量的物体产生 1 m/s^2 加速度的力，即 $1\ N = 1\ kg \cdot m/s^2$。

质量标准是国际铂铱合金千克原器，保存于法国。各国质量标准或其他质量标准通过用天平与该原始标准比较而得到。

重力加速度 g 是一个使用很方便的标准，规定地球上纬度为 45°海平面上的重力加速度为 g 的标准值，为 9.806 65 m/s^2。g 的实际值随地理位置的不同而有所变化，需对标准值作适当的修正。地球上某点的 g 值可以通过测量一个摆的长度和周期或通过确定一个自由落体物体的速度随时间的变化率而精确地测出，这样即可确定作用于已知标准质量上的重力(重量)，从而建立起力的标准。

3. 力量值的传递

为保证国民经济各部门和研究单位静态力的力值准确一致，目前均以标准砝码的重力作为力的标准，其大小除可以用标准砝码传递外，还可以用各种不同准确度等级的基准和标准测力仪器设备复现力值及进行量值的传递。

力的传递方式有定度和检定两种：定度是根据基准和标准测力仪器设备所传递的力值确定被校仪表刻度所对应的力值；检定是将准确度级别更高的基准和标准测力仪器设备与被检定测力仪表进行比对，以确定被检定测力仪表的误差。

3.2.2　力的测量方法

力的本质是物体之间的相互作用，不能直接得到其值的大小。力施加于某一物体后，将使物体的运动状态或动量改变，使物体产生加速度，这是力的“动力效应”；还可以使物体产生应力，发生变形，这是力的“静力效应”。因此，可以利用这些变化来实现对力的检测。

力的测量方法可归纳为力平衡法、测位移法和利用某些物理效应测力等。

1. 力平衡法

力平衡式测量法是基于比较测量的原理，用一个已知力来平衡待测的未知力，从而得出待测力的值。平衡力可以是已知质量的重力、电磁力或气动力等。

(1) 机械式力平衡装置

图 3-20 给出了两种机械式力平衡装置。图 3-20(a)为梁式天平，通过调整砝码使指针归零，将被测力 F_i 与标准质量(砝码 G)的重力进行平衡，直接比较得出被测力 F_i 的大小。这种方法需逐级加砝码，测量精度取决于砝码分级的密度和砝码等级。

图 3-20(b)为机械杠杆式力平衡装置，可转动的杠杆支撑在支点 M 上，杠杆左端上面悬挂有刀形支承 N，在 N 的下端直接作用有被测力 F_i；杠杆右端是质量 m 已知的可滑动砝码 G；另在杠杆转动中心上安装有归零指针。测量时，调整砝码的位置使之与被测力平衡。当达到平衡时，则有

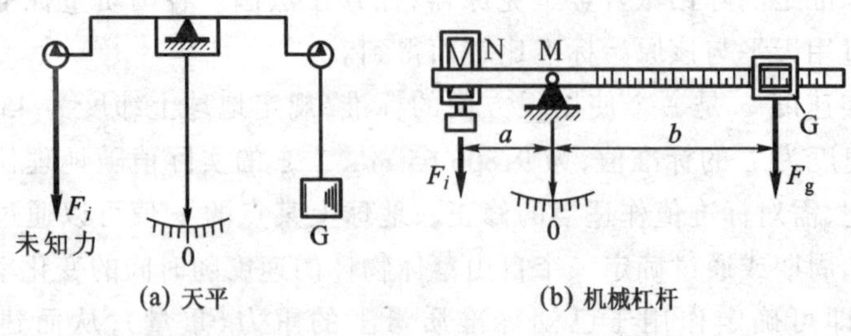

图 3-20　机械式力平衡装置

$$F_i = \frac{b}{a}mg \tag{3-15}$$

式中，a、b 分别为被测力 F_i 和砝码 G 的力臂；g 为当地重力加速度。

可见，被测力 F_i 的大小与砝码重力 mg 的力臂 b 成正比，因此可以在杠杆上直接按力的大小刻度。这种测力计机构简单，常用于材料试验机的测力系统中。

上述测力方法的优点是简单易行，可获得很高的测量精度。但这种方法是基于静态重力力矩平衡，因此仅适用于作静态测量。

(2) 磁电式力平衡装置

图 3－21 所示为一种磁电式力平衡测力系统。它由光源、光电式零位检测器、放大器和一个力矩线圈组成一个伺服式测力系统。无外力作用时，系统处于初始平衡位置，光线全部被遮住，光敏元件无电流输出，力矩线圈不产生力矩。当被测力 F_i 作用在杠杆上时，杠杆发生偏转，光线通过窗口打开的相应缝隙，照射到光敏元件上，光敏元件输出与光照成比例的电信号，经放大后加到力矩线圈上与磁场相互作用而产生电磁力矩，用来平衡被测力 F_i 与标准质量 m 的重力力矩之差，使杠杆重新处于平衡。此时杠杆转角与被测力 F_i 成正比，而放大器输出电信号在采样电阻 R 上的电压降 U_O 与被测力 F_i 成比例，从而可测出力 F_i。

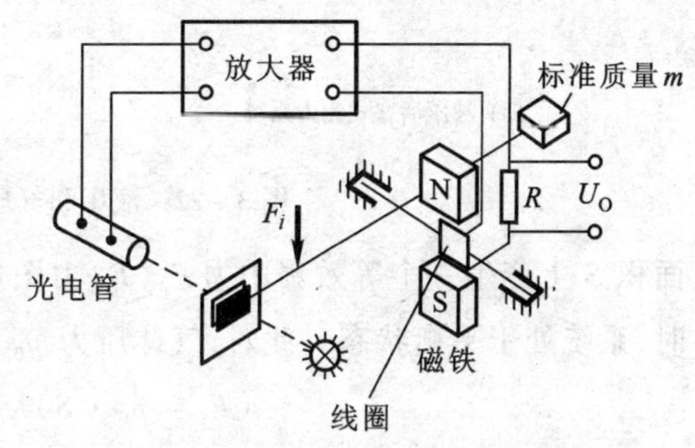

图 3－21 磁电式力平衡测力系统

与机械杠杆式测力系统相比较，磁电式力平衡系统使用方便，受环境条件影响较小，体积小，响应快，输出的电信号易于记录且便于远距离测量和控制。

(3) 液压和气压式测力系统

图 3－22(a)给出了液压活塞式测力系统的原理。浮动活塞由膜片密封，液压系统内部空腔充满油，且通常加有一预载压力。当被测力 F_i 作用在活塞上时，引起油压变化 Δp，其值可由指示仪表读出，也可采用压力传感器将读数转换为电信号。这样根据力平衡条件 $F_i = \Delta p \cdot S$（S 是活塞等效截面积），就可以通过测量油的压力来测量力。液压式测力系统具有很高的刚度，测量范围很大，可达几十兆牛，精度可达 0.1%，配置动态特性好的压力传感器也可以用于测量动态力。

图 3－22(b)是气压式测力系统原理。它是一种闭环测力系统。其中喷嘴挡板机构用在伺服回路中作高增益放大器。当被测力 F_i 加到膜片上时，膜片带动挡板向下移动 x，使喷嘴截面积减小，气体压力 p_0 增高。压力 p_0 作用在膜片

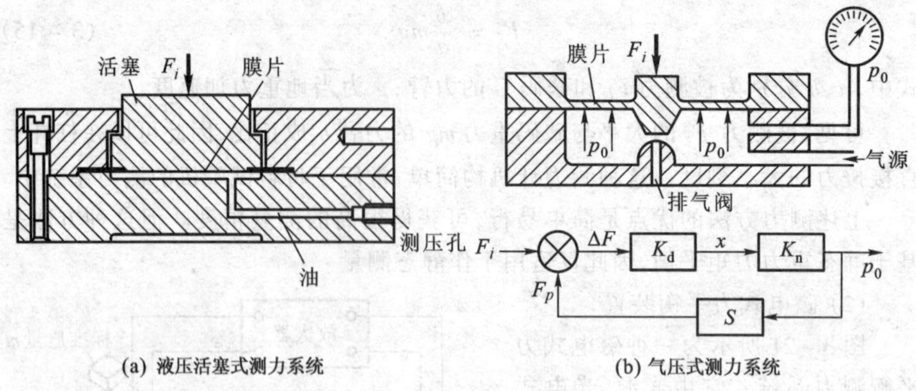

图 3－22　液压和气压式测力系统

面积 S 上产生一个等效集中力 F_p，F_p 力图使膜片返回到初始位置。当 $F_i=F_p$ 时，系统处于平衡状态。此时，气体压力 p_0 与被测力 F_i 的关系为

$$(F_i - p_0 \cdot S)K_d K_n = p_0 \tag{3-16}$$

式中，K_d 为膜片柔度（m/N）；K_n 为喷嘴挡板机构的增益（N/m^3）。

由上式可得

$$p_0 = \frac{F_i}{(K_d K_n)^{-1} + S} \tag{3-17}$$

K_n 实际上并非严格为常数，但由于乘积 $K_d \cdot K_n \gg S$，这样 $(K_d \cdot K_n)^{-1}$ 与 S 相比便可忽略不计，于是式（3－17）变为：

$$p_0 \approx \frac{F_i}{S} \tag{3-18}$$

即被测力 F_i 与 p_0 成线性关系。

2. 测位移法

在力作用下，弹性元件会产生变形。测位移法就是通过测量未知力所引起的位移，从而间接地测得未知力值。

图 3－23 所示是电容传感器与弹性元件组成的测力装置。图中，扁环形弹性元件内腔上下平面上分别固连电容传感器的两个极板。在力作用下，弹性元件受力变形，使极板间距改变，导致传感器电容量变化。用测量电路将此电容量变化转换成电信号，即可得到被测力值。通常采用调频或调相电路来测量电容。这种测力装置可用于大型电子吊秤。

图 3－24 为两种常用的由差动变压器与弹性元件构成的测力装置。弹性元件受力产生位移，带动差动变压器的铁心运动，使两线圈互感发生变化，最后使差动变压器的输出电压产生和弹性元件受力大小成比例的变化。图 3－24(a)

是差动变压器与弹簧组合构成的测力装置；图 3-24(b)为差动变压器与筒形弹性元件组成的测力装置。

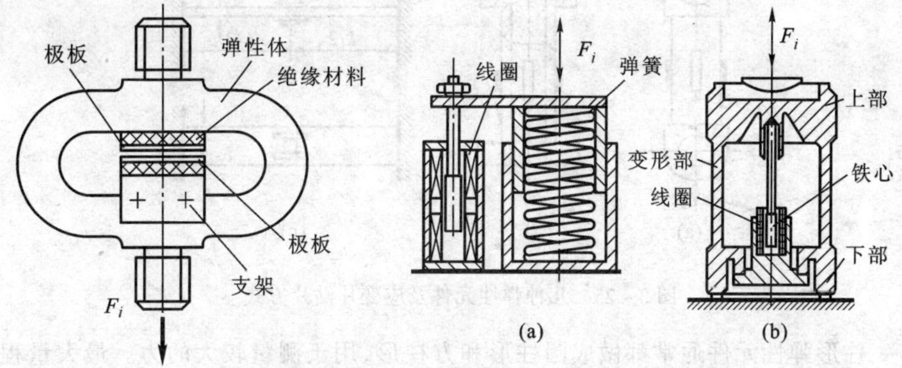

图 3-23 电容式测力装置　　图 3-24 差动变压器式测力装置

3. 利用某些物理效应测力

物体在力作用下会产生某些物理效应，如应变效应、压磁效应、压电效应等，可以利用这些效应间接检测力值。各种类型的测力传感器就是基于这些效应。

3.2.3 测力传感器

测力传感器通常将力转换为正比于作用力大小的电信号，使用十分方便，因而在工程领域及其他各种场合应用最为广泛。测力传感器种类繁多，依据不同的物理效应和检测原理可分为电阻应变式、压磁式、压电式、振弦式力传感器等。

1. 应变式力传感器

在所有力传感器中，应变式力传感器应用最为广泛。它能应用于从极小到很大的动、静态力的测量，且测量精度高，其使用量约占力传感器总量的 90% 左右。

应变式力传感器的工作原理与应变式压力传感器基本相同，它也是由弹性敏感元件和贴在其上的应变片组成。应变式力传感器首先把被测力转变成弹性元件的应变，再利用电阻应变效应测出应变，从而间接地测出力的大小。弹性元件的结构形式有柱形、筒形、环形、梁形、轮辐形、S 形等。

应变片的布置和接桥方式，对于提高传感器的灵敏度和消除有害因素的影响有很大关系。根据电桥的加减特性和弹性元件的受力性质，在贴片位置许可的情况下，可贴 4 或 8 片应变片，其位置应是弹性元件应变最大的地方。

图 3-25 给出了常见的柱形、筒形、梁形弹性元件及应变片的贴片方式。图 3-25(a)为柱形弹性元件；图 3-25(b)为筒形弹性元件；图 3-25(c)为梁形弹性元件。

(1) 柱形应变式力传感器

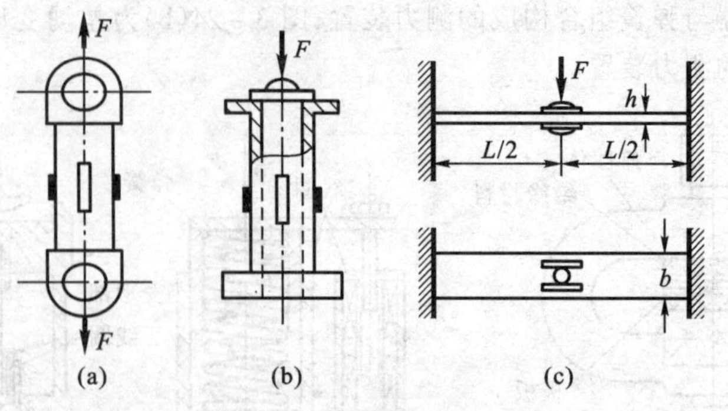

图 3－25　几种弹性元件及应变片贴片方式

柱形弹性元件通常都做成圆柱形和方柱形，用于测量较大的力。最大量程可达 10 MN。在载荷较小时（1～100 kN），为便于粘贴应变片和减小由于载荷偏心或侧向分力引起的弯曲影响，同时为了提高灵敏度，多采用空心柱体。四个应变片粘贴的位置和方向应保证其中两片感受纵向应变，另外两片感受横向应变（因为纵向应变与横向应变是互为反向变化的），如图 3－25(a)所示。

当被测力 F 沿柱体轴向作用在弹性体上时，其纵向应变和横向应变分别为

$$\begin{aligned} \varepsilon &= \frac{F}{ES} \\ \varepsilon_t &= -\mu\varepsilon = -\frac{\mu F}{ES} \end{aligned} \tag{3-19}$$

式中，E 为材料的弹性模量；S 为柱体的截面积；μ 为材料的泊松比。

在实际测量中，被测力不可能正好沿着柱体的轴线作用，而总是与轴线成一微小的角度或微小的偏心，这就使得弹性柱体除了受纵向力作用外，还受到横向力和弯矩的作用，从而影响测量精度。

(2) 轮辐式力传感器

简单的柱式、筒式、梁式等弹性元件是根据正应力与载荷成正比的关系来测量的，它们存在着一些不易克服的缺点。为了进一步提高力传感器性能和测量精度，要求力传感器有抗偏心、抗侧向力和抗过载能力。20 世纪 70 年代开始已成功地研制出切应力传感器。图 3－26 是较常用的轮辐式切应力传感器的结构简图。

轮辐式力传感器由轮圈、轮毂、辐条和应变片组成。辐条成对且对称地连接轮圈和轮毂，当外力作用在轮毂上端面和轮毂下端面时，矩形辐条就产生平行四边形变形，如图 3－26(b)所示，形成与外力成正比的切应变。此切应变能引起与中性轴成 45°方向的相互垂直的两个正负正应力，即由切应力引起的拉应力和压应力，通过测量拉应力或压应力值就可知切应力值的大小。因此，在轮辐式传

感器中,把应变片贴到与切应力成45°的位置上,使它感受的仍是拉伸和压缩应变,但该应变不是由弯距产生的,而主要是由剪切力产生的,此即这类传感器的基本工作原理。这类传感器最突出的优点是抗过载能力强,能承受几倍于额定量程的过载。此外,其抗偏心、抗侧向力的能力也较强,精度在0.1%之内。

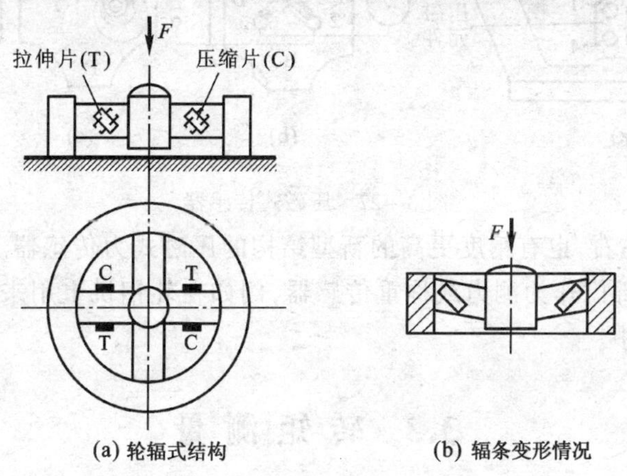

(a) 轮辐式结构 (b) 辐条变形情况

图3-26 轮辐式力传感器

2. 压磁式力传感器

当铁磁材料在受到外力的拉、压作用而在内部产生应力时,其导磁率会随应力的大小和方向而变化:受拉力时,沿力作用方向的导磁率增大,而在垂直于作用力的方向上导磁率略有减小;受压力作用时则导磁率的变化正好相反。这种物理现象就是铁磁材料的压磁效应。这种效应可用于力的测量。

压磁式力传感器一般由压磁元件、传力机构组成,如图3-27(a)所示。其中主要部分是压磁元件,它由其上开孔的铁磁材料薄片叠成。压磁元件上冲有四个对称分布的孔,孔1和2之间绕有激磁绕组 W_{12}(初级绕组),孔3和4间绕有测量绕组 W_{34}(次级绕组),如图3-27(b)所示。当激磁绕组 W_{12} 通有交变电流时,铁磁体中就产生一定大小的磁场。若无外力作用,则磁感应线相对于测量绕组平面对称分布,合成磁场强度 H 平行于测量绕组 W_{34} 的平面,磁感应线不与测量绕组 W_{34} 交连,故绕组 W_{34} 不产生感应电势,如图3-27(c)所示。当有压缩力 F 作用于压磁元件上时,磁感应线的分布图发生变形,不再对称于测量绕组 W_{34} 的平面(如图3-27(d)所示),合成磁场强度 H 不再与测量绕组平面平行,因而就有部分磁感应线与测量绕组 W_{34} 相交链,而在其上感应出电势。作用力愈大,交链的磁通愈多,感应电势愈大。

压磁式力传感器的输出电势比较大,通常不必再放大,只要经过滤波整流后就可直接输出,但要求有一个稳定的激磁电源。压磁式力传感器可测量很大的力,抗过载能力强,能在恶劣条件下工作。但频率响应不高(1~10 kHz),测量精

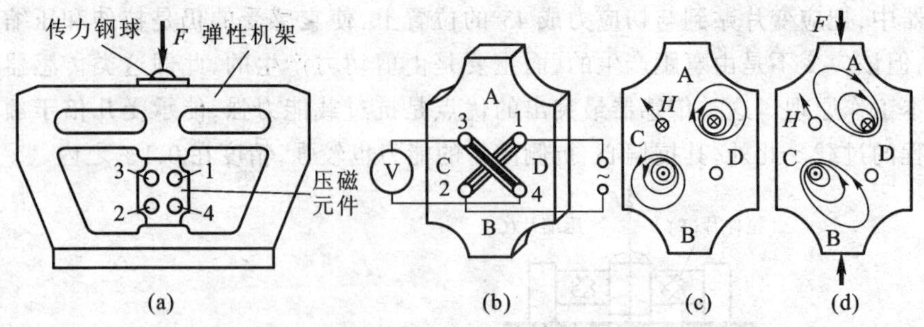

图 3-27　压磁式传感器

度一般在 1% 左右,也有精度更高的新型结构的压磁式力传感器。常用于冶金、矿山等重工业部门作为测力或称重传感器,例如在轧钢机上用来测量大的力以及用在吊车秤中。

3.3　转矩测量

3.3.1　转矩的概念

1. 转矩的定义及单位

使机械元件转动的力矩或力偶称为转动力矩,简称转矩。机械元件在转矩作用下都会产生一定程度的扭转变形,故转矩有时又称为扭矩。

力矩是由一个不通过旋转中心的力对物体形成的作用,而力偶是一对大小相等、方向相反的平行力对物体的作用。所以转矩等于力与力臂或力偶臂的乘积,在国际单位制(SI)中,转矩的计量单位为牛顿·米(N·m),工程技术中也曾用过公斤力·米等作为转矩的计量单位。

转矩是各种工作机械传动轴的基本载荷形式,与动力机械的工作能力、能源消耗、效率、运转寿命及安全性能等因素紧密联系,转矩的测量对传动轴载荷的确定与控制,传动系统工作零件的强度设计以及原动机容量的选择等都具有重要的意义。

2. 转矩的类型

转矩可分为静态转矩和动态转矩。

静态转矩是指不随时间变化或变化很小、很缓慢的转矩,包括静止转矩、恒定转矩、缓变转矩和微脉动转矩。静止转矩的值为常数,传动轴不旋转;恒定转矩的值为常数,但传动轴以匀速旋转,如电机稳定工作时的转矩;缓变转矩的值随时间缓慢变化,但在短时间内可认为转矩值是不变的;微脉动转矩的瞬时值有幅度不大的脉动变化。

动态转矩是指随时间变化很大的转矩,包括振动转矩、过渡转矩和随机转矩三种。振动转矩的值是周期性波动的;过渡转矩是机械从一种工况转换到另一种工况时的转矩变化过程;随机转矩是一种不确定的、变化无规律的转矩。

根据转矩的不同情况,可以采取不同的转矩测量方法。

3. 转矩的测量方法

转矩的测量方法可以分为平衡力法、能量转换法和传递法。其中传递法涉及的转矩测量仪器种类最多,应用也最广泛。

(1) 平衡力法及平衡力类转矩测量装置

匀速运转的动力机械或制动机械,在其机体上必然同时作用着与转矩大小相等,方向相反的平衡力矩。通过测量机体上的平衡力矩(实际上是测量力和力臂)来确定动力机械主轴上工作转矩的方法称为平衡力法。

平衡力法转矩测量装置又称作测功器,一般由旋转机、平衡支承和平衡力测量机构组成。按照安装在平衡支承上的机器种类,可分为电力测功器、水力测功器等。平衡支承有滚动支承、双滚动支承、扇形支承、液压支承及气压支承等。平衡力测量机构有砝码、游码、摆锤、力传感器等。

平衡力法直接从机体上测转矩,不存在从旋转件到静止件的转矩传递问题。但它仅适合测量匀速工作情况下的转矩,不能测动态转矩。

(2) 能量转换法

依据能量守恒定律,通过测量其他形式能量如电能、热能参数来测量旋转机械的机械能,进而求得转矩的方法即能量转换法。从方法上讲,能量转换法实际上就是对功率和转速进行测量的方法。能量转换法测转矩一般在电机方面有较多的应用。

(3) 传递法

传递法是指利用弹性元件在传递转矩时物理参数的变化与转矩的对应关系来测量转矩的一类方法。常用弹性元件为扭轴,故传递法又称扭轴法。根据被测物理参数不同,基于传递法的转矩测量仪器有多种类型。在现代测量中,这类转矩测量仪的应用最为广泛。

本节介绍基于传递法原理的几种转矩测量方法和仪器。

3.3.2 传递法转矩测量

转矩测量仪器及装置很多,应根据使用环境、测量精度等要求来选择。

1. 应变式转矩测量

应变式转矩测量仪通过测量由于转矩作用在转轴上产生的应变来测量转矩。

根据材料力学的理论,转轴在转矩 M 的作用下,其横截面上最大剪应力 τ_{max} 与轴截面系数 W 和转矩 M 之间的关系为

$$\tau_{max} = \frac{M}{W} \tag{3-20}$$

$$W = \frac{\pi D^3}{16}\left(1 - \frac{d^4}{D^4}\right) \tag{3-21}$$

式中，D 为轴的外径；d 为空心轴的内径。

τ_{max} 无法用应变片来测量，但与转轴中心线成 ±45°夹角方向上的正负主应力 σ_1 和 σ_3 的数值等于 τ_{max}，即

$$\sigma_1 = -\sigma_3 = \tau_{max} = \frac{16DM}{\pi(D^4 - d^4)} \tag{3-22}$$

根据应力应变关系，应变为

$$\varepsilon_1 = \frac{\sigma_1}{E} - \mu\frac{\sigma_3}{E} = (1+\mu)\frac{\sigma_1}{E} = \frac{16(1+\mu)DM}{\pi E(D^4 - d^4)} \tag{3-23}$$

$$\varepsilon_3 = \frac{\sigma_3}{E} - \mu\frac{\sigma_1}{E} = (1+\mu)\frac{\sigma_3}{E} = \frac{16(1+\mu)DM}{\pi E(D^4 - d^4)} \tag{3-24}$$

式中，E 为材料的弹性模量(Pa)；μ 为材料的泊松比。

这样就可沿正负主应力 σ_1 和 σ_3 的方向贴应变片，测出应变即可知其轴上所受的转矩 M。应变片可以直接贴在需要测量转矩的转轴上，也可以贴在一根特制的轴上制成应变式转矩传感器，用于各种需要测量转矩的场合。图 3-28 为应变片式转矩传感器，在沿轴向 ±45°方向上分别粘贴有四个应变片，感受轴的最大正、负应变，将其组成全桥电路，则可输出与转矩 M 成正比的电压信号。这种接法可以消除轴向力和弯曲力的干扰。

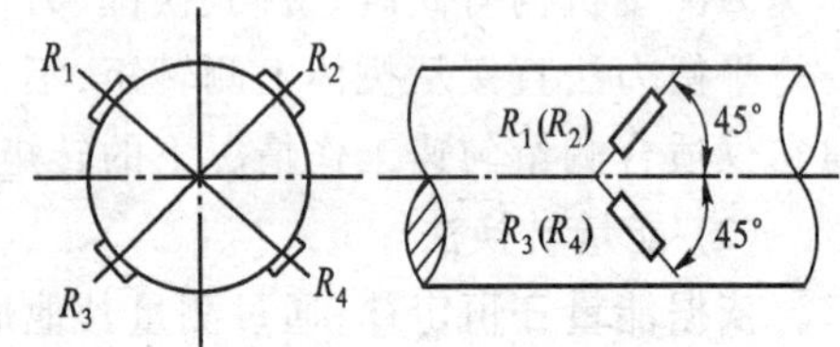

图 3-28　应变片式转矩传感器

应变式转矩传感器结构简单，精度较高。贴在转轴上的电阻应变片与测量电路一般通过集流环连接。集流环有电刷-滑环式、水银式和感应式等。集流环存在触点磨损和信号不稳定等问题，不适于测量高速转轴的转矩。近年来，已研制出遥测应变式转矩仪，它在上述应变电桥后，将输出电压用无线发射的方式传输，有效地解决了上述问题。

2. 压磁式转矩传感器

铁磁材料制成的转轴，具有压磁效应，在受转矩作用后，沿拉应力 $+\sigma$ 方向磁阻减小，沿压应力 $-\sigma$ 方向磁阻增大。在转轴附近相互垂直放置两个铁心线圈 A、B，使其开口端与被测转轴保持 1~2 mm 的间隙，从而由导磁的轴将磁路闭合，如图 3-29 所示，AA 沿轴向，BB 垂直于轴向。在铁心线圈 A 中通以 50 Hz 的交流电，形成交变磁场。转轴未受转矩作用时，其各向磁阻相同，BB 方向正好

处于磁感应线的等位中心线上,因而铁心 B 上的绕组不会产生感应电势。当转轴受转矩作用时,其表面上出现各向异性磁阻特性,磁感应线将重新分布,而不再对称,因此在铁心 B 的线圈上产生感应电势。转矩愈大,感应电势愈大,在一定范围内,感应电势与转矩成线性关系。这样就可通过测量感应电势 e 来测定轴上转矩的大小。

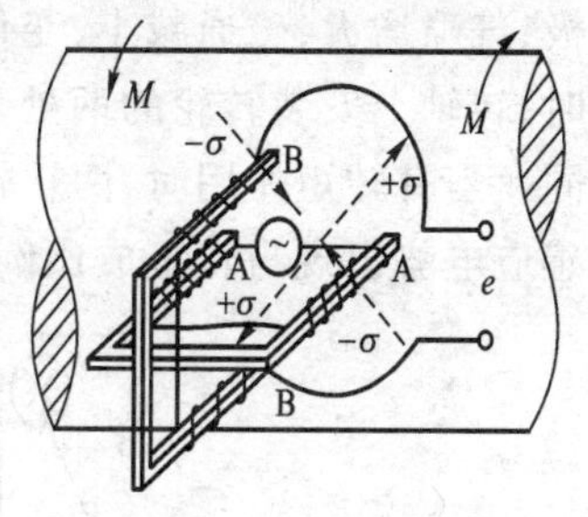

图 3－29　压磁式转矩传感器

压磁式转矩传感器是非接触测量,使用方便,结构简单可靠,基本上不受温度影响和转轴转速限制,而且输出电压很高(可达 10 V)。

3. 扭转角式转矩测量

扭转角式转矩测量法是通过扭转角来测量转矩的。

根据材料力学,在转矩 M 作用下,转轴上相距 L 的两横截面之间的相对转角 φ 为

$$\varphi = \frac{32ML}{\pi(D^4 - d^4)G} \tag{3-25}$$

式中,G 为轴的切变弹性模量。

由式(3－25)可知,当转轴受转矩作用时,其上两截面间的相对扭转角与转矩成正比,因此可以通过测量扭转角来测量转矩。根据这一原理,可以制成光电式、相位差式、振弦式等转矩传感器。

(1) 光电式转矩传感器

光电式转矩传感器如图 3－30 所示。在转轴上安装两个光栅圆盘,两个光栅盘外侧设有光源和光敏元件。无转矩作用时,两光栅的明暗条纹相互错开,完全遮挡住光路,因此放置于光栅一侧的光敏元件接收不到来自光栅盘另一侧的光源的光信号,无电信号输出。当有转矩作用于转轴上时,由于轴的扭转变形,安装光栅处的两截面产生相对转角,两片光栅的暗条纹逐渐重合,部分光线透过两光栅而照射到光敏元件上,从而输出电信号。转矩越大,扭转角越大,照射到光敏元件上的光越多,因而输出电信号也越大。

这是一种非接触测量方法,结构简单,使用方便可靠,且测量精度不受转速变化的影响。

(2) 相位差式转矩传感器

图 3－31 所示是基于磁感应原理的磁电相位差式转矩传感器。它在被测转轴相距 L 的两端处各安装一个齿形转轮,靠近转轮沿径向各放置一个感应式脉冲发生器(在永久磁铁上绕一固定线圈而成)。当转轮的齿顶对准永久磁铁的磁极时,磁路气隙减小,磁阻减小,磁通增大;当转轮转过半个齿距时,齿谷对准磁

极,气隙增大,磁通减小,变化的磁通在感应线圈中产生感应电势。无转矩作用时,转轴上安装转轮的两处无相对角位移,两个脉冲发生器的输出信号相位相同。当有转矩作用时,两转轮之间就产生相对角位移 φ,两个脉冲发生器的输出感应电势出现与转矩成比例的相位差 $\Delta\theta$,设转轮齿数为 N,则相位差

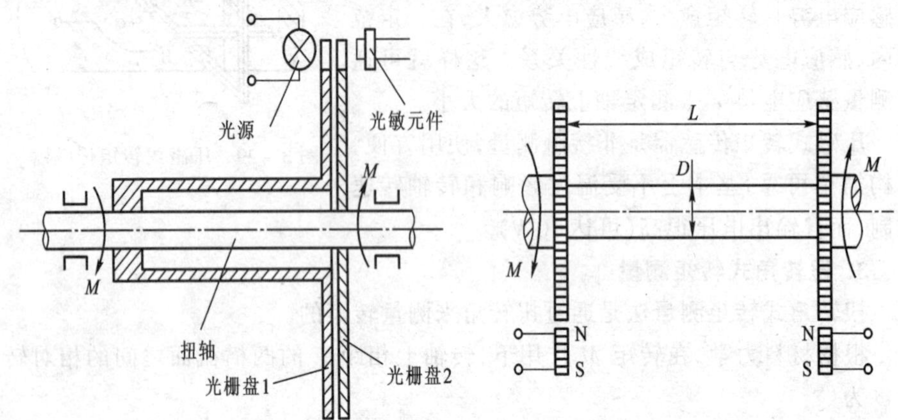

图 3-30　光电式转矩传感器　　　　图 3-31　相位差式转矩传感器

$$\Delta\theta = N \cdot \varphi \tag{3-26}$$

代入式(3-25),得

$$M = \frac{\pi(D^4 - d^4)G}{32NL} \cdot \Delta\theta \tag{3-27}$$

可见只要测出相位差 $\Delta\theta$ 就可测得转矩。N 的选取应使相位差满足:$\pi/2 < \Delta\theta < \pi$。

与光电式转矩传感器一样,相位差式转矩传感器也是非接触测量,结构简单,工作可靠,对环境条件要求不高,精度一般可达 0.2 级。

(3) 振弦式转矩传感器

图 3-32 所示是振弦式转矩传感器。在被测轴上相隔距离 l 的两个面上固定安装着两个测量环,两根振弦分别被夹紧在测量环的支架上。当轴受转矩作用时,两个测量环之间产生一相对转角,并使两根振弦中的一根张力增大,另一根张力减小,张力的改变将引起振弦自振频率的变化。自振频率与所受外力的平方根成正比,因此测出两振弦的振动频率差,就可知转矩大小。

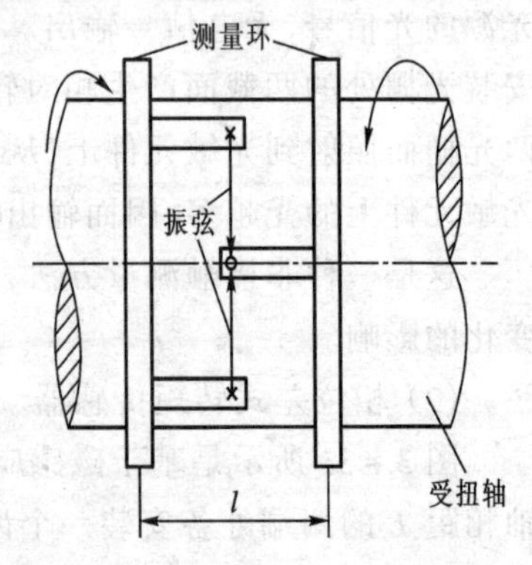

图 3-32　振弦式转矩传感器

在安装振弦时必须使其有一定的预紧力。

第 4 章　运动量检测技术

运动量是描述物体运动的量,包括位移、速度和加速度。运动量是最基本的量,运动量检测是最基本、最常见的检测,它是许多物理量,如力、压力、温度、振动等测量的前提,也是惯性导航、制导技术的基础。

4.1　位 移 检 测

4.1.1　位移检测方法

位移检测包括线位移检测和角位移检测。位移检测的方法多种多样,常用的有下述几种。

(1) 积分法　测量运动体的速度或加速度,经过积分或二次积分求得运动体的位移。例如在惯性导航中,就是通过测量载体的加速度,经过二次积分而求得载体的位移。

(2) 相关测距法　利用相关函数的时延性质,向某被测物发射信号,将发射信号与经被测物反射的返回信号作相关处理,求得时延 τ,若发射信号的速度已知,则可求得发射点与被测物之间的距离。

(3) 回波法　从测量起始点到被测面是一种介质,被测面以后是另一种介质,利用介质分界面对波的反射原理测位移。例如激光测距仪、超声波液位计都是利用分界面对激光、超声波的反射测量位移的。

(4) 线位移和角位移相互转换　被测量是线位移时,若检测角位移更方便,则可用间接测量方法,通过测角位移再换算成线位移。同样,被测是角位移时,也可先测线位移再进行转换。例如汽车的里程表,是通过测量车轮转数再乘以周长而得到汽车的里程的。

(5) 位移传感器法　通过位移传感器,将被测位移量的变化转换成电量(电压、电流、阻抗等)、流量、光通量、磁通量等的变化,间接测位移。位移传感器法是目前应用最广泛的一种方法。

一般来说,在进行位移检测时,要充分利用被测对象所在场合和具备的条件来设计、选择检测方法。

4.1.2　常用的位移传感器

在很多情况下,位移可以通过位移传感器直接测得。

用于线位移测量的传感器的种类很多,较常见的线位移传感器的主要特点及使用性能列于表 4－1 中。表 4－2 中列举了部分测量角位移的传感器的性能及特点。

表 4－1　常用线位移传感器的性能与特点

型式		测量范围	精度	线性度	特点
变阻式	滑线	1～300 mm	±0.1%	±0.1%	分辨力较高,机械结构不牢固,大位移时在电刷上加杠杆机构
	变阻器	1～1 000 mm	±0.5%	±0.5%	结构牢固,寿命长,分辨力较差,电噪声大
电阻应变式	不粘贴	±0.15%应变	±0.1%	±1%	不牢固
	粘贴	±0.3%应变	±(2～3)%	±1%	牢固,使用方便,需温度补偿和高绝缘电阻
	半导体	±0.25%应变	±(2～3)%	满刻度±2%	输出幅值大,温度灵敏性高
电感式	差动变压器	0.1～5 mm	±(1～3)%	±0.5%	分辨力高,寿命长,后续电路较复杂
	螺管式	0.2～100 mm	±(0.1～3)%	±0.5%	测量范围宽,使用方便可靠,寿命长,动态性能较差
	涡流式	±(0.25～250) mm	±(1～3)%	<3%	结构简单,耐油污、水,若被测对象材料不同,灵敏度不同,线性范围须重校
电容式	变面积	(10^{-3}～10) mm	±0.005%	±1%	线性范围大,精确度高,受介质常数影响大(温度,湿度)
	变间隙	(10^{-8}～100) mm	0.1%	±1%	分辨力高,非线性较大

续表

型　式	测量范围	精　度	线性度	特　　点
霍尔元件	±1.5 mm	0.5%		结构简单,动态特性好,对温度敏感
感应同步器	10^{-3} ~ 10^{4} mm	2.5 μm/250 mm		模、数混合测量系统,数显
长光栅	10^{-3} ~ 10^{3} mm	3 μm/1 m		同上,分辨力高(0.1 ~ 1 μm)
长磁栅	10^{-3} ~ 10^{4} mm	5 μm/1 m		制造简单,使用方便,分辨力 1 ~ 5 μm

表 4-2　常用角位移传感器的性能与特点

型　式	测量范围	精　度	线性度	特　点
滑线变阻式	0° ~ 360°	±0.1%	±0.1%	结构简单,测量范围广,存在接触摩擦,动态响应差
变阻器	0 ~ 60 转	±0.5%	±0.5%	耐磨性好,阻值范围宽,接触电阻和噪声大,附加力矩较大
差动变压器式	0° ~ ±120°	(0.2 ~ 2.0)%	±0.25%	分辨力高,耐用,可测位移频率只是激励频率的 1/10,后续电路复杂
应变计式	±180°	1%		性能稳定可靠,利用应变片和弹性体结合测量角位移
自整角机	360°	±0.1° ~ ±7°	±0.5%	对环境要求低,有标准系列,使用方便,抗干扰能力强,性能稳,可在 1 200 r/min 下工作,精度低,线性范围小
旋转变压器	360°	2′ ~ 5′	小角度时 0.1%	
微动同步器	±5° ~ ±40°	(0.4 ~ 1)%	±0.05%	分辨力高,无接触,测量范围小,电路较复杂
电容式	70°	25″		分辨力高,灵敏度高,耐恶劣环境,需屏蔽
圆感应同步器	0° ~ 360°	±0.5″		分辨力高,可数显
圆光栅	0° ~ 360°	±0.5″		分辨力高,可数显

续表

型式		测量范围	精度	线性度	特点
圆磁栅		0°~360°	±1″		磁信号可重录
角度编码器	接触式	0°~360°	$10^{-6}r^{-1}$		分辨力高,可靠性高
	光电式	0°~360°	$10^{-8}r^{-1}$		

4.1.3 相位差法检测

相位差法属回波法,常用于大位移量(距离)的测量之中。相位差检测的载体是光波或电磁波。

由光的波动性可知,光波是横波,它在空间传播,其振动方程为:

$$a = A\cos(\Omega t + \varphi_0) \tag{4-1}$$

式中,A 为光波的振幅;Ω 为光波的角频率;φ_0 为光波初相位。

要把光应用于测位移,必须对光进行调制。

光的调制,就是利用某种人为的信息对光的发射进行控制的过程。通过控制使发射光带上的可以利用的人为信息传输出去。一般称人为信息为调制信号。

设调制信号遵循正弦函数变化,它能使光的振幅 A 也发生正弦函数变化,亦即

$$A = A_0 + \Delta A\sin\omega t \tag{4-2}$$

式中,A_0 为未调制的光波振幅;ΔA 为引起振幅变化的最大值,ω 为信号的振荡角频率,且 $\omega \ll \Omega$。将式 4-2 代入式 4-1,并令 $\varphi_0 = 0$,得

$$\begin{aligned} a &= A_0\cos\Omega t + \Delta A\sin\omega t\cos\Omega t \\ &= A_0\left(1 + \frac{\Delta A}{A_0}\sin\omega t\right)\cos\Omega t \\ &= a_0(1 + m\sin\omega t) \end{aligned} \tag{4-3}$$

式中:

$$a_0 = A_0\cos\Omega t \tag{4-4}$$

$$m = \frac{\Delta A}{A_0}$$

从物理光学中可知,光的强度与其振幅的平方成正比,且又表现为原子振荡周期内的平均值,故用 J 表示式 4-4 的发光强度,则

$$J = \frac{K}{2\pi}\int_0^{2\pi} a_0^2\,\mathrm{d}\Omega t = \frac{K}{2\pi}\int_0^{2\pi} A_0^2\cos^2\Omega t\,\mathrm{d}\Omega t = \frac{K}{2}A_0^2$$

式中,K 为比例系数。显然,J 所表示的光源发光强度是一个定值。由此可见,式 4-3 的 a_0 是一个定值。

一般说来,要把调制信号加在发射的光中,必须通过一种称调制器的器件方能完成。图 4-1 表示光波经过调制器后光波被调制所形成的图像。

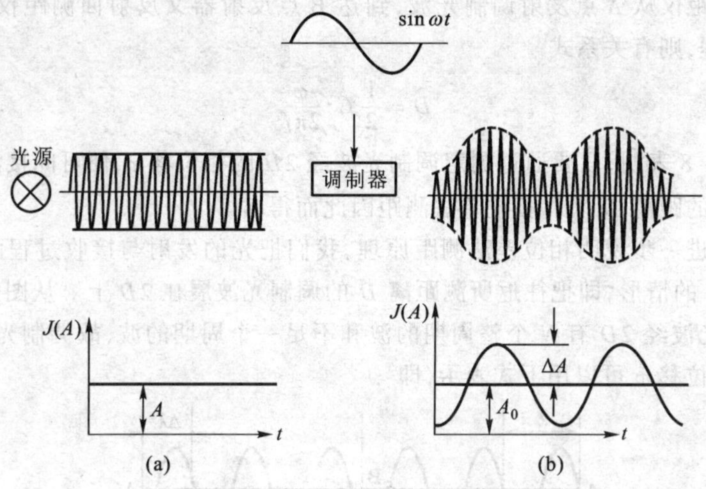

图 4-1 光波经调制所形成的图像

图 4-1(b)虚线(包络线)表示在调制信号作用下光波的强度发生了遵循正弦规律的缓慢变化,其幅度的大小表示了光强 $J(A)$明暗的有规律变化。式 4-3 中 m 称为调制度。由于 m 的存在,光波强度的明暗变化遵循调制信号的特征,其频率与调制信号频率 $f\left(f=\dfrac{\omega}{2\pi}\right)$相同(称 f 为调制频率)。那么原来无法利用的光变为光强度的明暗(或光波振幅)遵循调制信号频率 f 变化的光波,就是调制光波。在这里角频率为 Ω 的光波运载着频率为 f 的信号传输出去,故称光源发出的光波为载波。

相位差法测位移所需要的光波是利用一种遵循正弦规律的信号通过某种方式(如采用调制器)把连续光波强度转变为明暗(或称波的振幅大小)连续变化的调制光波。利用这种明暗变化的调制光波就能达到测位移的目的。

波在传播过程中所产生的相位移 φ 与传播的路程 x 有密切的关系。在这里,用 φ 表示相位移,则根据波动方程,有关系式

$$\varphi=\omega\cdot\frac{x}{v} \tag{4-5}$$

式中,ω 为波的角频率,$\omega=2\pi f$,f 是波的振荡频率;v 为波的速度(即电磁波的速度 C)。设波传播经过路程 x 所需时间为 t,则 $t=\dfrac{x}{v}$,故上式又可表示为

$$\varphi=2\pi f\cdot t \tag{4-6}$$

由此可知

$$t=\frac{\varphi}{2\pi f} \tag{4-7}$$

设测距仪从A点发射调制光波，到达B点反射器又反射回测距仪，经历了2D的路程，则有关系式

$$D=\frac{1}{2}C\cdot\frac{\varphi}{2\pi f} \tag{4-8}$$

式4-8表明，只要通过测定调制光波经2D的相位移φ，便可间接测定t_{2D}，获得所需的距离D来。相位差法测距因此而得名。

为了进一步说明相位差法测距原理，我们把光的发射与接收过程画成波形如图4-2的情形，即把往返所测距离D的调制光波展在2D上。从图中可以看到，调制光波经2D有N个整周期的波和不足一个周期的波，故调制光波经2D产生的相位移φ可以用下式表示，即

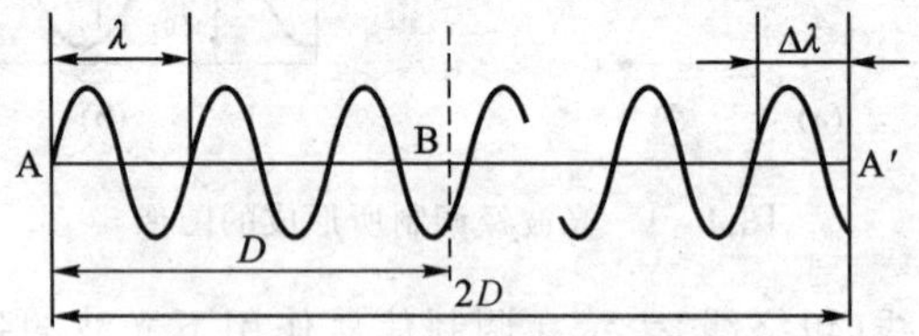

图4-2 光的发射与接收过程

$$\varphi=N\cdot 2\pi+\Delta N\cdot 2\pi \tag{4-9}$$

式中，N为调制光波的整波数，ΔN为调制光波最后部分不足整波的尾波数

把式4-9代入式4-8中，则得

$$D=\frac{1}{2}\cdot C\cdot\frac{N\cdot 2\pi+\Delta N\cdot 2\pi}{2\pi f}=\frac{C}{2f}(N+\Delta N) \tag{4-10}$$

由于$\lambda=\frac{C}{f}$，令$u=\frac{\lambda}{2}$，则上式为

$$D=u(N+\Delta N) \tag{4-11}$$

式中，λ为调制波长，u为测尺长，简称测尺，即

$$u=\frac{C}{2f} \tag{4-12}$$

显然在光速C已知的情况下，u便决定于调制频率f，故又称f为测尺频率。

由于u长度一定，那么对于某一距离D来说，N及ΔN也是一定的。从式4-11可见，相位法测距就宛如我们拿着一把一定长度u的测尺，一尺一尺地丈量距离一样，只要测得整尺数N及尾尺数ΔN，便可以根据式4-11计算出所测的距离D来。

图4-3为相位差法测距仪的基本结构方框图。从图可见，相位差法测距仪结构包括光源、调制器、光的接收装置、测相装置以及高频振荡器、电源等电子

电路。

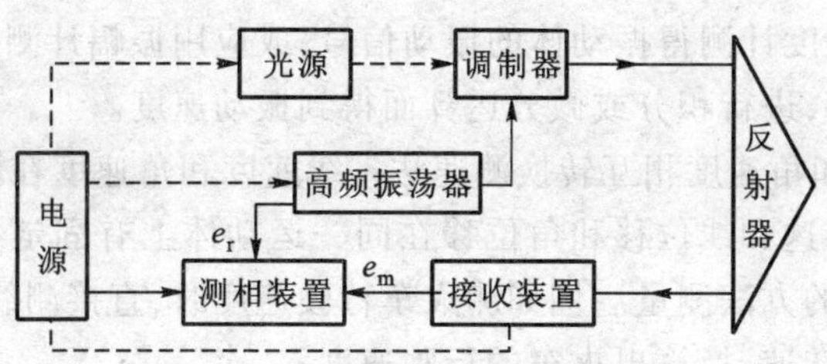

图 4-3 相位差法测距仪结构框图

光源 这是测距仪发射载波光束必不可少的器件。

调制器 这种装置在外加信号(调制信号)的作用下,对载波进行调制,从而发射出调制光波。能产生调制信号的装置在电子电路中称为高频振荡器,在测距中一般称为主机振荡器。

反射器 它是测距仪精密测距不可缺少的独立部件,具有最大限度反射光波的作用。

接收装置 在测距仪中能够把反射器反射回来的调制光波接收下来,并且及时转换为具有返回光信号特征的电信号——测距信号 e_m。

测相装置 该装置用于测定光波经 $2D$ 的相位变化量。由于高频振荡器不仅给调制器提供调制信号,同时又给测相装置提供参考信号 e_r。测相装置又有来自接收装置的测距信号 e_m。在测相装置中比较 e_r、e_m 二信号的相位差,从而获得光经 $2D$ 的相位移 φ。由于 e_r、e_m 的频率都由高频振荡器所决定,故 e_r、e_m 都属于同频率信号。显然,在测相装置中,把调制光波经 $2D$ 相位移 φ 的测定转化为二同频信号的相位差比较,从而测得 φ。

电源 测距仪正常工作的能源设备。

相位差法测量是目前大位移(距离)测量用得较多的一种方法。根据波的种类,可分为激光测距、无线电波测距等。

4.2 速度检测

4.2.1 速度检测方法

速度检测分为线速度检测和角速度检测。线速度的计量单位通常用 m/s 来表示;角速度检测分为转速检测和角速率检测,转速的计量单位常用 r/min 来表示,而角速率的计量单位则常用°/s(度/秒)或°/h(度/小时)来表示。

常用的速度检测方法有下述几种:

(1) 微积分法 对运动体的加速度信号 $a=\frac{d^2x}{dt^2}$ 进行积分运算,得到运动体的运动速度,或者将运动体的位移信号进行微分也可以得到速度。例如在振动测量时,应用加速度计测得振动体的振动信号,或应用振幅计测得振动体的位移信号,再经过电路,进行积分或微分运算而得到振动速度。

(2) 线速度和角速度相互转换测速法 线速度和角速度在同一个运动体上是有固定关系的,这和线位移和角位移在同一运动体上有固定关系一样。在测量时可采取互换的方法测量。例如测火车行驶速度时,直接测线速度不方便,可通过测量车轮的转速,换算出火车的行驶速度。

(3) 速度传感器法 利用各种速度传感器,将速度信号变换为电信号、光信号等易测信号进行测量。速度传感器法是最常用的一种方法。

(4) 时间、位移计算测速法 这种方法是根据速度的定义测量速度,即通过测量距离 L 和走过该距离的时间 t,然后求得平均速度 v。L 取得越小,则求得的速度越接近运动体的瞬时速度。如子弹速度的测量,运动员百米速度的测量等。

根据这种测量原理,在固定的距离内利用数学方法和相应器件又延伸出很多测速方法,如相关测速法、空间滤波器测速法。

所谓相关测速法是在被测运动物体经过的两固定距离(为 L)点上安装信号检测器,通过对运动体经过两固定点所产生的两个信号进行相关分析,求出时延 τ,则运动体的平均速度为 $v = L/\tau$。利用相关测速,不受环境、路面、海浪和气流等的影响,可以达到较高的测速精度。常用来测量汽车、船舶和飞机的运动速度及管道内和风洞内气流的速度,以及热轧钢带等的运动速度。

所谓空间滤波器测速法是利用可选择一定空间频率段的空间滤波器件与被测物体同步运动,然后在单位空间内测得相应的时间频率,求得运动体的运动速度。

例如一个栅板,在空间长 L 内有 N 个等距栅缝,当栅板的移动速度为 v,移动长度 L 的时间为 t_0 时,光源透过栅格明暗变化的空间频率 $u = N/L$。即空间频率是单位空间长度内物理量周期性变化的次数。相应的时间频率 $f = N/t_0$,由此可以求得:

$$v = L/t_0 = (N/u)\cdot(f/N) = f/u$$

这样就可以用空间频率描述运动速度 v,测量出空间滤波器移动的中心频率就可以求得速度。采用这种检测方法既可测量运动体的线速度,又可测量转动体的角速度。

4.2.2 常用的速度测量传感器

目前常用的各种速度测量传感器的主要技术性能见表 4-3。目前常用的各种角速率测量传感器(陀螺仪)的主要技术性能见表 4-4。

表 4-3 常用速度传感器性能与特点

类型	原理	测量范围	精度	特点
线速度测量	磁电式	工作频率 10～500 Hz	≤10%	灵敏度高，性能稳定，移动范围 ±（1～15）mm，尺寸重量较大
	空间滤波器	1.5～200 km/h	±0.2%	无需两套特性完全相同的传感器
转速测量	交流测速发电机	400～4 000 r/min	<1%满量程	示值误差在小范围内可通过调整预扭弹簧转角来调节
	直流测速发电机	1 400 r/min	1.5%	有电刷压降形成死区，电刷及整流子磨损影响转速表精度
	离心式转速表	30～24 000 r/min	±1%	结构简单，价格便宜，不受电磁干扰，精度较低
	频闪式转速表	$0 \sim 1.5\times10^{5}$ r/min	1%	体积小，量程宽，使用简便，精度高，是非接触测量
	光电式 反射式转速表	30～4 800 r/min	±1 脉冲	非接触测量，要求被测轴径大于 3 mm
	光电式 直射式转速表	1 000 r/min		在被测轴上装有测速圆盘
	激光式 测频法转速仪	几万～几十万 r/min	±1 脉冲/s	适合高转速测量，低转速测量误差大
	激光式 测周法转速仪	1 000 r/min		适合低转速测量
	汽车发动机转速表	70～9 999 r/min	0.1%n±1 r/min （n≤4 000 r/min） 0.2%n±1 r/min （n>4 000 r/min）	利用汽车发动机点火时，线圈高压放电，感应出脉冲信号，实现对发动机不剖体测量

表 4-4　常用角速率传感器性能与特点

型式	测量范围 (°/s)	零偏稳定性	标度因数线性度	特点
转子陀螺	最大 ±1 000	10^{-3} ~ 10 °/h	10^{-4} ~ 10^{-3}	利用高速转子的定轴性和进动性，敏感角速率，制作容易，用途广，体积较大，结构复杂，成本较高
光纤陀螺	最大 ±1 500	10^{-4} ~ 10 °/h	10^{-4} ~ 5×10^{-6}	利用电磁辐射特性，通过光导纤维敏感角速率，动态范围宽，瞬时启动，耐冲击，寿命长，成本较低
激光陀螺	最大 ±1 200	5×10^{-4} ~ 1 °/h	10^{-6}	根据光程差原理采用环形激光器来测量角速率，动态范围宽，耐冲击，寿命长，成本较高
静电陀螺		10^{-6} ~ 10^{-7} °/h		利用处于高真空静电场中的高速旋转球形铍转子敏感角速率，制作精密，精度高，稳定性好，成本高，应用于高精度导航场合
半球谐振陀螺		10^{-4} ~ 1 °/h	2×10^{-8}	利用半球形振动体的谐振来敏感角速率产生哥氏力，体积小，全固态，无磨损，高可靠，长寿命
压电陀螺	最大 7 200	1 °/h ~ 1 °/s	10^{-3}	利用压电材料的压电特性来激励振动元件振动并检测哥氏力，结构简单，体积小，可靠性高，应用于低中精度场合
微机电陀螺	±600	1 °/h ~ 1 °/s	2×10^{-4}	利用高频振动的检测质量敏感角速率产生哥氏力，用微机电手段制造，体积小，重量轻，能大批量生产，价格便宜，耐冲击，功耗低，可靠性好，应用于低中精度场合

4.2.3　弹丸飞行速度的测量

弹丸速度，是枪炮威力性能的重要指标，是研究无控火箭密集度的重要参数。速度的测量，为火箭、火炮、自动武器内外弹道理论研究和应用提供了直接或间接的分析、计算的原始数据。它是炮厂、弹厂、药厂、国家靶场和科研单位必不可少的经常性的重要工作。同时，速度测量的准确性，将直接影响武器的设计、研制生产和正确使用。

弹丸飞行速度测量目前常采用时间位移计算测速法和多普勒雷达测速法。

1. 时间位移计算测速法

时间位移计算测速法是测出弹道上某一段的距离 $x_{1,2}$(见图 4-4)。再测出弹丸飞行这一段距离所需要的时间 $t_{1,2}$,即可计算出弹丸通过该段中点处的平均速度 v_c。

$$v_c = \frac{x_{1,2}}{t_{1,2}}$$

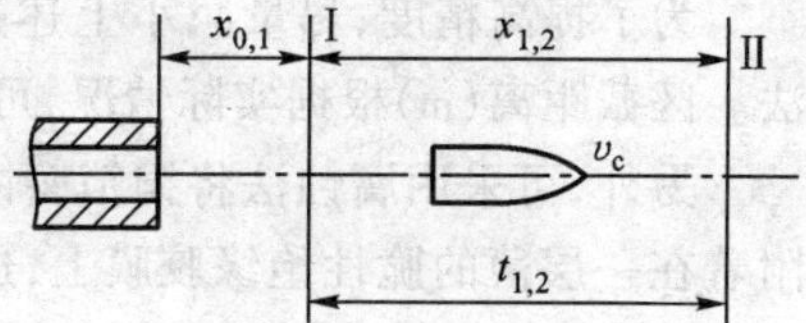

图 4-4 求平均速度 v_c 的方法

为了测量 $x_{1,2}$ 和 $t_{1,2}$,需在弹道上的Ⅰ和Ⅱ位置上各设一个区域装置,常称为“靶”。第Ⅰ位置是计算的起始点,这点上的靶叫做Ⅰ靶,第Ⅱ位置是计算的终点,这点上的靶叫作Ⅱ靶。这两个靶之间的距离就是 $x_{1,2}$。弹丸在通过这两个靶时,各产生一个信号,启动或截止测时仪器,从而获得弹丸飞过这一距离的时间间隔 $t_{1,2}$。

(1) 区截装置——靶

习惯上把区截装置叫靶。按其作用方式,大体上可分为接触和非接触两种类型。

① 接触型靶

这种靶是利用导体的通或断来产生电信号的装置。当弹丸与这种靶接触时,使构成靶的金属材料从原来的接通状态变为断开状态(叫做断靶)或是从原来的断开状态变为接通状态(叫做通靶)。图 4-5 和图 4-6,是两种常用的接触型靶的结构示意图。

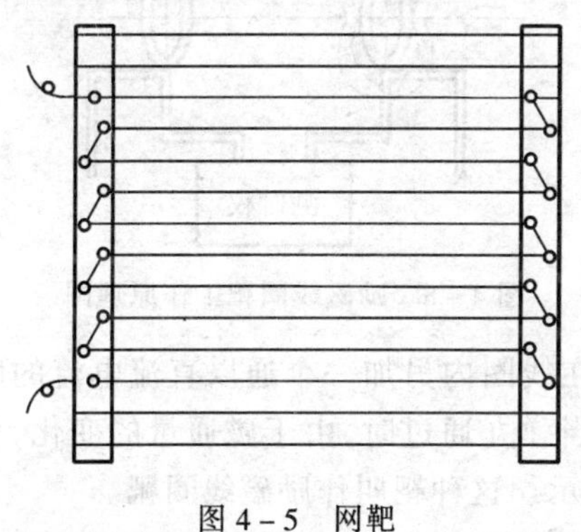

图 4-5 网靶

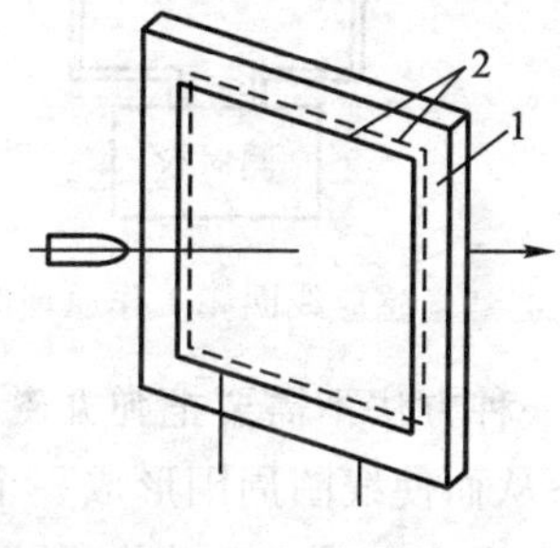

图 4-6 箔屏靶

1—绝缘线;2—铝箔

图 4-5 是由金属导线绕成网形,叫做网靶。当弹丸通过时,将导线打断,从而使电路突然中断,产生一个电脉冲,启动或停止测时仪。这种靶每测量一次后,必须重新接通导线再使用。

为了保证所测时间的准确性,网靶的铜线必须拉紧,以减小靶距 $x_{1,2}$ 的误差。此外,铜线的间距应小于弹丸直径的四分之一,以保证能用弹丸头部切断铜线。但是实际上,两靶上的铜线拉紧的程度不可能是一致的,而弹丸也往往以弹头的不同部位切断铜线，所以这种方法总会产生一定误差。

为了提高精度，尽量减小上述速度测量误差，一般采用增长区截距离的方法。区截距离(m)根据实际情况，可选为弹丸初速(m/s)的(1~2)%。

另外，可采用腐蚀法将铜箔腐蚀成网状。两导线的间距可在1 mm之内，并附着在一层薄的脆性绝缘胶膜上，这样可大大减小靶距误差。

图4-6所示为箔屏靶，它是由中间一层绝缘纸1(塑料薄板或胶膜)两面各粘一张铝箔2所组成的。两张铝箔互相绝缘。当弹丸穿过靶时，由于弹丸的导电作用，电路导通，产生脉冲信号。箔屏靶适用于小口径武器，可以多发使用。

② 非接触型靶

这一类靶与飞行的弹丸不发生机械接触，而是利用光线的遮挡、电磁场的变化及波的传播等原理工作的。

a. 线圈靶

弹丸从线圈靶内穿过时，磁通量发生变化，从而使线圈产生感应电动势，该电动势可以作为测时仪器的启动或停止信号。

可以把弹丸预先进行磁化处理，使弹丸周围有一个磁场，当它飞过线圈时，使线圈内产生感应电动势，如图4-7所示，这种靶叫做感应线圈靶。

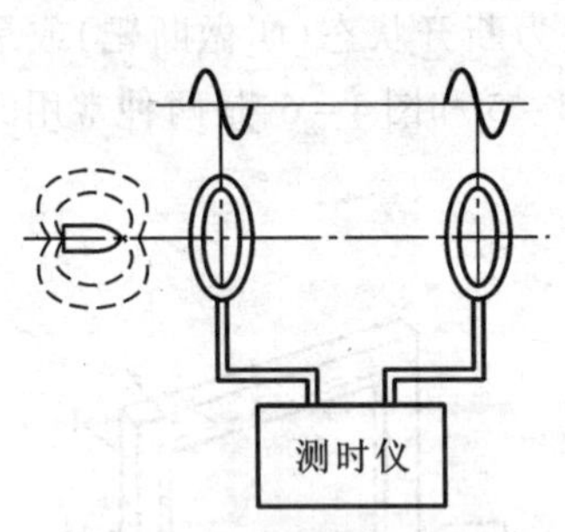

图4-7 感应线圈靶工作原理图

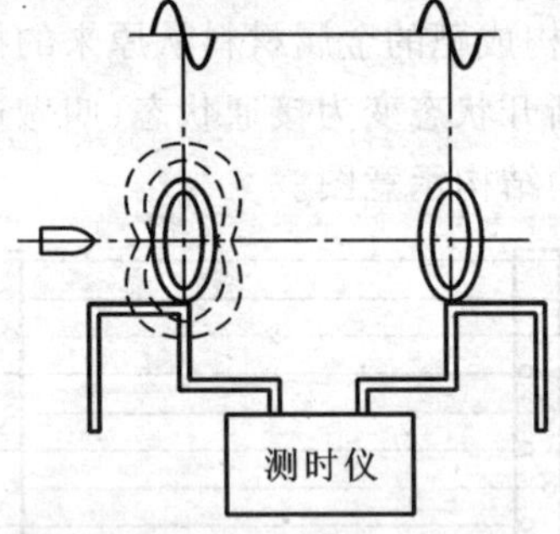

图4-8 励磁线圈靶工作原理图

另一种方法不需要把弹丸磁化，而是在线圈内另加一个通以直流电流的励磁线圈，从而使线圈周围形成一个磁场。当弹丸通过时，由于磁通量的变化，使感应线圈中产生感应电动势，如图4-8所示。这种靶叫作励磁线圈靶。

一般情况下，励磁线圈靶与感应线圈靶是通用的，不需要励磁线圈时，可使励磁线圈开路，感应线圈则可单独使用。

在测量过程中，根据弹丸的直径和使用情况选用和绕制线圈靶，具体数据参照表4-5。

线圈靶广泛用于自动武器和火炮的试验中，但不适用于火箭炮的速度测量，因为火箭燃气射流对线圈靶有破坏作用。

b. 声靶

用超音速飞行的弹丸的弹头波扫过作为靶的高频话筒,产生电信号,用以启动或停止测时仪器。这是一种较新的测速方法,使用较为方便,但对于低于音速飞行的弹丸无法测量。

表 4-5 感应线圈靶和励磁线圈靶参数

武器口径 /mm	靶内径 /mm	感应线圈		励磁线圈	
		匝 数	线径/mm	匝 数	线径/mm
>37	850	750	0.37	300	0.62
37	550	400		400	
<25	300	850	0.27	560	0.62
7.62	150	400	0.33	400	0.57

c. 光电靶

当光通量改变时,光电元件能够产生电信号的变化。利用这一原理可以制成各种光电靶。

从一个光源(白炽光或激光)发出的光束,照射到光电元件(光电倍增管,光敏二极管或硅光电池)上。当弹丸通过这一光束时,由于把光路挡住,使光电元件产生一个变化的电信号,用以启动或停止测时仪器。如图 4-9 所示。

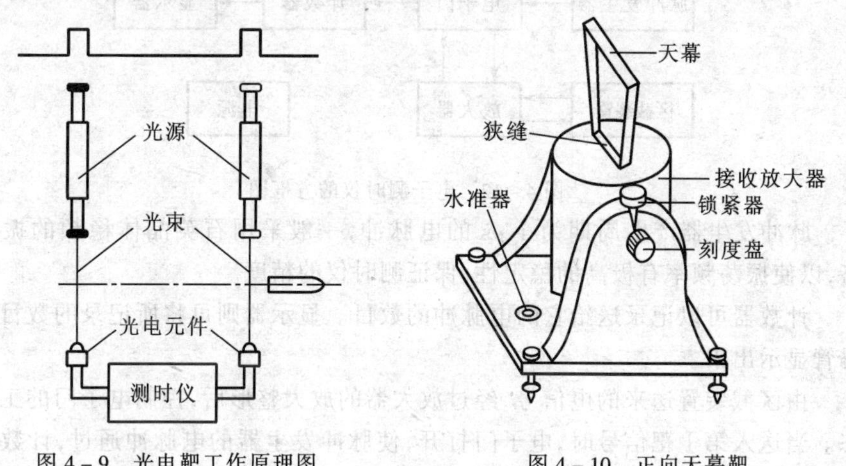

图 4-9 光电靶工作原理图　　图 4-10 正向天幕靶

另一种光电靶不用人工光源,而是利用天空的自然散射光作为光源,因此,称为天幕靶。

天幕靶对于仰角射击的测速,具有很大的优越性。它既不用高大的靶架,亦无需对弹丸进行任何处理,弹丸的材料、形状等均对测量没有影响。图 4-10 所示为放于地面上使用的正向天幕靶。图 4-11 为装在三角架上的侧向天幕靶。它增加了一些用于瞄准和精确确定靶距的装置,如望远系统、照相系统、读数系统的对中装置等。

天幕靶虽有许多优点，但结构比较复杂，而且在自然光照度不足时，不能使用。一般天空最小照度应大于1 000 lx，否则，必须加辅助照明。

(2) 电子测时仪

由区载装置产生的信号输出给测时仪器，以获得弹丸穿过两个靶所经历的时间间隔。目前应用最广泛的是电子测时仪。

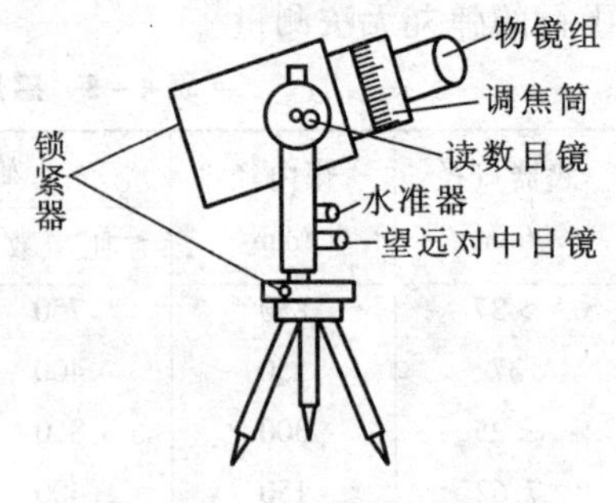

图4-11 侧向天幕靶

电子测时仪是以固定频率的电振荡脉冲为时间单元的计时装置，它可以记录并显示出在所测定的时间间隔 $t_{1,2}$ 内由振荡电路所发出的脉冲数目，也就测定了时间 $t_{1,2}$，即

$$t_{1,2}=\frac{n}{f}=nT \qquad (4-13)$$

式中，n 为所测定的时间间隔内振荡器发出的脉冲数目；f 为振荡器的固有频率；T 为振荡器的脉冲周期。

测时仪的工作原理如图4-12所示。

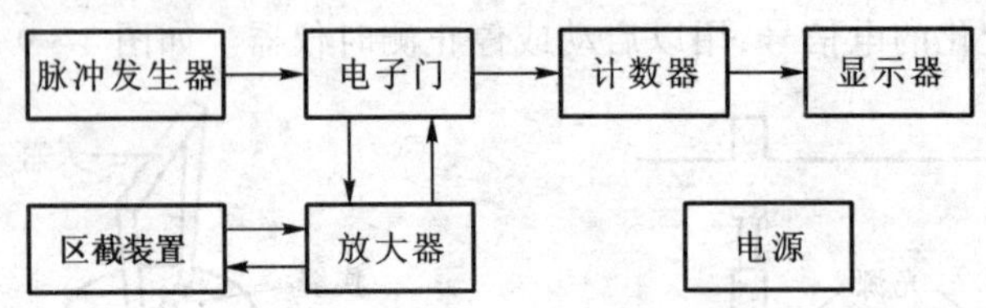

图4-12 电子测时仪的方框图

脉冲发生器产生周期为1 μs的电脉冲，一般采用石英晶体稳频的振荡电路，以使振荡频率有极高的稳定性，保证测时仪的精度。

计数器可以记录送给它的电脉冲的数目。显示器则可将所记录的数目用数码管显示出来。

由区截装置送来的电信号，经过放大器的放大整形后，控制电子门的工作状态。当送入第Ⅰ靶信号时，电子门打开，使脉冲发生器的电脉冲通过，计数器开始计数。当送入第Ⅱ靶信号时，电子门关闭，计数器停止工作。这时数码管所显示的数字就是所要测量的时间间隔 $t_{1,2}$（以 μs 为单位）。

电子测时仪有足够的精度，使用方便可靠，是目前应用最多的测时仪器。但它只能测单发发射的时间间隔，不能实现连续测量，目前一种新型的速度计算机，可以连续进行测量，并可以同时获得弹丸飞行的其他一些参数，是一种较有发展前途的测速仪器。

2. 利用多普勒雷达测量弹丸飞行速度

(1) 基本原理

设有一个波源，以 f_0 的频率发射电磁波，而接受体以速度 v 相对于此波源运动。那么，这一接收体所感受到的波的频率将不是 f_0，而是 f_r，并有如下之关系

$$f_0 - f_r = \frac{v}{\lambda_0} \tag{4-14}$$

式中，λ_0 为波源发送的波的波长；$f_d = \dfrac{v}{\lambda_0}$ 称为多普勒频率。

如果用一个雷达天线作为波源，它所发射的电磁波遇到以速度 v 飞行的弹丸后反射回来，弹丸的飞行是沿波束方向远离雷达天线，在这种情况下的多普勒频率为

$$f_d = \frac{2v}{\lambda_0} \tag{4-15}$$

此式给出了多普勒频率与弹丸飞行速度的关系。当雷达的发送频率已知时，若能测得 f_d，即可求出弹丸的飞行速度。

$$v = \frac{\lambda_0 f_d}{2} = \frac{cf_{d1}}{2f_0} \tag{4-16}$$

式中，c 为当地电磁波的传播速度。

f_d 可以通过雷达接收机测得。这种基于多普勒效应测量弹丸飞行速度的专用雷达称为多普勒测速雷达。图 4－13 所示为多普勒测速雷达的工作原理图。

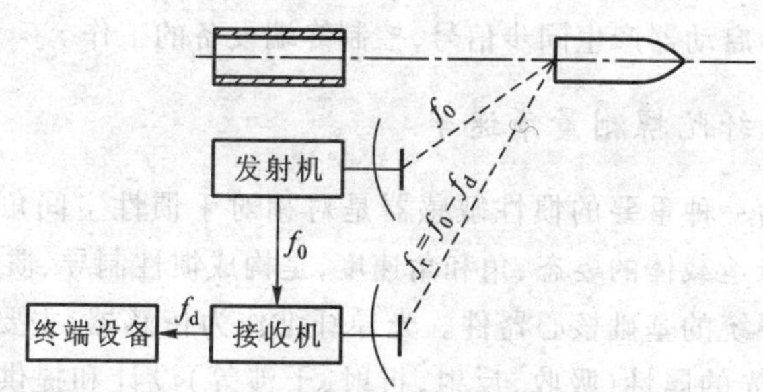

图 4－13　多普勒测速雷达工作原理图

(2) 系统组成及作用

图 4－14 所示为 640－1 型测速雷达的组成方框图。它包括发射机、接收机、天线系统，终端设备及跟踪滤波器和红外启动器等部分。

发射机的振荡源是一个磁控管振荡器，可以产生稳定的振荡频率 f_0。大部分能量经过隔离器送至发射天线，少量送到接收机的混频器。

接收机由混频器、前置放大器、滤波器与限幅放大器等组成。接收天线接收到从弹丸反射的回波信号，在混频器混频，获得多普勒频率 f_d，经过放大和滤波

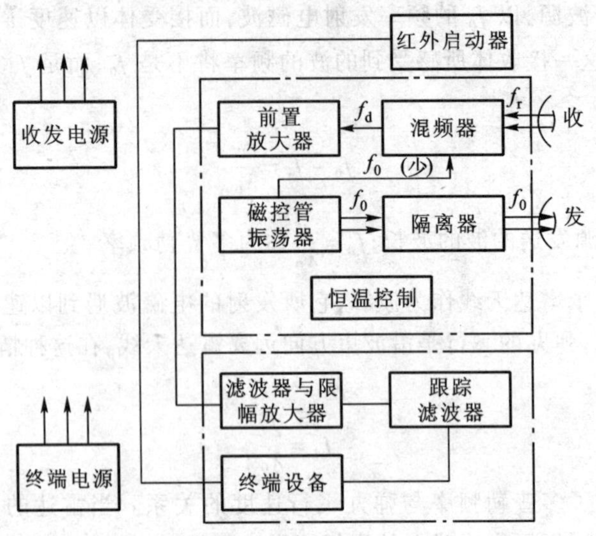

图 4-14 640-1 型测速雷达组成方框图

以后,送至跟踪滤波器。

f_d 信号在跟踪滤波器内滤波,以提高信噪比,从而提高系统的灵敏度,并把该信号进行 6 次倍频后送给终端设备。

终端设备将送来的 $6f_d$ 信号处理和计数,获得所需要的弹丸飞行速度,并可用数码管显示出来。终端设备的工作由红外启动器控制。当火炮发射时,炮口焰的作用使红外启动器产生同步信号,控制终端设备的工作。

4.2.4 光纤陀螺测量角速率

陀螺仪作为一种重要的惯性敏感器是对相对于惯性空间角运动敏感的装置。它用于测量运载体的姿态,角和角速度,是构成惯性制导、惯性导航、惯性测量和惯性稳定系统的基础核心器件。光导纤维作为传感器,主要是根据被测对象的特点,利用光的属性(吸收、反射、折射、干涉等)设计和提供各种形式的探头,并对光电转换信号进行测量和处理。

光纤陀螺作为一种新型陀螺仪,其工作原理是基于萨格奈克(Sagnac)效应。Sagnac 效应是关于光沿着相对惯性空间旋转的闭合光路传播的一般相对性效应。由宽频带光源提供的光被分成两束,分别沿两个相反方向在光纤线圈中传播,当两束光在入射点处汇合时将发生光的干涉效应。当线圈静止时,正反方向传播的两束光的光程差相同,不存在相位差,干涉条纹的光强将不变化。但是当光纤线圈绕垂直于自身的轴旋转时,与旋转方向相同的光路光程要比逆旋转方向传播的光束走过的光程大一些,由此引起的相位差将导致干涉条纹的光强发生变化。相位差的大小与线圈的旋转速率成正比,并且相位差与干涉条纹的光强之间存在确定的函数关系,通过用光电探测器对干涉光光强进行检测,可以实现线圈旋转速率的测量。

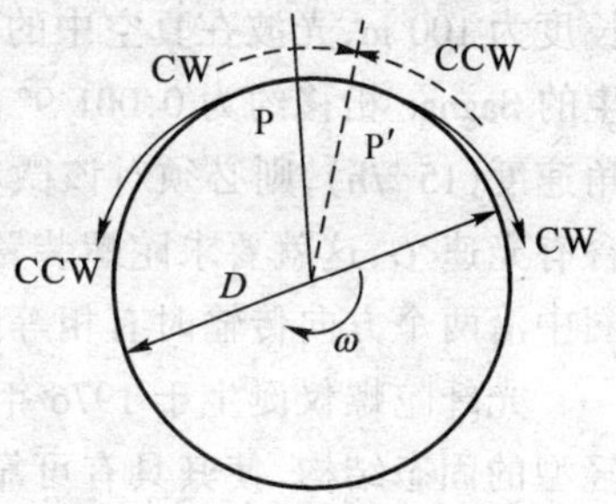

图 4-15 Sagnac 效应

在图 4-15 中,设直径为 D 的单匝光纤线圈绕垂直于自身的轴以角速度 ω 顺时针方向旋转时,从环形光路的 P 点分别沿顺时针(CW)、逆时针(CCW)发射两路光波。当 $\omega=0$ 时,P′点和 P 点重合,两束光绕环形光路一周的穿越时间相同;当 $\omega\neq 0$ 时,入射点 P′和 P 在空间的位置将不再重合,顺时针光束绕环形光路的穿越时间 t_{CW} 为:

$$t_{\mathrm{CW}}=\frac{\pi D}{v_{\mathrm{CW}}}=\frac{\pi D}{v_{\mathrm{f}}-\dfrac{\omega D}{2}}=\frac{\pi D}{\dfrac{C}{n}-\dfrac{\omega D}{2}} \tag{4-17}$$

式中,$v_{\mathrm{CW}}=v_{\mathrm{f}}-\omega D/2$ 是顺时针光束的速度,v_{f} 为光在光纤线圈中的传播速度,C 为真空中的光速,n 为光纤材料的折射率。同样逆时针光束绕环形光路的穿越时间 t_{CCW} 为:

$$t_{\mathrm{CCW}}=\frac{\pi D}{V_{\mathrm{CCW}}}=\frac{\pi D}{V_{\mathrm{f}}+\dfrac{\omega D}{2}}=\frac{\pi D}{\dfrac{C}{n}+\dfrac{\omega D}{2}} \tag{4-18}$$

两反向旋转的光束绕光纤线圈一周的穿越时间差 Δt 为:

$$\Delta t=t_{\mathrm{CW}}-t_{\mathrm{CCW}}=\frac{\pi\omega D^{2}}{\left(\dfrac{C}{n}\right)^{2}-\dfrac{\omega^{2}D^{2}}{4}} \tag{4-19}$$

一般 $\dfrac{\omega^{2}D^{2}}{4}\ll\left(\dfrac{C}{n}\right)^{2}$,因此

$$\Delta t=\frac{\pi n^{2}D^{2}}{C^{2}}\omega \tag{4-20}$$

假设一个光纤陀螺具有 N 匝光纤线圈,光学路径长度 $L=N\pi D$。与穿越时间差 Δt 对应的两光束相移 φ_{s} 为:

$$\begin{aligned}\varphi_{\mathrm{s}}&=N\omega\Delta t=N\frac{2\pi}{T}\Delta t=2\pi Nf\Delta t\\&=2\pi N\frac{C}{\lambda}\,\frac{\pi n^{2}D^{2}}{C^{2}}\omega=\frac{2\pi n^{2}LD}{C\lambda}\omega=K_{\mathrm{S}}\omega\end{aligned} \tag{4-21}$$

式中,ϕ_{s} 为 Sagnac 相移,ω、f 分别为光波的角频率和频率,λ 为光波在真空中的波长,K_{S} 为光纤陀螺的 Sagnac 刻度系数。可以看出,提高此种光纤陀螺仪输出灵敏度的途径在于加大 D 和增加光纤线圈的匝数 N。

式(4－21)中考虑光纤线圈的直径为 80 mm,光纤材料的折射率为 1.5,光纤长度为 100 m,光波在真空中的波长为 820 nm,当基座以 15 °/h 的速率旋转时,产生的 Sagnac 相移约为 0.001 9°。因此,如果要求光纤陀螺能够检测到地球自转角速度(15 °/h),则必须对该微小相移进行精确测量。由于式(4－21)的分母中含有光速 C,这就要求陀螺装置具有非常高的尺寸稳定性,才能保证光在光纤线圈中沿两个方向传输时有相等的光程。

光纤陀螺仪诞生于 1976 年,发展至今已成为当今的主流陀螺仪表。由于其轻型的固态结构,使其具有可靠性高、寿命长,能够耐冲击和振动,有很宽的动态范围,带宽大、瞬时启动、功耗低等一系列独特优点,光纤陀螺仪广泛应用于航空、航天、航海和兵器等军事领域,以及钻井测量、机器人和汽车导航等民用领域。

4.3 加速度检测

4.3.1 加速度检测方法

加速度检测是基于测试仪器检测质量敏感加速度产生惯性力的测量,是一种全自主的惯性测量。加速度检测广泛应用于航天、航空和航海的惯性导航系统及运载武器的制导系统中,在振动试验、地震监测、爆破工程、地基测量、地矿勘测等领域也有广泛的应用。

加速度的计量单位为 m/s^2,在工程应用中常用重力加速度 $g = 9.81\ m/s^2$ 作计量单位。

测量加速度,目前主要是通过加速度传感器(俗称加速度计),并配以适当的检测电路进行的。依据对加速度计内检测质量所产生的惯性力的检测方式来分,加速度计可分为压电式、压阻式、应变式、电容式、振梁式、磁电感应式、隧道电流式、热电式等;按检测质量的支承方式来分,则可分为悬臂梁式、摆式、折叠梁式、简支承梁式等。表 4－6 列出了部分加速度计的检测方法及其主要性能特点。

表 4－6 加速度检测方法及其性能特点

型 式	测量范围	零偏稳定性	分辨力	特 点
压电式	$(5 \sim 10^5)\ g$	$(10^{-4} \sim 10^{-3})\ g$	$(10^{-2} \sim 10^{-5})\ g$	固有频率较高,用于冲击及振动测量,大地测量及惯性导航等
应变式	$\pm(0.5 \sim 200)\ g$			低频响应较好,固有频率低,适用于低频振动测量

续表

型 式	测量范围	零偏稳定性	分辨力	特 点
压阻式	$\pm(20\sim10^5)\ g$			灵敏度较高,便于集成化,耐冲击,易受温度影响
液浮摆式	$\pm(1\sim15)\ g$	$(10^{-6}\sim10^{-4})\ g$	$(10^{-6}\sim10^{-4})\ g$	带力反馈和温控,分辨力高,成本较高,适用于惯性导航
石英挠性	$\pm(10\sim30)\ g$	$(5\times10^{-5}\sim6\times10^{-6})\ g$	$(10^{-6}\sim10^{-5})\ g$	高可靠、高稳定、高分辨力、成本较高,适用于惯性导航、运载武器制导及微重力测量
振梁式	$\pm(20\sim1\,200)\ g$	$(2.5\times10^{-4}\sim10^{-3})\ g$		体积小,重量轻,成本低,可靠性好,适用于战术导弹等制导
三轴磁悬浮式		x、y 轴 $5\times10^{-7}\ g$ z 轴 $2\times10^{-6}\ g$		磁悬浮使摩擦小,零偏好,结构复杂,成本高,适用于高精度重力测量,惯性导航
微机电式	$\pm(1\sim10^5)\ g$	$(10^{-6}\sim10)\ g$	$(10^{-6}\sim10^{-3})\ g$	尺寸小,重量轻,成本低,适用于汽车安全防护,战术武器制导和惯性导航

4.3.2 伺服式加速度测量

伺服式加速度测量是一种按力平衡反馈原理构成的闭环测试系统。图 4-16(a)是其工作原理图,图(b)是其原理框图。它由检测质量 m、弹簧 k、阻尼器 C、位置传感器 S_{d}、伺服放大器 S_{s}、力发生器 S_F 和标准电阻 R_{L} 等主要部分组成。当壳体固定在载体上感受被测加速度$\dfrac{\mathrm{d}^2x}{\mathrm{d}t^2}$后,检测质量 m 相对壳体作位移 z,此位移由位置传感器检测并转换成电压,经伺服放大器放大成电流 i,供给力发生器产生电恢复力,使检测质量返回到初始平衡位置。系统的运动方程为

$$m\frac{\mathrm{d}^2z}{\mathrm{d}t^2}+C\frac{\mathrm{d}z}{\mathrm{d}t}+kz=-S_Fi-m\frac{\mathrm{d}^2x}{\mathrm{d}t^2} \tag{4-22}$$

式中,S_F 为力发生器灵敏度(N/A),对于常用的由永久磁铁和动圈组成的磁电式

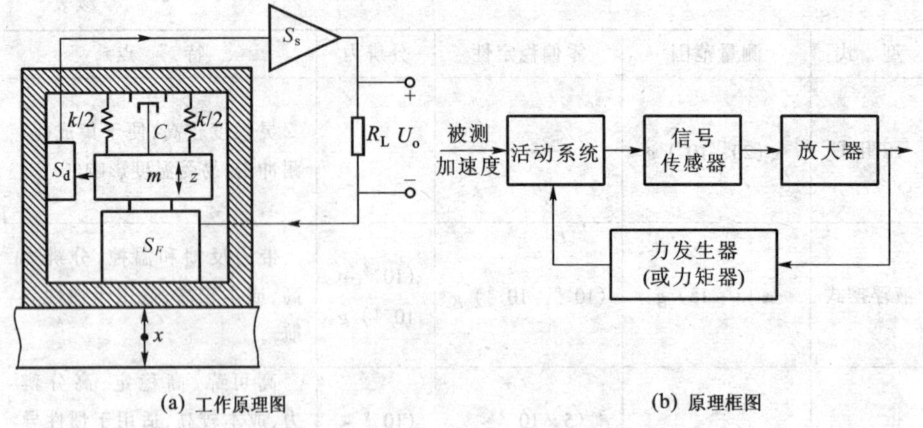

图4-16　伺服加速度计

力发生器，$S_F=BL$，B 为磁路气隙的磁感应强度(T)，L 为动圈导线的有效长度(m)。

由于电流 i 为

$$i=S_d S_s z \tag{4-23}$$

式中，S_d 为位置传感器的灵敏度(V/m)，S_s 为伺服放大器的灵敏度(A/V)。

将式(4-23)代入式(4-22)得关系式

$$\frac{d^2 z}{dt^2}+2\zeta\omega_n\frac{dz}{dt}+\omega_n^2 z=-\frac{d^2 x}{dt^2} \tag{4-24}$$

式中，ω_n 为系统无阻尼固有圆频率；ζ 为系统阻尼比。它们分别为

$$\omega_n^2=\frac{S_d S_s S_F}{m}+\frac{k}{m} \tag{4-25}$$

$$\zeta=\frac{C}{\sqrt{2\dfrac{S_d S_s S_F}{m}+\dfrac{k}{m}}} \tag{4-26}$$

由式(4-25)和式(4-26)可以看出，伺服式加速度计的 ω_n 和 ζ 不仅与机械弹簧的刚度和阻尼器阻尼系数有关，还与反馈引起的电刚度 $S_d S_s S_F$ 有关。因此便可通过选择和调节电路的结构和参数来进行调节，具有很大的灵活性。

当系统处于加速度计工作状态时，

$$z=-\frac{1}{\omega_n^2}\frac{d^2 x}{dt^2}$$

因此，电压灵敏度 S_a 为

$$S_a=\frac{U_O}{\dfrac{d^2 x}{dt^2}}=\frac{-mR_L}{S_F}\cdot\frac{1}{1+k/(S_d S_s S_F)} \tag{4-27}$$

如选用刚度小的弹簧，使其满足 $S_d S_s S_F \gg k$，则

$$S_a = \frac{-mR_L}{BL}$$

即 S_a 仅决定于 m、R_L、B 和 L 等结构参数，而与位置传感器、伺服放大器、弹簧等特性无关。若能采取措施使这些参数稳定，不受温度等外界环境的影响，便可达到很高的性能。

由于有反馈作用，增强了抗干扰能力，提高了测量精度，扩大了测量范围，伺服加速度测量被广泛应用于惯性导航和惯性制导系统中，在高精度的振动测量和标定中也有应用。

4.3.3 微机电系统加速度计

1. 概述

近几十年来，微电子技术发展非常快，集成度几乎每年翻一番。微电子技术和测试技术的进步，促进了微机电系统（Micro Electro-Mechanical Systems，简称MEMS）技术的兴起和发展，各类微型传感器、微型执行器如雨后春笋，发展势头非常迅猛。在这些新型的微机电传感器中，微机电系统加速度计以其体积小、重量轻、成本低、可靠性好、功耗低和测量范围广等一系列独特优点而受到高度重视，并大有取代传统加速度计的趋势。

微机电系统加速度计通常是指利用微电子加工手段加工制作并和微电子测量线路集成在一起的加速度计，这种加速度计常用硅材料制作，故又名硅微型加速度计。

硅微型加速度计的型式多种多样。按检测质量支承方式分有悬臂梁支承、简支梁支承、方波梁支承、折叠梁支承和挠性轴支承等；按检测信号拾取方式分，有电容检测、电感检测、隧道电流检测和频率检测等。表 4－7 列举了几种目前常见的硅微加速度计的性能及特点。

表 4－7　几种硅微加速度计的性能及特点

型　式	测量范围	零偏稳定性	分辨力	特　点
扭摆式	$\pm(1\sim10^5)\ g$	$(10^{-4}\sim10)\ g$	$(10^{-4}\sim2)\ g$	扭杆支承，力反馈控制、电容检测，耐冲击
悬臂梁式	$\pm(0.1\sim50)\ g$	$<10^{-3}\ g$	$(10^{-6}\sim10^{-3})\ g$	悬臂梁支承，三明治结构，灵敏度较高
叉指式	$\pm(5\sim50)\ g$	$10^{-3}\ g$	$10^{-3}\ g$	利用梳齿电容变化进行检测，制作容易

续表

型　式	测量范围	零偏稳定性	分辨力	特　点
隧道电流式	$(-20\sim10)\ g$		$8\times10^{-3}\ g$	利用隧道电流变化进行检测,灵敏度高,动态范围大
硅振梁式	$(10\sim120)\ g$	$(10^{-6}\sim5\times10^{-6})\ g$	$(3\sim10)\times10^{-6}\ g/\sqrt{Hz}$	利用硅振梁谐振频率变化进行检测,电路简单,精度高,结构较复杂

2. 叉指式硅微加速度计

叉指式硅微型加速度计(Finger-shaped Micromachined Silicon Accelerometer,简称 FMSA)最初是由美国 AD 公司和德国 SIEMENS 公司联合研制的。目前已形成系列产品,包括 5 g、50 g 单自由度和双自由度的产品。

叉指式硅微型加速度计的结构如图 4-17 所示。加速度计由中央叉指状活动极板与若干对固定极板组成。硅制活动极板通过一对支承梁弹簧与基座相连,支承梁能使活动极板(检测质量)敏感加速度而产生位移。活动极板上有若干对叉指,每个叉指对应一对固定极板,固定极板固定在基座上。当加速度计处于静止状态时,叉指正好处于一对固定极板的中央,即叉指和与其对应的两个固定极板的间距相等(为 y_0),这时电容量 $C_1=C_2$。当加速度计敏感加速度时,在惯性力作用下,活动极板产生位移,如图 4-17(b)所示,这时,叉指和左右两固定极板的间距发生变化,即 $C_1\neq C_2$,产生的瞬时输出信号将正比于加速度的大小。运动方向则通过输出信号的相位反映出来。

设活动极板的线位移 Δy 使某叉指两对极板的间隙分别变为 $y_0+\Delta y$ 和 $y_0-\Delta y$,此时单个电容量分别为 $C_1=\varepsilon\dfrac{A_1}{y_0+\Delta y}$和 $C_2=\varepsilon\dfrac{A_1}{y_0-\Delta y}$,略去高阶小量,其电容差值为

$$\Delta C_1=C_2-C_1=2\varepsilon\frac{A_1}{y_0^2}\Delta y=k_{s1}\Delta y \tag{4-28}$$

式中,A_1 为活动极板叉指与固定极板重叠部分的面积。

设加速度计有 n 组叉指,则总的电容差值为 $\Delta C=n\cdot\Delta C_1=nk_{s1}\Delta y=k_s\Delta y$。

系统的静态灵敏度为

$$S=\frac{\Delta u}{a}=\frac{mk_s k_v}{k+k_s k_v k_F} \tag{4-29}$$

式中,k 为支承系统的弹簧刚度,m 为活动极板质量;k_v 为控制回路增益;k_F 为

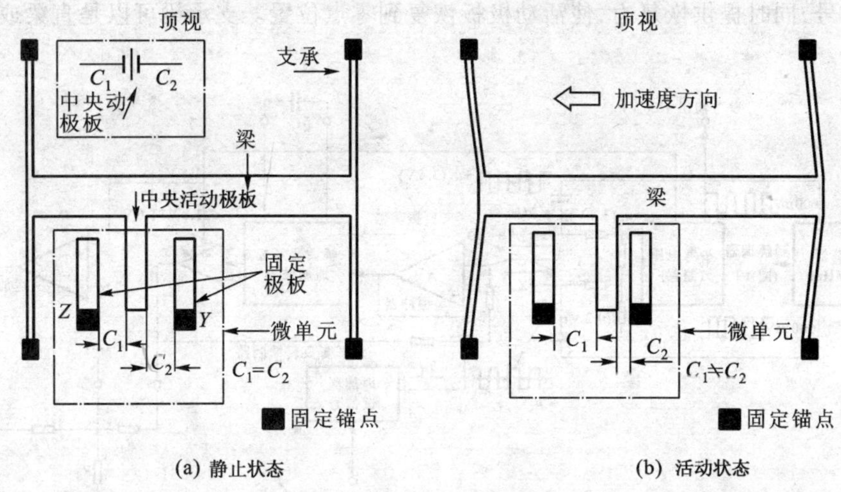

图 4-17 叉指式硅微加速度计

反馈力矩系数，$k_F=2\varepsilon u_O\dfrac{A_1}{y_0^2}$。

叉指式硅微加速度计的控制系统框图如图 4-18 所示。

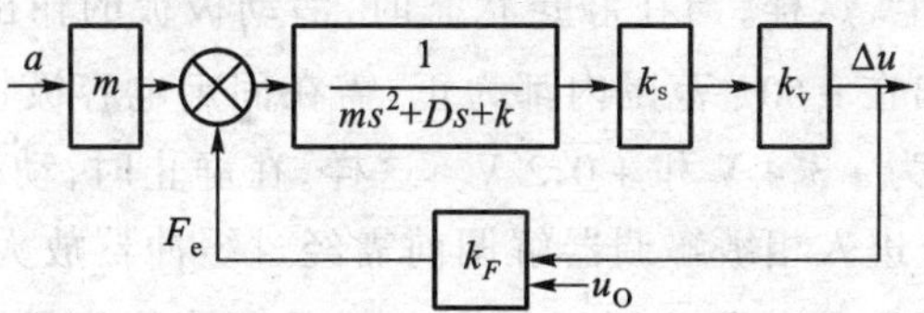

图 4-18 FMSA 控制系统框图

系统的固有频率可由下式近似求得：

$$\omega_n=\sqrt{\frac{k}{m+0.375m_s}} \tag{4-30}$$

式中，k 为系统支承总刚度，m_s 为支承弹簧的总质量。

ADXL50 是 AD 公司开发的一个加速度计产品，主要用于汽车上的安全气囊。ADXL50 是集成在一片单晶硅片上的完整的加速度测量系统。整个芯片约 3 mm×3 mm，其中，加速度敏感元件部分边长为 1 mm，信号处理电路则布于四周。加速度敏感元件是一个可变差动电容器，2μm 厚的活动极板上伸出 50 个叉指，形成了电容器的活动极板。固定电容极板则由一系列悬臂梁组成，这些悬臂梁与基座间有 1μm 的间隙，悬壁梁的一端固连于基座上。整个活动极板通过支承梁固定，支承梁能保证活动极板沿敏感加速度的方向作线振动，而其他方向的运动都受到约束。支承梁同时作为一个弹簧，能将输入的加速度信号转换为位移信号,同时提供恢复力,使活动极板恢复到零点位置。支承梁可以是直梁或折叠梁。

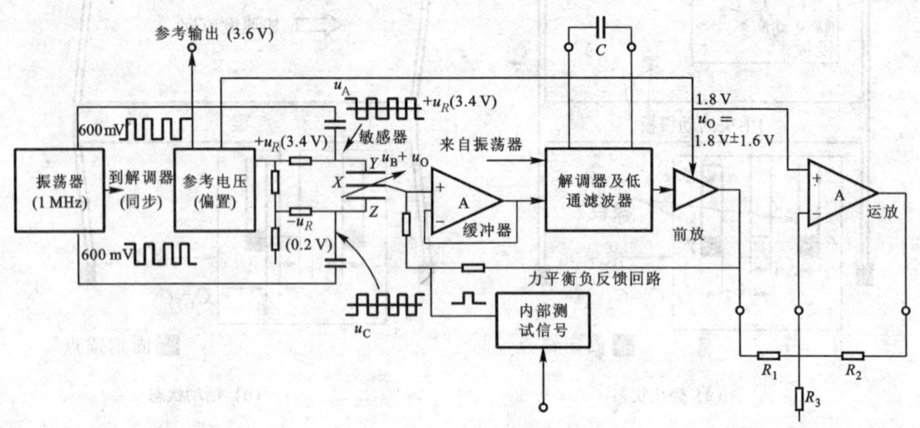

图 4-19　ADXL50 测试线路

ADXL50 的测试回路是一个闭环的力平衡反馈回路。其测量原理如图 4-19 所示。频率为 1 MHz,相位相差 180°的两个方波信号 U_A 和 U_C 分别施于固定电容极板 Y 和 Z 上,这样,当在静止状态时,活动极板的输出信号 U_B 将为零。为使活动极板输出在 ±50g 范围内都为正,需在固定电容极板 Y 和 Z 上分别施加偏置信号,分别为 +3.4 V 和 +0.2 V。这样,在静止时,动极板输出信号应为 +1.8 V。U_B 信号进入相敏解调器解调前需经过缓冲器放大,使可变电容器的高阻抗信号变为低阻抗信号。经过解调和低通滤波的信号再经前置放大器输出。将前置放大器输出信号 u_O 反馈给活动极板,该反馈电压将在活动极板和固定电极之间产生静电力,该静电力和由加速度引起的惯性力方向相反,并力图使活动极板恢复到中间位置,从而使 u_B 信号减弱为零。由于是一个高增益的伺服回路,深度负反馈将使活动极板偏离其中心位置的最大距离不超过 0.01μm,此时,支承梁的弹性常数以及开环时的其他误差源均可忽略不计。加负反馈后,在没有加速度信号时,u_O = 1.8 V,在满量程(±50 g)时,Δu = ±1.0 V。

4.4 惯性测量

4.4.1 概述

惯性测量是利用惯性仪表(包括加速度计和陀螺仪)进行的测量。惯性测量是现代惯性导航的基础。所谓导航是引导载体到达目的地的过程。惯性导航则是利用载体上(或平台上)的惯性测量单元(Inertial Measurement Unit,简称 IMU)提供的信息和一定的算法引导载体航行的过程。当经过初始对准,知道载体的初始信息(包括位置、速度和方位等)后,依靠载体上(或平台上)的惯性测量单元,其中加速度计能提供载体瞬时加速度信息,并由此推算出载体的瞬时速度和位置;陀螺仪则能提供载体瞬时角速率或角位置信息,提供加速度计每一瞬间的指向。这样,载体在空间的瞬时运动参量,包括线运动和角运动参量都可以通过惯性测量推算出。惯性导航是一种全自主式的导航。在导航过程中,惯性系统既不向载体外发射信号,也不从外部接收信号,因此在航空、航天、航海中得到了广泛的应用,尤其是在军事上,是一种不可或缺的关键技术。

惯性测量在工程测量中也得到广泛应用。例如,在工程测量中利用陀螺仪来指示子午线,测量经纬度,利用陀螺仪或加速度计进行倾斜测量,通过惯性测量,确定大地测量高程、方位角、重力异常、垂线偏差等。总之,惯性测量在大地测量,石油钻井定位,地球物理探测,水下电缆铺设,隧道和井巷定向,森林保护,地震等领域都有广泛应用。

4.4.2 惯性测量单元

惯性导航系统的核心是惯性测量单元(IMU)。一个基本的惯性测量单元包括三个单自由度加速度计和三个单自由度陀螺仪或二个 2 自由度陀螺仪。这些加速度计和陀螺仪的输入轴分别沿空间的三个互相垂直的坐标轴方向。这样,惯性测量单元就可以敏感空间任意方向的线运动或角运动。但是,由于陀螺仪敏感的是相对于惯性空间的运动,而需要测量的是载体相对于某个参照系的相对运动,因此必须进行坐标变换。此外,加速度计所测加速度输出信号中往往包含重力加速度分量和有害加速度分量,必须对重力加速度分量进行修正,对有害加速度分量进行补偿,然后经过积分与计算得到运载体的速度和所在的地理位置。由此可见,惯性测量单元中各个惯性敏感器件敏感的信号需要经过信号变换和信号处理才能转换成可接受的有用信号。

随着微机电系统技术的发展,由微机电系统加速度计和微机电系统陀螺仪组合而成的微惯性测量单元(Micro Inertial Measurement Unit,简称 MIMU)已研制成功。这种微惯性测量单元具有体积小,重量轻、功耗小、成本低和可靠性高等优点。可广泛应用于汽车安全防护、战术武器制导、个人导航和微小卫星姿态控制等领域。

一个典型的微惯性测量组合系统如图 4-20 所示,该组合系统包括微惯性敏感器组合装置、变换电路的组合及微数字信号处理系统三部分。

微惯性敏感器组合装置由三只真空封装的硅微型陀螺仪和三只密封的微硅加速度计及前放组合而成。其中,微陀螺仪和微加速度计分别安装在边长

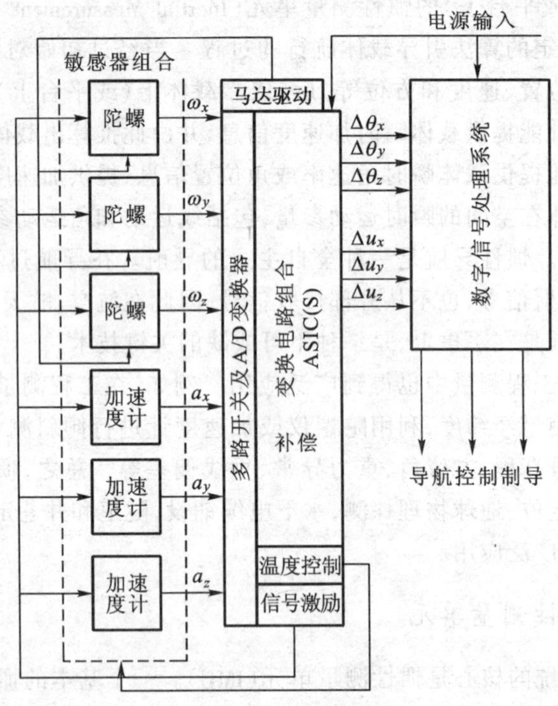

图4-20 MIMU系统框图

3.8 cm的正六面体基座的三个互相正交的平面内。每个惯性敏感器件的输入轴方向需要经过仔细排列,以保证彼此正交。必要时,组合装置中还包含温度敏感装置和预热装置,以实现温控。

变换电路组合具有处理来自敏感装置前放的弱小模拟信号,并能将其转换成数字信号的功能,该电路组合并将信号激励电路、驱动电路和温控电路等集成在一块,形成专用芯片。

微型数字信号处理系统将制导、导航和控制的有关运算程序和信号处理软件集成在专用的数字信号处理芯片上。

1998年,由美国桑地亚国家实验室(Sandia National Lab简称SNL)及柏克利传感器执行器中心(the Berkeley Sensor Actuater Center,简称BSAC)等单位首次用桑地亚模块式,单片微机电系统工艺(The Sandia Modular, Monolithic, Micro-Electro-Mechanical Systems Technology,简称M^3EMS)将一个敏感x、y平面角速率运动的二维微陀螺和一个敏感垂直轴向即z方向角速率的一维微陀螺及三维加速度计以及相应的测试回路完全集成在一块芯片上,芯片边长1 cm,如图4-21所示。构成了一个集成化的微机电(IMEM)IMU原理样机。该IMU可用于GPS(全球定位系统)辅助的惯性导航系统。

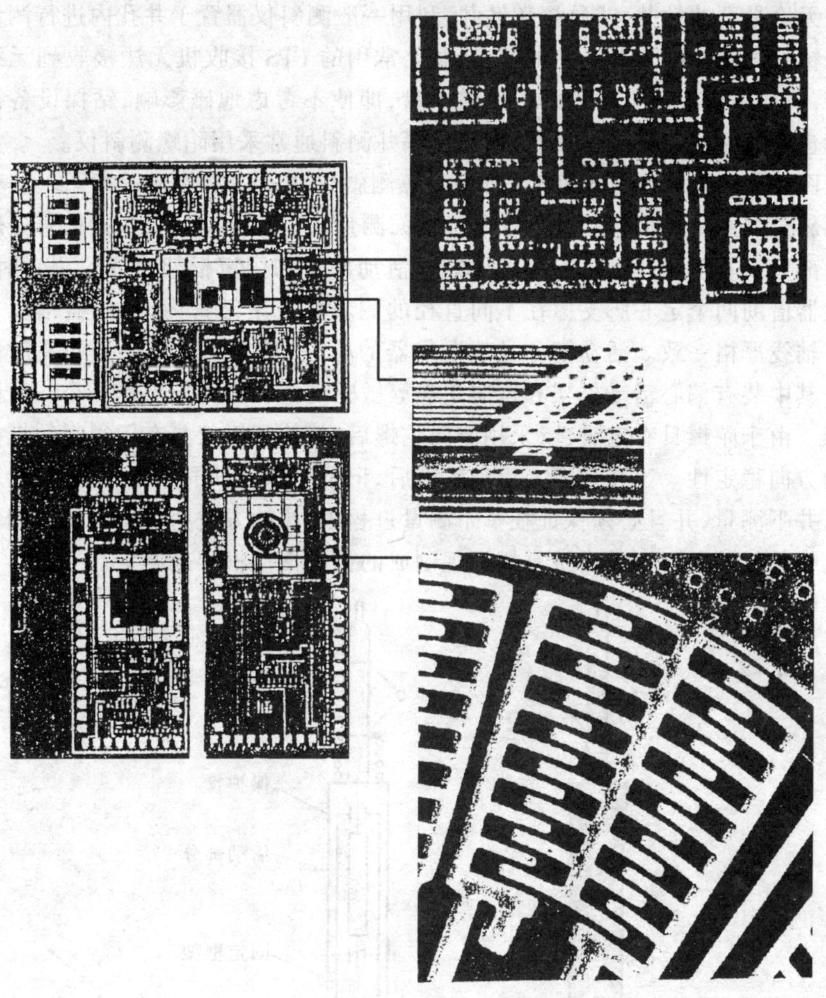

图 4-21 集成微机电 IMU 原理样机

4.4.3 深井测斜

为了寻找地下丰富的宝藏,人们可以在地面或空中采用各种探测手段,其中从地面进行钻井探测是较常用的一种方法。目前根据工程需要,已能把井钻到五六千米,甚至更深。这么深的井,几乎不可能打得笔直,难以完全按照人们的意愿延伸。在钻探过程中,还会发生弯曲并偏离预定方向的情况,因此需要不断测量其倾斜角度,即钻井测斜。钻井测斜的另一作用,是为了保证钻斜井达到所要求的斜度指标。因为有许多工程要求钻井方向与地面形成一定倾斜角度,这就要求在钻井过程中,不断进行钻井斜度的测量,从而使钻具能按所要求的角度逐步往深处钻探。

无论是石油钻井,或是探矿钻井,利用一般测斜仪器置于井孔内进行测量难以有精确结果。因为井孔在地下,地面上常用的 GPS 接收机无法接收到无线电信号,又如采用地面上常用的一般磁罗盘,即使不考虑地磁影响,钻探设备钢质套管也会使磁罗盘失灵。因此,高精度深井测斜通常采用陀螺测斜仪。

图 4-22 所示为国产 JDT-Ⅲ型陀螺测斜仪井下仪器外形示意图。该种陀螺测斜仪的主要结构包括井下仪器和地面测量仪。地面测量仪包括信号处理和显示部分。井下仪器由定心脚、保护管、活动部分和固定框架组成。测斜时,井下仪器借助两个定心脚支撑在不同直径的测斜井或浆结管内,使仪器轴线与测斜井轴线严格一致。活动部分是整个仪器的心脏,是完成测斜任务的关键性部件。其中装有偏心活动框架和定向陀螺等敏感元件。定向陀螺是一个二自由度陀螺。由于陀螺具有定轴性,采用定向陀螺后,就使测斜仪具有了很强的抵抗干扰的方向稳定性。当在地面上启动陀螺后,记下陀螺仪轴的原始方位角,然后再放入井下测量,并且必须保证在整个测量过程中,原始方位角保持不变。测斜井偏离铅垂线的角度则是由按复摆原理制成的偏心活动框架来测定。

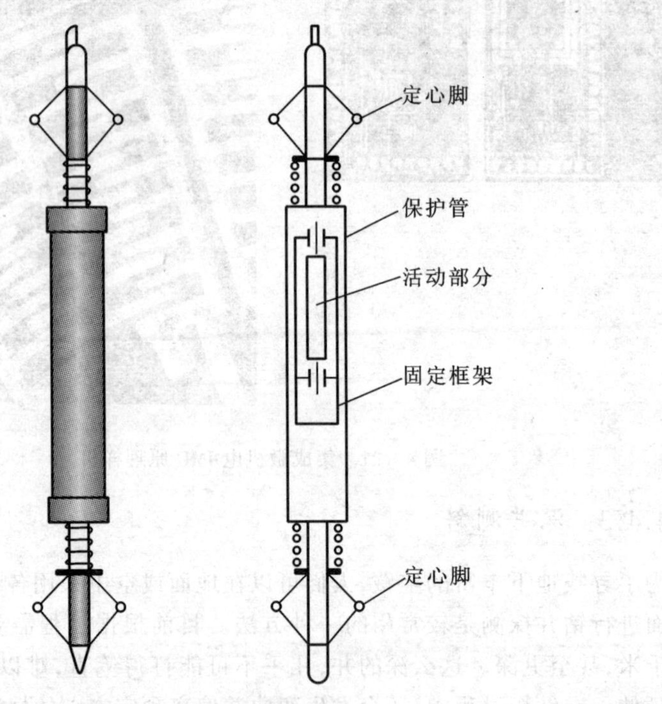

图 4-22 陀螺测斜仪井下仪器外形及示意图

偏心活动框架的原理结构如图 4-23 所示。这实际上是一个二自由度复摆。摆锤 O 可绕摆轴 bb' 转动,摆轴 bb' 又随框架一起绕 aa' 轴转动。在结构上

aa'轴应与仪器轴心重合。在测井时，仪器轴心线即 aa'线应与井心线重合或平行。因此，只要测出 aa'线偏离铅垂线的角度 θ，即等于钻井偏斜的顶角。

在框架上过 aa'轴安装一个与框架平面垂直的竖板 T，并在竖板 T 上偏离轴线 aa'一定距离处装一适当重量的重块 Q，以保证当轴线 aa'偏离铅垂线后，复摆 O 的摆动平面仍在轴线 aa'与铅垂线所确定的铅垂面内。在复摆摆锤上过复摆重心和转轴 O 装一指针，在竖板 T 上刻以刻度，当轴线 aa'偏离铅垂线时，指针所指示方向即为铅垂方向，指针在 T 板上所指示的与 aa'轴之间的夹角 θ，即为轴线 aa'偏离铅垂线的角度，也就是钻井轴线的偏斜顶角。在复摆轴 bb'上装一角度传感器，将此角 θ 的值变为电信号输出，即可测得井轴心线的偏斜顶角。

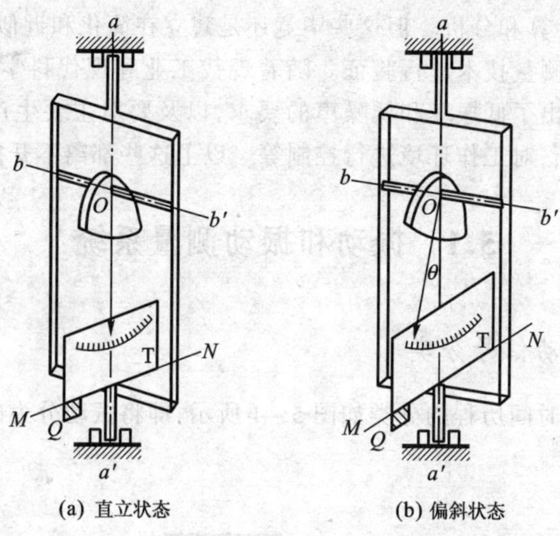

图 4-23 偏心活动框架

JDT-Ⅲ型陀螺测斜仪的主要技术指标为：顶角测量范围 0°~7°，量测精度 ±3′，方位漂移小于 10°/h，外形尺寸 $\phi60\times190$ mm。

第5章 振动测量技术

振动是工程技术和日常生活中常见的物理现象,在大多数情况下,振动是有害的,它对仪器设备的精度、寿命和可靠性都会产生影响。当然,振动也有有利的一面,如用于清洗、监测等。无论是利用振动还是防止振动,都必须确定其量值。在长期的科学研究和工程实践中,已逐步形成了一门较完整的振动工程学科,可进行理论计算和分析。但这些毕竟还是建立在简化和近似的数学模型上,还必须用试验和测量技术进行验证。随着现代工业和现代科学技术的发展,对各种仪器设备提出了低振级和低噪声的要求,以及要对主要生产过程或重要设备进行监测、诊断,对工作环境进行控制等。以上这些都离不开振动的测量。

5.1 振动和振动测量系统

5.1.1 振动信号分类

振动信号按时间历程的分类如图5-1所示,即将振动分为确定性振动和随机振动两大类。

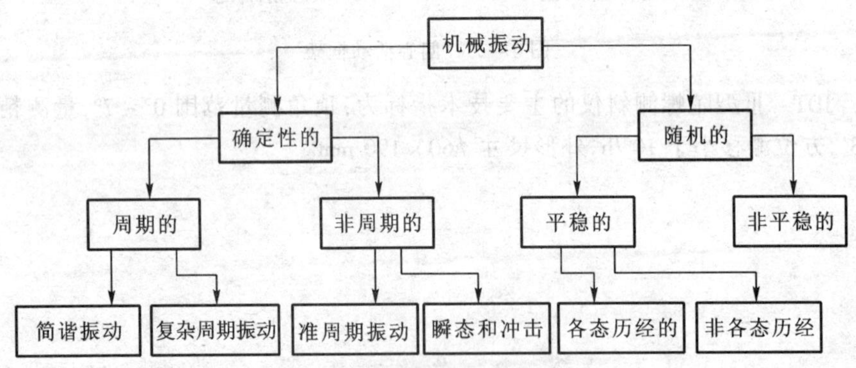

图5-1 振动信号的分类

确定性振动可分为周期性振动和非周期性振动。周期振动包括简谐振动和复杂周期振动。非周期振动包括准周期振动和瞬态振动。准周期振动由一些不同频率的简谐振动合成,在这些不同频率的简谐分量中,总会有一个分量与另一个分量的频率的比值为无理数,因而是非周期振动。

随机振动是一种非确定性振动，它只服从一定的统计规律，可分为平稳随机振动和非平稳随机振动。平稳随机振动又包括各态历经的平稳随机振动和非各态历经的平稳随机振动。

一般来说，仪器设备的振动信号中既包含有确定性的振动，又包含有随机振动。但对于一个线性振动系统来说，振动信号可用谱分析技术化作许多简谐振动的叠加。因此简谐振动是最基本也是最简单的振动。

5.1.2 振动测量系统

1. 振动测量方法分类

振动测量方法按振动信号转换的方式可分为电测法、机械法和光学法。其简单原理和优缺点见表 5－1。

表 5－1 振动测量方法分类

名称	原　理	优缺点及应用
电测法	将被测对象的振动量转换成电量，然后用电量测试仪器进行测量	灵敏度高，频率范围及动态、线性范围宽，便于分析和遥测，但易受电磁场干扰，是目前最广泛采用的方法
机械法	利用杠杆原理将振动量放大后直接记录下来	抗干扰能力强，频率范围及动态、线性范围窄，测试时会给工件加上一定的负荷，影响测试结果，用于低频大振幅振动及扭振的测量
光学法	利用光杠杆原理、读数显微镜、光波干涉原理以及激光多普勒效应等进行测量	不受电磁场干扰，测量精度高，适于对质量小、不易安装传感器的试件作非接触测量，在精密测量和传感器、测振仪标定中用得较多

目前广泛应用的是电测法，所以我们主要讨论电测法。

2. 电测法振动测量系统

由于振动的复杂性，加上测量现场复杂，在用电测法进行振动量测量时，其测量系统是多种多样的。图 5－2 所示为用电测法测振时系统的一般组成框图。由图可见，一个一般的振动测量系统通常由激振、拾振、中间变换电路、振动分析仪器及显示记录装置等环节所组成。

下面分别就这些组成环节作简单介绍。

3. 测振传感器

拾振部分是振动测量仪器的最基本部分，它的性能往往决定了整个仪器或系统的性能。表 5－2 列举了部分常用的测振传感器。

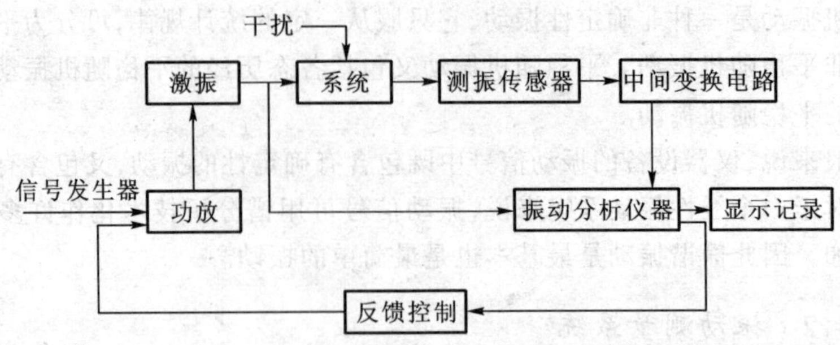

图 5－2　振动测量系统的一般组成框图

表 5－2　电测法测振常用的传感器

分类		工作原理	适用范围	优缺点
发电型	压电式	振动时，使传感器中的压电元件受到惯性重块的惯性力作用而产生电荷。输出量与振动加速度成正比	惯性式加速度传感器的适用频率范围： 与前置电压放大器配套时为 $2 \sim 10^4$ Hz； 与电荷放大器配套时为 $0.3 \sim 2\times10^4$ Hz。量程为 $10^{-4} - 10^4$ g（最大达 $10^{-5} - 10^5$ g），特别适用于冲击测量。经积分后，可测速度和位移。 相对式测力传感器用于测 $0 \sim 10^4$ Hz 范围内的激振力	灵敏度高，频率范围宽，结构尺寸和重量小，受温度、噪声等的影响大，需要高阻抗前置放大器配用，目前应用最广
	电动式	振动时，使传感器中的可动线圈在磁场中振动，切割磁力线而感应出电动势输出量，其值与振动速度成正比	惯性式速度传感器用于测 10 ~ 500 Hz 范围内的线速度和角速度，经积分可测 0.001 ~ 1 mm 振幅，经微分测 10 g 以下加速度。相对式速度传感器用于测 2 ~ 500 Hz 范围的相对速度、位移或加速度；地震式传感器用于测 0.5 ~ 100 Hz 微幅振动	灵敏度高，测量精度高，结构尺寸和重量大，受温度、湿度影响小而受磁场影响大，永久磁钢衰减会引起灵敏度变化，低阻抗输出，故引起的干扰噪声小
	电磁式	振动时，使传感器中在磁场里的静止线圈周围磁通量发生变化而感应电动势。输出量与振动速度成正比	相对式非接触型传感器用于测 20 ~ 1 000 Hz 范围内线速度或角速度，经积分或微分后可测位移或加速度	非接触型，测量时对振动没有影响，灵敏度较差，测量精度低，要求被测物是导磁体或导电体

续表

分类		工作原理	适用范围	优缺点
电参数变化型	电容式	相对式由振动体与传感器作为电容的两极，振动时两极的间隙或相对有效面积产生变化而使电容变化。惯性式由惯性重块和传感器基座组成电容的两极。输出量与位移成正比	相对式非接触型用于测 $20\sim10^4$ Hz(极化电压方式)或 $0\sim10^4$ Hz(调制方式)范围的线位移或角位移，特别适用于转动零件的振动测量； 惯性式用于测 10～500 Hz 角位移或线位移(0.001～1 mm)，经微分可测速度和加速度	灵敏度高，结构简单、尺寸小，对被测物影响小，受温度，湿度及电容间介质等的影响大，配套仪器要求高，非接触型的测量精度低
	电感式	变磁阻式振动时，传感器中电感线圈与铁心间磁隙(磁阻)变化而使电感变化	惯性式或相对式位移传感器用于10～1 000 Hz 或 0～2 000 Hz的线位移或角位移。非接触型用于 0～2 000 Hz 范围内转动零件的振动测量	灵敏度高，配套仪器简单，稳定性差，易受温度、磁场等的影响，惯性式结构的重量和尺寸大
		涡流式由振动体中感应的涡流变化使传感器的电感量产生变化。输出量与位移成正比	非接触型用于测 $0\sim10^4$ Hz 线位移。特别适用于转动零件的振动测量，制成轴心轨迹仪	灵敏度较高，结构尺寸小，便于安装，对环境影响不敏感，测量精度中等
	电阻式	丝式振动时，传感器中电阻丝长度变化而使电阻变化。压阻式利用半导体或某些稀有金属受力变形时电阻率改变的特性	惯性式用于测 0～2 000 Hz 加速度或 10～2 000 Hz 线位移。张丝式适用于低加速度的冲击测量。相对式用于测 0～1 000 Hz 范围内的激振力	低频响应好，寿命和稳定性差，易受温度、湿度、磁场等影响，贴片式结构简单，制作方便
伺服型	液浮摆式	振动时液浮摆与壳体产生相对位移，通过伺服放大回路，由力矩器使摆回到平衡位置。回路输出电压与振动加速度成正比	量程为 ±(5～20) g，分辨力 10 μg，最高达 1 μg，适用于测低频振动，经积分后可测速度和位移	灵敏度高，干扰力矩小，带温度补偿，结构复杂，重量和尺寸大

续表

分类		工作原理	适用范围	优缺点
伺服型	挠性摆式	振动时,挠性摆与壳体产生相对位移,通过伺服放大回路,由力矩器使摆回到平衡位置。回路输出电压与振动加速度成正比	量程为 ± (10 ~ 60) g,最高达 ± 100 g,分辨力 1 μg,最高 0.1 μg,适用于测低频振动,经积分后可测速度和位移	用挠性支承取代液浮摆式的宝石轴承和浮液,干扰力矩更小,分辨力高,可靠性好,结构复杂,成本高

各种测振传感器性能不一,在振动测量中,如何根据测试目的和实际条件,合理地选用测振传感器是十分重要的,选择不当往往会影响测量精度,甚至得出错误的结论。

根据线性系统的叠加原理,振动的响应是振动系统拾振部分对各个简谐振动响应的叠加。

在许多情况下,例如惯性式测振传感器,振动系统的振动是由载体的运动所引起的。如图 5-3 所示。设载体的绝对位移为 z_1,检测质量块 m 的绝对位移 z_0,则质量块的运动方程为

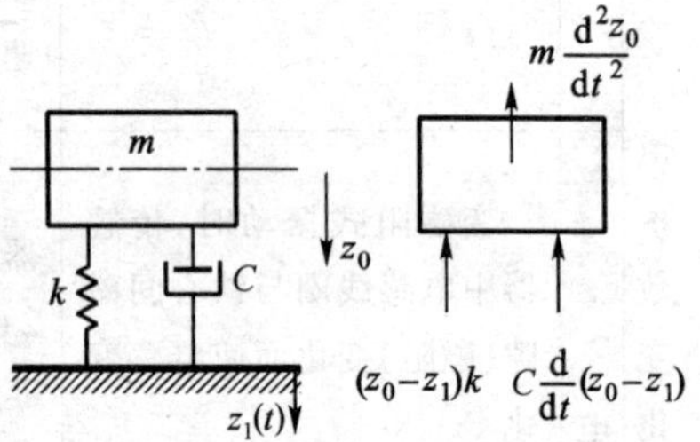

图 5-3 由载体运动引起的振动响应

$$m\frac{d^2 z_0}{dt^2} + C\frac{d(z_0 - z_1)}{dt} + k(z_0 - z_1) = 0 \tag{5-1}$$

质量块 m 相对于载体的相对位移为

$$z_{01} = z_0 - z_1 \tag{5-2}$$

则上式可改写成

$$m\frac{d^2 z_{01}}{dt^2} + C\frac{dz_{01}}{dt} + kz_{01} = -m\frac{d^2 z_1}{dt^2} \tag{5-3}$$

设载体的运动为谐振动,即 $z_1(t) = z_{1m}\sin\omega t$, 则式(5-3)可写成

$$m\frac{d^2 z_{01}}{dt^2} + C\frac{dz_{01}}{dt} + kz_{01} = m\omega^2 z_{1m}\sin\omega t \tag{5-4}$$

考虑这样几种情形下的响应特性:

(1) z_{01} 相对于载体的振动位移为 z_1,此时相当于测振仪处于位移计工作状态下。此时幅频特性和相频特性分别为

$$A_d = \frac{z_{01m}}{z_{1m}} = \frac{(\omega/\omega_n)^2}{\sqrt{[1-(\omega/\omega_n)^2]^2 + (2\zeta\omega/\omega_n)^2}} \tag{5-5}$$

$$\varphi_d = \arctan \frac{2\zeta(\omega/\omega_n)}{1-(\omega/\omega_n)^2} \tag{5-6}$$

其幅频特性曲线和相频特性曲线分别如图 5-4 和 5-5 所示。

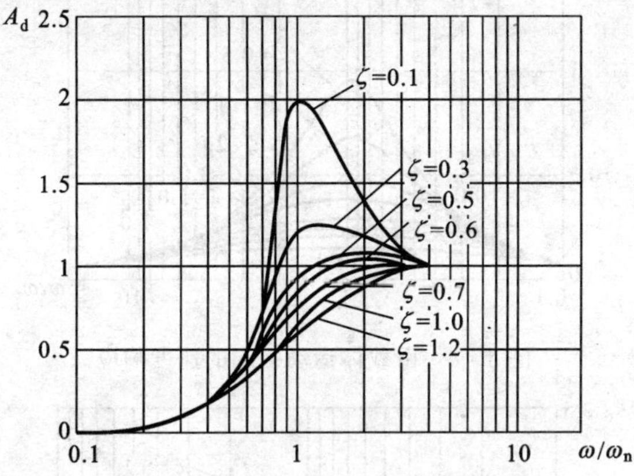

图 5-4 由载体运动引起的位移响应

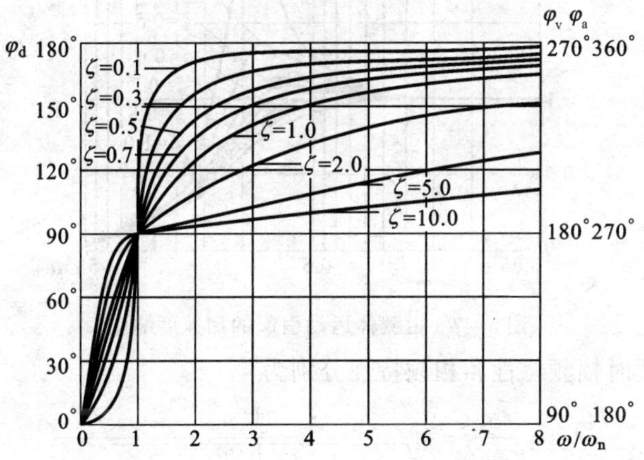

图 5-5 相频特性曲线

(2) z_{01} 相对于载体振动速度 $\dot{z}_1$，此时相当于测振仪处于速度计的工作状态下。此时幅频特性和相频特性分别为

$$A_v = \frac{z_{01m}}{\dot{z}_{1m}} = \frac{1}{\omega_n\sqrt{(\omega_n/\omega-\omega/\omega_n)^2+4\zeta^2}} \tag{5-7}$$

$$\varphi_v = \arctan \frac{2\zeta(\omega/\omega_n)}{1-(\omega/\omega_n)^2} + \frac{\pi}{2} \tag{5-8}$$

其幅频特性曲线和相频特性曲线分别如图 5-6 和图 5-5 所示。

(3) z_{01} 相对于载体的振动加速度 $\ddot{z}_1$，此时相当于测振仪处于加速度计的工

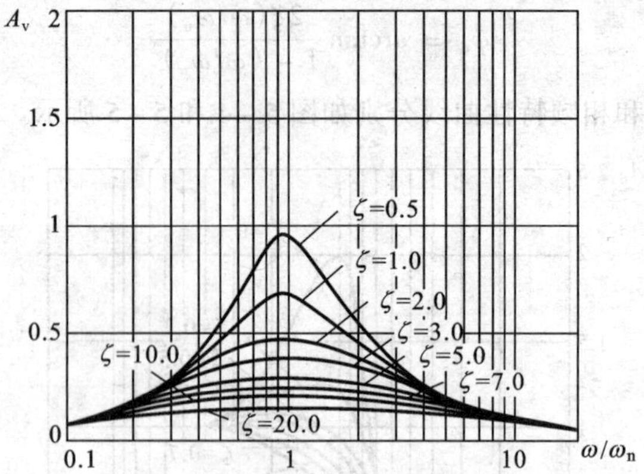

图 5-6　由载体运动引起的速度响应

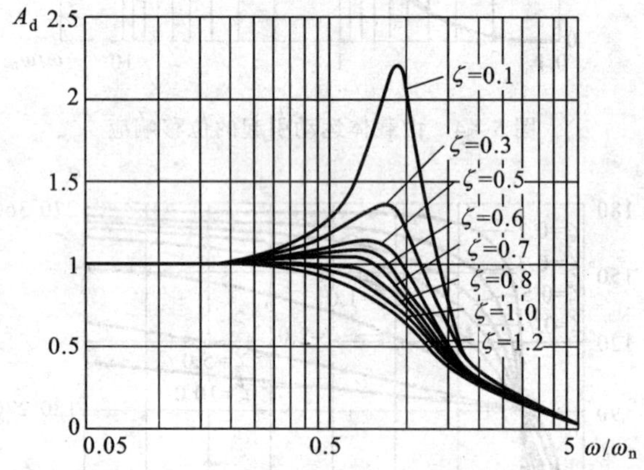

图 5-7　由载体运动引起的加速度响应

作状态下。此时幅频特性和相频特性分别为

$$A_a = \frac{z_{01m}}{z_{1m}} = \frac{1/\omega_n^2}{\sqrt{[1-(\omega/\omega_n)^2]^2 + (2\zeta\omega/\omega_n)^2}} \tag{5-9}$$

$$\varphi_a = \arctan\frac{2\zeta\omega/\omega_n}{1-(\omega/\omega_n)^2} + \pi \tag{5-10}$$

其幅频特性曲线和相频特性曲线分别如图 5-7 和图 5-5 所示。

从图 5-4、图 5-5、图 5-6、图 5-7 可以看出：

① 测振仪在不同工作状态下，其有效工作区域是不相同的。在位移计状态下，其工作条件为 $\omega/\omega_n \gg 1$，即工作在过谐振区。对于加速度计来说，其工作条件为 $\omega/\omega_n \ll 1$，即工作在亚谐振区。而对于速度计来说，则要求其工作在 $\omega/\omega_n = 1$，即谐振区附近。

我们知道，当用测振仪测量被测对象的振动时，位移计敏感被测物的振幅

z_{1m},而加速度计则敏感被测物的振动加速度的幅值,即 $\omega^2 z_{1m}$。因此,位移计总是被用来测量低频大振幅的振动,而高频振动则选用加速度计较为合适。

根据位移计和加速度计的工作特性和测量范围,可以看出,位移计的 ω_n 必须设计得很低,而加速度计的 ω_n 则要设计得很高。因此,通常位移计的尺寸和重量较大,而加速度计的尺寸和重量很小。

② 阻尼比 ζ 的取值对测振仪幅频特性和相频特性都有较大的影响,对位移计和加速度计而言,当 ζ 取值在 0.6~0.8 范围内时,幅频特性曲线有最宽广而平坦的曲线段,此时,相频特性曲线在很宽的范围内也几乎是直线。对于速度计而言,则是阻尼比越大,可测量的频率范围越宽,因此,在选用速度计测量振动速度的响应时,往往使其在很大的过阻尼状态下工作。

4. 激振器

激振器是对试件施加某种预定要求的激振力,使试件受到可控的、按预定要求振动的装置。为了减少激振器质量对被测系统的影响,应尽量使激振器体积小、重量轻。表 5-3 列举了部分常用的激振器。

表 5-3 部分常用的激振设备

名称	工作原理	适用范围及优缺点
永磁式电动激振器	装置于永磁体磁场中的驱动线圈与支承部件固连,线圈通电产生电动力驱动固连于支承部件的试件产生周期性正弦波振动	频率范围宽,振动波形好,操作调节方便
励磁式电动振动台	利用直流励磁线圈来形成磁场,将置于磁场气隙中的线圈与振动台体相连,线圈通电产生电动力使振动台作机械振动	频率范围宽,激振力大,振动波形好,设备结构较复杂
电磁式激振器	交变电流通至电磁铁的激振线圈,产生周期性的交变吸力,作为激振力	用于非接触激振,频率范围宽,设备简单,振动波形差,激振力难控制
电液式激振器	用小型电动式激振器带动液压伺服油阀以控制油缸,油缸驱动台面产生周期性正弦波振动	激振力大,频率较低,台面负载大,易于自控和多台激振,设备复杂

5. 振动分析仪器

从拾振器检测到的振动信号和从激振点检测到的力信号需经过适当的分析处理,以提取出各种有用的信息。目前常见的振动分析仪器有测振仪、频率分析仪、FFT 分析仪和虚拟频谱分析仪等。

(1) 测振仪

测振仪是用来直接指示位移、速度、加速度等振动量的峰值、峰—峰值、平均值或均方值的仪器。这一类仪器一般包括微积分电路、放大器、检波器和表头。它能使人们获得振动的总强度(振级)的信息,而不能获得振动频率等其他方面的信息。

(2) 频率分析仪

模拟量频谱分析仪是目前仍较常用的分析设备。它主要由模拟带通滤波器组成。振动信号转换成电信号后,经中间变换电路输入频率分析仪,手控或自动扫描就可完成所需频带的频谱分析。常用的频率分析仪有恒定百分比带宽分析仪、恒定带宽分析仪、1/3 倍频程分析仪和实时分析仪等。

(3) FFT 分析仪

随着计算机技术和数字信号处理技术的发展,用数学方式处理振动测量信号已日益广泛使用。以微处理器为核心和以快速傅里叶变换(FFT)算法为基础的数字分析仪,精度高,动态范围大,功能多,性能稳定,抗干扰能力强,体积小,重量轻,便于携带到现场,尤其是分析的速度远远地高于模拟式频谱分析仪。市场上常见的中高档 FFT 分析仪有日产 CF – 355 和 CF – 940FFT 分析仪,美产 HP5451C 和 HP3562AFFT 分析仪以及 SD380FFT 分析仪等。

(4) 虚拟频谱分析仪

虚拟仪器的概念是 20 世纪 90 年代初才提出来的。虚拟仪器是仪器技术与计算机技术高度结合的产物。虚拟仪器的核心是具备各种功能的软件系统,通常包括计算机图形软件,数据处理软件和显示测量结果的测试系统软件等。当然也包括少量的仪器硬件(例如数据采集硬件)以及将计算机与仪器硬件相连的总线结构等。

目前可进行频谱分析的虚拟仪器产品有 DSO2100、DSO2902、DSO2904、PCS500、HS801 和 SDS200 等。

和传统的 FFT 分析仪相比,具有频谱分析功能的虚拟仪器可以更加灵活地选择窗口,采样速率和频谱二进制数,且价格低,技术更新快,具有灵活的开放功能等。

5.2 振动参量的测量

振动参量是指振幅、频率、相位角和阻尼比等物理量。

1. 振幅的测量

振动量的幅值是时间的函数，常用峰值、峰—峰值、有效值和平均绝对值来表示。峰值是从振动波形的基线位置到波峰的距离，峰—峰值是正峰值到负峰值之间的距离。在考虑时间过程时常用有效(均方根)值和平均绝对值表示。有效值和平均绝对值分别定义为

$$z_{有效} = z_{\mathrm{rms}} = \sqrt{\frac{1}{T}\int_0^T z^2(t)\mathrm{d}t} \tag{5-11}$$

$$z_{|平均|} = z = \frac{1}{T}\int_0^T |z(t)|\,\mathrm{d}t \tag{5-12}$$

对于谐振动而言，峰值、有效值和平均绝对值之间的关系为

$$z_{\mathrm{rms}} = \frac{\pi}{2\sqrt{2}}z = \frac{1}{\sqrt{2}}z_{\mathrm{f}} \tag{5-13}$$

式中，z_{f} 为振动峰值。

2. 谐振动频率的测量

谐振动的频率是单一频率，测量方法分直接法和比较法两种。直接法是将拾振器的输出信号送到各种频率计或频谱分析仪，直接读出被测谐振动的频率。在缺少直接测量频率仪器的条件下，可用示波器通过比较测得频率。常用的比较法有录波比较法和李沙育图形法。录波比较法是将被测振动信号和时标信号一起送入示波器或记录仪中同时显示，根据它们在波形图上的周期或频率比，算出振动信号的周期或频率。李沙育图形法则是将被测信号和由信号发生器发出的标准频率正弦波信号分别送到双轴示波器的 y 轴及 x 轴，根据荧光屏上呈现出的李沙育图形来判断被测信号的频率。

3. 相位角的测量

相位差角只有在频率相同的振动之间才有意义。测定同频两个振动之间的相位差也常用直读法和比较法。直读法是利用各种相位计直接测定。比较法常用录波比较法和李沙育图形法两种。录波比较法利用记录在同一坐标纸上的被测信号与参考信号之间的时间差 τ 求出相位差 φ

$$\varphi = \frac{\tau}{T} \times 360° \tag{5-14}$$

李沙育图测相位法则是根据被测信号与同频的标准信号之间的李沙育图形来判别相位差。

4. 阻尼比测量

阻尼比是导出参数,可以通过测量振动的某些基本参数,再用公式算出。常用的方法有振动波形图法、共振法、半功率点法和李沙育图法四种。

(1) 振动波形图法

用测振仪记录被测的有阻尼自由振动波形如图 5-8 所示。由振动理论知此曲线的数学方程式为

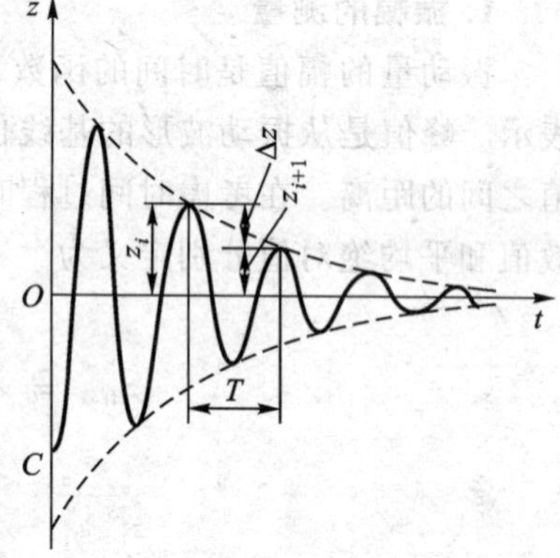

图 5-8　振动波形图法测阻尼比

$$Z = \overline{OC}\exp(-\zeta t)\cos(\omega_n' t - \varphi)$$

式中,ω_n'为衰减振动的圆频率,ω_n'与衰减振动周期 T' 的关系为 $T' = \frac{2\pi}{\omega_n'}$,因此,由任意相邻两振幅 z_i 与 z_{i+1} 的比值 $z_i/z_{i+1} = \exp(\zeta T')$ 即可求得 ζ 为

$$\zeta = \frac{1}{T'}\ln\frac{z_i}{z_{i+1}} = \frac{\lambda}{T'} \tag{5-15}$$

式中,$\lambda = \ln\frac{z_i}{z_{i+1}} = \ln\frac{z_i}{z_i - \Delta z} \approx \frac{\Delta z}{z_i}$。

(2) 共振法

由振动理论知,一个单自由度有阻尼线性振动系统的位移、速度和加速度的幅频特性的共振频率 f_d、f_v 和 f_a 是不相同的,它们与系统无阻尼振动固有频率 f_n 之间的关系分别如下

$$f_d = f_n\sqrt{1 - 2\zeta^2} \tag{5-16}$$

$$f_v = f_n \tag{5-17}$$

$$f_a = f_n\sqrt{\frac{1}{1 - 2\zeta^2}} \tag{5-18}$$

因此,由式(5-16)与式(5-17)或式(5-17)与式(5-18)都可求得 ζ:

$$\zeta = \sqrt{\frac{1 - (f_d/f_v)^2}{2}} \tag{5-19}$$

或

$$\zeta = \sqrt{\frac{1 - (f_v/f_a)^2}{2}} \tag{5-20}$$

(3) 半功率点法

由振动理论知，一个振动系统的能量与其振幅的平方成正比。系统强迫振动的能量在共振点前后能量为共振时能量的 1/2 处的两个频率 f_1、f_2 称为半功率点频率，则此两半功率点频率之差值与系统的阻尼比之间有如下关系（图 5－9）

$$\zeta = \frac{f_2 - f_1}{2f_n} \qquad (5-21)$$

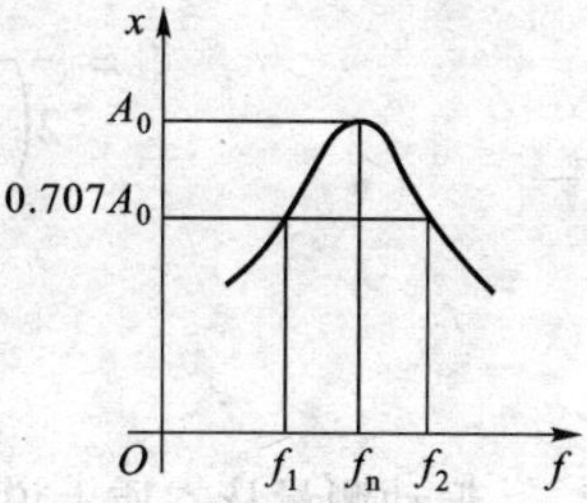

图 5－9 半功率点法测阻尼比

(4) 李沙育图法

当被测的阻尼较大时，幅频特性曲线的峰值变得不明显或甚至不出现，上述三种方法便无法使用或误差较大，这时可用李沙育图法。该法的测量系统如图 5－10 所示，被测对象固定在振动台上受激振。如测振动台面振动的加速度计、电荷放大器和示波器的 x 轴组成的测量系统与测被测对象振动的加速度计、电荷放大器和示波器 y 轴组成的测量系统，两者在幅频特性和相频特性上完全一致，则示波器显示的李沙育圆上有下列关系

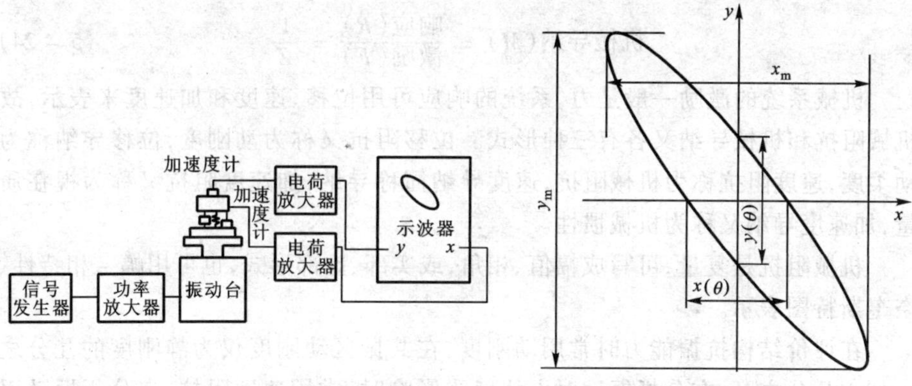

(a) 测量系统　　(b) 李沙育圆

图 5－10 李沙育图形法测阻尼比

令
$$\sin\theta = \frac{y(\theta)}{y_m} = \frac{x(\theta)}{x_m}$$

$$u = \frac{\omega_1}{\omega_n} = \sqrt{\frac{\left(\dfrac{x_m}{y_m}\right)^2 + 1 - 2\dfrac{x_m}{y_m}\cos\theta}{1 - \dfrac{x_m}{y_m}\cos\theta}}$$

则
$$2\zeta u = \frac{\sin\theta}{\dfrac{y_m}{x_m} - \cos\theta}$$

$$\zeta = \frac{\sin\theta}{2\left(\frac{y_m}{x_m} - \cos\theta\right)} \sqrt{\frac{1 - \frac{x_m}{y_m}\cos\theta}{\left(\frac{x_m}{y_m}\right)^2 + 1 - 2\frac{x_m}{y_m}\cos\theta}} \tag{5-22}$$

5.3　机械阻抗测量

振动测量从本质上说属动态测量,测振传感器检测的信号是被测对象在某种激励下的输出响应信号。振动测量的一个主要目的就是通过对激励和响应信号的测试分析,找出系统的动态特性参数,包括固有频率、固有振型、模态质量、模态刚度、模态阻尼比等。振动测量是结构模态分析和设备故障诊断的基础。限于篇幅的关系,本节只简单介绍测量振动激励和响应信号的基本方法。

1. 机械阻抗与机械导纳

机械阻抗与机械导纳的一般定义为

$$\text{机械阻抗}(Z) = \frac{\text{激励}(F)}{\text{响应}(R)} \tag{5-23}$$

$$\text{机械导纳}(M) = \frac{\text{响应}(R)}{\text{激励}(F)} = \frac{1}{Z} \tag{5-24}$$

机械系统的激励一般是力,系统的响应可用位移、速度和加速度来表示,故机械阻抗和机械导纳又各有三种形式。位移阻抗又称为动刚度,位移导纳称为动柔度,速度阻抗称为机械阻抗,速度导纳简称导纳,加速度阻抗又称为视在质量,加速度导纳又称为机械惯性。

机械阻抗是复量,可写成幅值、相角,或实部、虚部形式,也可用幅－相特性、奈奎斯特图表示。

在评价结构抗振能力时常用动刚度,在共振区动刚度仅为静刚度的几分之一到十几分之一;在分析振动对人体感受影响时,常用速度阻抗;在分析振动引起的结构疲劳损伤时,常用机械惯性;在分析车厢等振动、噪声时则常用速度导纳。

机械阻抗测试是在结构上施加激振力,同时测量力和响应,所得机械阻抗只决定于系统本身,而与激振力性质无关。

按激励方式的不同,测试方法通常分为稳态正弦激励测试、随机激励测试和瞬态激励测试三种。

2. 稳态正弦激励测试

稳态正弦激励即施加在被测对象上的力是稳态正弦力,是最常用的一种激励方式。它具有能量集中,精度高等优点,可分为单点激励和多点激励。所谓单点激励就是采用一个激振器,对结构上某一点进行激励;而多点激励则是用两个或两个以上的激振器对被测物同时进行激励。

图 5 - 11 是对某被测试件进行单点稳态正弦激励测试的原理框图。被测试件按实际工作条件固定。在其上选择激励点和测量点,激励点和测量点应避开各阶模态的节点或节线。激振器用橡皮绳悬吊,阻抗头与激振器之间用一个柔性杆连接(以减小激振器对试件非激励方向的附加刚度约束)。信号器输出的单一频率的正弦信号经功率放大器推动激振器,使试件产生受迫振动。振动信号与力信号分别通过电荷放大器放大,并转变为电压信号输入分析仪进行分析运算,结果由记录仪或打印机输出。改变激励频率,重复上述试验,即可获得有关频谱信息。改变激励点和测量点,重复上面的测量则可获得试件上各点的模态参数。

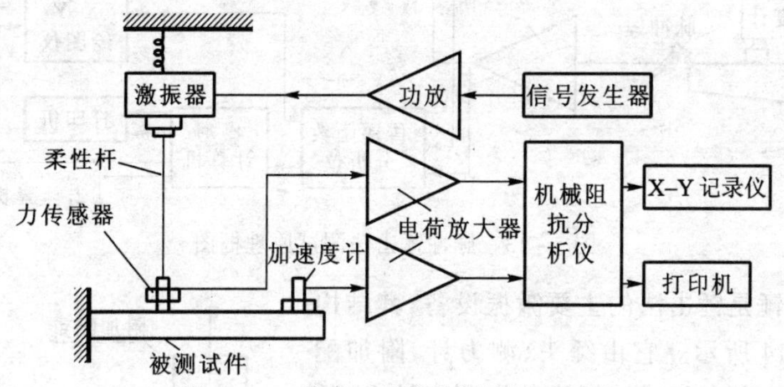

图 5 - 11 稳态正弦激励测试原理框图

阻抗头是一个高精度的,由力传感器和加速度计同轴安装构成的传感器,如图 5 - 12 所示。它装在激振器顶杆和试件之间,前端是力传感器,后面为测量激振点响应的加速度计。在构造上应使两者尽量接近,质量块为钨合金制成,壳体用钛制造。为了使力传感器的激振平台具有刚度大、质量小的性能,采用铍来制造。

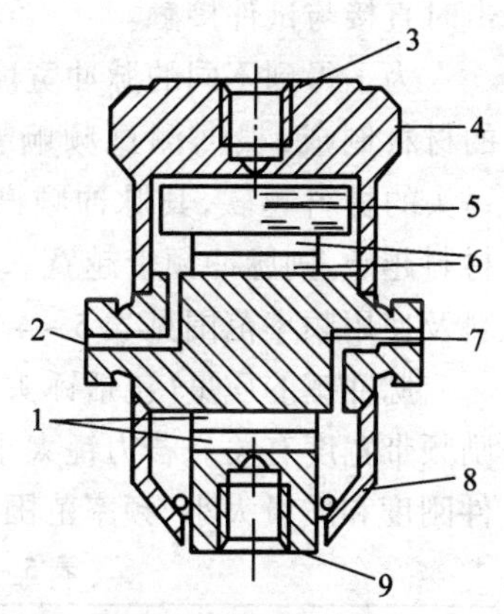

图 5 - 12 阻抗头

1—力敏压电片;2—加速度信号输出;3—安装面;4—外壳;5—质量块;6—加速度敏压电片;7—力信号输出;8—硅橡胶密封圈;9—驱动端面

分析仪器的作用是对激励及响应信号进行采样、变换、运算,从而求出传递函数的幅值、相位或实部、虚部。稳态正弦激励测试常用的分析仪器有两类,即模拟量跟踪滤波器式和数字相关积分式分析仪,也可用 FFT 分析仪。

3. 瞬态激励测试

瞬态激励方法是在被测构件上施加一个

瞬态力,使试件产生振动。瞬态激励属于一种宽频率激励,其力的频谱较宽,一次可以同时激出多阶模态,因此是一种快速测试技术。同时,由于它测试设备简单、灵活性大,因此在生产现场使用方便。

目前常用的瞬态激励方法为脉冲锤击法,它是用带有力传感器的手锤敲击试件,给试件一个脉冲力。用装在试件上的加速度计或位移传感器测量响应,将力及响应信号同时送入分析仪以求出传递函数。锤击法测试原理如图 5 - 13 所示。

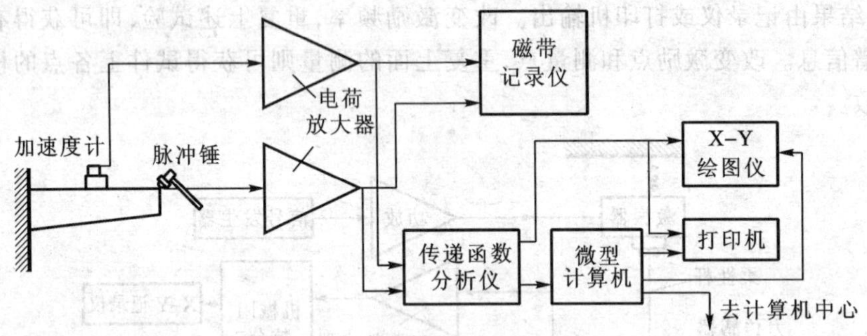

图 5 - 13　脉冲锤击法测试原理框图

脉冲锤是锤击法的主要激振设备,其结构如图 5 - 14 所示。它由锤头、测力计、附加配重和锤柄四部分组成。锤头装在测力计上,敲击时直接与试件接触。

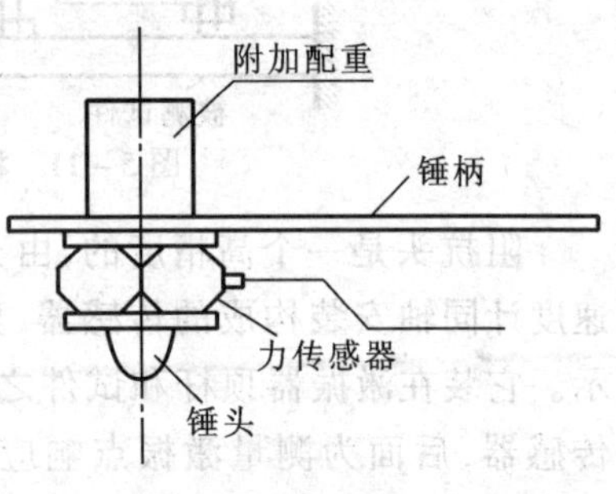

图 5 - 14　脉冲锤结构

为了得到不同的脉冲宽度,锤头可用不同的材料制成,根据测试频响要求,进行更换。锤头的材料越软,其脉冲频谱越窄;反之锤头材料越硬,则脉冲频带越宽。几种常用锤头材料及使用频率范围见表 5 - 4。

脉冲锤的质量(包括锤头、力传感器及附加配重)大小与脉冲力的大小及激励频带宽度有关。若力锤太小,能量不够;力锤太大,灵敏度低。所以应根据试件刚度和质量大小、频率范围等选择力锤的适当大小。

表 5 - 4　常用锤头材料及使用范围

材料	橡皮	尼龙 66	有机玻璃	铜	钢
使用频率/Hz	500 以下	500	1 000 以下	1 ~ 3 k	2 ~ 5 k

4. 随机激振

随机激振一般用白噪声或伪随机信号发生器作为信号源,也是一种宽带激振方法。白噪声发生器能产生连续的随机信号,其自相关函数也是在 $\tau = 0$ 处形成陡峭的峰,只要 τ 稍偏离零,自相关函数就很快衰减,其自功率谱密度函数也接近为常值。当白噪声信号通过功率放大器控制激振器时,由于功放和激振器的通频带不是无限宽的,所得激振力频谱不再是在整个频域中保持常数,但它仍然是一种宽带激振,能够激起被测对象在一定的频率范围内的随机振动。配合频谱分析仪,利用 $S_{xy}(f) = H(f)S_x(f)$ 式可以得到被测对象的频率响应。

随机激振测试系统虽有可实现快速甚至实时测试的优点,但其作用的设备较复杂,价格也较昂贵。

5.4 振动信号的频谱分析

在振动测量中,由测振传感器接收的信号通常是复杂的时间函数。利用信号处理技术,通过傅里叶变换,将时域信号转换成频域信号加以分析的方法就称为频谱分析。频谱分析技术包括幅值谱分析、自功率谱密度函数分析、互功率谱密度函数分析、相干函数分析、倒频谱分析等。振动信号经过频谱分析,可以求得信号的频率成分和结构,并进而分析系统的传递特性;通过频谱分析,还可以对被测对象进行振动监测和故障诊断。

机器故障诊断学是识别机器或机组运行状态的科学,它研究的是机器或机组运行状态的变化在诊断信息中的反映。机器故障诊断技术很复杂,方法也很多。可用作诊断的信息包括温度、应力、变形、排放气体和液体以及润滑油的物理化学参数等。利用振动和噪声的响应信号,并对其进行频谱分析则是常采用的诊断手段。

图 5-15 示出了在某电动机生产线上,利用响应频谱诊断技术实现电动机在线自动识别、分类的过程。

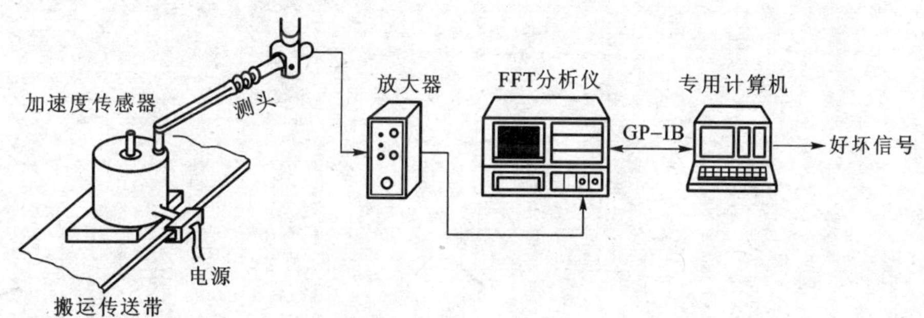

图 5-15 电动机的在线识别

具体检测步骤如下:

(1) 将装有微型加速度计的测头接触传送带上运送的电动机;

(2) 检测电动机的振动信号,通过放大器后输入 FFT 分析仪;

(3) 将检测得的振动频谱与预先在分析仪中设定的判别谱进行比较；

(4) 进行合格与否判断，输出判断信号。

图 5 - 16 和图 5 - 17 分别为典型的合格品与废品的振动频谱。从图中可以看出，废品的频谱图中往往在某一频率有较大的幅值。

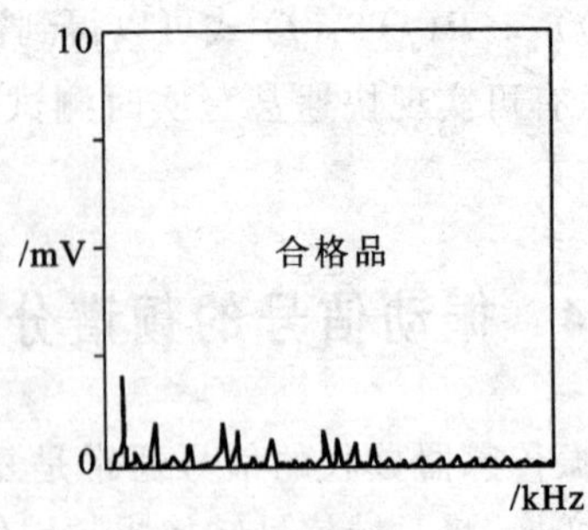

图 5 - 16　合格品的振动频谱

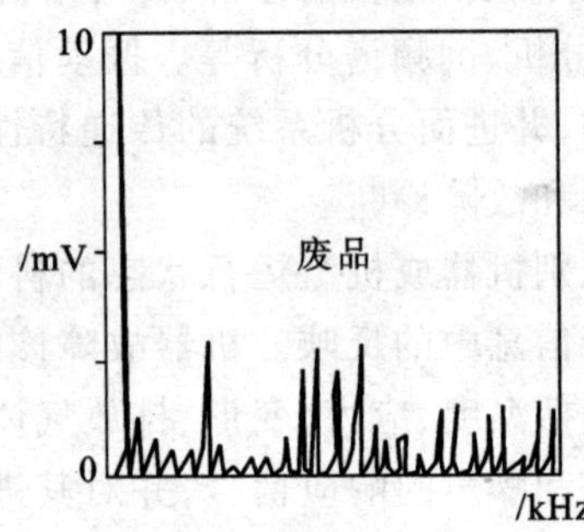

图 5 - 17　废品的振动频谱

第6章 温度检测技术

温度是国际单位制给出的基本物理量之一,它是工农业生产和科学试验中需要经常测量和控制的主要参数,也是与人们日常生活紧密相关的一个重要物理量。通常把长度、时间、质量等基准物理量称作“外延量”,它们可以叠加,例如把长度相同的两个物体连接起来,其总长度为原来的单个物体长度的两倍。温度是一种“内涵量”,叠加原理不再适用,例如把两瓶 90 ℃的水倒在一起,其温度绝不可能增加,更不可能成为 180 ℃。

从热平衡的观点看,温度是物体内部分子无规则热运动剧烈程度的标志,温度高的物体,其内部分子平均动能大;温度低的物体,其内部分子的平均动能小。热力学的第零定律指出:具有相同温度的两个物体,它们必然处于热平衡状态;当两个物体分别与第三个物体处于热平衡状态时,这两个物体也处于热平衡状态,即这三个物体处于同一温度。因此,如果我们能用可复现的手段建立一系列基准温度值,就可将其他待测物体的温度和这些基准温度进行比较,从而得到待测物体的温度。

6.1 温标与标定

6.1.1 温标

现代统计力学虽然建立了温度和分子动能之间的函数关系,但由于目前还难以直接测量物体内部的分子动能,因而只能利用一些物质的某些物性(诸如尺寸、密度、硬度、弹性模量、辐射强度等)随温度变化的规律,通过这些量来对温度进行间接测量。为了保证温度量值的准确并利于传递,需要建立一个衡量温度的统一尺度,即温标。

随着温度测量技术的发展,温标也经历了一个逐渐发展,不断修改和完善的渐进过程。从早期建立的一些经验温标,发展为后来的理想热力学温标和绝对气体温标,到现今使用的具有较高精度的国际实用温标,其间经历了几百年时间。

1. 经验温标

根据某些物质的体积膨胀与温度的关系,用实验方法或经验公式所确定的温标称为经验温标。

(1) 华氏温标

1714 年德国人法勒海特(Fahrenheit)以水银为测温介质,制成玻璃水银温度计,选取氯化铵和冰水的混合物的温度为温度计的零摄氏度,人体温度为温度计的 100 度,把水银温度计从 0 度到 100 度按水银的体积膨胀距离分成 100 份,每一份为 1 华氏度,记作“1 ℉”。按照华氏温标,水的冰点为 32 ℉,沸点为 212 ℉。

(2) 摄氏温标

1740 年瑞典人摄氏(Celsius)提出在标准大气压下,把水的冰点规定为 0 度,水的沸点规定为 100 度。根据水这两个固定温度点来对玻璃水银温度计进行分度,平均分成 100 等份,每一份称为 1 摄氏度,记作 1 ℃。

摄氏温度和华氏温度的关系为

$$T = \frac{9}{5}t + 32 \tag{6-1}$$

式中,T 为华氏温度值;t 为摄氏温度值。

除华氏温标和摄氏温标外,还有一些类似经验温标,如列氏温标、兰氏温标等,这里不再一一列举。

经验温标均依赖于其规定的测量物质,测温范围也不能超过其上、下限(如摄氏温标为 0 ℃、100 ℃),超过了这个温区,摄氏温标将不能进行温度标定。总之,经验温标具有很大的局限性,很快就不能适应工业和科技等领域的测温需要。

2. 热力学温标

1848 年由开尔文(Kelvin)提出的以卡诺循环(Carnot cycle)为基础建立的热力学温标,是一种理想而不能真正实现的理论温标,它是国际单位制中七个基本物理单位之一。该温标为了在分度上和摄氏温标相一致,把理想气体压力为零时对应的温度——绝对零度(在实验中无法达到的理论温度,低于 0 K 的温度不可能存在)与水的三相点温度分成 273.16 份,每份为 1 K(Kelvin)。热力学温度的单位为“K”。

3. 绝对气体温标

从理想气体状态方程入手,复现的热力学温标叫绝对气体温标。由波义耳定律,有

$$PV = RT \tag{6-2}$$

式中,P 为一定质量的气体的压强;V 为该气体的体积;R 为普适常数;T 为热力学温度。

当气体的体积为恒定(定容)时,其压强就是温度的单值函数,即有

$$T_2 / T_1 = P_2 / P_1$$

这种比值关系与开尔文给出的热力学温标的比值关系完全类似。因此若选

用同一固定点(水的三相点)来作参考点,两种温标在数值上就完全相同。

理想气体仅是一种数学模型,实际上并不存在,故只能用真实气体来制作气体温度计。由于在用气体温度计测量温度时,要对其读数进行多项修正(诸如真实气体与理想气体之偏差修正,容器的膨胀系数修正,毛细管等有害容积修正,气体分子被容器壁吸附修正等),而进行这些修正又需依据许多高精度、高难度的精确测量,因此,直接用气体温度计来统一国际温标,不仅技术上难度很大,很复杂,而且操作非常繁杂,困难。在各国科技工作者的不懈努力和推动下,导致了协议性的国际实用温标的产生和建立。

4. 国际实用温标和国际温标

经国际协议产生的国际实用温标的指导思想是要尽可能地接近热力学温标,复现精度要高,且用于复现温标的标准温度计,制作较容易,性能稳定,使用方便,从而使各国均能以很高的精度复现该温标,保证国际上温度量值的统一。

第一个国际温标是 1927 年第七届国际计量大会上决定采用的国际实用温标。此后在 1948、1960、1968 年多次修订,形成了近 20 多年来各国普遍采用的国际实用温标(IPTS—68)。

1989 年 7 月第 77 届国际计量委员会批准建立了新的国际温标,简称 ITS—90。为和 IPTS—68 温标相区别,用 T_{90}表示 ITS—90 温标。ITS—90 基本内容为:

(1) 重申国际实用温标单位仍为 K,1 K 等于水的三相点时温度值的 1/273.16;

(2) 把水的三相点时温度值定义为 0.01 ℃(摄氏度),同时相应地把绝对零度修订为 - 273.15 ℃,这样国际摄氏温度 t_{90}(℃)和国际实用温度 T_{90}(K)关系为:

$$t_{90} = T_{90} - 273.15 \tag{6-3}$$

在实际应用中,为书写方便,通常直接用 t 和 T 分别代表 t_{90}和 T_{90}。

(3) 规定把整个温标分成 4 个温区,其相应的标准仪器如下:

① 0.65 ~ 5.0 K,用^{3}He 和^{4}He 蒸汽温度计;

② 3.0 ~ 24.556 1 K,用^{3}He 和^{4}He 定容气体温度计;

③ 13.803 ~ 1234.93 K(961.78 ℃),用铂电阻温度计;

④ 1234.93 K(961.78 ℃)以上,用光学或光电高温计。

(4) 新确认和规定 17 个固定点温度值以及借助依据这些固定点和规定的内插公式分度的标准仪器来复现整个热力学温标,见表 6 - 1 所示。

我国从 1991 年 7 月 1 日起开始对各级标准温度计进行改值,整个工业测温仪表的改值在 1993 年年底前全部完成,并从 1994 年元旦开始全面推行 ITS—90

新温标。

表 6-1　ITS—90 温标 17 个固定点温度

序号	定义固定点	国际实用温标的规定值	
		T_{90}/K	t_{90}/℃
1	氦蒸气压点	3～5	-270.15～-268.15
2	平衡氢三相点	13.803 3	-259.346 7
3	平衡氢(或氦)蒸气压点	≈17	≈-256.15
4	平衡氢(或氦)蒸气压点	≈20.3	≈-252.85
5	氖三相点	24.556 1	-248.593 9
6	氧三相点	54.358 4	-218.791 6
7	氩三相点	83.805 8	-189.344 2
8	汞三相点	234.315 6	-38.834 4
9	水三相点	273.16	0.01
10	镓熔点	302.914 6	29.764 6
11	铟凝固点	429.748 5	156.598 5
12	锡凝固点	505.078	231.928
13	锌凝固点	692.677	419.527
14	铝凝固点	933.473	660.323
15	银凝固点	1 234.93	961.78
16	金凝固点	1 337.33	1 064.18
17	铜凝固点	1 357.77	1 084.62

6.1.2　标定

对温度计的标定，有标准值法和标准表法两种方法。标准值法就是用适当的方法建立起一系列国际温标定义的固定温度点(恒温)作标准值，把被标定温度计(或传感器)依次置于这些标准温度值之下，记录下温度计的相应示值(或传感器的输出)，并利用国际温标规定的内插公式对温度计(传感器)的分度进行对比记录，从而完成对温度计的标定。标定后的温度计可作为标准温度计使用。

另一种更为一般和常用的标定方法是把被标定温度计(传感器)与已被标定好的更高一级精度的温度计(传感器)，紧靠在一起，共同置于可调节的恒温槽中，分别把槽温调节到所选择的若干温度点，比较和记录两者的读数，获得一系列对应差值，经多次升温、降温，重复测试，若这些差值稳定，即可把记录下的这些差值作为被标定温度计的修正量，完成对被标定温度计的标定。

各国都根据国际温标规定建立了自己的标准，并定期和国际标准相对比，以保证其精度和可靠性。我国的国家温度标准保存在中国计量科学院。各省（直辖市、自治区）市县计量部门的温度标准定期进行下级与上一级标准对比（修正）、标定，据此进行温度标准的传递，从而保证温度标准的准确与统一。

6.2 测温方法分类及其特点

根据传感器的测温方式，温度基本测量方法通常可分为接触式和非接触式两大类。

接触式温度测量的特点是感温元件直接与被测对象相接触，两者进行充分的热交换，最后达到热平衡，此时感温元件的温度与被测对象的温度必然相等，温度计的示值就是被测对象的温度。接触式测温的测温精度相对较高，直观可靠，测温仪表价格较低，但由于感温元件与被测介质直接接触，会影响被测介质的热平衡状态，而接触不良又会增加测温误差；若被测介质具有腐蚀性或温度太高亦将严重影响感温元件的性能和寿命。根据测温转换的原理，接触式测温可分为膨胀式、热阻式、热电式等多种形式。

非接触式温度测量的特点是感温元件不与被测对象直接接触，而是通过接受被测物体的热辐射能实现热交换，据此测出被测对象的温度。因此，非接触式测温具有不改变被测物体的温度分布，热惯性小，测温上限可设计得很高，便于测量运动物体的温度和快速变化的温度等优点。两类测温方法的主要特点如表6-2所示。

表6-2 接触式与非接触式测温特点比较

方式	接触式	非接触式
测量条件	感温元件要与被测对象良好接触；感温元件的加入几乎不改变对象的温度；被测温度不超过感温元件能承受的上限温度；被测对象不对感温元件产生腐蚀	需准确知道被测对象表面发射率；被测对象的辐射能充分照射到检测元件上
测量范围	特别适合1 200 ℃以下，热容大，无腐蚀性对象的连续在线测温，对高于1 300 ℃以上的温度测量较困难	原理上测量范围可以从超低温到极高温，但1 000 ℃以下，测量误差大，能测运动物体和热容小的物体温度
精度	工业用表通常为1.0、0.5、0.2及0.1级，实验室用表可达0.01级	通常为1.0、1.5、2.5级
响应速度	慢，通常为几十秒到几分	快，通常为2~3s

续表

方式	接触式	非接触式
其他特点	整个测温系统结构简单，体积小，可靠，维护方便，价格低廉；仪表读数直接反映被测物体实际温度；可方便地组成多路集中测量与控制系统	整个测温系统结构复杂，体积大，调整麻烦，价格昂贵；仪表读数通常只反映被测物体表现温度（需进一步转换）；不易组成测温、控温一体化的温度控制装置

各类温度检测方法构成的测温仪表的大体测温范围如表 6－3 所示。

表 6－3　各种温度检测方法及其测温范围

测温方式	类别	原理	典型仪表	测温范围/℃
接触式测温	膨胀类	利用液体气体的热膨胀及物质的蒸气压变化	玻璃液体温度计	－100～600
			压力式温度计	－100～500
		利用两种金属的热膨胀差	双金属温度计	－80～600
	热电类	利用热电效应	热电偶	－200～1 800
	电阻类	固体材料的电阻随温度而变化	铂热电阻	－260～850
			铜热电阻	－50～150
			热敏电阻	－50～300
	其他电学类	半导体器件的温度效应	集成温度传感器	－50～150
		晶体的固有频率随温度而变化	石英晶体温度计	－50～120
	光纤类	利用光纤的温度特性或作为传光介质	光纤温度传感器	－50～400
非接触式测温			光纤辐射温度计	200～4 000
	辐射类	利用普朗克定律	光电高温计	800～3 200
			辐射传感器	400～2 000
			比色温度计	500～3 200

6.3　热膨胀式测温方法

根据测温转换的原理，接触式测温又可分为膨胀（包括液体和固体膨胀）式，热阻（包括金属热电阻和半导体热电阻）式、热电（包括热电偶和 PN 结）式等多种形式。

膨胀式测温是基于物体受热时产生膨胀的原理，分为液体膨胀式和固体膨胀式两类。一般膨胀式温度测量大都在 - 50 ~ 550 ℃范围内,用于对温度测量或控制精度要求较低,不需自动记录的场合。

膨胀式温度计种类很多,按膨胀基体可分成液体膨胀式玻璃温度计、液体或气体膨胀式压力温度计及固体膨胀式双金属温度计。

6.3.1 玻璃温度计

玻璃液体温度计简称玻璃温度计,是一种直读式仪表。水银是玻璃温度计最常用的液体,其凝点为 - 38.9 ℃,测温上限为 538 ℃。对于较低温度测量的情况,可以用其他凝点低的有机液体(如酒精下限为 - 62 ℃,甲苯下限为 - 90 ℃,而戊烷则可达 - 201 ℃)。

玻璃温度计具有结构简单,制作容易,价格低廉,测温范围较广,安装使用方便,现场直接读数,一般无需能源,易破损,测温值难自动远传记录等特点。

玻璃温度计按使用方式又可分全浸式和局浸式两大类。全浸式即是把玻璃温度计液柱全部浸没在被测介质中。此种方式的特点是测温准确度高,但读刻度困难,使用操作不便。局浸式为把温度计部分液柱(固定长度)浸入被测介质中,部分暴露在空气中。此种方式的特点是读数容易,但测量误差较大,即使采取修正措施,其误差通常比全浸式大很多。

6.3.2 压力温度计

压力温度计是根据一定质量的液体、气体、蒸气在体积不变的条件下,其压力与温度呈确定函数关系的原理来实现测温功能的。

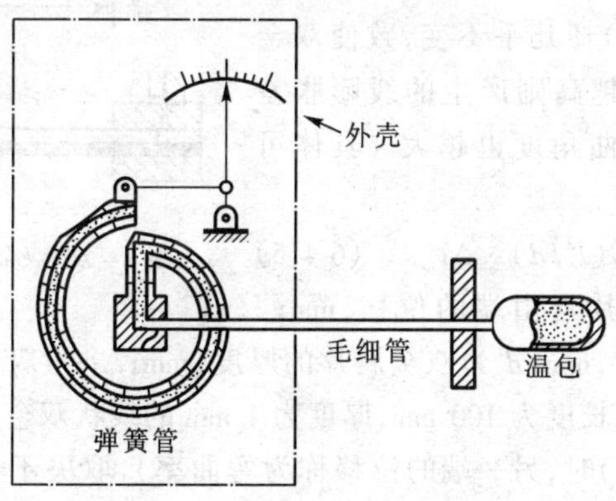

图 6 - 1 压力温度计结构示意图

压力温度计的典型结构示意图如图 6 - 1 所示。它由充有感温介质的温包、传递压力元件(毛细管)及压力敏感元件齿轮或杠杆传动机构、指针和读数盘组成。测温时将温包置入被测介质中,温包内的感温介质(为气体或液体或蒸发液体)因被测温度的高低而导致体积膨胀或收缩造成压力的增减,压力的变化经毛细管传给弹簧管,使弹簧管产生变形,进而通过传动机构带动指针偏转,指示出相应的温度。

这类压力温度计的毛细管细而长(规格为 1 ~ 60 m),它的作用主要是传递压力,长度愈长,温度计响应愈慢;在长度相等条件下,管愈细,则准确度愈高。

压力温度计和玻璃温度计相比,具有强度大,不易破损,读数方便,准确度较低,耐腐蚀性较差等特点。压力温度计测温范围下限能达 -100 ℃以下,上限最高可达 600 ℃,常用于汽车、拖拉机、内燃机和汽轮机的油、水系统的温度测量。

6.3.3　双金属温度计

固体长度随温度变化的情况可用下式表示,即

$$L_1 = L_0[1 + k(t_1 - t_0)] \qquad (6-4)$$

式中,L_1 为固体在温度 t_1 时的长度;L_0 为固体在温度 t_0 时的长度;k 为固体在温度 t_0、t_1 之间的平均线膨胀系数。

基于固体受热膨胀原理,测量温度通常是把两片线膨胀系数相对差异很大的金属片叠焊在一起,构成双金属片感温元件(俗称双金属温度计)。当温度变化时,因双金属片的两种不同材料的线膨胀系数相对差异很大而产生不同的膨胀和收缩,导致双金属片产生弯曲变形,如图 6-2 所示。

在一端固定的情况下,如果温度升高,下面的金属 B(例如黄铜)因热膨胀而伸长,上面的金属 A(例如因瓦合金——一种镍铁合金,镍为 36%)却几乎不变,致使双金属片向上翘,温度越高则产生的线膨胀差别越大,引起的弯曲角度也越大。具体可用下式表示

$$x = G(l^2/d) \cdot \Delta t \qquad (6-5)$$

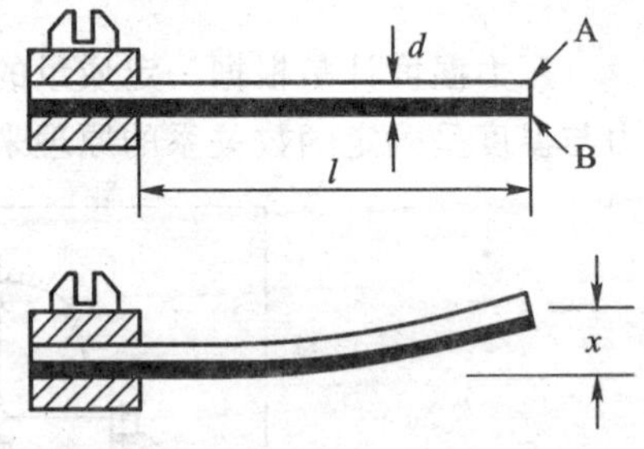

图 6-2　双金属温度计原理图

式中,x 为双金属片自由端的位移,mm;l 为双金属片的长度,mm;d 为双金属片的厚度,mm;Δt 为双金属片的温度变化,℃;G 为弯曲率(将长度为 100 mm,厚度为 1 mm 的线状双金属片的一端固定,当温度变化 1 ℃(1 K)时,另一端的位移称为弯曲率),取决于金属片的材质,通常为$(5 \sim 14) \times 10^{-6}\ K^{-1}$。

目前实际采用的双金属材料及测温范围为:100 ℃以下,通常采用黄铜与 34%镍钢;150 ℃以下,通常采用黄铜与因瓦合金;250 ℃以上,通常采用蒙乃尔高强度耐蚀镍合金与 34% ~ 42%镍钢。双金属温度计不仅可用于测量温度,而且还可方便地用作简单温度控制装置(尤其是开关的“通—断”控制)。

双金属温度计的感温双金属元件的形状有平面螺旋型和直线螺旋型两大类，其测温范围大致为 - 80 ~ 600 ℃，精度等级通常为1.5级左右。由于其测温范围和前两种温度计大致相同，且可作恒温控制，可彻底解决水银玻璃温度计和水银压力温度计易破损造成泄汞危害的问题，所以在测温和控温精度不高的场合，双金属温度计的应用范围不断扩大。双金属片常制成螺旋管状来提高灵敏度。总之，双金属温度计抗振性好，读数方便，但精度不太高，只能用做一般的民用与工业用测温仪表。

6.4 热阻式测温方法

热阻式测温是根据金属导体或半导体的电阻值随温度变化的性质，将电阻值的变化转换为电信号，从而达到测温的目的。

用于制造热电阻的材料，电阻率、电阻温度系数要大，热容量、热惯性要小，电阻与温度的关系最好近于线性。另外，材料的物理、化学性质要稳定，复现性好，易提纯，同时价格尽可能便宜。

热电阻测温的优点是信号灵敏度高，易于连续测量，可以远传（与热电偶相比），无需参比温度；金属热电阻稳定性高，互换性好，精度高，可以用作基准仪表。热电阻主要缺点是需要电源激励，有自热现象（会影响测量精度），测量温度不能太高。

常用热电阻主要有铂电阻、铜电阻和半导体热敏电阻。

6.4.1 铂电阻测温

1. 概述

铂电阻的电阻率较大，电阻 - 温度关系呈非线性，但测温范围广，精度高，且材料易提纯，复现性好；在氧化性介质中，甚至高温下，其物理、化学性质都很稳定。国际 ITS—90 规定，在 - 259.35 ~ 961.78 ℃温度范围内，以铂电阻温度计作为基准温度仪器。

铂的纯度用百度电阻比 W_{100} 表示。它是铂电阻在 100 ℃时电阻值 R_{100} 与 0 ℃时电阻值 R_0 之比，即 $W_{100} = R_{100}/R_0$。W_{100} 越大，其纯度越高。目前技术已达到 $W_{100} = 1.393\,0$，其相应的铂纯度为 99.999 5 %。国际 ITS—90 规定，作为标准仪器的铂电阻 W_{100} 应大于 1.392 5。一般工业用铂电阻的 W_{100} 应大于 1.385 0。

目前工业用铂电阻分度号为 Pt100 和 Pt10，其中 Pt100 更为常用；而 Pt10 是用较粗的铂丝制作的，主要用于 600 ℃以上的测温。铂电阻测温范围通常最大为 - 200 ~ 850 ℃。在 550 ℃以上高温（真空和还原气氛将导致电阻值迅速漂移）只适合在氧化气氛中使用。铂电阻与温度的关系为

当 $-200\ ℃ < t < 0\ ℃$时

$$R(t) = R_0[1 + At + Bt^2 + Ct^3(t - 100)] \qquad (6-6)$$

当 $0\ ℃ \leqslant t \leqslant 850\ ℃$时

$$R(t) = R_0(1 + At + Bt^2)$$

式中,R_0 为温度为零时铂热电阻的电阻值(Pt100 为 100 Ω,Pt10 为 10 Ω);

$R(t)$为温度为 t 时铂热电阻的电阻值;

A、B、C 为系数,$A = 3.908\,02 \times 10^{-3}\ ℃^{-1}$;$B = -5.801\,9 \times 10^{-7}\ ℃^{-2}$;$C = -4.273\,50 \times 10^{-12}\ ℃^{-4}$。

据公式(6-6)制成的工业铂热电阻分度表见附录1的附表1-1和附表1-2。

2. 热电阻的结构

工业热电阻的基本结构如图6-3所示。

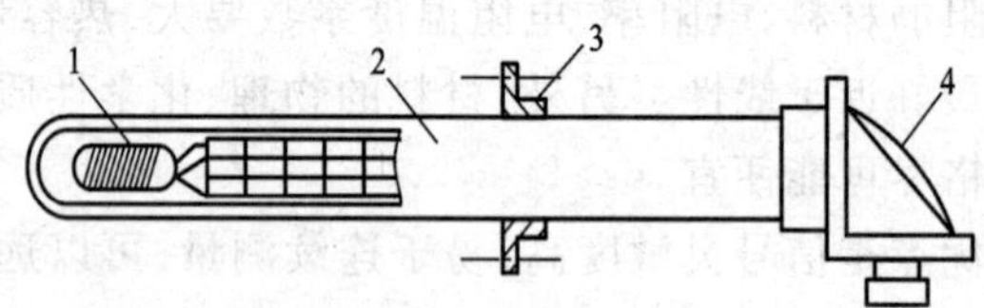

图6-3 工业热电阻的基本结构

1—电阻丝;2—保护管;3—安装固定件;4—接线盒

热电阻主要由感温元件、内引线、保护管三部分组成。通常还具有与外部测量及控制装置、机械装置连接的部件。它的外形与热电偶相似,使用时要注意避免用错。

热电阻感温元件是用来感受温度变化的电阻器,它是热电阻的核心部分,由电阻丝及绝缘骨架构成。作为热电阻丝的材料应具备如下条件:

① 电阻温度系数大,线性好,性能稳定;

② 使用温度范围广,加工方便;

③ 固有电阻大,互换性好,复制性强。

能够满足上述要求的丝材,最好是纯铂丝。我国纯铂丝品种及应用范围如表6-4所示。

表6-4 纯铂丝品种及应用

品种	代号	电阻比	适用范围
1号铂丝	P_t1	1.392 50	制造标准铂电阻温度计
2号铂丝	P_t2	1.385 0 ± 0.000 4	制造A级允差工业铂热电阻
3号铂丝	P_t3	1.385 0 ± 0.001 0	制造B级允差工业铂热电阻
4号铂丝	P_t4	1.392 0 ~ 1.392 5	标准铂电阻温度计用引线及其他
5号铂丝	P_t5	1.384 0 ~ 1.392 0	工业铂热电阻用引线及其他

绝缘骨架是用来缠绕、支承或固定热电阻丝的支架。它的质量将直接影响电阻的性能。因此,作为骨架材料应满足如下要求:

① 在使用温度范围内,电绝缘性能好;

② 热膨胀系数要与热电阻相近;

③ 物理及化学性能稳定,不产生有害物质污染热电阻丝;

④ 足够的机械强度及良好的加工性能;

⑤ 比热容小,热导率大。

目前常用的骨架材料有云母、玻璃、石英、陶瓷等。用不同骨架可制成多种热电阻感温元件。采用云母骨架的感温元件特点是:抗机械振动性能强,响应快。很久以来多用云母做骨架。但是,由于云母是天然物质,其质量不稳定,即使是优质云母,在 600 ℃以上也要放出结晶水并产生变形。所以,采用云母骨架的感温元件使用温度宜在 500 ℃以下。

因其电阻丝并非完全固定,故受热后引起电阻变化小,电阻性能比较稳定,但体积较大,不适宜在狭小场所进行测量,并且响应时间较长。

采用玻璃骨架的感温元件特点是:体积小,响应快,抗振性强。因铂丝已固定在玻璃骨架上,故在使用中不产生变形,因此,必须选取与电阻丝具有相同膨胀系数的玻璃作骨架,否则,当温度变化时引起膨胀或收缩,就会改变热电阻的性能。其结构如图 6-3 所示。感温元件较通用的尺寸是外径为 1~4 mm,长度为 10~40 mm。这种玻璃骨架的软化点约为 450 ℃,最高安全使用温度为 400 ℃,而且,低温到 4 K 仍然可用。

采用陶瓷骨架的感温元件特点是:体积小,响应快,绝缘性能好。使用温度上限可达 960 ℃。陶瓷骨架的缺点是机械强度差,不易加工。

3. 热电阻的引线形式

内引线是热电阻出厂时自身具备的引线,其功能是使感温元件能与外部测量及控制装置相连接。内引线通常位于保护管内。因保护管内温度梯度大,作为内引线要选用纯度高且不产生热电动势的材料。对于工业铂热电阻而言,中低温用银丝作引线,高温用镍丝。这样,既可降低成本,又能提高感温元件的引线强度。对于铜和镍热电阻的内引线,一般都用铜、镍丝。为了减少引线电阻的影响,内引线直径通常比热电阻丝的直径大很多。

热电阻的外引线有两线制、三线制及四线制三种,如图 6-4 所示。

① 两线制

如图 6-4(a)所示,在热电阻感温元件的两端各连一根导线的引线形式为两线制热电阻。这种两线制热电阻配线简单,安装费用低,但要带进引线电阻的附加误差。因此,不适用于高精度测温场合使用。并且在使用时引线及导线都不宜过长。采用两线制的测温电桥如图 6-5 所示,(a)为接线示意图,(b)为等效原理图。从图中可以看出热电阻两引线电阻 R_W 和热电阻 R_t 一起构成电桥测量臂，这样引线电阻 R_W 因沿线环境温度改变引起的阻值变化量 $2\Delta R_W$ 和因被测温度变化引起热电阻 R_t 的增量值 ΔR_t 一起成为有效信号被转换成测量信号，从而影响温度测量精度。

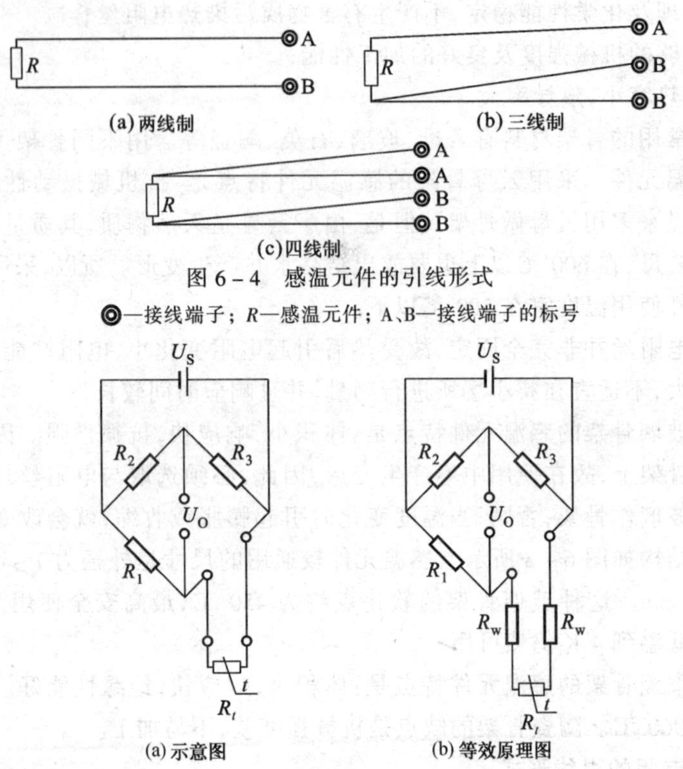

图 6-4　感温元件的引线形式

◎—接线端子；R—感温元件；A、B—接线端子的标号

图 6-5　两线制热电阻测量电桥

② 三线制

如图 6-4(b) 所示，在热电阻感温元件的一端连接两根引线，另一端连接一根引线，此种引线形式称为三线制热电阻。用它构成如图 6-6 所示测量电桥，可以消除内引线电阻的影响，测量精度高于两线制。目前三线制在工业检测中应用最广。而且，在测温范围窄或导线长，导线途中温度易发生变化的场合必须考虑采用三线制热电阻。

③ 四线制

如图 6-4(c) 所示，在热电阻感温元件的两端各连两根引线，此种引线形式称为四线制热电阻。在高精度测量时，要采用如图 6-7 所示四线制测温电桥。此种引线方式不仅可以消除内引线电阻的影响，而且在连接导线阻值相同时，可消除该电阻的影响，还可以通过 CPU 定时控制继电器的一对触点 C 和 D 的通

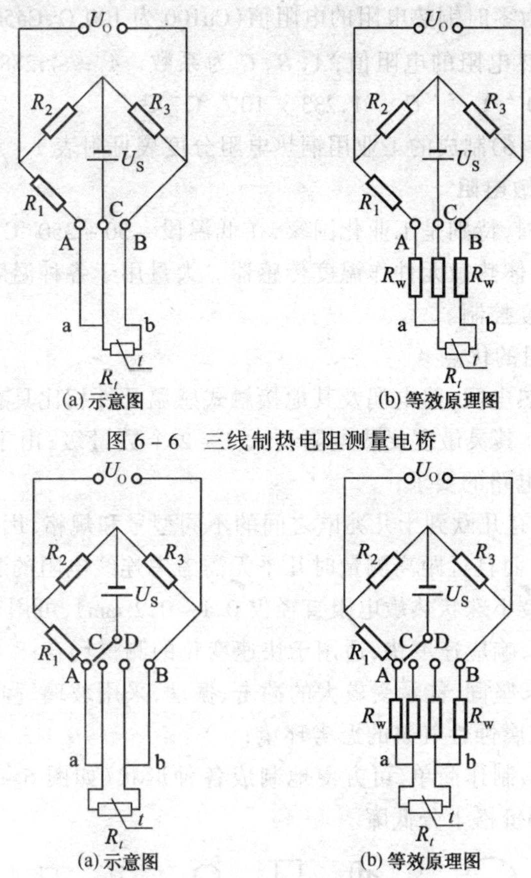

(a) 示意图　(b) 等效原理图

图 6-6　三线制热电阻测量电桥

(a) 示意图　(b) 等效原理图

图 6-7　四线制热电阻测量电桥

断，改变测量热电阻中的电流方向，消除测量过程中的寄生电势影响。

另外，为保护感温元件、内引线免受环境的有害影响，热电阻外面往往装有可拆卸式或不可拆卸式的保护管。保护管的材质有金属、非金属等多种材料，可根据具体使用特点选用合适的保护管。

6.4.2 铜电阻和热敏电阻测温

1. 铜电阻

铜电阻的电阻值与温度的关系几乎呈线性，其材料易提纯，价格低廉；但因其电阻率较低（仅为铂的 1/2 左右）而体积较大，热响应慢；另因铜在 250 ℃以上温度本身易于氧化，故通常工业用铜热电阻（分度号分别为 Cu50 和 Cu100）一般工作温度范围为 -40 ~ 120 ℃。其电阻值与温度的关系为

当 $-50\ ℃ \leqslant t \leqslant 150\ ℃$ 时，$$R(t) = R_0(1 + At + Bt^2 + Ct^3) \tag{6-7}$$

式中，R_0 为温度为零时铜热电阻的电阻值（Cu100 为 100 Ω，Cu50 为 50 Ω）；$R(t)$ 为温度为 t 时铜热电阻的电阻值；A, B, C 为系数。$A = 4.288\ 99 \times 10^{-3}$ ℃$^{-1}$；$B = -2.133 \times 10^{-7}$ ℃$^{-2}$；$C = 1.233 \times 10^{-9}$ ℃$^{-3}$。

根据公式（6－6）制成的工业用铜热电阻分度表见附表 1－3 和附表 1－4。

2. 半导体热敏电阻

目前世界各国，特别是工业化国家，在低温段 －50～350 ℃且测温要求不高的场合，采用半导体热敏元件作温度传感器。大量用于各种温度测量、温度补偿及要求不高的温度控制。

（1）热敏电阻的优点

热敏电阻和热电阻、热电偶及其他接触式感温元件相比具有下列优点：

① 灵敏度高，其灵敏度比热电阻要大 1～2 个数量级；由于灵敏度高，可大大降低后面调理电路的要求；

② 标称电阻有几欧到十几兆欧之间的不同型号和规格，因而不仅能很好地与各种电路匹配，而且远距离测量时几乎无需考虑连线电阻的影响；

③ 体积小（最小珠状热敏电阻直径仅 0.1～0.2 mm），可用来测量“点温”；

④ 热惯性小，响应速度快，适用于快速变化的测量场合；

⑤ 结构简单、坚固，能承受较大的冲击、振动，采用玻璃、陶瓷等材料密封包装后，可应用于有腐蚀性气氛的恶劣环境；

⑥ 资源丰富，制作简单，可方便地制成各种形状（如图 6－8 所示），易于大批量生产，成本和价格十分低廉。

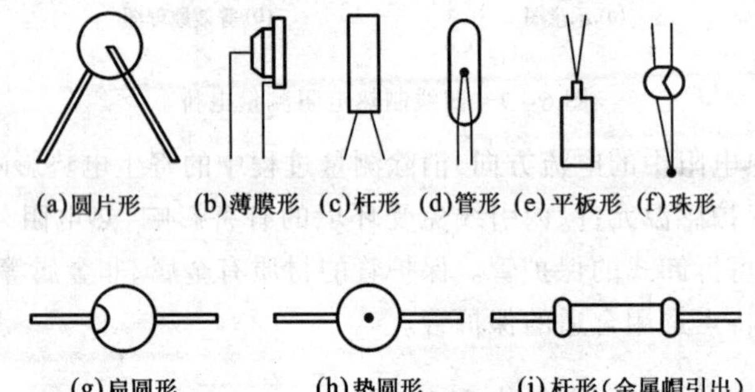

图 6－8 热敏电阻的结构形式

（2）热敏电阻的主要缺点：

① 阻值与温度的关系为非线性；

② 元件的一致性差，互换性差；

③ 元件易老化，稳定性较差；

④ 除特殊高温热敏电阻外，绝大多数热敏电阻仅适合 0～150 ℃范围的温

度测量,使用时必须注意。

6.5 热电式测温方法

6.5.1 热电偶测温

热电偶测温的特点是测温范围宽,测量精度高,性能稳定,结构简单,且动态响应较好;输出直接为电信号,可以远传,便于集中检测和自动控制。

1. 测温原理

热电偶的测温原理基于热电效应:将两种不同的导体 A 和 B 连成闭合回路,当两个接点处的温度不同时,回路中将产生热电势。由于这种热电效应现象是 1821 年塞贝克(Seeback)首先提出的,故又称塞贝克效应(如图 6-9 所示)。

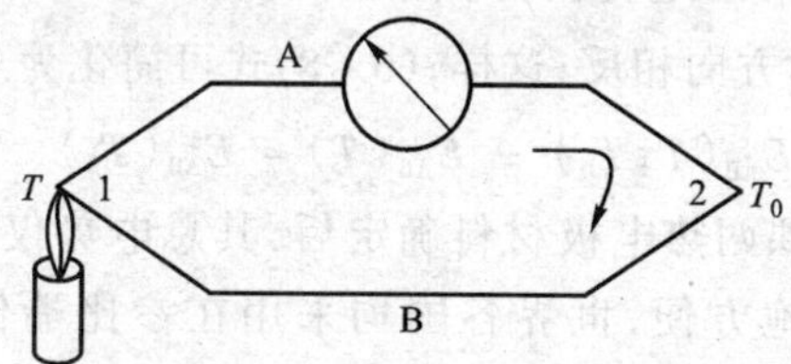

图 6-9 塞贝克效应示意图

人们把图 6-9 中两种不同材料构成的上述热电变换元件称为热电偶,导体 A 和 B 称为热电极,通常把两热电极的一个端点固定焊接,用于对被测介质进行温度测量,这一接点称为测量端或工作端,俗称热端;两热电极另一接点处通常保持为某一恒定温度或室温,被称作参比端或参考端,俗称冷端。

热电偶闭合回路中产生的热电势由温差电势(又称汤姆逊电势)和接触电势(又称珀尔帖电势)两种电势组成。

温差电势是指同一热电极两端因温度不同而产生的电势。当同一热电极两端温度不同时,高温端的电子能量比低温端的大,因而从高温端扩散到低温端的电子数比逆向的多,结果造成高温端因失去电子而带正电荷,低温端因得到电子而带负电荷。当电子运动达到平衡后,在导体两端便产生较稳定的电位差,即为温差电势,如图 6-10 所示。

热电偶接触电势是指两热电极由于材料不同而具有不同的自由电子密度,在热电极接点接触面处产生自由电子的扩散现象;扩散的结果,接触面上逐渐形成静电场。该静电场具有阻碍原扩散继续进行的作用,当达到动态平衡时,在热电极接点处便产生一个稳定电势差,称为接触电势,如图 6-11 所示。其数值取决于热电偶两热电极的材料和接触点的温度,接点温度越高,接触电势越大。

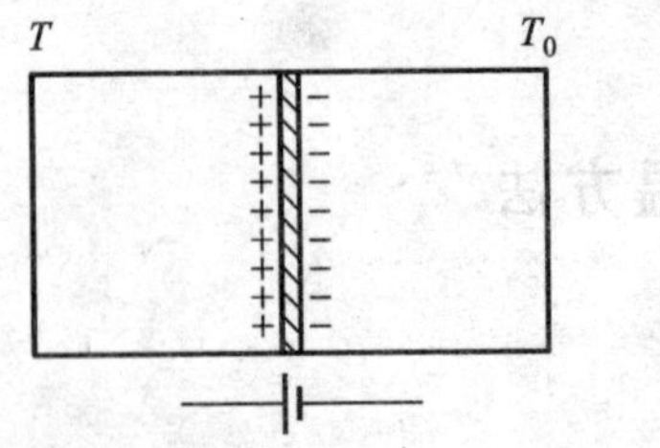

图 6-10 温差电势示意图

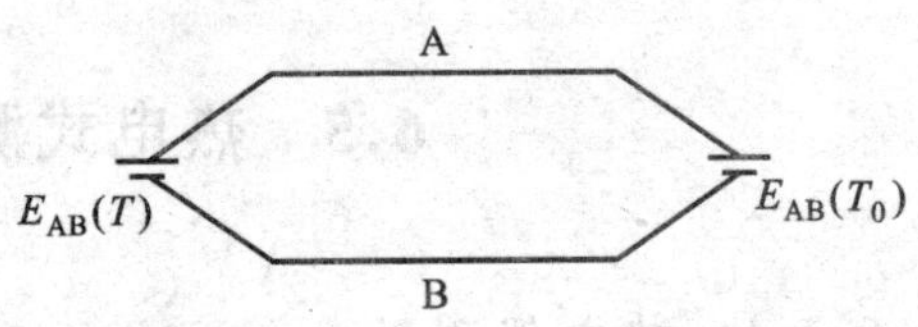

图 6-11 接触电势示意图

设热电偶两热电极分别为 A(为正极)和 B(为负极),两端温度分别为 T、T_0,且 $T > T_0$;则热电偶回路总电势为

$$E_{AB}(T, T_0) = E_{AB}(T) - E_{AB}(T_0) - E_A(T, T_0) + E_B(T, T_0) \quad (6-8)$$

由于温差电势 $E_A(T, T_0)$和 $E_B(T, T_0)$均比接触电势小很多,通常均可忽略不计。又因为 $T > T_0$,故总电势的方向取决于接触电势 $E_{AB}(T)$的方向,并且 $E_{AB}(T_0)$总与 $E_{AB}(T)$的方向相反;这样,(6-8)式可简化为

$$E_{AB}(T, T_0) = E_{AB}(T) - E_{AB}(T_0) \quad (6-9)$$

由此可见,当热电偶两热电极材料确定后,其总电势仅与其两端点温度 T、T_0 有关。为统一和实施方便,世界各国均采用在参比端保持为零摄氏度,即 $t_0 = 0$ ℃条件下,用实验的方法测出各种不同热电极组合的热电偶在不同热端温度下所产生的热电势值,制成测量端温度(通常用国际摄氏温度单位)和热电偶电势对应关系表,即分度表;也可据此计算得两者的函数表达式。

为了得到实用性好,性能优良的热电偶,其热电极材料需具有以下性能:

① 优良的热电特性 热电势及热电势率(灵敏度)要大,热电关系接近单值线性或近似线性,热电性能稳定;

② 良好的物理性能 高电导率,小比热,耐高温,低温下不易脆断,高、低温下不发生再结晶等;

③ 优良的化学性能 如抗氧化、抗还原性和耐其他腐蚀性介质等;

④ 优良的机械性能 易于提纯和机械加工、工艺性好,易于大批量生产和复制;

⑤ 足够的机械强度和长的使用寿命;

⑥ 制造成本低,价值比较便宜。

2. 热电偶的分类及特性

近一个世纪来,各国先后生产的热电偶的种类有几百种,应用较广的有几十种,而国际电工委员会(IEC)推荐的工业用标准热电偶为八种(目前我国的国家标准已与国际标准统一)。其中分度号为 S、R、B 的三种热电偶均由铂和铂铑合金制成,属贵金属热电偶。分度号分别为 K、N、T、E、J 的五种热电偶,是由镍、铬、硅、铜、铝、锰、镁、钴等金属的合金制成,属贱金属热电偶。这八种标准热电偶的热电极材料、最大测温范围、适用气氛等见表 6-5 所示。

表 6-6 列出了不同等级(通常分为三级)标准化工业热电偶适用测温范围和允差,供选用时参考。

表 6-5 工业用热电偶测温范围

名称	分度号	测量范围/℃	适用气氛①	稳定性
铂铑$_{30}$-铂铑$_{6}$	B	200~1 800	O、N	<1 500 ℃,优;>150 0 ℃,良
铂铑$_{13}$-铂	R	-40~1 600	O、N	<1 400 ℃,优;>1 400 ℃,良
铂铑$_{10}$-铂	S			
镍铬-镍硅(铝)	K	-270~1 300	O、N	中等
镍铬硅-镍硅	N	-270~1 260	O、N、R	良
镍铬-康铜	E	-270~1 000	O、N	中等
铁-康铜	J	-40~760	O、N、R、V	<500 ℃,良;>500 ℃,差
铜-康铜	T	-270~350	O、N、R、V	-170~200 ℃,优
钨铼$_{3}$-钨铼$_{25}$	WR$_{e}$3-WR$_{e}$25	0~2 300	N、V、R	中等
钨铼$_{5}$-钨铼$_{26}$	WR$_{e}$5-WR$_{e}$26			

① 表中 O 为氧化气氛,N 为中性气氛,R 为还原气氛,V 为真空。

表 6-6 不同等级标准化工业热电偶的允差

类型	一级允差		二级允差		三级允差	
	温度范围/℃	允差值/℃	温度范围/℃	允差值/℃	温度范围/℃	允差值/℃
R、S	0~1 000	±1	0~600	±1.5	—	
	1 100~1 600	±[1+0.003(t-1 100)]	600~1 600	$\pm 0.002\,5\lvert t\rvert$		
B	—		600~1 700	$\pm 0.002\,5\lvert t\rvert$	600~800	±4
					800~1 700	$\pm 0.005\lvert t\rvert$
K、N	-40~375	±1.5	-40~333	±2.5	-167~40	±2.5
	375~1 000	$\pm 0.004\lvert t\rvert$	330~1 200	$\pm 0.007\,5\lvert t\rvert$	-200~-167	$\pm 0.015\lvert t\rvert$
E	-40~375	±1.5	-40~333	±2.5	-167~40	±2.5
	375~800	$\pm 0.004\lvert t\rvert$	330~900	$\pm 0.007\,5\lvert t\rvert$	-200~-167	$\pm 0.015\lvert t\rvert$
J	-40~375	±1.5	-40~333	±2.5	—	
	375~750	$\pm 0.004\lvert t\rvert$	330~750	$\pm 0.007\,5\lvert t\rvert$		
T	-40~125	±0.5	-40~333	±1	-67~40	±1
	125~350	$\pm 0.004\lvert t\rvert$	133~350	$\pm 0.007\,5\lvert t\rvert$	-200~-67	$\pm 0.015\lvert t\rvert$

热电偶的选用除了考虑被测对象的温度范围外，还需考虑热电偶使用环境的气氛，通常被测对象的温度范围在 -200 ~ 300 ℃时可优选 T 型热电偶，因为它在贱金属热电偶中精度最高，或选 E 型热电偶，它是贱金属热电偶中热电势最大、灵敏度最高的热电偶；当上限温度 < 1 000 ℃，可优先选 K 型热电偶，其特点为使用温度范围宽（上限最高可达 1 300 ℃），高温性能较稳定，价格较满足该温区的其他热电偶低；当上限温度 < 1 300 ℃，可选 N 型或 K 型；当测温范围为 1 000 ~ 1 400 ℃时，可选 S 或 R 型热电偶；当测温范围为 1 400 ~ 1 800 ℃时，应选 B 型热电偶；当测温上限大于 1 800 ℃，应考虑选用还属非国际标准的钨铼系列热电偶（其最高上限温度可达 2 800 ℃，但超过 2 300 ℃其准确度要下降；要注意保护，因为钨极易氧化，必须用惰性或干燥氢气把热电偶与外界空气严格隔绝。不能用于含碳气氛）或非金属耐高温热电偶（国内还未商品化，这里不再一一列举）。

在氧化气氛下，且被测温度上限小于 1 300 ℃，应优先选用抗氧化能力强的贱金属 N 型或 K 型；当测温上限高于 1 300 ℃，应选 S、R 或 B 型贵金属热电偶。在真空或还原性气氛下，当上限温度低于 950 ℃时，应优先选用 J 型热电偶（不仅可在还原气氛下工作，也可在氧化气氛中使用），高于此限，选钨铼系列热电偶，或非贵金属系列热电偶，或选采取特别的隔绝保护措施的其他标准热电偶。工业热电偶的结构如图 6-12 所示。

常用热电偶的热电特性均有现成分度表可查（详见附录 2）。温度与热电势之间的关系也可以用函数式表示，称为参考函数。ITS—90 给出了新的热电偶分度表和参考函数，它们是热电偶测温的依据。

3. 热电偶结构

(1) 普通工业用热电偶

普通工业用热电偶的种类很多，结构和外形也不尽相同。如图 6-12 所示，热电偶通常主要由热端、热偶丝、保护管、安装固定件和接线盒 5 部分组成。为了保证热电偶正常工作，对其结构提出如下要求：

① 测量端的焊接要牢固；

② 热电极间必须有良好的绝缘；

③ 参比端与导线的连接要方便、可靠；

④ 用于对热电极有害的介质进行测量时，须采用保护管，将有害介质隔开。

(2) 铠装热电偶

所谓铠装热电偶，是将热电偶丝和绝缘材料一起紧压在金属保护管中制成的热电偶。铠装热电偶材料是将热电偶丝装在有绝缘材料的金属套管中，三者经组合加工成可弯曲的坚实的组合体。将此铠装热电偶线按所需长度截断，对其测量端和参比端进行加工，即制成铠装热电偶。由于它具有许多优点，因而受

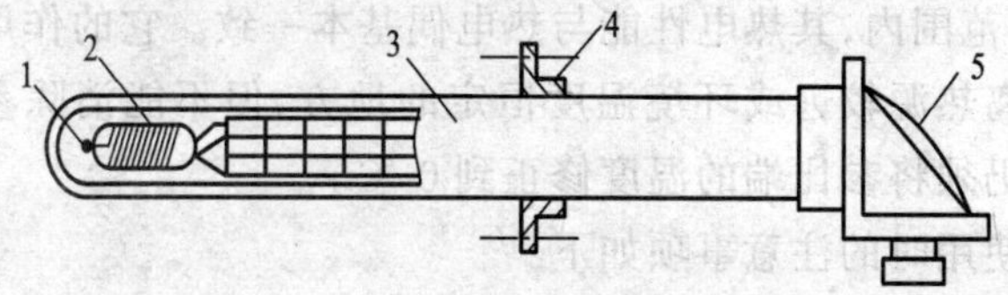

图 6-12 工业热电偶的基本结构

1—热端；2—热偶丝；3—保护管；4—安装固定件；5—接线盒

到用户欢迎,应用很普通。它的主要优点是:

① 测量范围宽 铠装热电偶规格多,品种齐全,适合于各种测量场合,在 -200～160 ℃温度范围内均能使用;

② 响应速度快 与装配式热电偶相比,因为外径细、热容量小,故微小的温度变化也能迅速反应,尤其是微细铠装热电偶更为明显,露端铠装热电偶的时间常数只有 0.01 s;

③ 挠性好、安装使用方便 铠装热电偶材料可在其外径 5 倍的圆柱体上绕 5 圈,并可在多处位置弯曲;

④ 使用寿命长 普通热电偶易引起热电偶劣化、断线等事故,而铠装热电偶用氧化镁绝缘,气密性好,致密度高,寿命长;

⑤ 机械强度、耐压性能好 在有强烈震动、低温、高温、腐蚀性强等恶劣条件下均能安全使用,铠装热电偶最高可承受 360 MPa 的压力;

⑥ 铠装热电偶外径尺寸范围宽 铠装热电偶材料的外径范围为 0.25～8 mm,特殊要求时可提供直径达 12 mm 的产品;

⑦ 铠装热电偶的长度可以做得很长 铠装热电偶材料的最大长度可达500 m。

4. 热电偶温度测量

(1) 补偿导线

在一定温度范围内,与配用热电偶的热电特性相同的一对带有绝缘层的导线称为补偿导线。若与所配用的热电偶正确连接,其作用是将热电偶的参比端延伸到远离热源或环境温度较恒定的地方。使用补偿导线的优点:

① 改善热电偶测温线路的机械与物理性能,采用多股或小直径补偿导线可提高线路的挠性,接线方便,也可以调节线路的电阻或屏蔽外界干扰;

② 降低测量线路的成本。当热电偶与仪表的距离很远时,可用贱金属补偿型补偿导线代替贵金属热电偶。

在现场测温中,补偿导线除了可以延长热电偶参比端,节省贵金属材料外,若采用多股补偿导线,还便于安装与铺设;用直径粗、电导系数大的补偿导线,还可减少测量回路电阻。采用补偿导线虽有许多优点,但必须掌握它的特点,否则,不仅不能补偿参比端温度的影响,反而会增加测温误差。补偿导线的特点是:在一定温度范围内,其热电性能与热电偶基本一致。它的作用只是把热电偶的参比端移至离热源较远或环境温度恒定的地方,但不能消除参比端不为0 ℃的影响,所以,仍须将参比端的温度修正到 0 ℃。

补偿导线使用时的注意事项如下:

① 各种补偿导线只能与相应型号的热电偶匹配使用;连接时,切勿将补偿导线极性接反;

② 补偿导线与热电偶连接点的温度,不得超过规定的使用温度范围,通常接点温度在 100 ℃以下,耐热用补偿导线可达 200 ℃;

③ 由于补偿导线与电极材料通常并不完全相同,因此两连接点温度必须相同,否则会产生附加电势、引入误差;

④ 在需高精度测温场合,处理测量结果时应加上补偿导线的修正值,以保证测量精度。

(2) 参比端处理

我们经常使用的热电偶分度表,都是以热电偶参比端为 0 ℃条件下制作的。在实验室条件下可采取诸如在保温瓶内盛满冰水混合物(最好用蒸馏水及用蒸馏水制成的冰),并且,保温瓶内要有足够数量的冰块,保证参比端为 0 ℃(值得注意的是,冰水混合物并不一定就是 0 ℃,只有在冰水两相界面处才是 0 ℃)。或利用半导体制冷的原理制成的电子式恒温槽使参比端温度保持在 0 ℃。

在工业测温现场一般不能使参比端保持 0 ℃,在计算机尤其是微处理器和单片机推广普及前,这是个十分令人头痛的问题。各国从事热电偶温度测量研究与应用的科技工作者,对各种分度号热电偶参比端不为 0 ℃,设计了许多补偿方案和专用补偿电路,并因此申报了许多专利。但这些成果的适用范围和应用效果都不很理想。

现在由于计算机,尤其是微处理器和单片机的推广普及,智能化测温仪普遍采用下述以软件为主的补偿方式:

当热电偶的测量端和参比端温度分别为 t、t_1,假定 $t_1 > t_0 = 0$ ℃,则热电动势

$$E_{AB}(t,t_0) = E_{AB}(t,t_1) + E_{AB}(t_1,t_0) \tag{6-10}$$

可变成

$$E_{AB}(t,0) = E_{AB}(t,t_1) + E_{AB}(t_1,0) \tag{6-11}$$

式中,$E_{AB}(t,t_0)$为测量端和参比端温度分别为 t、t_0 时的热电势;

$E_{AB}(t_1,t_0)$为测量端和参比端温度分别为 t_1、t_0 时的热电势;

$E_{AB}(t,t_1)$为测量端和参比端温度分别为 t、t_1 时的热电势。

在工业现场实际测量温度时,智能化仪器增加一路测量参比端(由于其置于现场正常环境中,温度变动范围不大,因此,测量参比端的感温元件可采用价格

十分低廉的铜电阻或下面将介绍的半导体集成温度传感器 AD590 或 DS1820 等)温度 t_1 的电路。$E_{AB}(t,t_1)$是由智能化仪器通过测量端和参比端输入回路直接测得,$E_{AB}(t_1,0)$则由智能化仪器根据另一路测得的参比端环境温度 t_1,通过查找存入仪器程序存储器中的对应热电偶分度表得到,两者相加求得 $E_{AB}(t,0)$;再由 $E_{AB}(t,0)$仪器程序存储器中的对应热电偶分度表得到热电偶测量端的真实温度 t 的数值。

以上这种方法对各种标准化与非标准化热电偶均适用,具有成本十分低廉,补偿精度高的特点,因此目前已被各种智能化(热电偶)测温控温仪器广泛采用。

【例 6.1】 用 K 型热电偶测炉温时,测得参比端温度 $t_1 = 38$ ℃;测得测量端和参比端间的热电动势 $E(t,38) = 29.90$ mV,试求实际炉温。

【解】 由 K 型分度表查得 $E(38,0) = 1.53$ mV,由式(6-11)可得到:

$$E(t,0) = E(t,t_1) + E(t_1,0) = (29.90 + 1.53)\ \text{mV} = 31.43\ \text{mV}$$

再查 K 型分度表,由 31.43 mV 查得实际炉温 755 ℃。

上述例子中,若参比端不作修正,则按所测测量端和参比端间的热电动势 $E(t,38) = 29.90$ mV 查 K 型分度表得对应的炉温为 718 ℃,与实际炉温 755 ℃相差 37 ℃,由此产生的相对误差约为 5 %。由此可见,如果不考虑参比端温度修正和补偿,有时将产生相当大的(温度)测量误差。

6.5.2 集成温度传感器 AD590

利用晶体管 PN 结的正向压降随温度升高而降低的特性,可把晶体管 PN 结作为 -50 ~ 150 ℃范围的感温元件用,这早就为人们所知。只是普通晶体管 PN 结之间一致性差,离散性太大,没有互换性,使它难以推广使用。随着微电子技术的发展,美国 AD 公司于 20 世纪 70 年代末率先推出体积仅同一只小功率高频晶体管大小的集成化半导体温度传感器 AD590。

它具有如下特点:

① 外接线非常简单(仅两根),使用十分方便;

② 内有稳压和恒流电路,故对外接电压要求非常低(可在 4 ~ 30 V 范围内,供电电压任意波动 5 V 所造成的误差均小于 1 ℃);

③ 非线性误差较小(AD590M 为 ±0.2 %,误差最大的 AD590I 为 2 %);

④ 使用温度范围为 -50 ~ 150 ℃;

⑤ 它具有良好的互换性;

⑥ 采用图 6-13 所示的电路,可以把 AD590 输

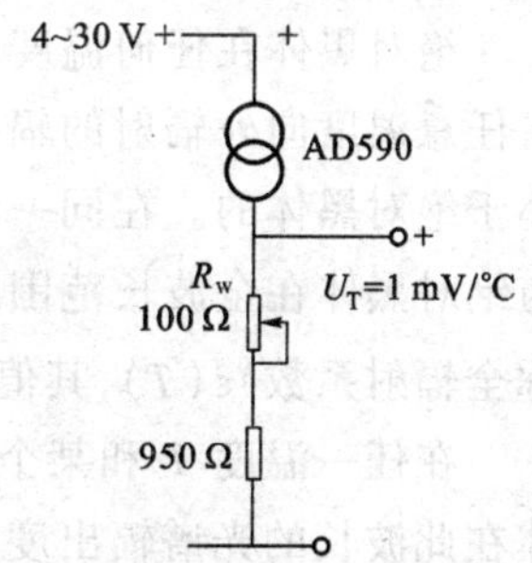

图 6-13 半导体集成温度传感器 AD590

出的电流信号方便地转换成电压信号。

通过对 R_W 调整均可使 AD590 的输出达到 1 mV/ ℃,应用非常方便。

6.6 辐射法测温

任何物体,若其温度超过绝对零度,就会以电磁波的形式向周围辐射能量。这种电磁波是由物体内部带电粒子在分子和原子内振动产生的,其中与物体本身温度有关的传播热能的那部分辐射,称为热辐射。而把能对被测物体热辐射能量进行检测,进而确定被测物体温度的仪表,通称为辐射式温度计。辐射式温度计的感温元件不需和被测物体或被测介质直接接触,所以其感温元件不需达到被测物体的温度,从而不会受被测物体的高温及介质腐蚀等的影响;它可以测量高达几千摄氏度的高温,而感温元件不会破坏被测物体原来的温度场。可以方便地用于测量运动物体的温度是此类仪表的突出优点。

6.6.1 辐射测温的基本原理

辐射式温度计的感温元件通常工作在属于可见光和红外光的波长区域。可见光的光谱很窄,其波长仅为 0.3 ~ 0.72 μm;红外光谱分布相对较广,其波长范围为 0.72 ~ 1000 μm。辐射式温度计的感温元件使用的波长范围为 0.3 ~ 40 μm。

自然界中所有物体对辐射都有吸收、透射或反射的能力,如果某一物体在任何温度下,均能全部吸收辐射到它上面的任何辐射能量,则称此物体为绝对黑体。

根据基尔霍夫定律得知,具有最大吸收本领的物体,在其受热后,也将具有最大的辐射本领。人们称那些对辐射能的吸收(或辐射)除与温度有关外,还与波长有关的物体为选择吸收体;称那些吸收(或辐射)本领与波长无关的物体为灰体。

绝对黑体的吸收系数 $L_0 = 1$,反射系数 $\beta_0 = 0$,理想的绝对黑体在自然界中是不存在的,人们为科学研究和实验所需已研制出吸收系数为 0.99 ± 0.01 的近似黑体。

绝对黑体在任何温度下都能全部吸收辐射到其表面的全部辐射能;同时它在任意温度向外辐射的辐射出射度(简称辐出度)亦最大;其他物体的辐出度总小于绝对黑体的。在同一温度 T,某一物体在全波长范围的积分辐出度 $M(T)$ 与绝对黑体在全波长范围的积分幅出度 $M_0(T)$之比,称该物体的全辐射率(或称全辐射系数)$\varepsilon(T)$,其值在 0 ~ 1 之间。

在任一温度 T 和某个波长 λ 下,物体在此波长的光谱辐出度 $M(\lambda, T)$与黑体在此波长的光谱辐出度 $M_0(\lambda, T)$之比称为光谱(单色)发射率或称光谱发射系数。用 $\varepsilon(\lambda, T)$表示,简写成 ε_λ。

物体光谱发射率的大小,不仅与温度、波长有关,而且取决于物体的材料、尺

寸、形状、表面粗糙度等,一个真实物体的辐射系数可表示成

$$\varepsilon = 1 - \beta - \gamma \tag{6-12}$$

式中,β 为物体的反射系数;γ 为物体的透射系数。凡 β、γ 不全为零的物体统称为非黑体。

辐射测温的物理基础是普朗克(Planck)热辐射定律和斯忒藩-玻耳兹曼(Stefan-Boltzman)定律。绝对黑体的光谱辐射亮度 $L(\lambda, T)$ 与其波长 λ、热力学温度 T 的关系由普朗克定律确定:

$$L(\lambda, T) = \frac{c_1}{\lambda^5 \pi [e^{c_2/(\lambda T)} - 1]} \tag{6-13}$$

式中,λ 为物体发出的辐射波长;T 为热力学温度;$c_1 = 2\pi c^2 h$ 为普朗克第一辐射常量,$c_1 = 3.741\ 8 \times 10^{-16}\ \mathrm{W \cdot m^2}$;$c_2 = hc/k$ 为普朗克第二辐射常量,$c_2 = 1.438\ 786 \times 10^{-2}\ \mathrm{m \cdot K}$。(其中,$h$ 为普朗克常数,k 为玻耳兹曼常数,c 为电磁波在真空中的速度。)如果波长 λ 与温度 T 满足 $c_2/(\lambda T) \geqslant 1$,则可把普朗克公式简化为维恩(Wien)公式。在温度低于 3 000 K,对于波长较短的可见光,用维恩公式替代普朗克公式产生的误差小于 1 %。

$$L_0(\lambda, T) = \frac{c_1}{\lambda^5 \pi e^{c_2/(\lambda T)}} \tag{6-14}$$

图 6-14 是根据普朗克公式制成的绝对黑体在不同温度下的光谱辐射曲线,每条曲线代表一个固定的温度。

从图中可以看到如下一些规律:每条曲线均有一个极大值,而且这个极值是随着温度升高而向波长短的方向移动;不同温度下的曲线,其曲线峰值点的波长 λ_m 和温度 T 均满足维恩位移定律:

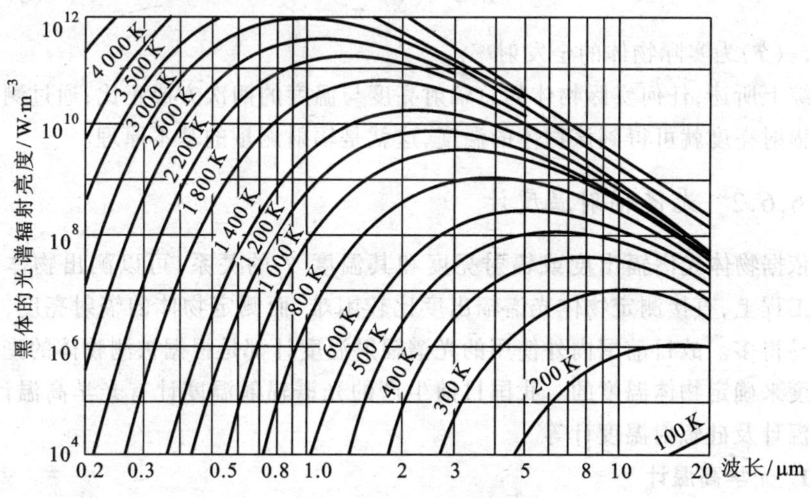

图 6-14 黑体的光谱辐射曲线

$$\lambda_m \cdot T = 2898(\mu m \cdot K) \tag{6-15}$$

从上式可得：当 $T = 3\,000$ K 时，$\lambda_m = 0.966$ μm，处于红外光区，$T = 5\,000$ K 时，$\lambda_m = 0.58$ μm，处于黄光区；$T = 7\,200$ K 时，$\lambda_m = 0.4$ μm，处于紫光区。

上述计算与实际观察是完全吻合的。由维恩位移定律可知，若能测出黑体光谱辐射亮度最大时的对应波长 λ_m，便可方便地得到黑体的温度。工程中，常用的比色温度计就是基于这一原理，通过对黑体光谱辐射亮度的测量实现非接触测温的。

实验和理论分析表明，黑体的总辐射能力与温度的关系如下式所示：

$$M_0(T) = \sigma T^4 \tag{6-16}$$

即在单位时间内，由绝对黑体单位面积上辐射出的总能量 $M_0(T)$ 与绝对温度 T 的四次方成正比。式(6-16)被称作斯忒藩-玻耳兹曼定律。

式中　σ 为斯忒藩-玻耳兹曼常数

$$\sigma = \frac{2\pi^5 k^4}{15 h^3 c^2} = 5.670\,32 \times 10^{-8}\ \mathrm{W/m^2 \cdot K^4}$$

k 为玻耳兹曼常数；h 为普朗克常数；c 为电磁波在真空中的速度。

如果将式(6-16)用辐射亮度表示，则成为

$$L_0 = \frac{\sigma}{\pi} T^4 \tag{6-17}$$

斯忒藩-玻耳兹曼定律表明：绝对黑体总的辐出度或亮度与其热力学温度的四次方成正比。此定律不仅适用于绝对黑体，而且适用于所有非黑体的实际物体。由于实际物体的发射率低于绝对黑体，所以实际物体的辐射亮度公式为

$$L = \varepsilon(T) \frac{\sigma}{\pi} T^4 \tag{6-18}$$

式中，$\varepsilon(T)$ 为实际物体的全发射率。

综上所述，任何实际物体的总辐射亮度与温度的四次方成正比；通过测量物体的辐射亮度就可得到该物体的温度，这就是辐射测量的基本原理。

6.6.2　光谱辐射温度计

依据物体光谱辐出度或辐射亮度和其温度 T 的关系，可以测出物体的温度。工程上，直接测定物体光谱辐出度比较困难，而测定物体的辐射亮度，则相对容易得多。故目前国内外使用的光谱辐射温度计都是根据被测物体的光谱辐射亮度来确定物体温度的。我国目前生产的光谱辐射温度计有光学高温计、光电高温计及硅辐射温度计等。

1. 光学高温计

光学高温计是发展最早、应用最广的非接触式温度计。它结构较简单，使用

方便,适用于1 000 K~3 500 K范围的温度测量,其精度通常为1.0级和1.5级,可满足一般工业测量的精度要求。它被广泛用于高温熔体、高温窑炉的温度测量。

值得指出的是,由于各物体的光谱发射率 ε_λ 不同,即使它们的光谱辐射亮度相同,其实际温度也不会相等;光谱发射率大的物体的温度比光谱发射率小的物体的温度低。因此物体的光谱发射率和光谱辐射亮度是确定物体温度的两个决定因素,如果同时考虑这两个因素将给光学高温计的温度刻划带来很大困难。因此,现在光学高温计均是统一按绝对黑体来进行温度刻划。用光学高温计测量被测物体的温度时,读出的数值将不是该物体的实际温度,而是这个物体此时相当于绝对黑体的温度,即所谓的"亮度温度"。

亮度温度的定义是:在波长为 λ、温度为 T 时,某物体的辐射亮度 L 与温度为 T_L 的绝对黑体的亮度 $L_{0\lambda}$ 相等,则称 T_L 为这个物体在波长为 λ 时的亮度温度。其数学表达式为

$$L(\lambda, T) = \varepsilon(\lambda, T) L_0(\lambda, T) = L_0(\lambda, T_L) \qquad (6-19)$$

式中,$\varepsilon(\lambda, T)$为实际物体在温度为 T、波长为 λ 时的光谱发射率; T 为实际物体的真实温度,单位为K; T_L 为黑体温度,也即实际物体的亮度温度,单位为K。

在常用温度和波长范围内,通常用维恩公式来近似表示光谱辐射亮度,这时上式成为

$$\varepsilon(\lambda, T) \frac{C_1}{\pi\lambda^5 e^{C_2/(\lambda T)}} = \frac{C_1}{\pi\lambda^5 e^{C_2/(\lambda T_L)}} \qquad (6-20)$$

两边取对数,整理后得

$$\frac{1}{T_L} - \frac{1}{T} = \frac{\lambda}{C_2} \ln \frac{1}{\varepsilon_\lambda} \qquad (6-21)$$

亮度温度的定义,光学高温计是在波长为 λ 的单色波长下获得的亮度。这样,物体的真实温度为

$$T = \frac{C_2 T_L}{\lambda T_L \ln\varepsilon_\lambda + C_2} \qquad (6-22)$$

对于真实物体总是有 $\varepsilon_\lambda < 1$,故测得的亮度温度总比物体的实际温度为低,即 $T_L < T$。

目前,国内工业用光学高温计都采用红色单色光,有效波长为0.66±0.01 μm;与我国温度量值传递系统规定的基准光学高温计的有效波长一致。基准光学高温计是国际温标(ITS—90)规定温度在银点(961.78 ℃)以上的标准仪器。

光学高温计通常采用0.66±0.01 μm的单一波长,将物体的光谱辐射亮度 L_λ 和标准光源的光谱辐射亮度进行比较,确定待测物体的温度。光学高温计有三种形式;灯丝隐灭式光学高温计、恒定亮度式光学高温计和光电亮度式光学高

温计。

灯丝隐灭式光学高温计是由人眼对热辐射体和高温计灯泡在单一波长附近的光谱范围的辐射亮度进行判断，调节灯泡的亮度使其在背景中隐灭或消失而实现温度测量的。此种隐丝式光学高温计又称目视光学高温计或简称光学高温计，国产 WGGZ 型光学高温计就是此类高温计。

WGGZ 型光学高温计的原理示意图如图 6-15 所示。

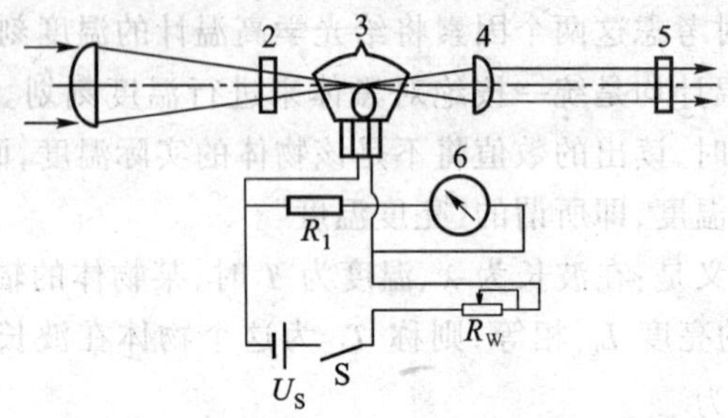

图 6-15 WGGZ 型光学高温计原理示意图

1—物镜；2—灰色吸收玻璃；3—灯泡；4—目镜；

5—红色滤光片；6—显示表头

物镜 1 和目镜 4 可前后移动，调节物镜使物体的像落在灯泡 3 内的灯丝平面上，调节目镜 4，使灯丝和物体的像能清晰地看到，然后边比较两者的亮度，边慢慢调节滑动电位器的触点位置，改变流过灯丝的电流，使灯泡灯丝的亮度作相应的改变。当被测物体的亮度大于灯丝亮度时，灯丝在背景(对应于被测物体亮度)上呈现暗丝(背景比灯丝亮)；当被测物体的亮度小于灯丝的亮度时，则灯丝在背景中呈亮丝(背景比灯丝暗)；逐渐调节滑动电位器，使灯丝亮度和背景亮度达到一致，此时，灯丝便隐没在背景中；表头 6 这时指示出(由滑动电位器位置所决定)被测物体的亮度温度。得到了被测物体的亮度温度，再根据该物体的光谱发射率，便可获得该物体的真实温度。

图 6-15 中的 2 是灰色吸收玻璃，其作用是扩大光学高温计的量程。灯丝在其亮度温度超过 1 400 ℃时，将由于灯丝易过热发生氧化进而使灯丝的电阻发生改变，致使电流与亮度温度关系偏离原标定值；同时 1 400 ℃以上的高温，使灯泡的金属丝要升华，将在玻璃泡上沉积形成灰暗的薄膜，改变原亮度特性而带来测量误差。因此，当测量高于 1 400 ℃的亮度温度时，在物镜与灯泡之间安装吸收率为常量的灰色吸收玻璃，以减弱被测热源的辐射亮度。测量时，用已经减弱了的热源亮度和灯丝亮度进行比较，就可以使原最高亮度温度为 1 400 ℃的钨丝灯，用于测量更高的温度。

光学高温计通常有两个刻度，一个是不加灰色吸收玻璃的刻度，其范围为 800~1 400 ℃；另一个是加灰色吸收玻璃的刻度。为能测量更高的温度，有的光学高温计在物镜前再加一块吸收玻璃,以进一步减弱被测物体辐射亮度;这样可使光学高温计测量亮度温度高达 3 200 ℃的物体温度。无论采用何种形式,光学高温计钨丝本身最高温度均不可超过 1 400 ℃。

图 6-15 中的 5 通常采用红色滤光片,它的作用是滤除人眼不敏感的光谱段,仅让中心光谱波长为 $\lambda = 0.66\ \mu m$ 的窄波段通过。此工作光谱段愈窄效果愈好。对于工业用光学高温计,光谱范围在 $0.62 \sim 0.7\ \mu m$ 范围所造成的误差可忽略不计。

2. 光电高温计

光学高温计虽然有结构相对较简单,灵敏度高,测量范围广,使用方便等优点,但是光学高温计在测量物体的温度时,由于要靠手动调节灯丝的亮度,由眼睛判别灯丝的"隐灭",故观察误差较大,也无法实现自动检测和记录。由于科技不断发展进步,依据光学高温计原理制造出来的光电高温计正在迅速替代光学高温计而广泛用于工业高温测量中。

光电高温计克服了光学高温计的主要缺点,它采用硅光电池作为仪表的光敏元件,代替人眼睛感受被测物体辐射亮度的变化,并将此亮度信号按比例转换成电信号,经滤波放大后送检测系统进行后续转换处理,最后显示出被测物体的亮度温度。图 6-16 是国产 WDL 型光电高温计的工作原理示意图。

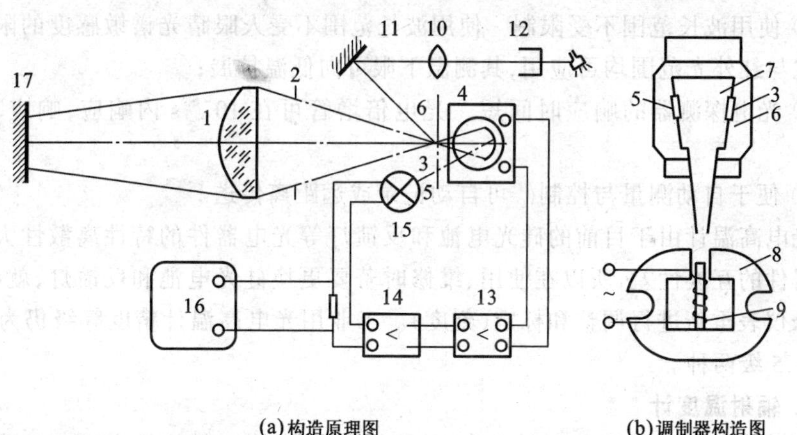

图 6-16 光电高温计工作原理示意图

1—物镜;2—光阑;3、5—孔;4—硅光电池;6—遮光板;7—光调制器;8—永久磁钢;9—激磁绕组;10—透镜;11—反射镜;12—观察孔;13—前置放大器;14—主放大器;15—反馈灯;16—电位差计;17—被测物体

测量时,从被测物体 17 的表面发生的辐射能由物镜 1 聚焦后。经光阑 2 和遮光板 6 上的孔 3,透过装于板 6 内的红色滤光片,射到硅光电池 4 上,反馈灯 15 发出的辐射能通过遮光板上的孔 5 和红色滤光片也照射到硅光电池 4 上。在遮

光板6的前面装有每秒钟振动50次的光调制器7,它交替地打开和遮住孔3和孔5,使被测物体的辐射能和反馈灯的辐射能交替地照射到硅光电池4上。当两个能量不相等时,硅光电池将产生一个与两个辐射亮度差成正比的脉冲光电流,经前置放大器13放大后,再送由倒相器、差动相敏放大器和功率放大器组成的主放大器14作进一步放大后,输出驱动反馈灯15;反馈灯15的辐射能随着驱动电流的改变而相应变化。以上过程一直持续到被测物体和反射灯照射到硅光电池上的辐射能相等为止。这时硅光电池4的脉冲光电流接近于零,而流经反馈灯电流数值的大小就代表了被测物体的亮度温度。此电流值转换成电压后由电位差计16自动指示和记录被测物体的亮度温度。图6-16中的透镜10、反射镜11和观察孔12组成了一个人工观察瞄准系统,其作用是使光电高温计得以对准被测物体。

光电高温计与光学高温计相比,主要优点有:

① 灵敏度高　光学高温计在金点的灵敏度最佳值为0.5 ℃,而光电高温计却能达到0.005 ℃,较光学高温计提高两个数量级;

② 精确度高　采用干涉滤光片或单色仪后,使仪器的单色性能更好,因此,延伸点的不确定度明显降低,在2 000 K为0.25 ℃,至少比光学高温计提高一个数量级;

③ 使用波长范围不受限制　使用波长范围不受人眼睛光谱敏感度的限制,可见光与红外光范围均可应用,其测温下限可向低温扩展;

④ 光电探测器的响应时间短　光电倍增管可在10^{-6} s内响应,响应时间很短;

⑤ 便于自动测量与控制　可自动记录或远距离传送。

光电高温计由于目前的硅光电池和反馈灯等光电器件的特性离散性大,故光电器件的互换性差,所以在使用、维修时若要更换硅光电池和反馈灯,就必须对整个仪表重新进行调整和标定(刻度)。工业用光电高温计精度等级仍为1.0级和1.5级两种。

3. 辐射温度计

辐射温度计是根据全辐射定律,基于被测物体的辐射热效应进行工作的。它通常由辐射敏感元件、光学系统、显示仪表及辅助装置等几大部分组成。辐射温度计是最古老、最简单、较常用的非接触式高温检测仪表,过去习惯称之为全辐射温度计。虽然此种仪器有能聚集被测物体辐射能于敏感元件的光学系统,但实际上任何实际的光学系统都不可能全部透过或全部反射所有波长范围的全部辐射能,所以把它直接称之为辐射温度计,似乎更合理一些。

辐射温度计与光学高温计一样是按绝对黑体进行温度分度的,因此用它测量非绝对黑体的具体物体温度时,仪表上的温度指示值将不是该物体的真实温度，我们称该温度为此被测物体的辐射温度。由此，我们可以给辐射温度定义为：黑体的总辐射能量等于被测非黑体的总辐射温度。其数学表达式为

$$\varepsilon_T \sigma T^4 = \sigma T_F^4 \tag{6-23}$$

表 6-7 一些材料在给定温度范围内的全发射率

名称	温度范围 /℃	全发射率 ε_T	名称	温度范围 /℃	全发射率 ε_T
磨光的纯铁	260 ~ 538	0.08 ~ 0.13	铬	260 ~ 538	0.17 ~ 0.26
磨光的熟铁	260	0.27	镍铬合金 KA—25	260 ~ 538	0.38 ~ 0.44
氧化铸铁	260 ~ 538	0.66 ~ 0.75	镍铬合金 NCT—3	260 ~ 538	0.90 ~ 0.97
氧化的熟铁	260	0.95	镍铬合金 NCT—6	260 ~ 538	0.89
磨光的钢	260 ~ 538	0.10 ~ 0.14	氧化的锡	100	0.05
碳化的钢	260 ~ 538	0.53 ~ 0.56	未氧化的钨	100 ~ 500	0.032 ~ 0.071
氧化的钢	93 ~ 538	0.88 ~ 0.96	磨光的银	260	0.03
磨光的铝	93 ~ 538	0.05 ~ 0.11	氧化的锌	260	0.11
明亮的铝	148	0.49	磨光的银	260 ~ 538	0.02 ~ 0.03
氧化的铝	93 ~ 538	0.20 ~ 0.33	未氧化的银	100 ~ 500	0.02 ~ 0.035
磨光的铜	260 ~ 538	0.05 ~ 0.18	氧化的银	200 ~ 500	0.02 ~ 0.038
氧化的铜	100 ~ 538	0.56 ~ 0.88	大理石	260	0.58
磨光的镍	260 ~ 538	0.07 ~ 0.10	石灰石	260	0.80
未氧化的镍	100 ~ 500	0.06 ~ 0.12	石灰泥	260	0.92
氧化的镍	260 ~ 538	0.46 ~ 0.67	石英	538	0.58
磨光的铂	260 ~ 538	0.06 ~ 0.10	白色耐火砖	260 ~ 538	0.68 ~ 0.89
未氧化的铂	100 ~ 500	0.047 ~ 0.096	石墨碳	100 ~ 500	0.71 ~ 0.76
氧化的铂	200 ~ 600	0.06 ~ 0.11	石墨	200 ~ 538	0.49 ~ 0.54
铂黑	260 ~ 538	0.96 ~ 0.97	镍铬合金	125 ~ 1 034	0.64 ~ 0.76
未加工的铸铁	925 ~ 1 115	0.8 ~ 0.95	铂丝	225 ~ 1 375	0.073 ~ 0.183
抛光的铁	425 ~ 1 020	0.144 ~ 0.377	铬	100 ~ 1 000	0.08 ~ 0.26
铁	1 000 ~ 1 400	0.08 ~ 0.13	硅砖	1000	0.80
银	1 000	0.035	硅砖	1100	0.85
抛光的钢铸件	370 ~ 1 040	0.52 ~ 0.56	耐火粘土砖	1 000 ~ 1 100	0.75
磨光的钢板	940 ~ 1 100	0.55 ~ 0.61	煤	1 100 ~ 1 500	0.52
氧化铁	500 ~ 1 200	0.85 ~ 0.95	钽	1 300 ~ 2 500	0.19 ~ 0.30
熔化的铜	1 100 ~ 1 300	0.13 ~ 0.15	钨	1 000 ~ 3 000	0.15 ~ 0.34
氧化铜	800 ~ 1 100	0.66 ~ 0.54	生铁	1 300	0.29
镍	1 000 ~ 1 400	0.056 ~ 0.069	铝	200 ~ 600	0.11 ~ 0.19
氧化镍	600 ~ 1 300	0.54 ~ 0.87			

亦即

$$T = T_F \sqrt[4]{\frac{1}{\varepsilon_T}} \tag{6-24}$$

式中，T 为被测物体的真实温度；T_F 为被测物体的辐射温度；ε_T 为被测物体的全发射率。

由于 $0<\varepsilon_T<1$，所以，辐射温度 T_F 总要低于物体的真实温度，现将一些常用材料在给定温度范围内的全发射率列于表6-7中，供参考。

值得注意的是，ε_T 与光谱发射率 ε_λ 一样，涉及的因素很多，它随物体的化学成分、表面状态、温度及辐射条件的不同而改变。例如金属镍，在1 000～1 400 ℃范围内，$\varepsilon_T=0.056\sim0.069$；在类似温度范围内氧化镍的 ε_T 却为0.54～0.87，大致相差一个数量级。又如磨光的铂在260～538 ℃范围内，$\varepsilon_T=0.06\sim0.10$；而在完全相同的温度范围内，铂黑的 ε_T 高达0.96～0.97。由此可见，被测物体的化学成分或表面状态的差异，均可能造成 ε_T 的很大变化。

辐射温度计的敏感元件，分光电型与热敏型两大类

(1) 光电型　常用的有光电倍增管、硅光电池、锗光电二极管等。这类敏感元件的特点是响应速度极快，而同类元件光电特性曲线一致性不是很好，故互换性较差。

(2) 热敏型　常用的有热敏电阻、热电堆（由热电偶串联组成）等。这类敏感元件的特点是对响应波长无选择性，灵敏度高，同类元件的热电特性曲线一致性好，响应时间常数较大，通常为0.01～1 s。

辐射高温计光学系统的作用是聚集被测物体的辐射能。其形式有透射型和反射型两大类。光学系统中的物镜通常为平凸形透镜。透镜的材料选用取决于温度计测温范围。测温范围为400～1 200 ℃时，应选石英玻璃材料（它可透过0.3～0.4 μm的光谱段）；当测温范围为700～2 000 ℃时，透镜材料应选用K—9型光学玻璃（透过光谱段为0.3～2.7 μm）。所以测量范围不同的辐射温度计的物透镜材料是不同的。图6-17是采用热电堆作敏感元件的辐射温度计结构示意图。

辐射高温计的测量仪表按显示方式可分为自动平衡式、动圈式和数字式三类。它们均包括测量电路、显示驱动电路、指示器；数字式测量仪表还包括模拟/数字转换电路。自动平衡式测量仪表需有平衡驱动的执行器，如小型步进电机。

辐射高温计的辅助装置主要包括水冷却和烟尘防护装置。与光学高温计相比较，辐射高温计的测量误差要大一些。其原因是被测物体的光谱发射率 ε_λ 比其全辐射发射率 ε_T 稳定、准确。另外在 $\lambda=0.66$ μm时，光谱辐射能的增加量比全辐射能的增加量大得多，故光学高温计的灵敏度高。鉴于以上原因，辐射高温

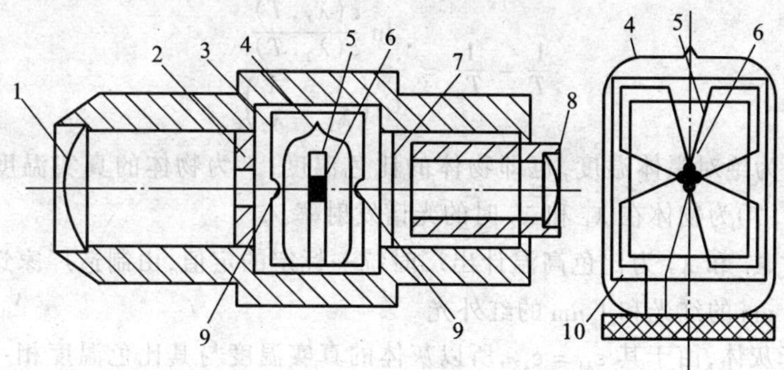

图 6-17 全辐射高温计的构造示意图

1—物镜；2—光阑；3—铜壳；4—玻璃泡；5—热电堆；6—铂黑片；7—吸收玻璃；8—目镜；9—小孔；10—云母片

计在使用上远不及光学高温计普遍，并有进一步被淘汰的趋势。

6.6.3 比色高温计

维恩位移定律指出：当温度升高时，绝对黑体辐射能量的光谱分布要发生变化。一方面，辐射峰值向波长短的方向移动，另一方面光谱分布曲线的斜率将明显增加；斜率的增加致使两个波长对应的光谱能量比发生明显的变化。把根据测量两个光谱能量比（两波长下的亮度比）来测量物体温度的方法称比色测温法；把实现此种测量的仪器称为比色高温计。用此种方法测量非黑体时所得的温度称之为“比色温度”或“颜色温度”。所以，可把比色温度定义为：绝对黑体辐射的两个波长 λ_1 和 λ_2 的亮度比等于被测辐射体在相应波长下的亮度比时，绝对黑体的温度就称为这个被测辐射体的比色温度。

绝对黑体，对应于波长 λ_1 与 λ_2 的光谱辐射亮度之比 R，可用下式表示：

$$R = \frac{L_{0\lambda1}}{L_{0\lambda2}} = \left(\frac{\lambda_2}{\lambda_1}\right)^5 e^{\frac{C_2}{T_B}\left(\frac{1}{\lambda_2}-\frac{1}{\lambda_1}\right)} \tag{6-25}$$

两边取自然对数，得

$$\ln R = 5\ln\frac{\lambda_2}{\lambda_1} + \frac{C_2}{T_B}\left(\frac{1}{\lambda_2} - \frac{1}{\lambda_1}\right) \tag{6-26}$$

整理得

$$T_B = C_2 \frac{\left(\frac{1}{\lambda_2} - \frac{1}{\lambda_1}\right)}{\ln\frac{L_{0\lambda1}}{L_{0\lambda2}} - 5\ln\frac{\lambda_2}{\lambda_1}} \tag{6-27}$$

根据比色温度的定义，应用维恩公式，可导出物体的真实温度和其比色温度的关系：

$$\frac{1}{T}-\frac{1}{T_{\mathrm{B}}}=\frac{\ln\frac{\varepsilon(\lambda_1,T)}{\varepsilon(\lambda_2,T)}}{C_2\left(\frac{1}{\lambda_1}-\frac{1}{\lambda_2}\right)} \tag{6-28}$$

式中，T_{B} 为绝对黑体温度，也即物体的比色温度；T 为物体的真实温度；$\varepsilon(\lambda_1,T)$、$\varepsilon(\lambda_2,T)$为物体在 λ_1 和 λ_2 时的光谱发射率。

通常 λ_1 和 λ_2 为比色高温计出厂时统一标定的定值，由制造厂家选定。例如选 0.8 μm 的红光和 1 μm 的红外光。

对于灰体，由于其 $\varepsilon_{\lambda1}=\varepsilon_{\lambda2}$，所以灰体的真实温度与其比色温度相一致。由于很多金属或合金随波长的增大，其单色光谱发射率是逐渐减小的，故这类物体的比色温度是高于真实温度的。而相当多的金属其 $\varepsilon_{\lambda1}$ 近似等于 $\varepsilon_{\lambda2}$，故用比色高温计测量此类金属时所得的比色温度就近似等于它们的真实温度。以上这些是比色高温计的一个主要优点。其次，在测量物体的光谱发射率时，比色高温计测量它们相对比值的精度总高于测量它们绝对值的精度；另外由于采用两个波长亮度比的测量，故对环境气氛方面的要求可大大降低，中间介质的影响相对前述光谱辐射温度计要小得多。

综上所述，与光谱辐射温度计相比、比色高温计的准确度通常较高、更适合在烟雾、粉尘大等较恶劣环境下工作。国产 WDS—Ⅱ光电比色高温计的原理示意图如图 6-18 所示。

由图 6-18(a)可知，被测物体的辐射能经物镜 1 聚焦后，经平行平面玻璃 2、中间有通孔的回零硅光电池 3，再经透镜 4 到分光镜 5。分光镜的作用是反射 λ_1 而让 λ_2 通过，将可见光分成 $\lambda_1(\approx 0.8\ \mu\mathrm{m})$、$\lambda_2(\approx 1\ \mu\mathrm{m})$两部分。一部分的能量经可见光滤光片 9，将少量长波辐射能滤除后，剩下波长约为 0.8 μm 的可见光被硅光电池 8(即 E_1)接收，并转换成电信号 U_1，输入显示仪表；另一部分的能量则通过分光镜 5，经红外滤光片 6 将少量可见光滤掉。剩下波长为 1 μm 的红外光被硅光电池 7(即 E_2)接收，并转换成电信号 U_2 送入显示仪表。

由两个硅光电池输出的信号电压，经显示仪表的平衡桥路测量得出其比值 $B=U_1/U_2$，比值的温度数值是用黑体进行分度的。显示仪表由电子电位差计改装而成，其测量线路如图 6-18(b)所示，当继电器 J 处于位置 2 时，两个硅光电池 E_1、E_2 输出的电势在其负载电阻上产生电压，这两个电压的差值送入放大器推动可逆电机 M 转动。电机将带动滑线电阻 R_6 上的滑动触点移动，直到放大器的输出电压是零为止。此时滑动触点的位置则代表被测物体的温度。继电器 J 处于位置 1 时，仪表指针回零。

在 WDS—Ⅱ型光电比色高温计中选用的两波长分别为可见光与红外光。如果两个波长均选在红外光波段，则该仪表称为红外比色温度计，可用来测量较

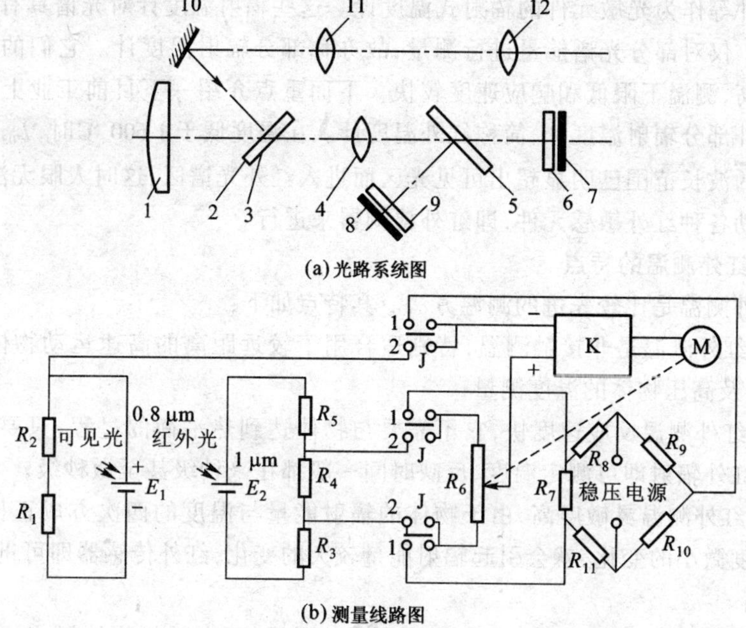

图 6-18 WDS—Ⅱ型光电比色高温计

1—物镜；2—平行平面玻璃；3—回零硅光电池；4—透镜；5—分光镜；
6—红外滤光片；7—硅光电池 E_2；8—硅光电池 E_1；9—可见光滤光片；
10—反射镜；11—倒像镜；12—目镜

低温度。

6.6.4 红外测温

1. 红外辐射

红外辐射俗称红外线，它是一种人眼看不见的光线。但实际上它和其他任何光线一样，也是一种客观存在的物质。任何物体，只要它的温度高于绝对零度，就有红外线向周围空间辐射。红外线是位于可见光中红光以外的光线，故称为红外线。它的波长范围大致在 0.75 ~ 1 000 μm 的频谱范围之内。相对应的频率大致在 $4\times10^{14}\sim3\times10^{11}$ Hz 之间，红外线与可见光、紫外线、x 射线、γ 射线和微波、无线电波一起构成了整个无限连续的电磁波谱。

红外辐射的物理本质是热辐射。物体的温度越高，辐射出来的红外线越多，红外辐射的能量就越强。研究发现，太阳光谱各种单色光的热效应从紫色光到红色光是逐渐增大的，而且最大的热效应出现在红外辐射的频率范围内，因此人们又将红外辐射称为热辐射或热射线。

除了上述两类辐射温度计外，还有其他一些利用光电管、光电池、光敏电阻、热电元件等作为光敏元件的辐射式温度计。这些辐射温度计对光谱具有一定的选择性。仅对部分光谱能量进行测量,故亦称部分辐射温度计。它们的特点是灵敏度高,测温下限低和响应速度较快。下面重点介绍一下目前工业上应用较广的红外部分辐射温度计,简称红外温度计。在温度低于 1 600 ℃时,$L_{0\lambda}$ 最大值所对应的波长范围已明显超出可见光区而进入红外光谱区,这时人眼无法看到,只能借助各种红外敏感元件,即红外检测器来进行。

2. 红外测温的特点

红外测温是比较先进的测温方法。其特点如下:

① 红外测温是非接触测温,特别适合用于较远距离的高速运动物体、带电体、高温及高压物体的温度测量;

② 红外测温反应速度快,它不需要与物体达到热平衡的过程,只要接收到目标的红外辐射即可测定温度,反映时间一般都在毫秒级甚至微秒级;

③ 红外测温灵敏度高,由于物体的辐射能量与温度的四次方成正比,因此物体温度微小的变化,就会引起辐射能量较大的变化,红外传感器即可迅速地检测出来;

④ 红外测温准确度较高,由于是非接触测量,不会破坏物体原来温度分布状况,因此测出的温度比较真实,其测量精度较高,甚至更小;

⑤ 红外测温范围广泛,可测零下几十摄氏度到零上几千摄氏度的温度范围;

⑥ 红外测温方法,几乎可在所有温度测量场合使用。例如,各种工业窑炉、热处理炉温度测量,感应加热过程中的温度测量,尤其是钢铁工业中的高速线材、无缝钢管轧制,有色金属连铸、热轧等过程的温度测量等;军事方面的应用如各种运载工具发动机内部温度测量,导弹红外(测温)制导,夜视仪等;在一般社会生活方面如快速非接触人体温度测量,防火监测等等。

3. 红外测温原理

红外测温有几种方法,这里只介绍全辐射测温。全辐射测温是测量物体所辐射出来的全波段辐射能量来决定物体的温度。它是斯忒藩 – 玻尔兹曼定律的应用,定律表达式为

$$W = \varepsilon\sigma T^{4} \tag{6-29}$$

式中,W 为物体单位面积所发射的辐射功率,数值上等于物体的全波辐出度;ε 为物体表面的法向比发射率;σ 为斯忒藩 – 玻尔兹曼常数;T 为物体的热力学温度(K)。

红外辐射测温仪结构原理如图 6 – 19 所示。

它由光学系统、调制器、红外传感器、放大器和指示器等部分组成。光学系统可以是透射式的,也可以是反射式的。透射式光学系统的部件是用红外光学

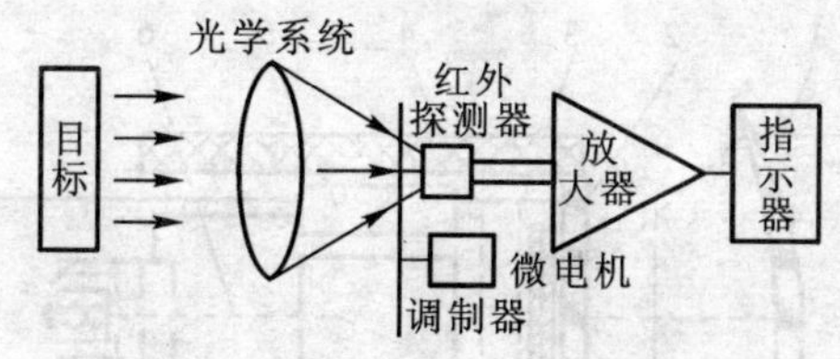

图 6-19 红外测温仪结构原理

材料制成的,根据红外波长选择光学材料。一般测量高温(700 ℃以上)仪器,有用波段主要在 0.76~3 μm 的近红外区,可选用一般光学玻璃或石英等材料。测量中温(100~700 ℃)仪器,有用波段主要在 3~5 μm 的中红外区,通常采用氟化镁、氧化镁等热压光学材料。测量低温(100 ℃以下)仪器,其有用波段主要在 5~14 μm的中远红外波段,一般采用锗、硅、热压硫化锌等材料。并通常还在镜片表面蒸镀红外增透层,一方面滤掉不需要的波段,另一方面增大有用波段的透射率。反射式光学系统多用凹面玻璃反射镜,表面镀金、铝或镍铬等在红外波段反射率很高的材料。

调制器就是把红外辐射调制成交变辐射的装置。一般是用微电机带动一个齿轮盘或等距离孔盘,通过齿轮盘或带孔盘旋转,切割入射辐射而使投射到红外传感器上的辐射信号成交变的。因为系统对交变信号处理比较容易,并能取得较高的信噪比。

红外传感器是接收目标辐射并转换为电信号的器件。选用哪种传感器要根据目标辐射的波段与能量等实际情况确定。

6.6.5 红外热像仪

1. 红外热成像原理

在许多场合,人们不仅需要知道物体表面的平均温度,更需要了解物体的温度分布情况,以便分析、研究物体的结构,探测内部缺陷。红外成像就能将物体的温度分布以图像的形式直观地显示出来。下面根据不同成像器件对热成像原理作简要介绍。

(1) 红外摄像管

红外摄像管是将物体的红外辐射转换成电信号,经过电子系统放大处理,再还原为光学像的成像装置。如光导摄像管、硅靶摄像管和热释电摄像管等。前二者是工作在可见光或近红外区的,而后者工作波段长。图 6-20 是热释电摄像管的结构简图。

该摄像管靶面为一块热释电材料薄片,在接收辐射的一面覆盖一层对红外辐射透明的导电膜。当经过调制的红外辐射经光学系统成像在靶上时,靶面吸

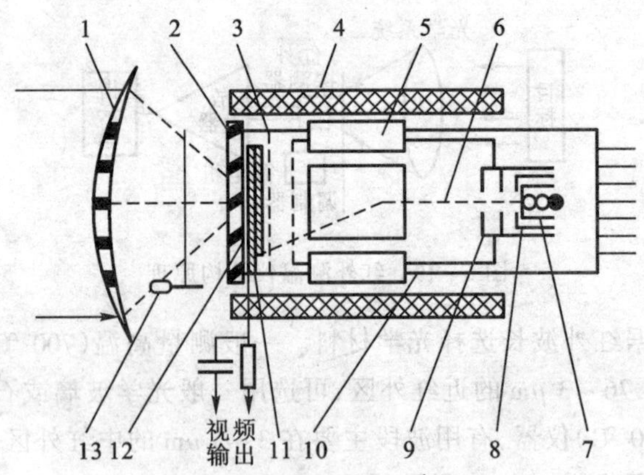

图 6-20　热释电摄像管结构简图

1—锗透镜；2—锗窗口；3—栅网；4—聚焦线圈
5—偏转线圈；6—电子束；7—阴极；8—栅极；
9—第一阳极；10—第二阳极；11—热释电耙；
12—导电膜；13—斩光器

收红外辐射，温度升高并释放出电荷。靶面各点的热释电与靶面各点温度的变化成正比，而靶面各点的温度变化又与靶面的辐射度成正比。因而，靶面各点的热释电量与靶面的辐照度成正比。当电子束在外加偏转磁场和纵向聚焦磁场的作用下扫过靶面时，就得到与靶面电荷分布相一致的视频信号。通过导电膜取出视频信号，送视频放大器放大后，再送到控制显像系统，在显像系统的屏幕上便可见到与物体红外辐射相对应的热像图。

这里需要提起注意的是：热释电材料只有在温度变化的过程中才产生热释电效应，温度一旦稳定，热释电就消失。所以，当对静止物体成像时，必须对物体的辐射进行调制。对于运动物体，可在无调制的情况下成像。

(2) 红外变像管

红外变像管是直接把物体红外图像变成可见图像的电真空器件，主要由光电阴极、电子光学系统和荧光屏三部分组成，均安装在高度真空的密封玻璃壳内。当物体的红外辐射通过物镜照射到光电阴极上时，光电阴极表面的红外敏感材料（蒸涂其上的半透明银氧铯）接收物体的红外辐射后，便发射与表面的辐照度的大小成正比，也就是与物体发射的红外辐射成正比的光电子。光电阴极发射的光电子在电场的作用下飞向荧光屏。荧光屏上的荧光物质，受到高速电子的轰击便发出可见光。可见光辉度与轰击的电子密度的大小成比例，即与物体红外辐射的分布成比例。这样，体现物体各部位温度高低的红外图像便被转换成人眼很容易识别的可见光图像。

(3) 固态图像变换器

固态图像变换器是由许多小单元(称为像元或像素)组成的受光面,各像素将感受的光像转换为电信号后顺序输出的一种大规模集成光电器件。又称电荷耦合摄像器件或 CCD(Charge-Coupled Devices to Imaging)图像器件。普通 CCD 固态图像变换器用于红外测温还需要一套与之配套的光学系统;一方面需很好地滤除非红外波长的其他光波,另一方面需把被测物体的红外成像投射到 CCD 固态图像变换器的受光面上。一种新型集成红外电荷耦合器件是用于红外测温更为理想的固体成像器件,具有良好的发展、应用前景。

2. 红外热像仪

根据成像原理和热像对象不同,红外成像仪种类也较多,如图 6-21 所示是国际重要的红外热像仪生产商——瑞典 AGA 红外系统公司生产的 AGA-750 型红外热像仪。

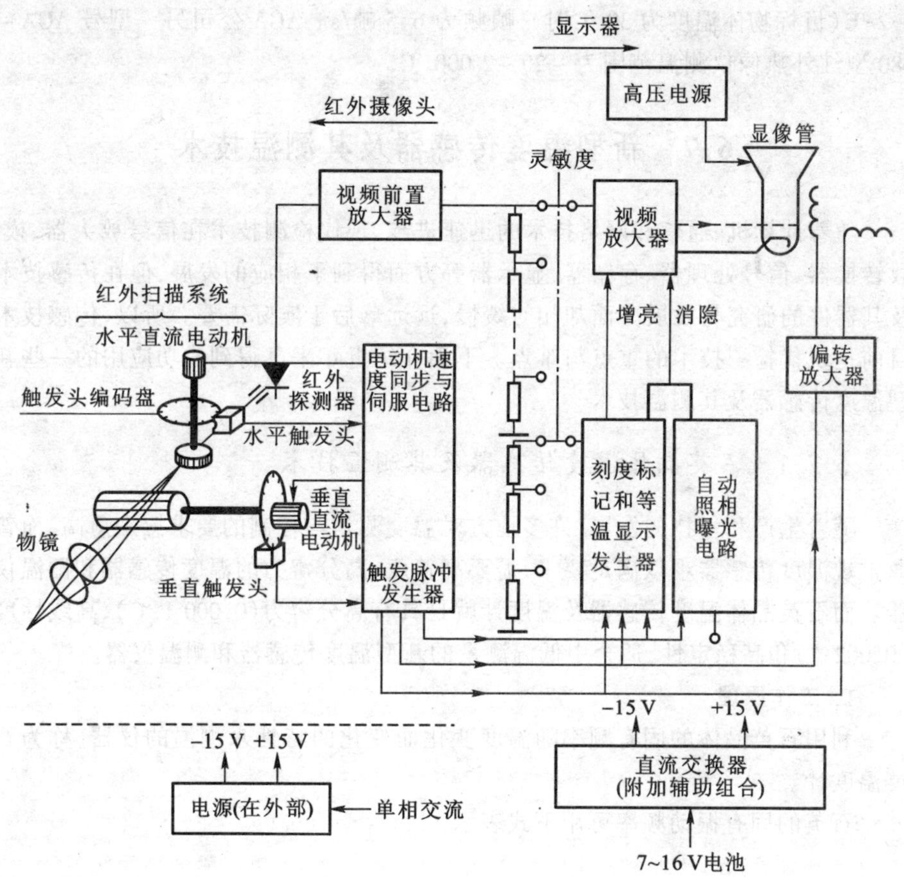

图 6-21 AGA—750 热像仪工作原理框图

该热像仪的光学系统为全折射式。物镜材料为单晶硅,通过更换物镜可对不同距离和大小的物体扫描成像。光学系统中垂直扫描和水平扫描均采用具有高折射率的多面平行棱镜,扫描棱镜由电动机带动旋转,扫描速度和相位由扫描触发器、脉冲发生器和有关控制电路控制。红外传感器输出的微弱信号送入前置放大器进行放大。温度补偿电路输出信号也同时输入前置放大器,以抵消目标温度随环境温度变化而引起的测量值误差。前置放大器的增益可通过调整反馈电阻进行控制。前置放大器的输出信号,经视频放大器放大,再去控制显像管屏上射线的强弱。

由于红外传感器输出的信号大小与其所接收的辐照度成比例,因而显像荧屏上射线的强弱亦随传感器所接收的辐照度成比例变化,从而实现被测物体温度成像与测量。

AGA－750 型红外热像仪测温范围为 －20～900 ℃,最小温度分辨力为 0.2 ℃(目标物体温度为 30 ℃时),帧频为 6.5 帧/s。AGA 公司另一型号 AGA－680 型红外热像仪测温范围为 －20～2 000 ℃。

6.7 新型温度传感器及其测温技术

随着计算机、通信和网络技术的迅速进步,现代检测技术在信号放大器、模/数转换器、信号处理器、存储器、显示器等方面得到了相应的发展,但在传感技术及其器件的研究与发展方面却相对缓慢,远远落后于实际需要。所以,传感技术目前是现代检测技术的重点与难点。下面介绍近年来已得到成功应用的一些新型温度传感器及其测温技术。

6.7.1 石英晶体温度传感器及其测温技术

随着生产和科技的发展,许多地方对温度测量与控制的要求愈来愈高,而普通常规温度传感器难以满足要求,需要高精度、高分辨力的温度传感器和测温仪器。而石英晶体温度传感器及温度计就是具有高分辨力(0.000 1 ℃)、高线性度(0.002%)和高稳定性,适合中低温测量的新型温度传感器和测温仪器。

1. 工作原理

利用石英晶体的固有频率随温度变化而变化的特性来测温的仪器,称为石英温度计。

石英的固有振动频率可用下式表示

$$f = \frac{n}{2b} \cdot \sqrt{\frac{C}{\rho}} \tag{6-30}$$

式中,f 为固有振动频率;n 为谐波次数;b 为振子的厚度;ρ 为密度;C 为弹性常数。

石英振子的频率还与温度具有下列近似关系

$$f_t = f_0[1 + \alpha(t - t_0) + \beta(t - t_0)^2 + \gamma(t - t_0)^3] \tag{6-31}$$

式中,f_0 为在温度为 t_0 时的频率;f_t 为在温度为 t 时的频率;t_0 为基准参考温度;α,β,γ 为一次、二次、三次幂的温度系数。

系数 α、β、γ 随石英晶体的切割角度的改变而变化。当切割角度不同时,温度系数也明显不同,说明石英的频率温度系数既是切割角度的函数,又是温度的函数。所谓频率温度系数,是指温度增加 1 ℃时,其频率变化的相对偏移量。大量研究和实验表明采用 Y 切割的石英晶体片的振荡频率与温度呈线性关系,其斜率(即频率温度系数)约为 1 000 Hz/℃。

2. 石英晶体传感器结构

石英温度计通常采用石英振荡器,构成一个决定频率的谐振回路,而石英振子部分,通常采用易接受温度变化的结构。石英传感器的结构通常如图 6-22 所示,石英振子置于不锈钢保护管的上部,使其对外界温度变化敏感。由支柱支撑,振子的两面粘贴有用金等性能稳定的金属或合金制成的电极,并用引线与外部连通。石英振子虽由支柱支撑,但是它将阻碍振子振动,并且,外界振动及冲击等又要改变其支撑位置,都对精确测温不利。然而,若使石英片自由振荡,支撑位置又不受冲击是相当困难的。

3. 石英温度计主要特性

① 高分辨力　分辨力达 0.001 ~ 0.0001 ℃;

② 高精度　在 -50 ~ 120 ℃范围内,其误差为 ±0.05 ℃(普通温度计的误差一般大于 ±0.1 ℃);

③ 高稳定度　年变化在 0.02 ℃以内;

④ 热滞后误差小,可以忽略;

⑤ 因是频率输出型传感器,后续测量与处理电路设计方便、简单,且可不受放大器漂移及电源波动的影响,可方便地远距离(如 1 500 m)传送温度测量信号;

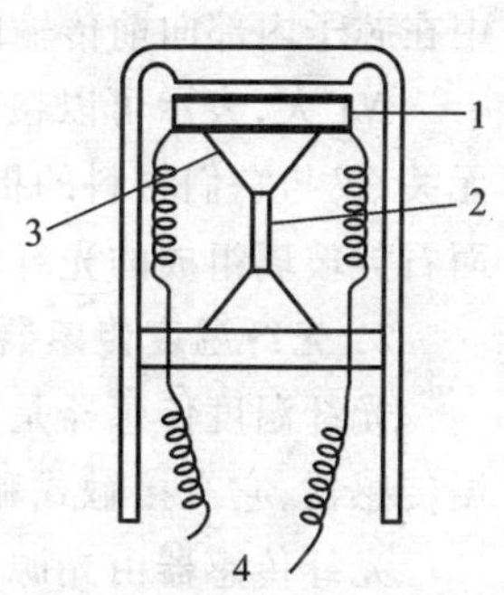

图 6-22　石英温度传感器
1—石英片;2—支柱;
3—电极;4—引线

⑥ 其精度和稳定性可以作为温度量值传递的标准及次级标准使用;

⑦ 石英传感器的抗强冲击性能较差,故在安装、运输和使用需特别注意。

4. 温度计的标定

由频率与温度的关系式(6-31)可知,只要确定了式中的 α、β、γ 的值,就可利用式(6-31)求得被测温度。下面以某国产标准低温石英温度计标定为例作一介绍。

该种温度计的测温范围为 -80 ~ 0 ℃;测温的不确定度为 15 mK;分辨力为 2 ~ 0.2 mK,标定时选用水的三相点温度作为基准参比温度 t_0,以一等标准铂电阻温度计作标准,在恒温槽中与石英温度计作比较检定。最后用最小二乘法拟合频率温度关系式,求出 α、β、γ 三个温度系数。标定后的石英温度计就可投入使用。

6.7.2　光纤测温

1. 概述

光导纤维是一种利用光完全内反射原理而传输光的器件。一般光导纤维用石英玻璃制成,通常有三层:最里面直径仅有几十微米的细芯称芯子,其折射率为 n_1;外面有一层外径为 100 ~ 200 μm 的包层,其折射率为 n_2,通常 n_2 略小于 n_1;芯子和包层一起叫做心线;心线外面为保护层,其折射率为 n_3,$n_3 \geqslant n_2$。

这种结构可保证按一定角度入射的光线在芯子和包层的界面发生全反射,使光线只集中在芯子内向前传输。与温度测量有关的光导纤维的特征参数主要是数值孔径 NA,其表达式为

$$NA = n_0 \sin\theta_0 = \sqrt{n_1^2 - n_2^2} \tag{6-32}$$

式中,n_0 为空气折射率,其值为 1;n_1 为芯子材料的折射率;n_2 为包层材料的折射率;θ_0 为临界入射角(指保证入射光在芯子和包层界面间发生全反射,从而集中在芯子内部向前传输的最大入射角)。

NA 大,表示可以在较大入射角范围内输入并获得全反射光;它与心线直径无关,仅与它们材料的折射率有关。一般光学玻璃组成的光纤,其 NA 约为 0.4;而石英玻璃组成的光纤,其 NA 约为 0.25。

2. 光纤温度传感器

光纤温度传感器是采用光纤作为敏感元件或能量传输介质而构成的新型测温传感器,它有接触式和非接触式等多种型式。

光纤传感器由光源激励、光源、光纤(含敏感元件)、光检测器、光电转换及处理系统和各种连接件等部分构成。光纤传感器可分为功能型和非功能型两种型式,功能型传感器是利用光纤的各种特性,由光纤本身感受被测量的变化,光纤既是传输介质,又是敏感元件;非功能型传感器又称传光型,由其他敏感元件感受被测量的变化,光纤仅作为光信号的传输介质。

(1) 功能型光纤温度传感器

功能型光纤温度传感器是由光纤本身感受被测目标物体的温度变化,并引起传输光的相应变化,然后据此确定被测目标物体的温度高低与发生变化的位置。这类传感器目前仍处于研究阶段,下面介绍其中两种功能型光纤温度传感器。

① 黑体辐射型

这种温度传感器与辐射光纤传感器很相似,其工作原理是基于光纤芯线受热产生黑体辐射现象来测量被测物体内热点的温度。此时,光纤本身成为一个待测温度的黑体腔,它与辐射温度计的区别在于辐射不是固定在头部,而是光纤整体。在光纤长度方向上的任何一段,因受热而产生的辐射都在端部收集起来,并用来确定高温段的位置与温度。因此,它属于接触式温度传感器范畴。这种传感器是靠被测物体加热光纤,使其热点产生热辐射,所以,它不需要任何外加敏感元件,可以测量物体内部任何位置的温度。而且,传感器对光纤要求较低,只要能承受被测温度就可以。

光纤温度传感器的热辐射能量取决于光纤温度、发射率与光谱范围。当一定长度的光纤受热时,光纤的所有部分都将产生热辐射,但光纤各部分的温度可能相差很大,所辐射的光谱成分也不同。由于热辐射随物体温度增加而显著增加,所以,在光纤终端探测到的光谱成分将主要取决于光纤上最高温度,即光纤中的热点,而与其长度无关。

经理论推导,热物体在 $\lambda_1 \sim \lambda_2$ 波长范围内,传到光纤端部的辐射通量密度为

$$P = \left(\frac{\pi D^2}{4}\right)\left(1 - \frac{n_2}{n_1}\right)(1 - e^{-\alpha l})e^{-2L} \times \int_{\lambda_1}^{\lambda_2} \frac{C_1}{\lambda^5}\left[\exp\left(\frac{C_2}{\lambda T}\right) - 1\right]^{-1} d\lambda \tag{6-33}$$

式中,D 为光纤芯线直径,l 为热区长,L 为光纤长(m),α 为光纤的吸收系数;n_1,n_2 为分别为芯线与包层的折射率。

当使用标准石英光纤时,其最大直径 $D = 1$ mm,空气包层的折射率 $n_2 = 1$,石英芯线的折射率 $n_1 = 1.48$,光纤长度 $L = 3$ m,热区长 $l = 10$ cm,此时的辐射通量密度为

$$P = 3.08 \times 10^{-5} \int_{\lambda_1}^{\lambda_2} \frac{C_1}{\lambda^5}\left[\exp\left(\frac{C_2}{\lambda T}\right) - 1\right]^{-1} d\lambda \tag{6-34}$$

热辐射能量将沿光纤两个方向传输而受到不同程度的衰减。设在光纤两个端部测得的光强度信号分别为 S_1 和 S_2,光纤的全长为 L,热点至一端的距离为 L_1,至另一端的距离为 L_2,经推导可得出这两个信号比为

$$S_1/S_2 = \exp[-\alpha(L_1 - L_2)] \tag{6-35}$$

$$L_1 = \frac{1}{2}L - \frac{1}{2\alpha}\ln\left(\frac{S_1}{S_2}\right) \tag{6-36}$$

由上式便可得到热点的确切位置,如改用比色测量,其精度还可以进一步提高。

采用硫化铅、硒化铅作探测器时,测温下限可达室温。对于一般的光纤温度

传感器,测温范围为 135～725 ℃。这种温度传感器用来监测电机、变压器等电器设备的热点是较适宜的。

② 喇曼效应型

这种光纤温度计是基于光纤内部产生喇曼散射现象,喇曼(Raman)效应是一种利用光纤材料内分子相互作用调制光线的非线性散射效应。这种散射光的波长会在两个方向上变化,即长波方向(称 Stockes 线)和短波方向(称为反 Stockes 线)。通过理论证明,Stockes 辐射强度与反 Stockes 辐射强度之比为热力学温度的函数,可用来测定热点的温度;再测量光波传输的时间,就能确定其位置。

测量时,由光纤首端射入光脉冲,通常采用功率较大的激光器,以便得到较强的散射光,可增加检测的灵敏度。用氖离子激光器激发时,产生的 Stockes 和反 Stockes 的反射信号,如图 6－23 所示。由于它们的波长不同,可用滤光片分离,然后分别测量其强度,再由比值确定其温度;由回波时间间隔确定其位置。据报导在长度约 1 km 光纤上实验时,该系统的温度分辨率为 5 K,位置分辨率为 5 m。现在已有商品出售,但只使用反 Stockes 线来确定温度。据称目前已获得 1 ℃以上的分辨力。

(2) 非功能型光纤温度传感器

非功能型光纤温度传感器在研究、生产和实际应用中更为成功,现有多种类型,已实用化的有液晶光纤温度传感器、荧光光纤温度传感器、半导体光纤温度传感器和光纤辐射型温度传感装置等。

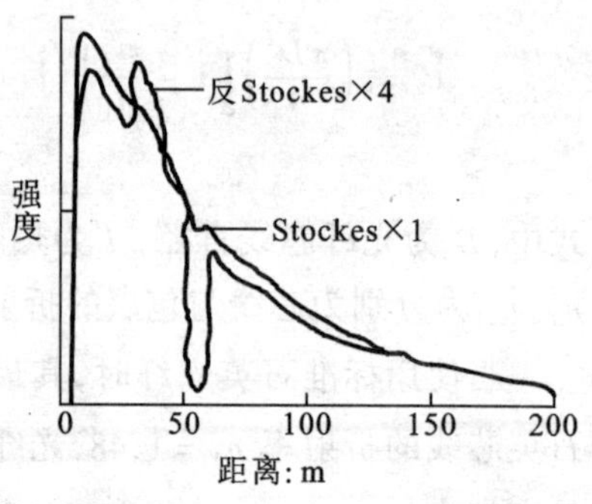

图 6－23　氩离子激光器的 Stockes 与反 Stockes 信号强度

波数位移 = 400 cm;

激励波长 = 514 cm

① 液晶光纤温度传感器

液晶光纤温度传感器利用液晶的“热色”效应而工作。例如在光纤端面上安装液晶片,在液晶片中按比例混入三种液晶,温度在 10～45 ℃范围变化,液晶颜色由绿变成深红,光的反射率也随之变化,测量光强变化可知相应温度,其精度约为 0.1 ℃。不同型式的液晶光纤温度传感器的测温范围可在 －50～250 ℃之间。

② 荧光光纤温度传感器

荧光光纤温度传感器的工作原理是利用荧光材料的荧光强度随温度而变化,或荧光强度的衰变速度随温度而变化的特性,前者称荧光强度型,后者称荧光余辉型。其结构是在光纤头部粘接荧光材料,用紫外光进行激励,荧光材料将会发出荧光,检测荧光强度就可以检测温度。荧光强度型传感器的测温范围为 －50～200 ℃;荧光余辉型温度传感器的测温范围为 －50～250 ℃。

③ 半导体光纤温度传感器

半导体光纤温度传感器是利用半导体的光吸收响应随温度高低而变化的特性，根据透过半导体的光强变化检测温度。温度变化时，半导体的透光率亦随之变化。当温度升高时，其透过光强将减弱，测出光强变化就可知对应的温度变化。这类温度计的测温范围为 -30~300 ℃。

④ 光纤辐射型温度传感装置

光纤辐射型温度传感装置的工作原理和普通的辐射测温仪表类似，它可以接近或接触目标进行测温。目前，因受光纤传输能力的限制，其工作波长一般为短波，采用亮度法或比色法测量。

图 6-24 是光纤温度传感器分类示意图。其中(a)为功能型光纤温度传感器原理示意图，(b)、(c)为非功能型光纤温度传感器原理示意图。

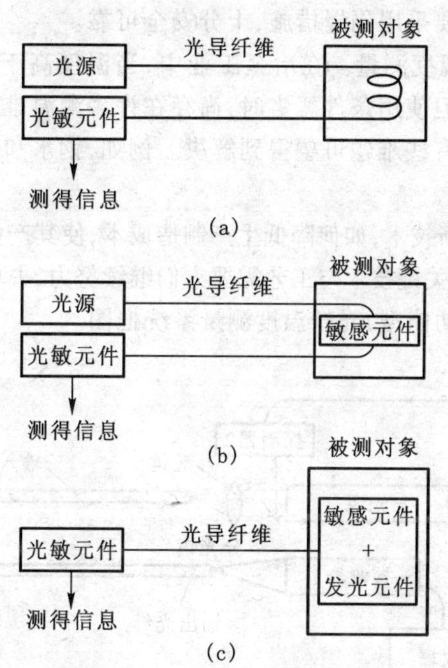

图 6-24 光纤温度传感器的类型

3. 光纤测温技术及其应用

光纤测温技术是在近十多年才发展起来的新技术，目前，这一技术仍处于研究发展和逐步推广实用的阶段。在某些传统方法难以解决的测温场合，已逐渐显露出它的某些优异特性。但是，正像其他许多新技术一样，光纤测温技术并不能用来全面代替传统方法，它仅是对传统测温方法的补充。应充分发挥它的特长,有选择地用于下列常规测温方法和普通测温仪表难以胜任的场合。

① 对采用普通测温仪表可能造成较大测量误差,甚至无法正常工作的强电磁场范围内的目标物体进行温度测量。如金属的高频熔炼与橡胶的硫化,木材与织物、食品、药品等的微波加热烘烤过程的炉内温度测量。光纤测温技术在这些领域中有着绝对优势,因为它既无导电部分引起的附加升温,又不受电磁场的干扰,因而能保证测量温度的准确性。

② 高压电器的温度测量。最典型的应用是高压变压器绕组热点的温度测量。英国电能研究中心从 20 世纪 70 年代中期就开始潜心研究这一课题,起初是为了故障诊断与预报,现在由于计算机电能管理的应用,便转入了安全过载运行,使系统处于最佳功率分配状态。另一类可能应用的场合是各种高压装置,如发电机、高压开关、过载保护装置等。

③ 易燃易爆物的生产过程与设备的温度测量。光纤传感器在本质上是防火防爆器件,它不需要采用隔爆措施,十分安全可靠。

④ 高温介质的温度测量。在冶金工业中,当温度高于 1 300 ℃或 1 700 ℃时,或者温度虽不高但使用条件恶劣时,尚存在许多测温难题。充分发挥光纤测温技术的优势,其中有些难题可望得到解决。例如,钢水和铁液在连轧和连铸过程中的连续测温问题。

当然,作为一项新技术,如何降低生产制造成本,使其产业化、标准化直至广泛应用于实际还有许多关键技术与工艺需要人们继续努力,去攻克、研究与开发。

图 6 - 25 是某(功能型)光纤温度测量系统框图。

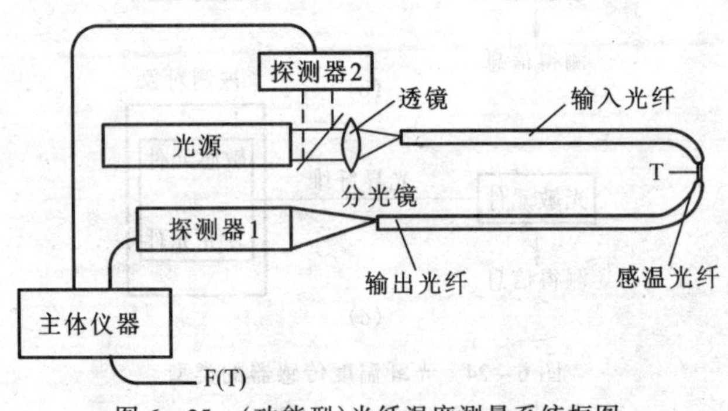

图 6 - 25 (功能型)光纤温度测量系统框图

图 6 - 26 为(非功能型)光纤辐射温度计结构示意图。光纤辐射温度计的光纤可以直接延伸为敏感探头,也可以经过耦合器,用刚性光导棒延伸。

典型光纤辐射温度计的测温范围为 200 ~ 4 000 ℃,分辨力可达 0.01 ℃,在高温时精度可优于 ±0.2% 读数值,其探头耐温一般可达 300 ℃,加冷却后可到 500 ℃。

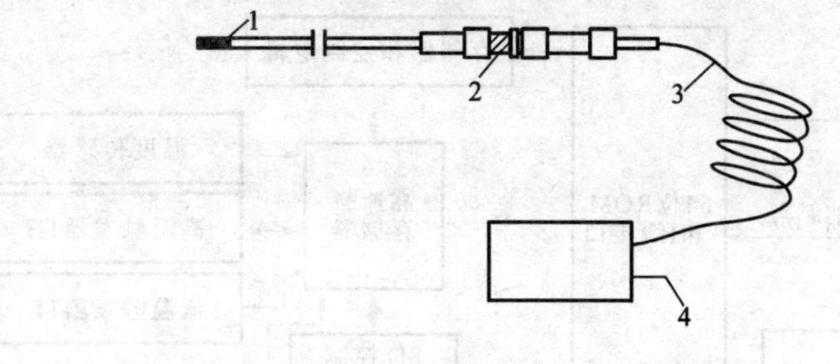

图 6-26 （非功能型）光纤辐射温度计

1—光纤头；2—耦合器；3—光纤；4—主体仪器

6.7.3 一线制数字温度传感器 DS18B20 及其应用

1. DS18B20 的封装与外部引脚

DS18B20 是美国 DALLAS 公司新推出的热电式半导体数字集成温度传感器。它也是利用半导体 PN 结在其正常工作温度范围内结电压随温度上升而下降的原理精心设计实现的。DS18B20 有多种封装形式,其中一种外形与小功率晶体管 9012 非常相像,体积与一颗绿豆差不多大小。几种形式的封装与引脚定义如图 6-27 所示。

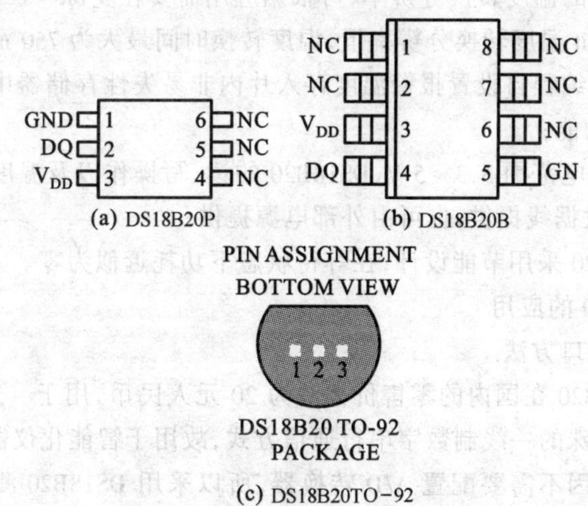

图 6-27 DS18B20 的几种封装管脚图

GND—地；DQ—数据输入/输出；V_{DD}—电源电压；NC—空脚

2. DS18B20 内部功能电路模块

其内部功能电路模块如图 6-28 所示。

3. DS18B20 的主要功能和特点

DS18B20 对外有效引脚仅 3 条,即电源、地和信号线。其主要功能和特点

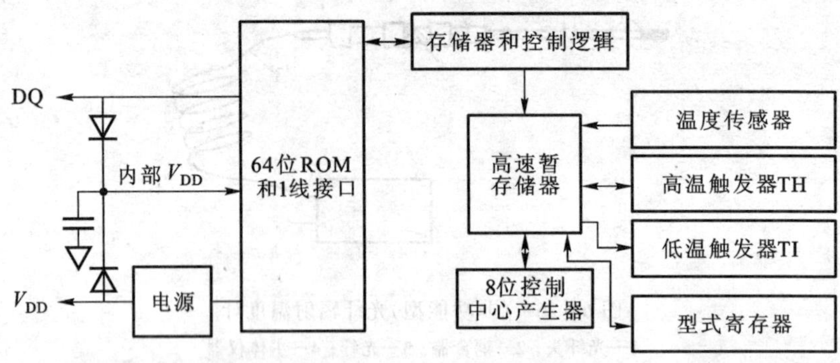

图 6-28　DS18B20 功能块图

如下：

(1) 采用独特的“一线制”通信方式，信号符合 TTL 电平，无须任何外围器件，可直接和各种单片机或微处理器的 I/O 引脚相连，为简化系统设计提供了极大的方便；

(2) 温度测量范围为 -55 ~ 125 ℃，在 -10 ~ +85 ℃温度范围内，测量精度可达到 ±0.5 ℃；

(3) 可编程的温度转换分辨率，可根据应用需要在 9 bit ~ 12 bit 之间选取；

(4) 在 12 bit 温度转换分辨率下，温度转换时间最大为 750 ms；

(5) 用户可编程自设置报警温度存入片内非易失性存储器中，实现温度上、下限自动报警功能；

(6) 电源供电范围 3.3 ~ 5 V，DS18B20 的读、写操作以及温度转换期间所需的电能可通过数据线提供，也可由外部电源提供；

(7) DS18B20 采用节能设计，在等待状态下功耗近似为零。

4. DS18B20 的应用

(1) 硬件接口方法

目前 DS18B20 在国内的零售价大约为 20 元人民币，用于 -50 ~ 150 ℃范围内测温，采用特殊的一线制数字串行通信方式，故用于智能化仪器对环境温度的监测非常方便，因不需要配置 A/D 转换器，所以采用 DS18B20 测温方案成本低廉。图 6-29 为 DS18B20 与 MCU 的两种接口电路。其中(a)为点对点应用电路，DS18B20 电源端接地；(b)为点对多点应用电路，DS18B20 电源端接外电源(3 ~ 5.5 V)。

(2) DS18B20 的“一线制”串行通信协议

DS18B20 的“一线制”串行通信协议中所有的命令和数据都必须通过一根信号线进行传输，因此，对数据读、写时序有非常严格的要求。DS18B20 主要读、写时序包括：初始化时序、读操作时序、写操作时序。

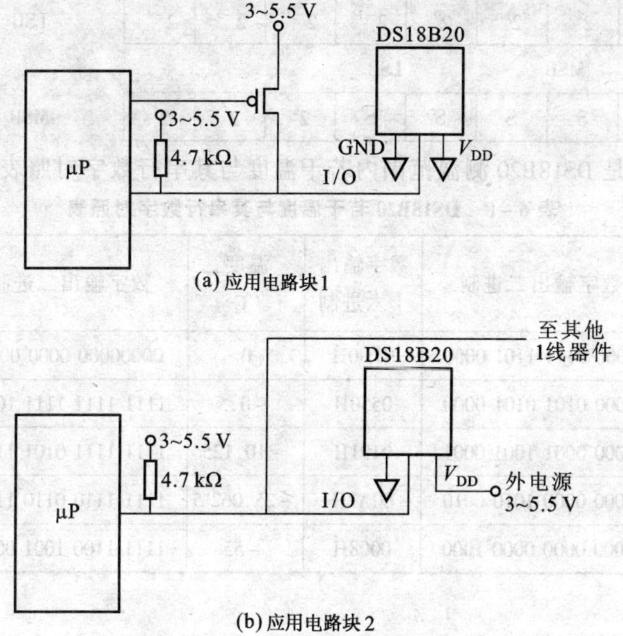

图 6-29 DS18B20 典型应用电路

DS18B20 始终作为从设备，通过其信号线随时等待和接受 MCU 传入的信号。MCU 每次读写均先完成初始化时序(包括复位和启动脉冲)。首先在 t_0 时刻，MCU 在信号线上发出一个低电平复位脉冲“Reset Plus”(脉冲宽度必须大于 480 μs 并小于 960 μs)，接着在 t_1 时刻 CPU 释放总线(在信号线上输出高电平)并进入等待接收状态，DS18B20 在检测到信号线上的上升沿后，等待 15 ~ 60 μs，接着在 t_2 时刻发出一个低电平启动脉冲“Presence Plus”(脉冲宽度必须大于 60 μs 并小于 240 μs)，在 t_3 时刻上拉电阻将总线电平拉高，完成总线初始化操作。

DS18B20 的读操作包括：读“0”和读“1”。首先，由 CPU 将总线由高电平拉至低电平，并至少保持 1 μs 的宽度，在此后的 15 μs 内 CPU 对总线进行采样，若为低电平，则读入的位为“0”；若为高电平，则读入的位为“1”。读入连续两位数据的时间间隔应大于 1 μs。

DS18B20 的写操作包括：写“0”和写“1”。首先，CPU 将总线由高电平拉至低电平，并在此后的 15 μs 内将所需要写的位送至总线上。DS18B20 在 CPU 将总线由高电平拉至低电平时刻后的 15 ~ 60 μs 内对总线进行采样，若为低电平，则写入的位为“0”；若为高电平，则写入的位为“1”。连续写入两位数据的时间间隔应大于 1 μs。

DS18B20 输出或输入(设定报警)温度用两个串行 8 位字节表示：

2^3	2^2	2^1	2^0	2^{-1}	2^{-2}	2^{-3}	2^{-4}	LSB

MSB LSB

S	S	S	S	S	2^6	2^5	2^4	MSB

表 6－8 是 DS18B20 测温范围内若干温度与其串行数字对照表。

表 6－8 DS18B20 若干温度与其串行数字对照表

温度/℃	数字输出二进制	数字输出十六进制	温度/℃	数字输出二进制	数字输出十六进制
125	0000 0111 1101 0000	07D0H	0	0000000 0000 0000	0000
85	0000 0101 0101 0000	0550H	－0.5	1111 1111 1111 1000	FFF8H
25.062 5	0000 0001 1001 0001	0191H	－10.125	1111 1111 0101 1110	FF51H
10.125	0000 0000 1010 0010	00A2H	－25.062 5	1111 1110 0110 1111	FF6FH
0.5	0000 0000 0000 1000	0008H	－55	1111 1100 1001 0000	FC90H

第7章　物位检测技术

在许多生产过程中，需要对诸如锅炉内的水位，油罐、水塔、各种储液罐的液位或粮仓、煤粉仓、水泥库、化学原料库中的料位以及在高温条件下对连铸生产中的铝水、钢水、铁水包内的金属液位，高炉或竖炉的料位等进行可靠的检测和控制，以保证生产正常连续运行，确保产品质量，实现安全、高效生产。

物位检测包括液位、料位和相界面位置的检测。它一般是以容器口为起点，测量物料相对起点的位置。液位指液体表面位置，液面一般是水平的，但有些情况下可能有沸腾或起泡。料位指容器中固体粉料或颗粒的堆积高度的表面位置，一般固体物料在自然堆积时料面是不平的。相界面指同一容器中互不相溶的两种物质在静止或扰动不大时的分界面，包括液—液相界面、液—固相界面等，相界面检测的难点在于界面分界不明显或存在混浊段。

在物位检测中，由于被测对象不同，介质状态、特性不同以及检测环境条件不同，决定了物位检测方法的多种多样，需要根据具体情况和要求进行选择或设计。表7－1是目前已获得成功应用的各种液位、料位检测方法及相应测量仪器的主要性能特点汇总表。

三种形式的物位检测中，液位检测需求最多，技术相对简单些，因此作为重点进行介绍。

表7－1　物位测量方法及常见物位计性能

测量方法		直接测量	差压法			浮力法			电学法		
仪器名称		玻璃管液位计	压力式液位计	吹气式液位计	差压式液位计	钢带浮子式	杠杆浮球式	浮筒式液位计	电阻式物位计	电容式物位计	电感式物位计
技术性能	被测介质类型	液位	液位 物料	液位	液位 液－液 相界面	液位	液位 液－液 相界面	液位 液－液 相界面	液位 料位 相界面	液位 料位 相界面	液位
	测量范围/m	1.5	50	16	20	20	2.5	2.5	安装位置定	50	20

续表

测量方法		直接测量	差压法			浮力法			电学法		
仪器名称		玻璃管液位计	压力式液位计	吹气式液位计	差压式液位计	钢带浮子式	杠杆浮球式	浮筒式液位计	电阻式物位计	电容式物位计	电感式物位计
技术性能	误差/%	±3	±2	±2	±1	±1.5	±1.5	±1	±10 mm	±2	±0.5
	工作压力/Pa	1.6×10^6	常压	常压	40×10^6	6.4×10^6	6.4×10^6	32×10^6	1×10^6	3.2×10^6	16×10^6
	工作温度/℃	100~150	200	200	−20~200	120	150	200	200	−200~400	−30~160
	对粘性介质	不适用	法兰式可用	不适用	法兰式可用	不适用	不适用	不适用	不适用	不适用	适用
	对有泡沫沸腾介质	不适用	适用	适用	适用	不适用	适用	适用	不适用	不适用	不适用
	与介质接触状态	接触	接触或不接触	接触	接触	接触	接触	接触	接触	接触	接触或不接触
	可动部件	无	无	无	无	有	有	有	无	无	无
输出	操作条件	就地目视	远传显示调节	就地目视	远传显示调节	计数远传	报警控制	显示记录调节	报警控制	指示	报警控制

测量方法		声学法			核辐射法	光学法	机械接触式			其他		
仪器名称		超声波物位计			核辐射式物位计	激光式物位计	重锤式	旋翼式	音叉式	磁致伸缩式	称重式	微波式
		气介式	液介式	固介式								
技术性能	被测介质类型	液位料位	液位 液−液相界面	液位	液位料位	液位料位	液位 液−固相界面	液位	液位料位	液位 液−液界面	液位料位	液位料位
	测量范围(m)	30	10	50	20	20	50	安装位置定	安装位置定	18	20	60

续表

测量方法		声学法			核辐射法	光学法	机械接触式			其他		
仪器名称		超声波物位计			核辐射式物位计	激光式物位计	重锤式	旋翼式	音叉式	磁致伸缩式	称重式	微波式
		气介式	液介式	固介式								
技术性能	误差/%	±3	±5 mm	±1	±2	±0.5	±2	±1	±1	±0.05	±0.5	±0.5
	工作压力/Pa	0.8×10^6	0.8×10^6	1.6×10^6	随容器定	常压	常压	常压	4×10^6	随容器定	常压	1×10^6
	工作温度/℃	200	150	高温	无要求	1500	500	80	150	-40~70	常温	150
	对粘性介质	不适用	适用	适用	适用	适用	不适用	不适用	不适用	适用	适用	适用
	对有泡沫沸腾介质	适用	不适用	适用	适用	适用	不适用	不适用	不适用	不适用	适用	适用
	与介质接触状态	不接触	不接触	接触	不接触	不接触	接触	接触或不接触	接触或不接触	接触	接触	不接触
	可动部件	无	无	无	无	无	有	有	有	无	有	无
输出	操作条件	显示	显示	显示	需防护远传显示	报警控制	报警控制	报警控制	报警控制	远传显示控制	报警控制	记录调节

7.1 液位检测方法

液位检测总体上可分为直接检测和间接检测两种方法，由于测量状况及条件复杂多样，因而往往采用间接测量，即将液位信号转化为其他相关信号进行测量，如压力法、浮力法、电学法、热学法等。

7.1.1 直接测量法

直接测量是一种最为简单、直观的测量方法，它是利用连通器的原理，将容器中的液体引入带有标尺的观察管中，通过标尺读出液位高度，如图 7-1 所示的玻璃管液位计。

这种通过标尺读数的液位计统称为玻璃管液位计，实际应用中，观察管并不一定全是玻璃管,也可以外包(露出标尺、刻度)金属或其他材料制成的保护管。这种测量方法最大的优点是简单、经济,无需外界能源,防爆安全,因此在电厂及化工领域的连续生产过程中仍有着广泛的应用。但它的缺点是不易实现信号的远传控制,而且由于受玻璃管强度的限制,被测容器内的温度、压力不能太高。此外,为防止粘稠介质和深色介质沾染玻璃,影响读数,一般避免用它检测此类介质。

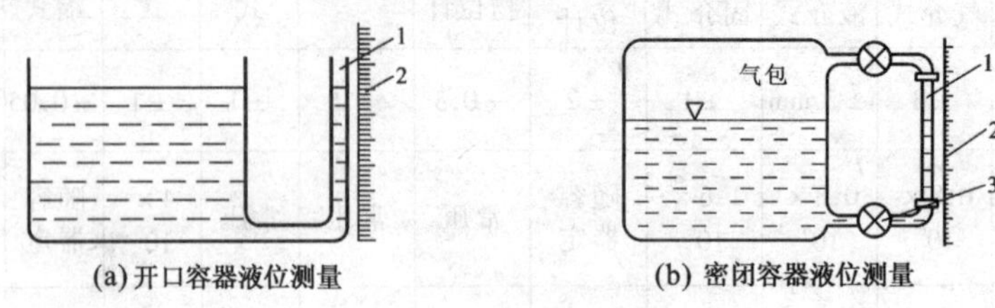

图 7-1　玻璃管液位计

1—观察管;2—标尺;3—旋塞阀

7.1.2　压力法

压力法依据液体重量所产生的压力进行测量。由于液体对容器底面产生的静压力与液位高度成正比,因此通过测容器中液体的压力即可测算出液位高度。

对常压开口容器,液位高度 H 与液体静压力 p 之间有如下关系:

$$H = \frac{p}{\rho g} \tag{7-1}$$

式中,ρ 为被测液体的密度(kg/m^3)。

图 7-2 为用于测量开口容器液位高度的三种压力式液位计。图 7-2(a)为压力表式液位计,它是利用引压管将压力变化值引入高灵敏度压力表进行测量的。图中压力表高度与容器底等高,这样压力表读数即直接反映液位高度。如果两者不等高,当容器中液位为零时,压力表中读数不为零,而是反映容器底部与压力表之间的液体的压力差值,该值称为零点迁移量,测量时应予以注意。这种方法的使用范围较广,但要求介质洁净,粘度不能太高,以免阻塞引压管。图

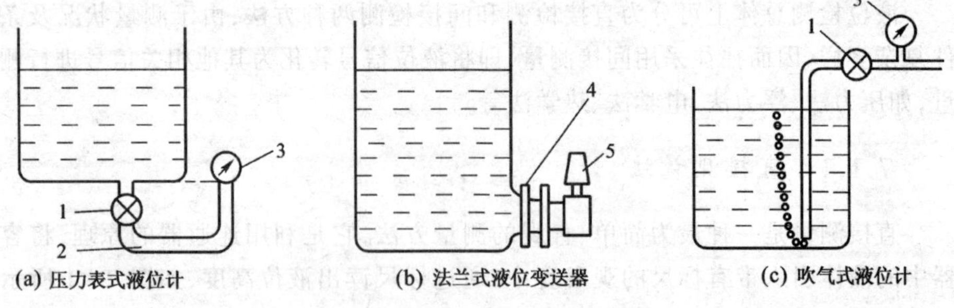

图 7-2　压力式液位计

1—旋塞阀;2—引压管;3—压力表;4—法兰;5—压力变送器

7-2(b)为法兰式压力变送器,变送器通过法兰装在容器底部的法兰上,作为敏感元件的金属膜盒经导压管与变送器的测量室相连,导压管内封入沸点高、膨胀系数小的硅油,使被测介质与测量系统隔离。它可以将液位信号变成电信号或气动信号,用于液位显示或控制调节。由于是法兰式连接,且介质不必流经导压管,因此可用来检测有腐蚀性、易结晶、粘度大或有色介质。图7-2(c)为吹气式液位计,压缩空气通过气泡管通入容器底部,调节旋塞阀使少量气泡从液体中逸出(大约每分钟150个左右),由于气泡微量,可认为容器中液体静压与气泡管内压力近似相等。当液位高度变化时,由于液体静压变化会使逸出气泡量变化。调节阀门使气泡量恢复原状,即调节液体静压与气泡管压力平衡,从压力表的读数即可反映液位高低。这种液位计结构简单,使用方便,可用于测量有悬浮物及高粘度液体。如果容器封闭,则要求容器上部有通气孔。它的缺点是需要气源,而且只能适用于静压不高、精度要求不高的场合。

对于密闭容器中的液位测量,除可应用上述三种液位计外,还可用差压法进行测量,该法在测量过程中需消除液面上部气压及气压波动对示值的影响,图7-3为差压式液位计测量原理示意图。

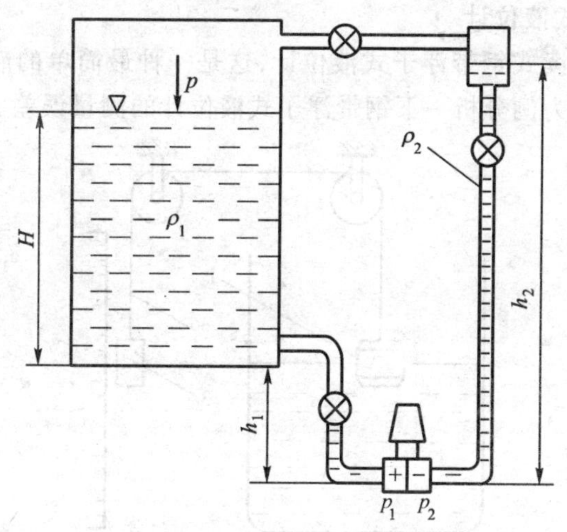

图7-3 差压式液位计原理示意图

差压式液位计采用差压式变送器,将容器底部反映液位高度 H 的压力引入变送器的正压室,容器上部的气体压力引入变送器的负压室。引压形式可根据液体性质选择,如粘度大、易沉淀或易结晶的液体可采用法兰式安装。为防止由于内外温差使气压引压管中的气体凝结成液体,一般在低压管中充满隔离液体。若隔离液体密度为 ρ_2,被测液体密度为 ρ_1,一般都使 $\rho_1 > \rho_2$,由图7-3得压力平衡方程

$$p_1 = \rho_1 g(H + h_1) + p \tag{7-2}$$

$$p_2 = \rho_2 g h_2 + p \tag{7-3}$$

则

$$\Delta p = p_1 - p_2 = \rho_1 gH + \rho_1 g h_1 - \rho_2 g h_2 = \rho_1 gH - Z_0 \tag{7-4}$$

式中，p_1、p_2 为引入变送器正压室和负压室的压力(Pa)；H 为液位高度(m)；h_1、h_2 为容器底面和工作液面距变送器的高度(m)。

这里 $Z_0 = \rho_2 g h_2 - \rho_1 g h_1$ 即称为零点迁移量，它与差压计安装情况有关。一般的差压计都有零点迁移量调节机构，通过调节可使 $Z_0 = 0$，这时差压计的读数直接反映液面高度 H。

7.1.3　浮力法

浮力法测液位是依据力平衡原理，通常借助浮子一类的悬浮物，浮子做成空心刚体，使它在平衡时能够浮于液面。当液位高度发生变化时，浮子就会跟随液面上下移动。因此测出浮子的位移就可知液位变化量。浮子式液位计按浮子形状不同，可分为浮子式、浮筒式等；按机构不同可分为钢带式、杠杆式等。

1. 钢带浮子式液位计

图 7-4 为直读式钢带浮子式液位计，这是一种最简单的液位计，一般只能就地显示，现以它为例分析一下钢带浮子式液位计的测量误差。

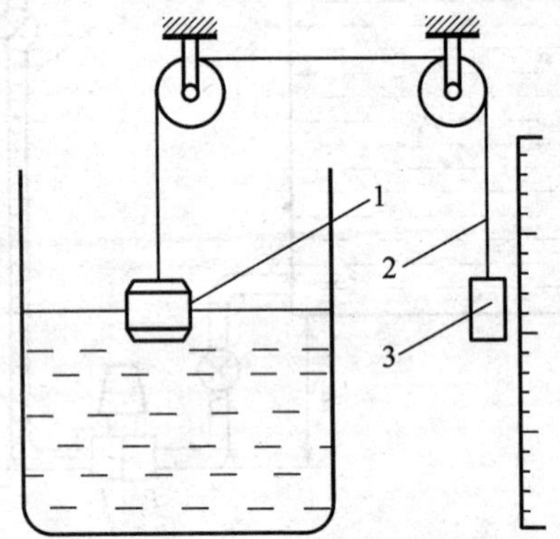

图 7-4　钢带浮子式液位计

1—浮子；2—钢带；3—重锤

平衡时，浮子重量与钢带拉力之差 W 与浮力相平衡。即

$$W = \rho g \frac{\pi D^2}{4} \Delta h \tag{7-5}$$

式中，ρ 为液体密度(kg/m^3)；D 为圆柱形浮子的直径(m)；Δh 为浮子浸入液体的深度(m)。

当液位变化 ΔH 时，浮子浸入深度 Δh 应保持不变才能使测量准确，但由于

摩擦等因素，浮子不会马上跟随动作，它的浸入深度的变化量为 ΔH，所受浮力变化量

$$\Delta F = \rho g \frac{\pi D^2}{4} \Delta H \tag{7-6}$$

只有 ΔF 克服了摩擦力 f_r 后浮子才会开始动作，这就是此种液位计不灵敏区的产生主要原因。

$$\frac{\Delta H}{f_r} = \frac{\Delta H}{\Delta F} = \frac{4}{\rho g \pi D^2} \tag{7-7}$$

由式(7-7)可以看出灵敏度与浮子直径有关，适当增大浮子直径，会使相同摩擦情况下浮子的浸入深度变化量减小，灵敏度提高，从而提高测量精度。此外，钢带长度变化也直接影响测量精度，应尽量使用膨胀系数小且较轻的多股金属绳。

2. 浮筒式液位计

浮筒式液位计属于变浮力液位计，当被测液面位置变化时，浮筒浸没体积变化，所受浮力也变化，通过测量浮力变化确定出液位的变化量。图 7-5 为浮筒式液位计原理图。

图 7-5 所示的液位计是用弹簧平衡浮力，用差动变压器测量浮筒位移，平衡时压缩弹簧的弹力与浮筒浮力及重力 W 平衡。即

$$kx = \rho g A H - W \tag{7-8}$$

式中，k 为弹簧刚度(N/m)；x 为弹簧压缩量(m)；ρ 为液体密度(kg/m^3)；H 为浮筒浸入深度(m)；A 为浮筒截面积(m^2)。

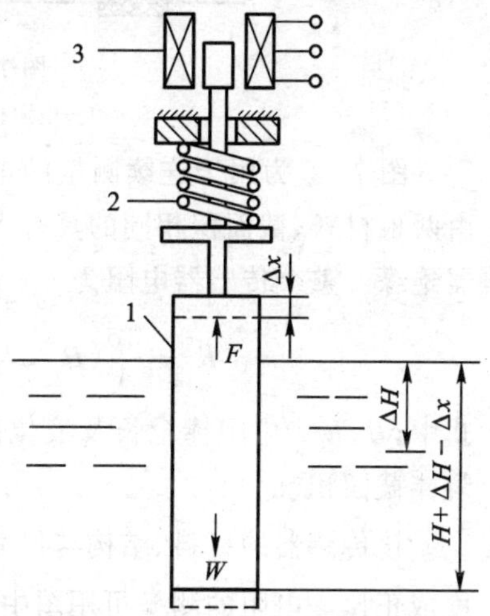

图 7-5 浮筒式液位计原理

1—浮筒；2—弹簧；3—差动变压器

当液位发生变化，如升高 ΔH 时，弹簧被压缩 Δx，此时有

$$k(x + \Delta x) = \rho g A(H + \Delta H - \Delta x) - W \tag{7-9}$$

式(7-8)与式(7-9)相减得

$$\Delta H = (1 + k/\rho g A)\Delta x \tag{7-10}$$

式(7-10)表明液位高度变化与弹簧变形量成正比。弹簧变形量可用多种方法测量，既可就地指示，也可用变换器(如差动变压器)变换成电信号进行远传控制。

7.1.4 电学法

电学法按工作原理不同又可分为电阻式、电感式和电容式。用电学法测量

无摩擦件和可动部件,信号转换、传送方便;便于远传,工作可靠,且输出可转换为统一的电信号,与电动单元组合仪表配合使用,可方便地实现液位的自动检测和自动控制。

1. 电阻式液位计

电阻式液位计既可进行定点液位控制,也可进行连续测量。所谓定点控制是指液位上升或下降到一定位置时引起电路的接通或断开,引发报警器报警。电阻式液位计的原理是基于液位变化引起电极间电阻变化,由电阻变化反映液位情况。

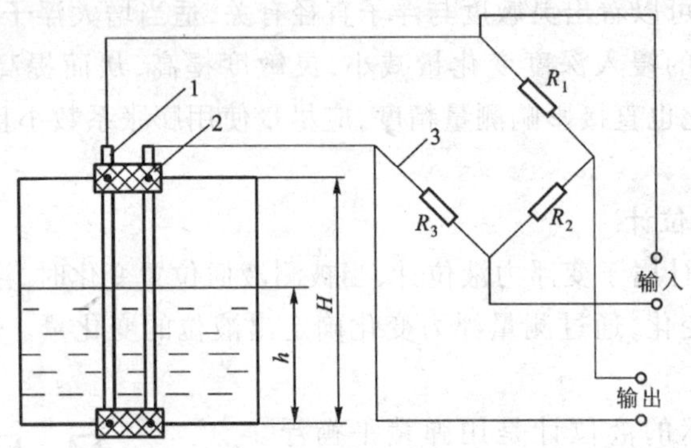

图 7-6　电阻式液位计

1—电阻棒;2—绝缘套;3—测量电桥

图 7-6 为用于连续测量的电阻式液位计原理图。该液位计的两根电极是由两根材料、截面积相同的具有大电阻率的电阻棒组成,电阻棒两端固定并与容器绝缘。整个传感器电阻为

$$R = \frac{2\rho}{A}(H - h) = \frac{2\rho}{A}H - \frac{2\rho}{A}h = K_1 - K_2 h \qquad (7-11)$$

式中,H、h 为电阻棒全长及液位高度(m);ρ 为电阻棒的电阻率(Ω·m);A 为电阻棒截面积(m^2)。

该传感器的材料、结构与尺寸确定后,K_1、K_2 均为常数,电阻大小与液位高度成正比。电阻的测量可用图中的电桥电路完成。

这种液位计的特点是结构和线路简单,测量准确,通过在与测量臂相邻的桥臂中串接温度补偿电阻可以消除温度变化对测量的影响。但它也有一些缺点,如极棒表面生锈、极化等。另外,介质腐蚀性将会影响电阻棒的电阻大小,这些都会使测量精度受到影响。

2. 电感式液位计

电感式液位计利用电磁感应现象,液位变化引起线圈电感变化,感应电流也发生变化。电感式液位计既可进行连续测量,也可进行液位定点控制。

图 7-7 为电感式液位控制器的原理图。传感器由不导磁管子、导磁性浮子及线圈组成。管子与被测容器相连通,管子内的导磁性浮子浮在液面上,当液面高度变化时,浮子随着移动。线圈固定在液位上下限控制点,当浮子随液面移动到控制位置时,引起线圈感应电势变化,以此信号控制继电器动作,可实现上、下液位的报警与控制。

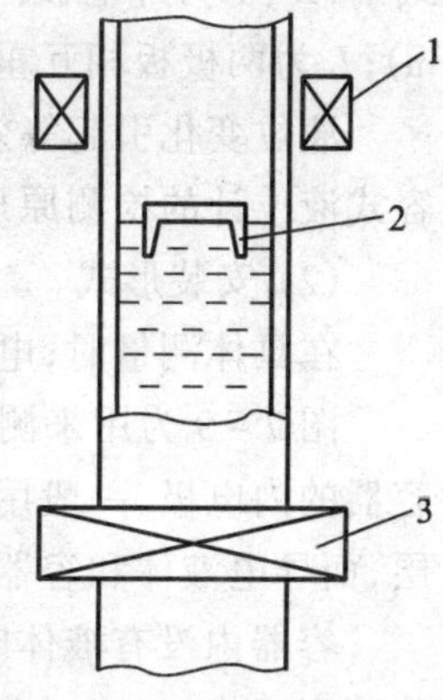

图 7-7 电感式液位计

1,3—上下限线圈;2—浮子

电感式液位计由于浮子与介质接触,不宜于测量易结垢、腐蚀性强的液体及高粘度浆液。

3. 电容式液位计

电容式液位计利用液位高低变化影响电容器电容量大小的原理进行测量。依此原理还可进行其他形式的物位测量。电容式液位计的结构形式很多,有平极板式、同心圆柱式等。它的适用范围非常广泛,对介质本身性质的要求不像其他方法那样严格,对导电介质和非导电介质都能测量,此外还能测量有倾斜晃动及高速运动的容器的液位。不仅可作液位控制器,还能用于连续测量。电容式液位计的这些特点决定了它在液位测量中的重要地位。下面对其检测原理、测量线路及传感器安装方式作一介绍。

(1) 检测原理

在液位的连续测量中,多使用同心圆柱式电容器,如图 7-8 所示。同心圆柱式电容器的电容量为

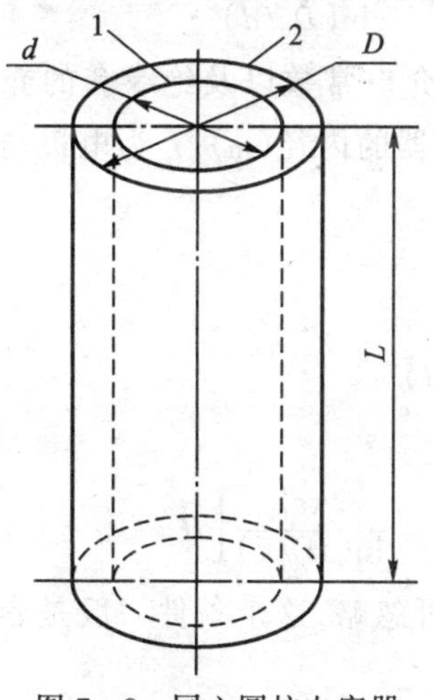

图 7-8 同心圆柱电容器

1—内电极;2—外电极

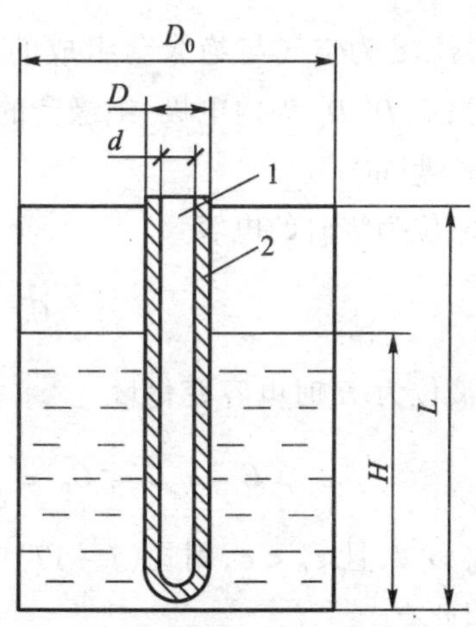

图 7-9 单电极电容液位计

1—内电极;2—绝缘套

$$C = \frac{2\pi\varepsilon L}{\ln(D/d)} \tag{7-12}$$

式中，D、d 为外电极内径和内电极外径(m)；ε 为两极板间介质的介电常数(F/m)；L 为两极板相互重叠的长度(m)。

液位变化引起等效介电常数 ε 变化，从而使电容器的电容量变化，这就是电容式液位计的检测原理。

(2) 安装形式

在具体测量时，电容式液位计的安装形式因被测介质性质不同而稍有差别。

图 7-9 为用来测量导电介质的单电极电容液位计，它只用一根电极作为电容器的内电极，一般用紫铜或不锈钢，外套聚四氟乙烯塑料管或涂搪瓷作为绝缘层，而导电液体和容器壁构成电容器的外电极。

容器内没有液体时，内电极与容器壁组成电容器，绝缘套和空气作介电层；液面高度为 H 时，有液体部分由内电极与导电液体构成电容器，绝缘套作介电层。此时整个电容相当于有液体部分和无液体部分两个电容的并联。有液体部分的电容

$$C_1 = \frac{2\pi\varepsilon H}{\ln(D/d)} \tag{7-13}$$

无液体部分的电容

$$C_2 = \frac{2\pi\varepsilon_0'(L-H)}{\ln(D_0/d)} \tag{7-14}$$

总电容

$$C = C_1 + C_2 = \frac{2\pi\varepsilon H}{\ln(D/d)} + \frac{2\pi\varepsilon_0'(L-H)}{\ln(D_0/d)} \tag{7-15}$$

式中，ε_0'、ε 为空气与绝缘套组成的介电层的介电常数以及绝缘套的介电常数(F/m)；d、D、D_0 为内电极、绝缘套的外径和容器的内径(m)；L 为电极与容器的覆盖长度(m)。

液位为零时的电容

$$C_0 = \frac{2\pi\varepsilon_0' L}{\ln(D_0/d)} \tag{7-16}$$

因此液位为 H 时电容变化量

$$C_x = C - C_0 = \left[\frac{2\pi\varepsilon}{\ln(D/d)} - \frac{2\pi\varepsilon_0'}{\ln(D_0/d)}\right]H \tag{7-17}$$

若 $D_0 \gg d$，且 $\varepsilon_0' < \varepsilon$，则式(7-17)中第二项可忽略，这个条件一般是容易满足的，因此有

$$C_x = \frac{2\pi\varepsilon}{\ln(D/d)}H \tag{7-18}$$

由此可以认为电容变化量与液位高度成正比。若令

$$S = \frac{2\pi\varepsilon}{\ln(D/d)}$$

式中,S 即为液位计灵敏度。可以看出,D 与 d 越接近,即绝缘套越薄,灵敏度越高。

图 7-10 为用于测量非导电介质的同轴双层电极电容式液位计。内电极和与之绝缘的同轴金属套组成电容的两极,外电极上开有很多流通孔使液体流入极板间。液面高度为 H 时,整个电容等效于有液体部分和无液体部分两个电容的并联。两个电容的区别仅在于介电层不同,有液体部分的介电层由液体和绝缘套组成,设其介电常数为 ε;无液体部分的介电层由空气和绝缘套组成,设其介电常数为 ε_0',因此总电容

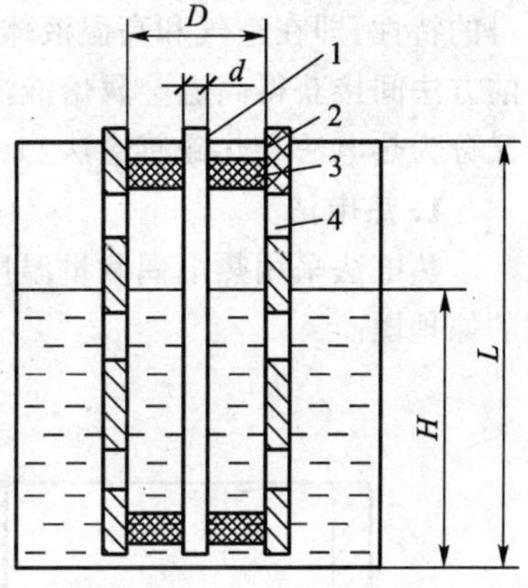

图 7-10 同轴双层电极电容式液位计
1、2—内、外电极;3—绝缘套;4—流通孔

$$C = \frac{2\pi\varepsilon H}{\ln(D/d)} + \frac{2\pi\varepsilon_0'(L-H)}{\ln(D/d)} \tag{7-19}$$

液位为零时的电容称为零点电容,即

$$C_0 = \frac{2\pi\varepsilon_0' L}{\ln(D/d)} \tag{7-20}$$

液位为 H 时电容变化量

$$C_x = C - C_0 = \frac{2\pi(\varepsilon - \varepsilon_0')}{\ln(D/d)}H \tag{7-21}$$

式中,d、D 为内电极外径和金属套内径。

同理,电容变化量与液位高度成正比;金属套与内电极间绝缘层越薄,液位计灵敏度就越高。

以上介绍的两种是最一般的安装方法,在有些特殊场合还有其他特殊安装形式,如大直径容器或介电系数较小的介质,为增大测量灵敏度,通常也只用一根电极,将其靠近容器壁安装,使它与容器壁构成电容器的两极;在测大型容器或非导电容器内装非导电介质时,可用两根不同轴的圆筒电极平行安装构成电容;在测极低温度下的液态气体时,由于 ε 接近 ε_0,一个电容灵敏度太低。可取同轴多层电极结构,把奇数层和偶数层的圆筒分别连接在一起成为两组电极,变

成相当于多个电容并联,以增加灵敏度。

7.1.5　热学法

在冶金行业中常遇到高温熔融金属液位的测量。由于测量条件的特殊性,目前除使用核辐射法外,还常用热学方法进行检测。它利用了高温熔融液体本身的特性,即在空气和高温液体的分界面处温度场出现突变的特点,用测量温度的方法间接获得高温金属熔液液位。热学法按温度测量转换原理的不同,通常又分为热电法和热磁感应法。

1. 热电法

热电法采用热电偶测量温度场,图 7 - 11 为热电偶测量高温金属熔液液位的原理图。

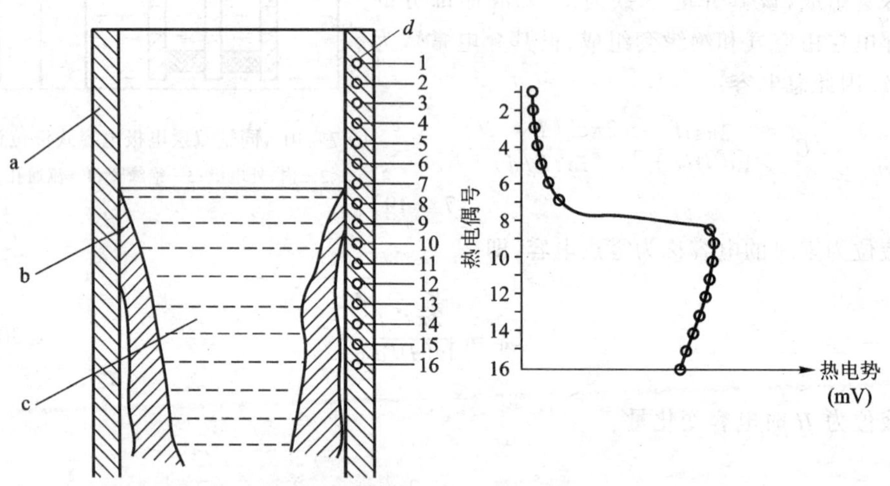

图 7 - 11　热电偶测量高温金属熔液液位的原理图　　图 7 - 12　温度 - 电势分布图

a—容器壁;b—凝固金属;c—钢水;d—热电偶

在容器壁上选定一系列测量点,装上热电偶,并将各测点上热电偶的输出记录下来,得到如图 7 - 12 所示的温度 - 电势分布曲线,曲线上反映出第 7 个和第 8 个测点之间产生了温度突变,因此液面就在第 7 与第 8 测点之间。

热电偶测液位只是一个较为粗略的测量方法,精度一般不高;而且精度与热电偶分布、安装情况有关。适当减小各热电偶的间距、增加测量点,则可提高金属液位测量的分辨力和测量精度。另外,热电偶工作端与容器的接触点要细而牢固,为此可将热电偶丝焊在容器壁上,由容器壁充当热电偶的另一极。这种测量方法虽然精度不高,但很可靠;在连铸机结晶过程等应用场合中,仍是一种很适用的液位检测控制方法。

2. 热磁感应法

热磁感应法也称热磁敏法，这是近年来发展很快的一种检测方法，测量安装方式类似热电法，在容器外壁上选择一系列测量点，在这些点上焊上热敏磁性材料作为感温元件，对应于每个磁性元件安装一个测量线圈并通以交流电。前述热电法测温元件为一组耐高温热电偶，它们把金属熔液液面处温度场出现的变化转换为电势大小的变化；热磁感应法测温元件为一组热敏磁性元件，它们把金属熔液液面处温度场出现的变化转换为电抗(电感)大小的变化。

激励交流电源频率越高，阻抗变化越大，用交流电桥测出各测点线圈的阻抗，通过比较找出突变点便可知容器中熔液液位的位置。

由于热敏磁性元件和线圈不像某些热电偶那样耐高温，因此需要采用适当的降温保护措施，以保证它们不因容器中熔液温度高而烧毁、损坏。

7.1.6 超声波法

超声液位计是利用波在介质中的传播特性，具体地说，超声波在传播中遇到相界面时，有一部分反射回来，另一部分则折射入相邻介质中。但当它由气体传播到液体或固体中，或者由固体、液体传播到空气中时，由于介质密度相差太大而几乎全部发生反射。因此，在容器底部或顶部安装超声波发射器和接收器，发射出的超声波在相界面被反射，并由接收器接收，测出超声波从发射到接收的时间差，便可测出液位高低。

超声液位计按传声介质不同，可分为气介式、液介式和固介式三种；按探头的工作方式可分为自发自收的单探头方式和收发分开的双探头方式。相互组合可以得到六种液位计的方案。图 7－13 为单探头超声液位计。其中(a)为气介式，(b)为液介式。(c)为固介式。在实际测量中，有时液面会有气泡、悬浮物、波浪或沸腾，引起反射混乱，产生测量误差，因此在复杂情况下宜采用固介式液位计。它不会因上述原因产生反射混乱或声束偏转。

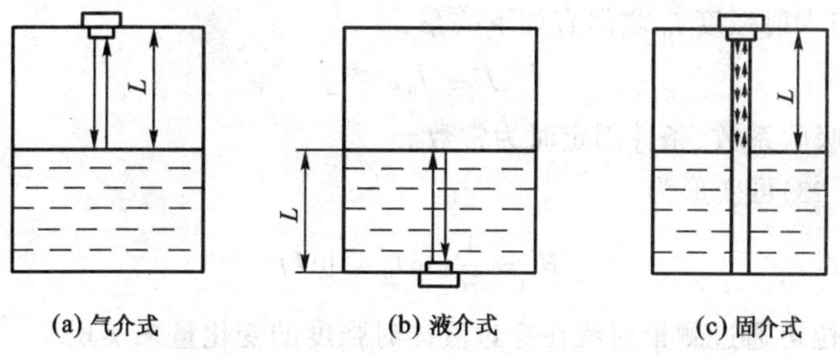

图 7－13 单探头超声液位计

单探头液位计使用一个换能器，由控制电路控制它分时交替作发射器与接收器。双探头式则使用两个换能器分别作发射器和接收器。对于固介式，需要有两根金属棒或金属管分别作发射波与接收波的传输管道。

由图 7－13 看出，超声波传播距离为 L，波的传播速度为 C，传播时间为 Δt，则

$$L = \frac{1}{2} C \Delta t \tag{7-22}$$

L 是与液位有关的量，故测出 Δt 便可知液位，Δt 的测量一般是用接收到的信号触发门电路对振荡器的脉冲进行计数来实现。

超声液位测量有许多优点：

① 与介质不接触，无可动部件，电子元件只以声频振动，振幅小，仪器寿命长；

② 超声波传播速度比较稳定，光线、介质粘度、湿度、介电常数、电导率、热导率等对检测几乎无影响，因此适用于有毒、腐蚀性或高粘度等特殊场合的液位测量；

③ 不仅可进行连续测量和定点测量，还能方便地提供遥测或遥控信号；

④ 能测量高速运动或有倾斜晃动的液体的液位，如置于汽车、飞机、轮船中的液位。

但超声仪器结构复杂，价格相对昂贵，而且当超声波传播介质温度或密度发生变化时，声速也将发生变化，对此超声液位计应有相应的补偿措施，否则会严重影响测量精度。另外，有些物质对超声波有强烈吸收作用，选用测量方法和测量仪器时要充分考虑液位测量的具体情况和条件。

7.1.7　核辐射法

不同物质对同位素射线的吸收能力不同，一般固体最强，液体次之，气体最差。当射线射入厚度为 H 的介质时，会有一部分被介质吸收掉。透过介质的射线强度 I 与入射强度 I_0 之间有如下关系：

$$I = I_0 e^{-\mu H} \tag{7-23}$$

式中，μ 为吸收系数，条件固定时为常数。

式(7－23)可变形为

$$H = \frac{1}{\mu}(\ln I_0 - \ln I) \tag{7-24}$$

因此，测液位可通过测量射线在穿过液体时强度的变化量来实现。

核辐射式液位计由辐射源、接收器和测量仪表组成。

辐射源一般用 ^{60}Co 或铯，放在专门的铅室中，安装在被测容器的一侧。辐射

源在结构上只能允许 γ 射线经铅室的一个小孔或窄缝透出。

接收器与前置放大器装在一起,安装在被测容器另一侧,γ 射线由盖革计数管吸收,每接收到一个 γ 粒子,就输出一个脉冲电流。射线越强,电流脉冲数越多,经过积分电路变成与脉冲数成正比的积分电压,再经电流放大和电桥电路,最终得到与液位相关的电流输出。

图 7-14 所示为辐射源与接收器均为固定安装方式的核辐射液位计。其中(a)为长辐射源和长接收器形式,输出线性度好;(b) 为点辐射源和点接收器形式,输出线性度较差。

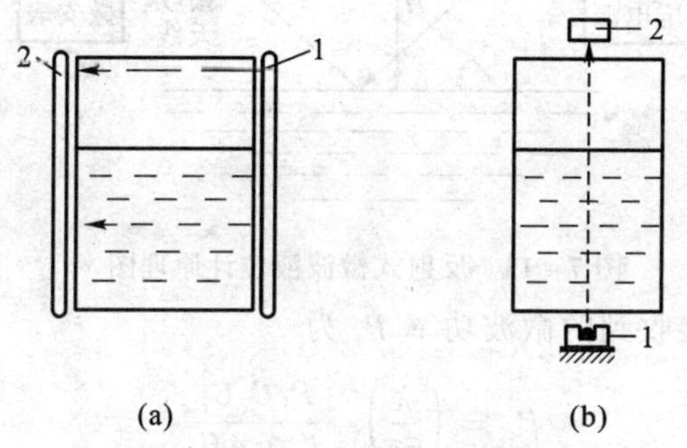

图 7-14 核辐射式液位计

1—放射源;2—接收器

辐射式液位计既可进行连续测量,也可进行定点发送信号和进行控制。射线不受温度、压力、湿度、电磁场的影响,而且可以穿透各种介质,包括固体,因此能实现完全非接触测量。这些特点使得辐射式液位计适合于特殊场合或恶劣环境下不常有人之处的液位测量,如高温、高压、强腐蚀、剧毒、有爆炸性、易结晶、沸腾状态介质、高温熔融体等的液位测量。但在使用时仍要注意控制剂量,作好防护,以防射线泄漏对人体造成伤害。

7.1.8 微波法

在电磁波谱中将波长为 1~1 000 mm 的电磁波称为微波。微波的特点是在各种障碍物上都能产生良好的反射,具有良好的定向辐射性能;在传输过程中受到粉尘、烟雾、火焰及强光的影响小,具有很强的环境适应能力。

随着大规模集成电路技术和微处理器技术的迅速发展,微波检测技术从长期停滞不前的原理性、实验性研究阶段,迅速进入工程实用和产业化阶段。有关厂商不断推出各种高性能的微波固体器件以及微波集成电路,不但使微波发射接收电路实现小型化,而且性能指标也有很大的提高,价格也有很大的下降。利用介质对微波的反射或吸收特性,微波检测技术在运动目标检测,目标物含水率检测,液位、料位检测等方面的应用愈来愈广泛。

1. 反射式微波液位计

利用微波反射的原理制作的液位计，可以连续检测与实现液位定点控制。通常微波发射天线倾斜一定的角度向液面发射微波束，波束遇到液面即发生反射，反射微波束被微波接收天线接收，从而测定液位，其原理如图 7－15 所示。

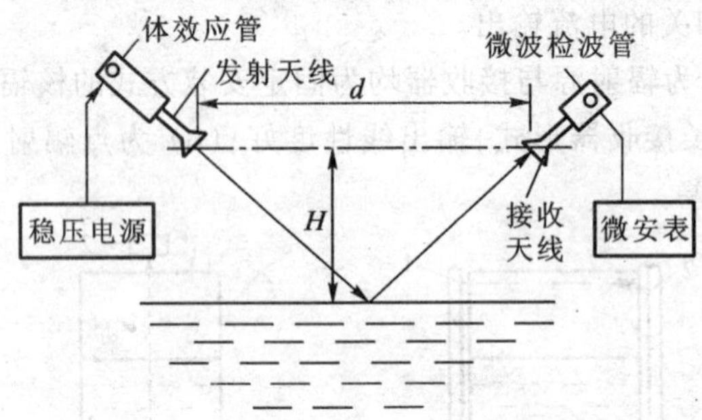

图 7－15　反射式微波液位计原理图

微波接收天线接收到的微波功率 P_r 为

$$P_r = \left(\frac{\lambda}{4\pi}\right)^2 \frac{P_i G_i G_r}{d^2 + 4H^2} \tag{7-25}$$

式中，H 为两天线距料面的垂直距离。

由于发射功率 P_i，波长 λ 天线增益 G_i G_r 都是保持稳定不变的，故上式可简化为：

$$P_r = \left(\frac{\lambda}{4\pi}\right)^2 \frac{P_i G_i G_r}{4} \frac{1}{\frac{1}{4}d^2 + H^2} = \frac{K_1}{K_2 + H^2} \tag{7-26}$$

式中，K_1 为增益常数，取决于微波波长、发射功率及天线的增益；K_2 为距离常数，取决于天线安装的方法与位置，主要是距离。

可见，只要测定了天线接收到的微波功率，液位 H 就测得了，即

$$H = \sqrt{K_1 - K_2 P_r} / \sqrt{P_r} \tag{7-27}$$

微波功率的测量通常可用热电或热阻等元件，再配合相应的测量电路，根据接收到的微波信号功率最后经数据采集和信号处理，显示和输出液位测量结果。也可用专门的微波检波管（如 2DV 检波二极管）检波成直流电流由微安表直接示出。

发射与接收天线为保证良好的方向性，一般制作成扇形、角锥形或圆锥喇叭筒形，张角最佳值在 40°～60°之间；还有一种介质天线，方向性更好。

在测量环境有大量水蒸气时，由于水（蒸气）会对微波产生强烈吸收，因此可能会对测量结果产生较大的影响，对此应该引起足够重视。

2. 调频连续波式物位计

图 7-16 是目前在工程应用较多的调频连续波式微波物位(液位和料位)计。

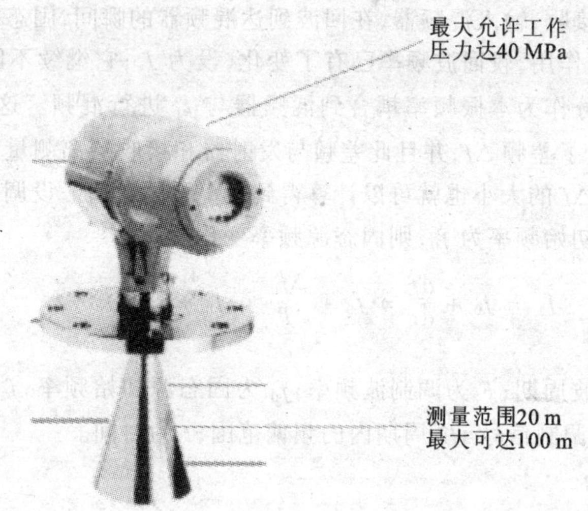

图 7-16 调频式微波物位计

通常只需将发射、接收天线装在被测料仓(罐)上方,即可对物位进行连续测量。这种调频连续波式微波物位计抗机械噪声和电磁噪声能力强,在高温、高压、高粘度情况下,可连续、快速而准确地测出目标物体的物位值。

调频连续波式微波物位计工作原理如图 7-17 所示。

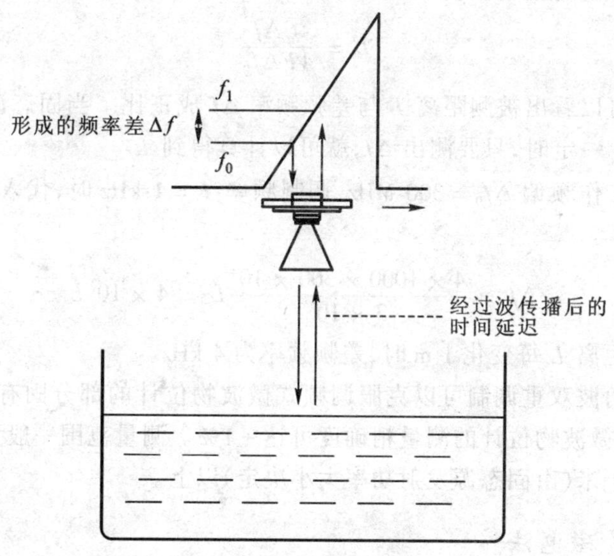

图 7-17 调频式微波液位计原理示意图

调频固态源产生等幅的无线电波,其振荡频率在时间上按调制信号呈周期性变化,设在某一瞬间频率为 f_0,由发射器射向测量对象,并由测量对象反射回来,经过接收器接收,输入混频器,在回波到达混频器的瞬间,固态源的振荡频率由于调制信号的作用,较回波频率已有了变化,设为 f_1;它继续不断地射向测量对象,并有一部分作为本振频率耦合到混频器与 f_1 进行混频。这样,在混频器的输出端就产生了差频 Δf,并且此差频与发射器和接收器离测量对象的距离 L 成正比,测量出 Δf 的大小也就可以计算得到距离 L 的数值。设调制信号波形为三角型,固态源初始频率为 f_0,则固态源频率变化规律为

$$f_2 = f_0 + \frac{\mathrm{d}f}{\mathrm{d}t} = f_0 + \frac{\Delta f_0}{\frac{T}{2}} = f_0 + 2F\Delta f_0 \cdot t \tag{7-28}$$

式中,T 为调制波周期;F 为调制波频率;f_0 为固态源初始频率;f_2 为本振频率;Δf_0 为固态源在调制信号 1/2 周期内的频偏范围;t 为时间。

回波频率为

$$f_1 = f_0 + 2F\Delta f_0(t + \Delta t) \tag{7-29}$$

式中,f_1 为回波频率;Δt 为微波往返于被测对象之间的延迟时间 $\Delta t = \frac{2L}{C}$,C 为光速,L 为被测距离;所以,差频频率 Δf 为

$$\Delta f = f_2 - f_1 = 2F\Delta f_0 \cdot \frac{2L}{C} = \frac{4F\Delta f_0}{C}L \tag{7-30}$$

由上式整理得被测距离 L 为

$$L = \frac{C\Delta f}{4F\Delta f_0} \tag{7-31}$$

从上式可以看出被测距离 L 与差频频率 Δf 成正比。当固态源的调制频率 F 和频偏 Δf_0 一定时,只要测出 Δf,就可以计算得到 L。

当固态工作频偏 $\Delta f_0 = 300$ MHz,调制频率 $F = 1$ kHz 时,代入式(7-30)中可得

$$\Delta f = \frac{4 \times 1000 \times 300 \times 10^6}{3 \times 10^8}L = 4 \times 10^3 L$$

即被测距离 L 每变化 1 m 时,差频频率为 4 kHz。

采用三角波双重调制可以克服调频式微波物位计的部分固有误差;加上采取其他措施,微波物位计的测量精确度可达 ±1%。测量范围一般为 0.5 ~ 20 m,最大可达几十米(由固态源发射功率大小决定)以上。

7.1.9　磁电法

利用磁电转换原理进行液位测量的磁致伸缩液位计是近年来推出的新产

品,图 7-18 为磁致伸缩液位计原理图。

该磁致伸缩液位计由探测杆(内装有磁致伸缩线),电路单元和浮子三部分组成。探测杆上端部的电子部件产生一个低压电流“询问”脉冲,该脉冲沿着磁致伸缩线向下传输,并产生一个环形的磁场,同时产生一个磁场沿波导线向下传播;探测杆外配有浮子,浮子随着液位变化沿测杆上下移动,由于浮子内有一组磁铁,也产生一个磁场,当电流磁场与浮子磁场两个磁场相遇时,波导线扭曲形成“返回”脉冲,精确测量“询问”脉冲到接受“返回”脉冲的时间,即可计算液位的准确位置。

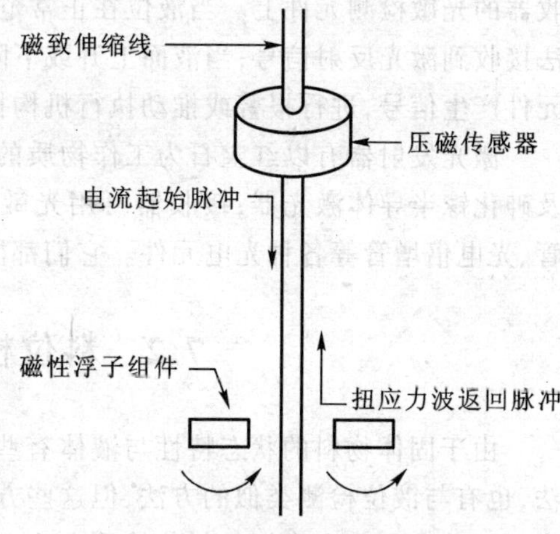

图 7-18 磁致伸缩液位计原理图

目前国内市场商品化磁致伸缩液位计测量范围大(最大可达 20 多米),分辨力可达 0.5 mm,精度等级 0.2~1.0 级左右,价格相对低廉。是非粘稠、非高温液体液位测量一种较好和较为先进的测量方法。

7.1.10 光学法

激光用于液位测量,克服了普通光亮度差、方向性差、传输距离近、单色性差、易受干扰等缺点,使测量精度大为提高。

激光式液位检测仪由激光发射器、接收器及测量控制电路组成。工作方式有反射式和遮断式,在液位测量中两种方式都可使用,但一般只用作定点检测控制,不易进行连续测量。图 7-19 为反射式液位检测原理图。

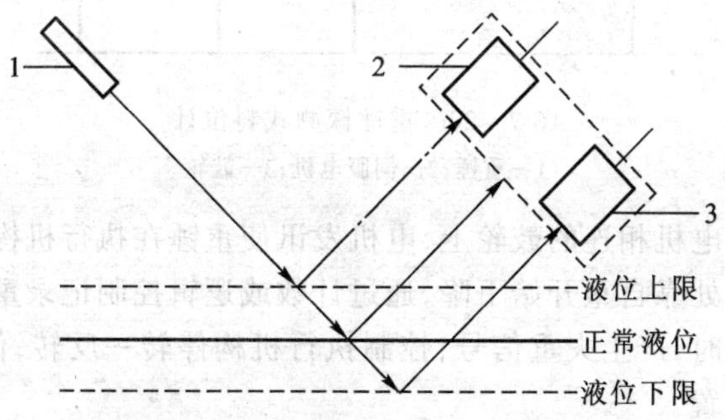

图 7-19 反射式激光液位检测原理图

1—激光发射器;2—上液位接收器;3—下液位接收器

激光发射器发出的激光束以一定角度照射到被测液面上，经液面反射到接收器的光敏检测元件上。当液位在正常范围时，上、下液位接收器光敏元件均无法接收到激光反射信号；当液面上升或下降到上下限位置，相应位置的光敏检测元件产生信号，进行报警或推动执行机构控制开始加液或停止加液。

激光发射器有以红宝石为工作物质的固体激光器，也有氦－氖气体激光器及砷化镓半导体激光器；接收器可用光敏电阻、光电二极管、光电三极管、光电管、光电倍增管等各种光电元件。它们都能将光强信号转化为电信号。

7.2　料位检测方法

由于固体物料的状态特性与液体有些差别，因此料位检测既有其特有的方法，也有与液位检测类似的方法，但这些方法在具体实现时又略有差别。本节将介绍一些典型的和常用的料位检测方法。

7.2.1　重锤探测法

重锤探测法原理示意图如图 7－20 所示。

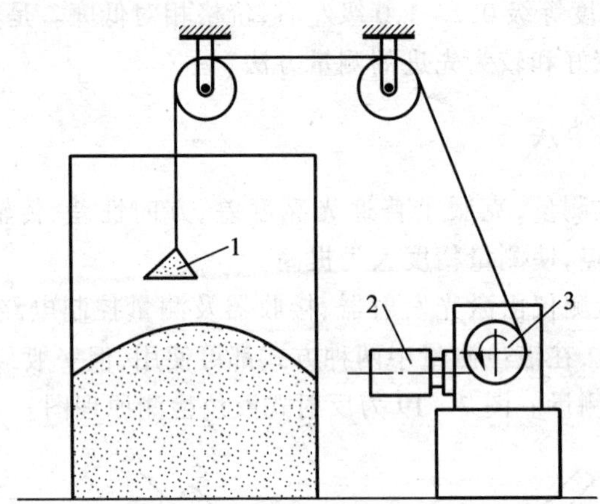

图 7－20　重锤探测式料位计

1—重锤；2—伺服电机；3—鼓轮

重锤连在与电机相连的鼓轮上，电机发讯使重锤在执行机构控制下动作，从预先定好的原点处靠自重开始下降，通过计数或逻辑控制记录重锤下降的位置；当重锤碰到物料时，产生失重信号，控制执行机构停转—反转，使电机带动重锤迅速返回原点位置。

重锤探测法是一种比较粗略的检测方法，但在某些精度要求不高的场合仍是一种简单可行的测量方法，它既可以连续测量，也可进行定点控制，通常都是用于定期测定料位。

7.2.2 称重法

一定容积的容器内,物料重量与料位高度应当是成比例的,因此可用称重传感器或测力传感器测算出料位高低。图 7-21 为称重式料位计的原理图。

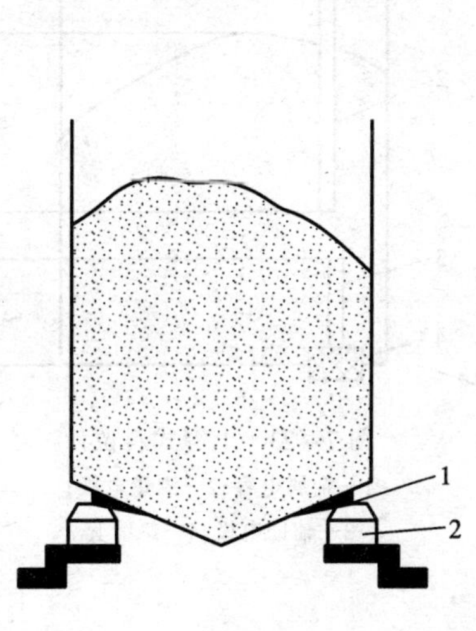

图 7-21 称重式料位计
1—支承;2—称重传感器

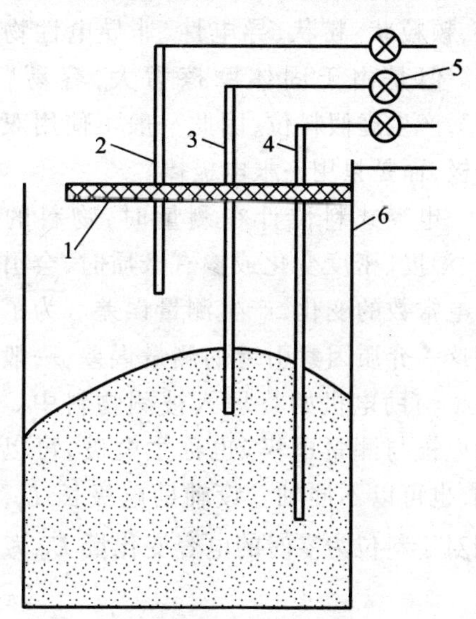

图 7-22 电极接触式料位计测量原理示意图
1—绝缘套;2、3、4—电极;
5—信号器;6—金属容器壁

称重法实际上也属于比较粗略的测量方法,因为物料在自然堆积时有时会出现孔隙、裂口或滞留现象,因此一般也只适用于精度要求不高的场合。

7.2.3 电磁法

电阻式和电容式物位计同样适用于料位检测,但传感器的安装方法与液位测量有些差别。

1. 电阻式物位计

电阻式物位计在料位检测中一般用作料位的定点控制,因此也称作电极接触式物位计。其测量原理示意图如图 7-22 所示。两支或多支用于不同位置控制的电极置于储料容器中作为测量电极,金属容器壁作为另一电极。测量时物料上升或下降至某一位置时,即与相应位置上的电极接通或断开,使该路信号发生器发出报警或控制信号。

接触电极式料位计在测量时要求物料是导电介质或本身虽不导电但含有一定水分能微弱导电;另外它不宜于测量粘附性的浆液或流体,否则会因物料的粘附而产生误信号。

2. 电容式料位计

电容式料位计测量原理示意图如图 7 – 23 所示。其应用非常广泛，不仅能测不同性质的液体，而且还能测量不同性质的物料，如块状、颗粒状、粉状、导电性、非导电性物料等。但是由于固体摩擦力大，容易“滞留”，产生虚假料位，因此一般不使用双层电极，而是只用一根电极棒。

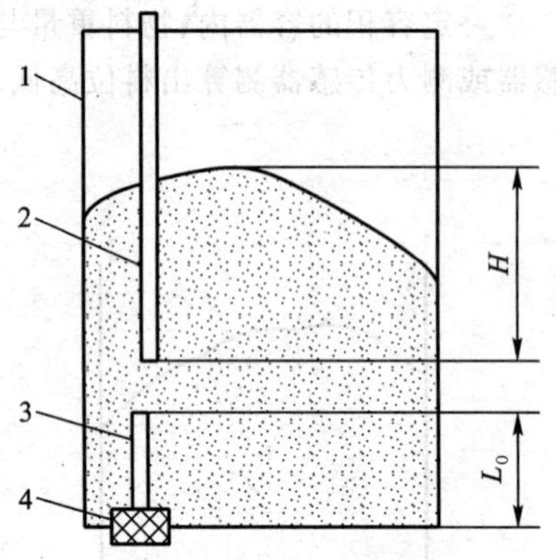

图 7 – 23 电容式料位计

1—金属电容；2—测量电极；3—辅助电极；4—绝缘套

电容式料位计在测量时，物料的温度、湿度、密度变化或掺有杂质时，会引起介电常数的变化，产生测量误差。为了消除这一介质因素引起的测量误差，一般将一根辅助电极始终埋入被测物料中。辅助电极与测量电极（也称主电极）可以同轴，也可以不同轴。设辅助电极长 L_0，它相对于料位为零时的电容变化量 C_{L0} 为

$$C_{L0} = \frac{2\pi(\varepsilon - \varepsilon_0)}{\ln(D/d)} L_0 \tag{7 - 32}$$

而主电极的电容变化量 C_x，根据式(7 – 21)的表达式与上式相比得

$$\frac{C_x}{C_{L0}} = \frac{H}{L_0} \tag{7 - 33}$$

由于 L_0 是常数，因此料位变化仅与两个电容变化量之比有关，而介质因素波动所引起的电容变化对主电极与辅助电极是相同的，相比时被抵消掉，从而起到误差补偿作用。

7.2.4 声学法

上一节介绍过利用超声波在两种密度相差较大的介质间传播时发生全反射的特性进行液位测量，这种方法也可用于料位测量。除此以外，还可用声振动法进行料位定点控制。图 7 – 24 为音叉式料位信号器原理图，它是由音叉、压电元件及电子线路等组成。音叉由压电元件激振，以一定频率振动，当料位上升至触及音叉时，音叉振幅及频率急剧衰减甚至停振，电子线路检测到信号变化后向报警器及控制器发出信号。

这种料位控制器灵敏度高，从密度很小的微小粉体到颗粒体一般都能测量，但不适于测量高粘度和有长纤维的物质。

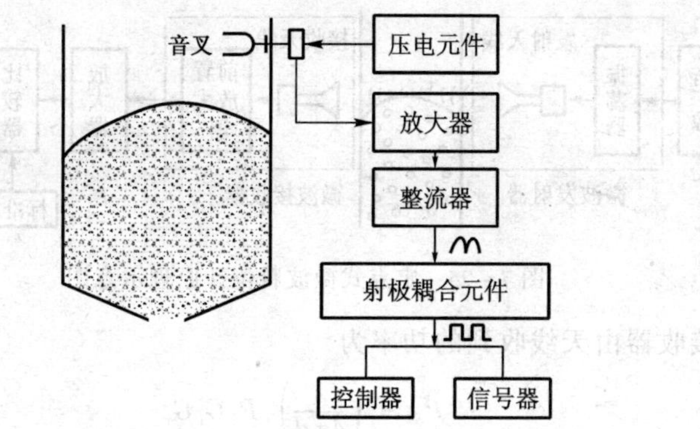

图 7-24　音叉式料位控制器原理图

7.2.5　光学法

光学法是一种比较古老的料位控制方法。一般只用来进行定点控制，工作方式采用遮断式。在储料容器一侧安装激光发射器，另一侧安装接收器，当料位未达到控制位置时接收器能够正常接收到光信号，而当料位上升至控制位置时，光路被遮断，接收器接收的信号迅速减小，电子线路检测到信号变化后转化成报警信号或控制信号。

与普通光相比，激光仍具有光的反射、透射、折射、干涉等特性，但它能量集中，光强度大，因此物位控制范围大，目前已达 20 m。同时激光单色性强，不易受外界光线干扰，能用于强烈阳光及火焰照射条件下，甚至在 1 500 ℃的熔融物表面(如熔融玻璃)上亦能正常工作。激光光束散射小，方向性好，定点控制精度高。光学法测量料位最怕在粉料不断升降过程中对透光孔和接收器光敏元件的粘附和堵塞，因此光学法不宜用于粘性大的物料，对此必需认真对待。

7.2.6　微波法

图 7-25 为定点式微波料位计原理示意图。图中的振荡器为一高频振荡器，可用速调管、磁控管或微波固体元件构成。小型的微波振荡器可用体效应管、微波砷化镓金属半导体场效应三极管、高迁移率场效应三极管等作发生器，产生的微波用波导管引到发射天线而发射出去。发射天线与接收天线有扇形、角锥形或圆锥形等喇叭筒天线，可保证辐射波有良好的方向。此外还有一种介质天线，方向性更好。振荡器产生的微波电流，反馈给安装在料面一侧的发射天线向料面发射出去，经过料上方被接收天线接收。当料位较低时，定向发射的微波无衰减地直接为接收天线接收，经前置放大器放大到适当的电平后馈送到电子放大器，经检波、放大后，与设定电压比较，发出正常工作的信号，表示料位没有超过规定高度。

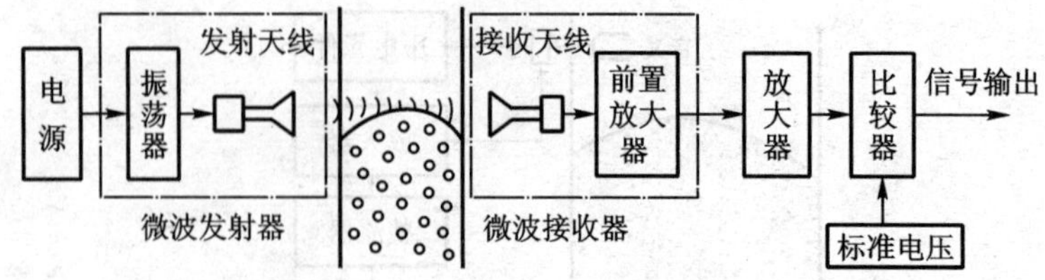

图 7-25　定点式微波料位计原理示意图

这时接收器由天线收到的功率为

$$P_o = \left(\frac{\lambda}{4\pi d}\right)^2 P_i G_i G_r \tag{7-34}$$

式中，G_i、G_r 为微波发射与接收天线的增益；λ 为微波的波长；d 为发射与接收天线的距离；P_i 为馈送给发射天线的功率。

当料位升高到遮断微波束时，微波一部分被物料反射回去，一部分被物料吸收。接收到的微波功率 P_r 为

$$P_r = \eta P_0 \tag{7-35}$$

式中　η 为衰减系数，取决于物料的电磁性能、颗粒大小、堆积形状及含水量等。

此时微波被接收后经放大并在电压比较电路与设定电压进行比较，其电位低于设定电压，使仪表发出料位高的信号。这种定点式微波物位计很适合于物位测量的上、下限报警用。

7.3　相界面的检测

相界面的检测包括液—液相界面、液—固相界面的检测。液—液相界面检测与液位检测相似，因此各种液位检测方法及仪表（如压力式液位计、浮力式液位计、反射式激光液位计等）都可用来进行液—液相界面的检测。而液—固相界面的检测与料位检测相似，因此重锤探测式、吊锥式、称重式、遮断式激光料位计或料位信号器也同样可用于液—固相界面的检测控制。此外，电阻式物位计、电容式物位计、超声波物位计、核辐射式物位计等均可用来检测液—液相界面和液—固相界面。各种检测方法的原理基本不变，前面各节已作了介绍，具体的实现方法上有些区别，需根据具体测量情况进行分析、选择或设计，这里不再赘述。

进行相界面的检测必须了解被测介质的物理性质的差别，才能正确选择合适的测量方法。例如，若选用电阻式（或称电极式）物位计检测时，应当明确对被测介质的要求，即位于容器下部密度较大的一相导电而浮于上面密度较小的一相不导电，等等。

第8章　流量测量技术

在工农业生产和科学研究试验中，流量都是一个很重要的参数。例如，在石油化工生产过程自动检测和控制中，为了有效地操作、控制和监测，需要检测各种流体的流量。此外，对物料总量的计量还是能源管理和经济核算的重要依据。流量检测仪表是发展生产、节约能源、提高经济效益和管理水平的重要工具。本章介绍流量测量的基本知识和常用的流量检测仪表。

8.1　流量测量的基础知识

8.1.1　流量和流量计

所谓流量，是指单位时间内流体（气体、液体、粉末或固体颗粒等）流经管道或设备某处横截面的数量，又称瞬时流量。当流体以体积表示时称为体积流量，以质量表示时称为质量流量。

根据流量的定义，体积流量 q_V 和质量流量 q_m 可分别表示为：

$$q_V = \lim_{\Delta t \to 0} \frac{\Delta V}{\Delta t} = \frac{\mathrm{d}V}{\mathrm{d}t} = \bar{u}A$$

$$q_m = \lim_{\Delta t \to 0} \frac{\Delta M}{\Delta t} = \frac{\mathrm{d}M}{\mathrm{d}t} = \rho\bar{u}A \tag{8-1}$$

式中，V 为流体体积；M 为流体质量；t 为时间；A 为观测截面面积；ρ 为被测流体的密度；$\bar{u}$ 为截面上流体的平均流速。

流体在流过截面上各点时的流速一般并不相等，定义平均流速 $\bar{u}$ 为：

$$\bar{u} = \frac{q_V}{A} = \frac{\int_A u\mathrm{d}A}{A} \tag{8-2}$$

式中，u 为流体在流过截面上各点的流速。

体积流量和质量流量的关系式为：

$$q_m = \rho\bar{u}A = \rho q_V \tag{8-3}$$

已知流体的密度和体积流量，即可换算出质量流量。但流体的密度是随流体的温度、压力变化而变化的，特别是气体，其密度随压力、温度变化而显著不同，换算时应予考虑。

在工程应用中，除了要测量瞬时流量外，往往还需要了解在某一段时间内流过流体的总量，即累积流量。累积流量等于该时间内瞬时流量对时间的积分：

$$Q_V = \int_t q_V \, dt$$

$$Q_m = \int_t q_m \, dt \tag{8-4}$$

式中，Q_V 为累积体积流量；Q_m 为累积质量流量；t 为测量时间。

体积流量的计量单位为米^3/秒（m^3/s），质量流量的计量单位为千克/秒（kg/s）；累积体积流量的计量单位为米^3（m^3）；累积质量流量的计量单位为千克（kg）。

除上述流量计量单位外，工程上还使用米^3/时（m^3/h）、升/分（L/min）、吨/小时（t/h）、升（L）、吨（t）等作为流量计量单位。

在工业生产中，瞬时流量是涉及流体介质的工艺流程中需要控制和调节的重要参量，用以保持均衡稳定的生产和保证产品质量。累积流量则是有关流体介质的贸易、分配、交接、供应等商业性活动中必知的参数之一，它是计价、结算、收费的基础。

用于测量流量的计量器具称为流量计，通常由一次装置和二次仪表组成。一次装置安装于流体导管内部或外部，根据流体与一次装置相互作用的物理定律，产生一个与流量有确定关系的信号。一次装置又称流量传感器。二次仪表接受一次装置的信号，并转换成流量显示信号或输出信号。流量计可分为专门测量流体瞬时流量的瞬时流量计和专门测量流体累积流量的累积式流量计。累积式流量计又称计量表。随着流量测量仪表及测量技术的发展，大多数流量计都同时具备测量流体瞬时流量和计算流体总量的功能。

8.1.2 流体的物理性质与管流基础知识

在流量测量中，必需准确地知道反映被测流体属性和状态的各种物理参数，如流体的密度、粘度、压缩系数等。对管道内的流体，还必须考虑其流动状况、流速分布等因素。

1. 流体的密度

单位体积的流体所具有的质量称为流体密度，用数学表达式表示为

$$\rho = \frac{M}{V} \tag{8-5}$$

式中，M 为流体质量；V 为流体体积；ρ 为流体的密度

流体密度是温度和压力的函数，它的单位是千克/米^3（kg/m^3）。

流体密度通常由密度计测定，某些流体的密度可查表得到。

2. 流体粘度

流体的粘度是表示流体粘滞性的一个参数。由于粘滞力的存在，将对流体

的运动产生阻力，从而影响流体的流速分布，产生能量损失（压力损失），影响流量计的性能和流量测量。

根据牛顿的研究，流体运动过程中阻滞剪切变形的粘滞力与流体的速度梯度和接触面积成正比，并与流体粘性有关，其数学表达式为

$$F = \mu A \frac{\mathrm{d}u}{\mathrm{d}y} \tag{8-6}$$

上式称为牛顿粘性定律。式中，F 为粘滞力；A 为接触面积；$\mathrm{d}u/\mathrm{d}y$ 为流体垂直于速度方向的速度梯度；μ 为表征流体粘性的比例系数，称为动力粘度或简称粘度，各种流体的粘度不同。

流体的动力粘度 μ 与流体密度 ρ 的比值称为运动粘度 ν，即

$$\nu = \frac{\mu}{\rho} \tag{8-7}$$

动力粘度的单位为帕斯卡秒（Pa·S）；运动粘度的单位为米^2/秒（m^2/s）。

服从牛顿粘性定律的流体称为牛顿流体，如水、轻质油、气体等。不服从牛顿粘性定律的流体称为非牛顿流体，如胶体溶液、泥浆、油漆等。非牛顿流体的粘度规律较为复杂，目前流量测量研究的重点是牛顿流体。

流体粘度可由粘度计测定，有些流体的粘度可查表得到。

3. 流体的压缩系数和膨胀系数

所有流体的体积都随温度和压力的变化而变化。在一定的温度下，流体体积随压力增大而缩小的特性，称为流体的压缩性；在一定压力下，流体的体积随温度升高而增大的特性，称为流体的膨胀性。

流体的压缩性用压缩系数表示，定义为：当流体温度不变而所受压力变化时，其体积的相对变化率，即

$$k = -\frac{1}{V} \cdot \frac{\Delta V}{\Delta P} \tag{8-8}$$

式中，k 为流体的体积压缩系数，(Pa^{-1})；V 为流体的原体积，(m^3)；ΔP 为流体压力的增量，(Pa)；ΔV 为流体体积变化量，(m^3)；

因为 ΔP 与 ΔV 的符号总是相反，公式中引入负号以使压缩系统 k 总为正值。液体的压缩系数很小，一般准确度要求时其压缩性可忽略不计。通常把液体看作是不可压缩流体，而把气体看作是可压缩流体。

流体的膨胀性用膨胀系数来表示，定义为：在一定的压力下，流体温度变化时其体积的相对变化率，即

$$\beta = \frac{1}{V} \cdot \frac{\Delta V}{\Delta T} \tag{8-9}$$

式中，β 为流体的体积膨胀系数（$℃^{-1}$）；V 为流体的原体积，(m^3)；ΔV 为流体体积变化量，(m^3)；ΔT 为流体温度变化量（℃）。

流体膨胀性对测量结果的影响较明显,无论是气体还是液体均须予以考虑。

4. 雷诺数

根据流体力学中的定义,雷诺数是流体流动的惯性力与粘滞力之比,表示为

$$Re = \frac{\overline{u}\rho L}{\mu} = \frac{\overline{u}L}{v} \tag{8-10}$$

式中,Re 为雷诺数(量纲为一的数);$\overline{u}$ 为流动横截面的平均流速,(m/s);μ 为动力粘度,(Pa·s);v 为运动粘度,(m^2/s);ρ 为流体的密度,(kg/m^3);L 为特征长度,(m)。

在圆管流中,特征长度为管道内径 D,故圆管流时雷诺数为

$$Re_D = \frac{u\rho D}{\mu} = \frac{uD}{v} \tag{8-11}$$

雷诺数是判别流体状态的准则,在紊流时流体流速分布更是与雷诺数有关,因此在流量测量中,雷诺数是很重要的一个参数。

5. 管流类型

通常把流体充满管道截面的流动叫管流。管流分为下述几种类型:

(1) 单相流和多相流

在自然界中,物体的形态多种多样,有固态、液态和气态。热力学上将物体中每一个均匀部分叫做一个相,因此,各部分均匀的固体、液体和气体可分别称为固相、液相和气相物体或统称为单相物体。

管道中只有一种均匀状态的流体流动称为单相流,如只有单纯气态或液态流体在管道中的流动;两种不同相的流体同时在管道中流动称为两相流;两种以上不同相的流体同时在管道中流动称为多相流。

(2) 可压缩和不可压缩流体的流动

流体可分为可压缩流体和不可压缩流体,所以流体的流动也可分为可压缩流体流动和不可压缩流体流动两种。这两种不同的流体流动在流动规律中的某些方面有根本的区别。

(3) 稳定流和不稳定流

当流体流动时,若其各处的速度和压力仅和流体质点所处的位置有关,而与时间无关,则流体的这种流动称为稳定流;若其各处的速度和压力不仅和流体质点所处的位置有关,而且与时间有关,则流体的这种流动称为不稳定流。

(4) 层流与紊流

管内流体有两种流动状态:层流和紊流。层流中流体沿轴向作分层平行流动,各流层质点没有垂直于主流方向的横向运动,互不混杂,有规则的流线。紊流状态时,管内流体不仅有轴向运动,而且还有剧烈的无规则的横向运动。

两种流动状态有不同的流动特性。层流状态流量与压力降成正比;紊流状态

流量与压力降的平方根成正比，且两种流动状态下管内流体流速的分布也不同。

可以用雷诺数 Re_D 作为判别管内流体的流动是层流还是紊流的判据。通常认为，$Re_D=2\ 320$ 是从层流转变为紊流的临界值。当流体 Re_D 小于该数值时，流动是层流；大于该数值时，流动就开始转变为紊流。

6. 流速分布与平均流速

流体有粘性，当它在管内流动时，即使是在同一管路截面上，流速也因其流经的位置不同而不同。越接近管壁，由于管壁与流体的粘滞作用，流速越低；管中心部分的流速最快。流体流动状态不同将呈现不同的流速分布。

对具有圆形截面的管内流动情况，当管内流体为层流状态时，沿半径方向上的流速分布可用下式表示

$$u_x = u_{\max}\left[1-\left(\frac{r_x}{R}\right)^2\right] \tag{8-12}$$

式中，u_x 为距管中心距离 r_x 处的流速；$u_{\max}$ 为管中心处最大流速；r_x 为距管中心的径向距离；R 为管内半径。

从式(8－12)可知层流状态下流速呈轴对称抛物线分布，在管中心轴上达到最大流速。

当管内流体为紊流状态时，沿半径方向上的流速分布为

$$u_x = u_{\max}\left(1-\frac{r_x}{R}\right)^{1/n} \tag{8-13}$$

式中，n 为随流体雷诺数不同而变化的系数，如表 8－1 所示。

表 8－1　雷诺数 Re_D 与 n 的关系

$Re_D\times10^4$	n	$Re_D\times10^4$	n	$Re_D\times10^4$	n
2.56	7.0	38.4	8.5	110.0	9.4
10.54	7.3	53.6	8.8	152.0	9.7
20.56	8.0	70.0	9.0	198.0	9.8
32.00	8.3	84.4	9.2	278.0	9.9

从式(8－13)可知紊流状态下流速呈轴对称指数曲线分布，如图 8－1 所示。与层流状态相比较，其流速在近管壁处比层流时的流速大，在管中心处比层流时的流速小。此外，其流速分布形状随雷诺数不同而变化，而层流流速分布与雷诺数无关。

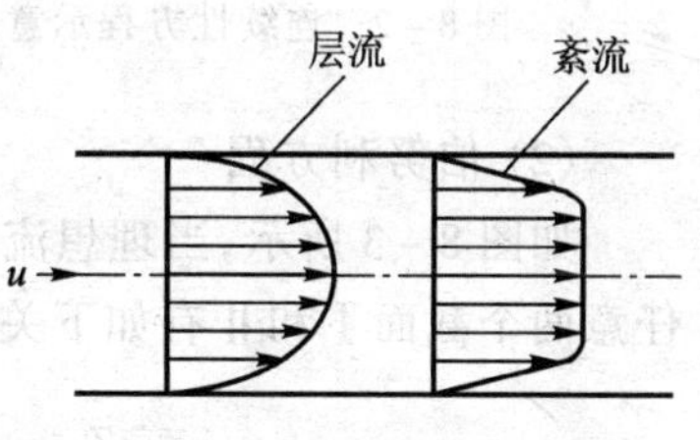

图 8－1　圆管内的流速分布

流体需流经足够长的直管段才能形成上述管内流速分布，而在弯管、阀门和节流元件等后面管内流速分布会变得紊乱。因

此，对于由测量流速进而求流量的测量仪表在安装时其上下游必须有一定长度的直管段。在无法保证足够的直管段长度时，应使用整流装置。

通过测流速求流量的流量计一般是检测出平均流速，然后求得流量。对于层流，平均流速是管中心最大流速的 0.5 倍（$\overline{u}=0.5u_{max}$）；紊流时的平均流速 $\overline{u}$ 与 n 值有关

$$\overline{u}=\frac{2n^2}{(n+1)(2n+1)}u_{max} \tag{8-14}$$

7. 流体流动的连续性方程和伯努利方程

(1) 连续性方程

研究流体流动问题时，认为流体是由无数质点连续分布而组成的连续介质，表征流体属性的密度、速度和压力等流体物理量也是连续分布的。

考虑流体在一管道内的定常流动，见图 8-2。任取一管段，设截面Ⅰ、截面Ⅱ处的面积、流体密度和截面上流体的平均流速分别为 A_1、ρ_1、$\overline{u}_1$ 和 A_2、ρ_2、$\overline{u}_2$。

根据质量守恒定律，单位时间内经过截面Ⅰ流入管段的流体质量必等于通过截面Ⅱ流出的流体质量。即有连续性方程：

$$\rho_1\overline{u}_1A_1=\rho_2\overline{u}_2A_2 \tag{8-15}$$

由于截面Ⅰ、截面Ⅱ是任取的，故上式对管道中任意两个截面均成立。若应用于不可压缩流体，则 ρ 为常数，方程可简化为：

$$\overline{u}_1A_1=\overline{u}_2A_2 \tag{8-16}$$

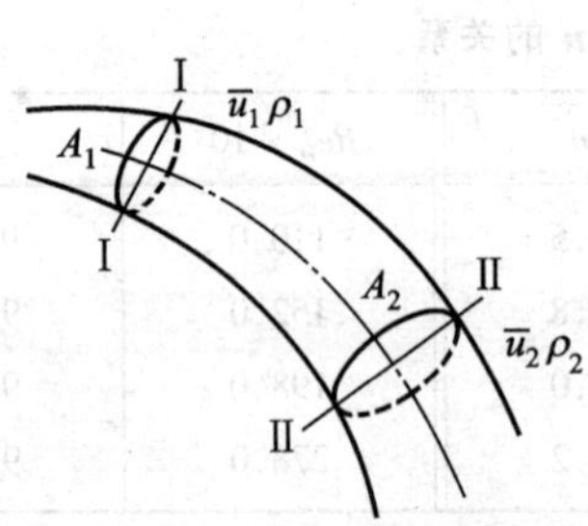

图 8-2　连续性方程示意图

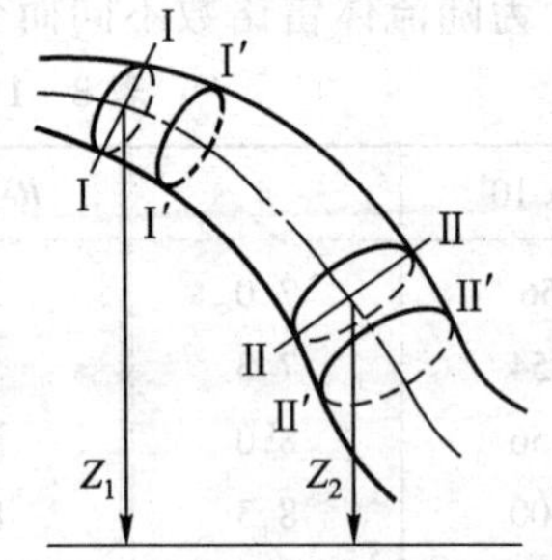

图 8-3　伯努利方程示意图

(2) 伯努利方程

如图 8-3 所示，当理想流体在重力作用下在管内定常流动时，对于管道中任意两个截面Ⅰ和Ⅱ有如下关系式（伯努利方程）：

$$gZ_1+\frac{p_1}{\rho}+\frac{\overline{u}_1^2}{2}=gZ_2+\frac{p_2}{\rho}+\frac{\overline{u}_2^2}{2} \tag{8-17}$$

式中，g 为重力加速度；Z_1，Z_2 为截面Ⅰ和Ⅱ相对基准线的高度；p_1，p_2 为截面Ⅰ和Ⅱ上流体的静压力；$\overline{u}_1$，$\overline{u}_2$ 为截面Ⅰ和Ⅱ上流体的平均流速。

伯努利方程是流体运动的能量方程。在上式中，p/ρ 表示单位质量的压力势能，$\overline{u_1^2}/2$ 表示单位质量的动能，gZ 表示单位质量的位势能。伯努利方程说明，流体运动时，不同性质的机械能可以互相转换且总的机械能守恒。应用伯努利方程，可以方便地确定管道中流体的速度或压力。

实际流体具有粘性，在流动过程中要克服流体与管壁以及流体内部的相互摩擦阻力而作功，这将使流体的一部分机械能转化为热能而耗散。因此，实际流体的伯努利方程可写为：

$$gZ_1 + \frac{p_1}{\rho} + \frac{\overline{u_1^2}}{2} = gZ_2 + \frac{p_2}{\rho} + \frac{\overline{u_2^2}}{2} + h_{wg} \tag{8-18}$$

式中，h_{wg} 为截面Ⅰ和Ⅱ之间单位质量实际流体流动产生的能量损失。

8.1.3 流量测量方法与流量仪表的分类

1. 流量测量方法

现代工业中，流量测量应用的领域广泛，由于各种流体性质不同，测量时其状态(压力、温度)也不相同，因此采用了各种各样的方法和流量仪表进行流量的测量。流量测量方法大致可以归纳为以下几类：

(1) 利用伯努利方程原理，通过测量流体差压信号来反映流量的差压式流量测量法；

(2) 通过直接测量流体流速来得出流量的速度式流量测量法；

(3) 利用标准小容积来连续测量流量的容积式测量法；

(4) 以测量流体质量流量为目的的质量流量测量法。

2. 流量仪表的分类

流量计的种类繁多，现用的超过百种，它们各适合不同的工作场合。按测量原理分类，一些常用的流量计列于表 8-2。

3. 流量仪表的主要技术参数

(1) 流量范围

流量范围指流量计可测的最大流量与最小流量的范围。正常使用条件下，在该范围内流量计的测量误差不超过允许值。

(2) 量程和量程比

流量范围内最大流量与最小流量值之差称为流量计的量程。最大流量与最小流量的比值称为量程比，亦称流量计的范围度。

量程比是评价流量计计量性能的重要参数，它可用于不同流量范围的流量计之间比较性能。量程比大，说明流量范围宽。流量计的流量范围越宽越好，但流量计量程比的大小受仪表测量原理和结构的限制。

(3) 允许误差和精度等级

流量仪表在规定的正常工作条件下允许的最大误差，称为该流量仪表的允许误差，一般用最大相对误差和引用误差来表示。

表 8－2　常用流量仪表分类及性能

类别		工作原理	仪表名称		可测流体种类	适用管径/mm	测量精度/%	安装要求、特点
体积流量计	差压式流量计	流体流过管道中的阻力件时产生的压力差与流量之间有确定关系，通过测量差压值求得流量	节流式	孔板	液、气、蒸汽	50～1 000	±1～2	需直管段，压损大
				喷嘴		50～500		需直管段，压损中等
				文丘里管		100～1 200		需直管段，压损小
			均速管		液、气、蒸汽	25～9 000	±1	需直管段，压损小
			转子流量计		液、气	4～150	±2	垂直安装
			靶式流量计		液、气、蒸汽	15～200	±1～4	需直管段
			弯管流量计		液、气		±0.5～5	需直管段，无压损
	容积式流量计	直接对仪表排出的定量流体计数确定流量	椭圆齿轮流量计		液	10～400	±0.2～0.5	无直管段要求，需装过滤器，压损中等
			腰轮流量计		液、气			
			刮板流量计		液		±0.2	无直管段要求，压损小
	速度式流量计	通过测量管道截面上流体平均流速来测量流量	涡轮流量计		液、气	4～600	±0.1～0.5	需直管段，装过滤器
			涡街流量计		液、气	150～1 000	±0.5～1	需直管段
			电磁流量计		导电液体	6～2 000	±0.5～1.5	直管段要求不高，无压损
			超声波流量计		液	>10	±1	需直管段，无压损

续表

类别		工作原理	仪表名称	可测流体种类	适用管径/mm	测量精度/%	安装要求、特点
质量流量计	直接式	直接检测与质量流量成比例的量来得到质量流量	热式质量流量计	气		±1	
			冲量式质量流量计	固体粉料		±0.2~2	
			科氏质量流量计	液、气		±0.15	
	间接式	同时测体积流量和流体密度来计算质量流量	体积流量经密度补偿	液、气		±0.5	
			温度、压力补偿				

流量仪表的精度等级是根据允许误差的大小来划分的,其精度等级有:0.02、0.05、0.1、0.2、0.5、1.0、1.5、2.5 等。

(4) 压力损失

安装在流通管道中的流量计实际上是一个阻力件,在流体流过时将造成压力损失,这将带来一定的能源消耗。压力损失通常用流量计的进、出口之间的静压差来表示,它随流量的不同而变化。

压力损失的大小是流量仪表选型的一个重要技术指标。压力损失小,流体能耗小,输运流体的动力要求小,测量成本低;反之则能耗大,经济效益相应降低。故希望流量计的压力损失愈小愈好。

8.2 流量测量仪表

8.2.1 差压式流量计

差压式流量计基于流体在通过设置于流通管道上的流动阻力件时产生的压力差与流体流量之间的确定关系,通过测量差压值求得流体流量。产生差压的装置有多种型式,如各种节流装置、均速管、弯管等。其他型式的差压式流量计还有靶式流量计、浮子流量计等。

1. 节流式流量计

节流式流量计是目前工业生产中用来测量液体、气体或蒸汽流量的最常用的一类流量仪表,其使用量占整个工业领域内流量计总数的一半以上。节流式流量计由节流元件、引压管路、三阀组和差压计组成,如图 8-4 所示。

节流式流量计的特点是:结构简单,使用寿命长,适应性较广,能够测量各种工况下的单相流体和高温、高压下的流体流量;发展早,应用历史长,有丰富、可靠的实验数据,标准节流装置的设计加工已标准化,无需标定就可在已知不确定度范围内进行流量测量。但安装要求严格;测量范围窄,一般量程比为 3:1;压力损失较大,精度不够高(±1% ~ ±2%)。

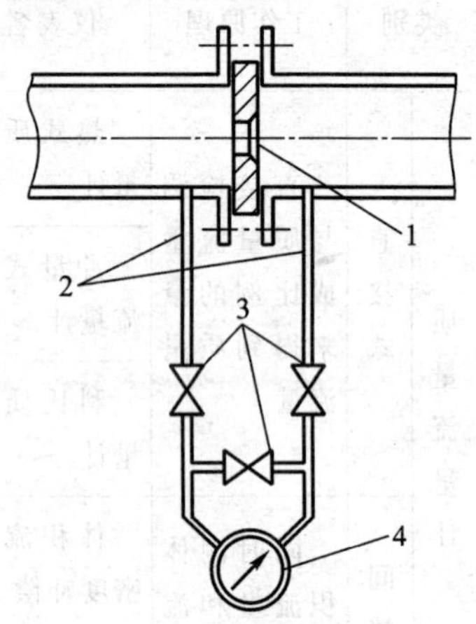

图 8-4　节流式流量计组成
1—节流元件;2—引压管路;
3—三阀组;4—差压计

(1) 测量原理及流量方程

节流式流量计中产生差压的装置称节流装置,其主体是一个流通面积小于管道截面的局部收缩阻力件,称为节流元件。当流体流过节流元件时产生节流现象,在节流元件两侧形成压力差,在节流元件、测压位置、管道条件和流体参数一定的情况下,节流元件前后压力差的大小与流量有关。因此,可以通过测量节流元件前后的差压来测量流量。流体流经节流元件时的压力、速度变化情况如图 8-5 所示。从图中可见,稳定流动的流体沿水平管道流动到节流件前截面 1 之后,流束开始收缩,位于边缘处的流体向中心加速,流束中央的压力开始下降。由于流动有惯性,流束收缩到最小截面的位置不在节流件处,而在节流件后的截面 2 处(此位置随流量大小而变),此处的流速 u_2 最大,压力 p_2 最低。过截面 2 后,流束逐渐扩大。在截面 3 处,流束充满管道,流体速度恢复到节流前的速度($u_1 = u_3$)。由于流体流经节流件时会产生漩涡及沿程的摩擦阻力等造成能量损失,因此压力 p_3 不能恢复到原来的数值 p_1。p_1 与 p_3 的差值 δp 称为流体流经节流件的压力损失。

流体压力沿管壁的变化和轴线上是不同的,在节流元件前由于节流元件对流体的阻碍,造成部分流体局部滞止,使管壁上流体静压比上游压力稍有增高。图 8-5(b)中实线表示管壁上流体压力沿轴向的变化,虚线表示管道轴线上流体压力沿轴向的变化。

节流元件前后差压与流量之间的关系,即节流式流量计的流量方程可由伯努利方程和流动连续方程推出:设管道水平放置,对于截面 1、2,由于 $Z_1 = Z_2$,则有

$$\frac{p_1}{\rho_1} + \frac{u_1^2}{2} = \frac{p_2}{\rho_2} + \frac{u_2^2}{2} \tag{8-19}$$

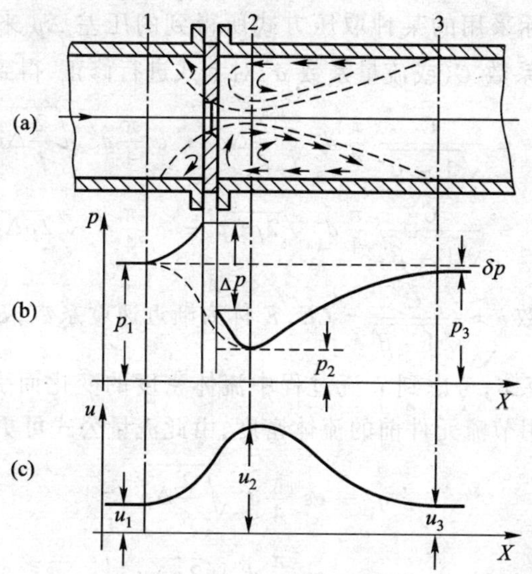

图 8-5 流体流经节流件时压力和流速变化情况

$$\rho_1 u_1 \frac{\pi}{4} D^2 = \rho_2 u_2 \frac{\pi}{4} d'^2 \tag{8-20}$$

式中，p_1、p_2 为截面 1 和 2 上流体的静压力；u_1、u_2 为截面 1 和 2 上流体的平均流速；

ρ_1、ρ_2 为截面 1 和 2 上流体的密度，对于不可压缩流体，$\rho_1 = \rho_2 = \rho$；D、d' 为截面 1 和 2 上流束直径。

由式(8-19)、(8-20)可求出

$$u_2 = \frac{1}{\sqrt{1-(d'/D)^4}} \sqrt{\frac{2}{\rho}(p_1 - p_2)} \tag{8-21}$$

根据流量的定义，可得流量与差压的关系为

体积流量

$$q_V = u_2 A_2 = \frac{1}{\sqrt{1-(d'/D)^4}} \frac{\pi}{4} d'^2 \sqrt{\frac{2}{\rho}(p_1 - p_2)} \tag{8-22}$$

质量流量

$$q_m = \rho u_2 A_2 = \frac{1}{\sqrt{1-(d'/D)^4}} \frac{\pi}{4} d'^2 \sqrt{2\rho(p_1 - p_2)} \tag{8-23}$$

式中，A_2 为截面 2 上流束的截面积。

在推导上式时，未考虑压力损失压力 δp，且截面 2 的位置是变化的，流束收缩后的最小截面直径 d' 难以确定，而$(p_1 - p_2)$是理论差压，不易测量；因此，在实际使用节流装置流量公式时，以节流元件的开孔直径 d 来代替 d'，并令直径

比 $\beta=d/D$；以实际采用的某种取压方式所得到的压差 Δp 来代替（p_1-p_2）的值；同时引入流出系数 C（或流量系数 α）对上式进行修正，得到实际的流量公式

$$q_V=\frac{C}{\sqrt{1-\beta^4}}\frac{\pi}{4}d^2\sqrt{\frac{2}{\rho}\Delta p}=\alpha\frac{\pi}{4}d^2\sqrt{\frac{2}{\rho}\Delta p} \tag{8-24}$$

$$q_m=\frac{C}{\sqrt{1-\beta^4}}\frac{\pi}{4}d^2\sqrt{2\rho\Delta p}=\alpha\frac{\pi}{4}d^2\sqrt{2\rho\Delta p} \tag{8-25}$$

式中，α 为流量系数 $\alpha=\frac{C}{\sqrt{1-\beta^4}}=CE$，$E$ 称为渐近速度系数，$E=\frac{1}{\sqrt{1-\beta^4}}$。

对于可压缩流体，考虑到节流过程中流体密度的变化而引入流束膨胀系数 ε 进行修正，ρ 采用节流元件前的流体密度，由此流量公式可更一般地表示为

$$q_V=\alpha\varepsilon\frac{\pi}{4}d^2\sqrt{\frac{2}{\rho}\Delta p} \tag{8-26}$$

$$q_m=\alpha\varepsilon\frac{\pi}{4}d^2\sqrt{2\rho\Delta p} \tag{8-27}$$

式中，$\varepsilon\leqslant1$。当用于不可压缩流体时，$\varepsilon=1$；用于可压缩流体时，$\varepsilon<1$。

流量系数 α（或流出系数 C）与节流件形式、取压方式、管道直径 D、直径比 β 及流体雷诺数 Re 等因素有关，只能通过实验确定。实验证明，在一定的安装条件下，对于给定的节流装置，当 Re 大于某一数值（称为界限雷诺数）时，α 保持不变。因此，节流式流量计应工作在界限雷诺数之上。

流束膨胀系数 ε 也是一个影响因素十分复杂的参数。实验表明，ε 与雷诺数无关，对于给定的节流装置，ε 的数值主要取决于 β、$\Delta p/p_1$ 及被测介质的等熵指数 k。

α 和 ε 均可通过查阅图表求得。

(2) 节流装置

节流装置由节流元件、测量管段（节流元件前后的直管段）与取压装置等三部分组成。

节流装置分为标准节流装置和非标准节流装置两大类。标准节流装置中，节流元件的结构形式、尺寸和技术要求等均已标准化（我国现行标准为 GB/T2624—1993），对取压方式、取压装置以及对节流元件前后直管段的要求也有相应规定，有关计算数据都经过大量的系统实验而有统一的图表可供查阅。按标准规定设计制造的节流装置，不必经过单独标定即可投入使用。

① 标准节流装置的适用条件

a. 流体必须是牛顿流体，在物理学和热力学上是均匀的、单相的，或者可认为是单相的流体，如混合气体，溶液，分散性粒子小于 0.1 μm 的胶质溶液，含有不超过 2%（质量成分）均匀分散的固体微粒的气体以及不超过 5%（体积成分）

均匀分散气泡的液体流,均可按单相流体考虑,但其密度应取平均密度。

b. 流体必须充满管道和节流装置且连续流动,流经节流元件前流动应达到充分紊流,流束平行于管道轴线且无旋转,流经节流元件时不发生相变。

c. 流动是稳定的或随时间缓变的,不适用于脉动流和临界流的流量测量,流量变化范围亦不能太大(一般最大流量与最小流量之比值不超过 3:1)。

② 标准节流元件的结构形式

标准节流元件有孔板、喷嘴和文丘里管。工业上最常用的是孔板,其次是喷嘴,文丘里管使用较少。

a. 标准孔板

标准孔板是一块具有与管道同心圆形开孔的圆板,如图 8-6 所示,迎流一侧是有锐利直角入口边缘的圆筒形孔,顺流的出口呈扩散的锥形。标准孔板的各部分结构尺寸、粗糙度在"标准"中都有严格的规定。它的特征尺寸是节流孔径 d,在任何情况下,应使 $d > 12.5$ mm,且直径比 β 应满足 $0.20 \leqslant \beta \leqslant 0.75$;节流孔厚度 e 应在 $0.005D$ 与 $0.02D$(D 为管道直径)之间;孔板厚度 E 应在 e 与 $0.05D$ 之间;扩散的锥形表面应经精加工,斜角 F 应为 45° ± 15°。

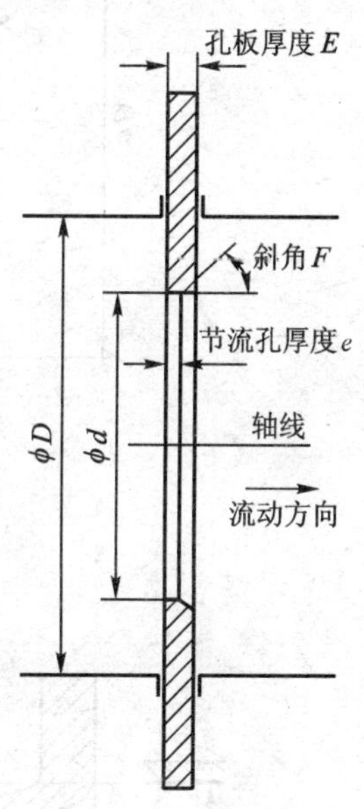

图 8-6　标准孔板

标准孔板结构简单,加工方便,价格便宜;但对流体造成的压力损失较大,测量精度较低,而且一般只适用于洁净流体介质的测量。此外,测量大管径高温高压介质时,孔板易变形。

b. 标准喷嘴

标准喷嘴是一种以管道轴线为中心线的旋转对称体,主要由入口圆弧收缩部分与出口圆筒形喉部组成,有 ISA1932 喷嘴和长径喷嘴两种型式。ISA1932 喷嘴的结构如图 8-7 所示,其廓形由入口端面 A、收缩部分第一圆弧曲面 B 与第二圆弧曲面 C、圆筒喉部 E 和出口边缘保护槽 F 组成。各段型线之间相切,不得有任何不光滑部分。喷嘴的特征尺寸是其圆筒形喉部的内直径 d,筒形长度 $b = 0.3D$。长径喷嘴廓形由 A 与 B 两段组成,A 是 1/4 椭圆弧线构成的流体收缩段,B 为圆筒形喉部平流段,见图 8-8。

标准喷嘴的测量精度比孔板高,压力损失要小于孔板。能测量带有污垢的流体介质,使用寿命长。但结构较复杂、体积大,比孔板加工困难,成本较高。

c. 文丘里管

文丘里管有两种标准形式:经典文丘里管与文丘里喷嘴。

文丘里管压力损失最低,有较高的测量精度,对流体中的悬浮物不敏感,可

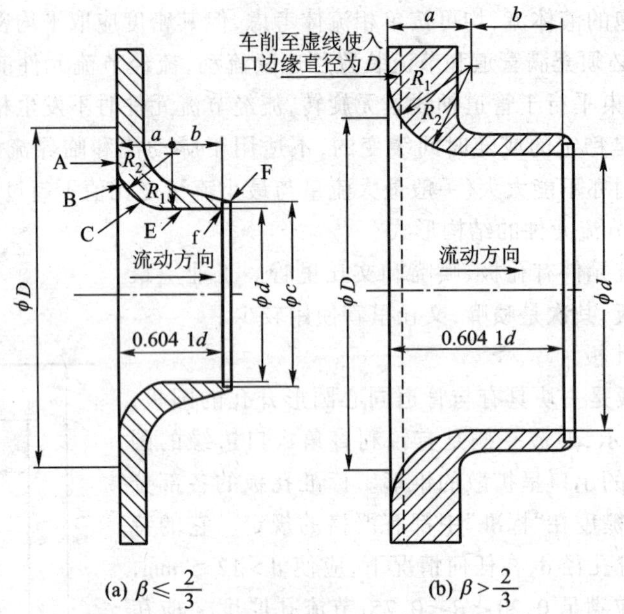

(a) $\beta \leqslant \frac{2}{3}$　　(b) $\beta > \frac{2}{3}$

图 8-7　ISA1932 喷嘴

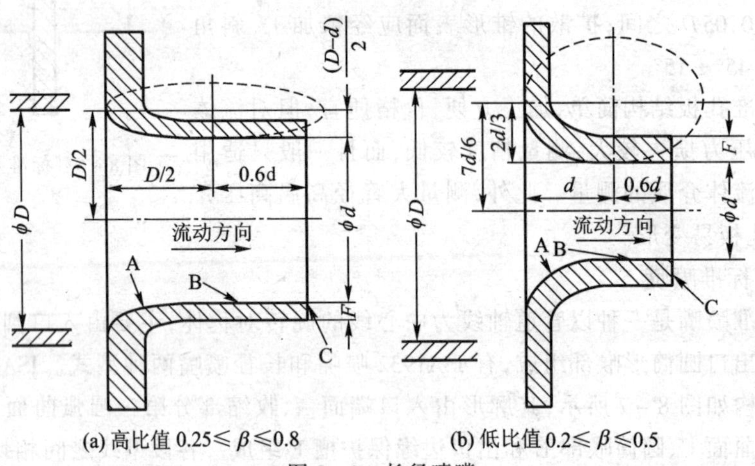

(a) 高比值 $0.25 \leqslant \beta \leqslant 0.8$　　(b) 低比值 $0.2 \leqslant \beta \leqslant 0.5$

图 8-8　长径喷嘴

用于污脏流体介质的流量测量，在大管径流量测量方面应用的较多。但尺寸大，笨重，加工困难，成本高，一般用在有特殊要求的场合。

③ 节流装置的取压方式

根据节流装置取压口位置可将取压方式分为理论取压、角接取压、法兰取压、径距取压与损失取压五种，如图 8-9 所示。

理论取压法的上游取压孔中心与孔板前端面的距离为 $1D \pm 0.1D$，下游取压孔中心与孔板后端面的距离随 β 值的不同而异，在 $(0.34 \sim 0.84)D$ 之间，如图中 1-1;角接取压法的取压孔紧靠孔板的前后端面如图中 2-2;法兰取压法上下游取压孔中心与孔板前后端面的距离均为 25.4 mm,如图中 3-3;径距取压法上游取压孔中心与孔板前端面的距离为 $1D$,下游取压孔中心与孔板后端面的距离为 $0.5D$,如图中 4-4;损失取压法直接在管道上开孔,上游取压孔距孔板前端而为 $2.5D$,下游取压孔距孔板后端面为 $8D$,如图中 5-5。

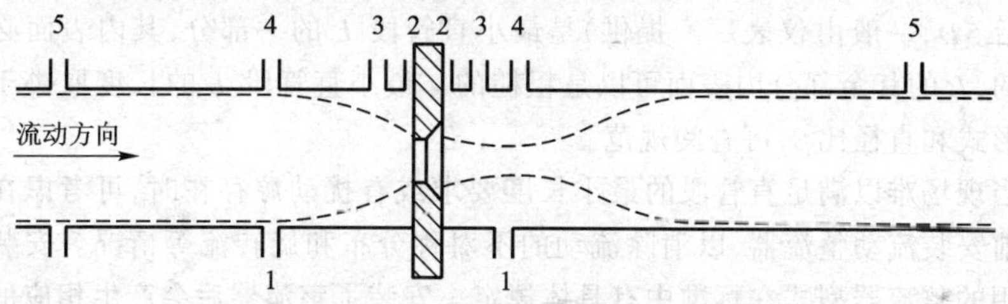

图 8-9 节流装置的取压方式

1-1—理论取压;2-2—角接取压;3-3—法兰取压;

4-4—径距取压;5-5—损失取压

径距取压法与理论取压法的下游取压点均在流束的最小截面区域内,而流束的最小截面是随流量而变的,在流量测量范围内流量系数 α 不是常数,并且又难于采用起均压作用的环室取压,因而很少采用。损失取压法开孔取压十分简单,但它实际测定的是流体流经节流件后的压力损失,由于压差较小,不便于检测,一般也不采用。目前广泛采用的是角接取压法,其次是法兰取压法。角接取压法比较简便,容易实现环室取压,测量精度较高。法兰取压法结构较简单,容易装配,计算也方便,但精度较角接取压法低些。

角接取压装置的取压口结构有带均压环的环室取压和不带均压环的单独钻孔取压之分,如图 8-10 所示。法兰取压装置的结构如图 8-11 所示。

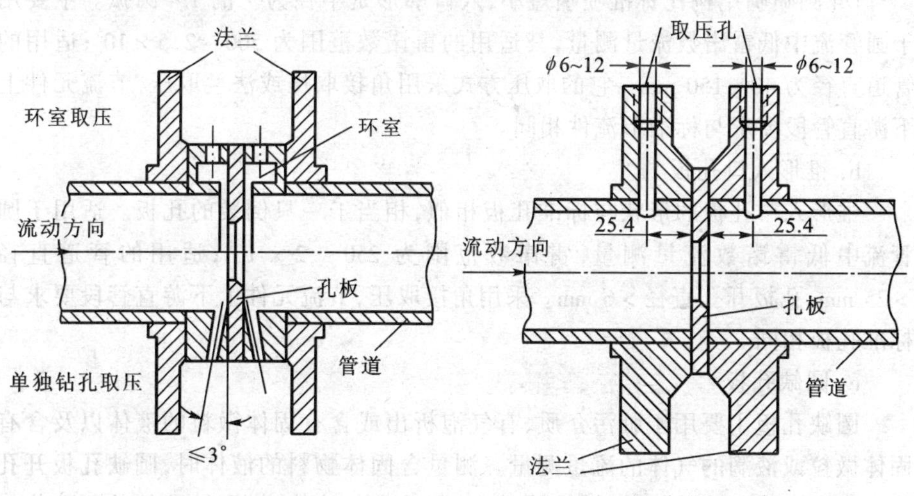

图 8-10 角接取压装置结构　　图 8-11 法兰取压装置结构

④ 测量管道条件

测量管道截面应为圆形,节流元件及取压装置安装在两圆形直管之间。节流元件附近管道的圆度应符合标准中的具体规定。

节流元件前后应有足够长的直管段,以保证流体流到节流元件前达到充分紊流状态,否则将影响测量精度。标准节流装置组成部分中的测量直管段(前 $10D$ 后 $5D$,一般由仪表厂家提供)是最小直管段 L 的一部分,其内表面必须是光滑的,L 的其余部分内表面可以是粗糙的。最小直管段 L 的长度取决于节流件的形式和直径比 β,可查阅规范。

当现场难以满足直管段的最小长度要求或有扰动源存在时,可考虑在节流元件前安装流动整流器,以消除流动的不对称分布和旋转流等情况。安装位置和使用的整流器型式在标准中有具体规定。安装了整流器后会产生相应的压力损失。

⑤ 非标准节流装置

标准化节流装置有其适用的范围和条件。在工程实际应用过程中,对于诸如脏污介质、低雷诺数流体、多相流体、非牛顿流体或小管径、非圆截面管道等流量测量问题,标准节流元件就不能适用,需要采用一些非标准节流装置或选择其他型式的流量计来测量流量。

非标准节流装置就是试验数据尚不充分,可用数据误差较大的尚未标准化的节流装置。其设计计算方法与标准节流装置基本相同,但使用前需要进行实际标定。

图 8 - 12 是几种典型的非标准节流装置节流件。

a. 1/4 圆喷嘴

1/4 圆喷嘴结构比标准喷嘴短小,入口廓形是半径为 r 的 1/4 圆弧。主要用于圆管流中低雷诺数流量测量,其适用的雷诺数范围为 $500 \sim 2.5 \times 10^5$;适用的管道直径为 40 ~ 150 mm。它的取压方式采用角接取压或法兰取压,节流元件上下游直管段要求与标准节流件相同。

b. 锥形入口孔板

锥形入口孔板的形状与标准孔板相似,相当于一只倒装的孔板。适用于圆管流中低雷诺数流量测量,雷诺数范围为 $250 \sim 2 \times 10^5$;适用的管道直径 > 25 mm,孔板开孔直径 > 6 mm。采用角接取压,节流元件上下游直管段要求与标准孔板相同。

c. 圆缺孔板

圆缺孔板主要用于脏污介质、有气泡析出或含有固体微粒的液体以及含有固体微粒或液滴的气体的流量测量。测量含固体物料的液体时,圆缺孔板开孔位于下部,以便于脏污尘灰被流体带走;测量含气液体时,圆缺孔板的开孔位于

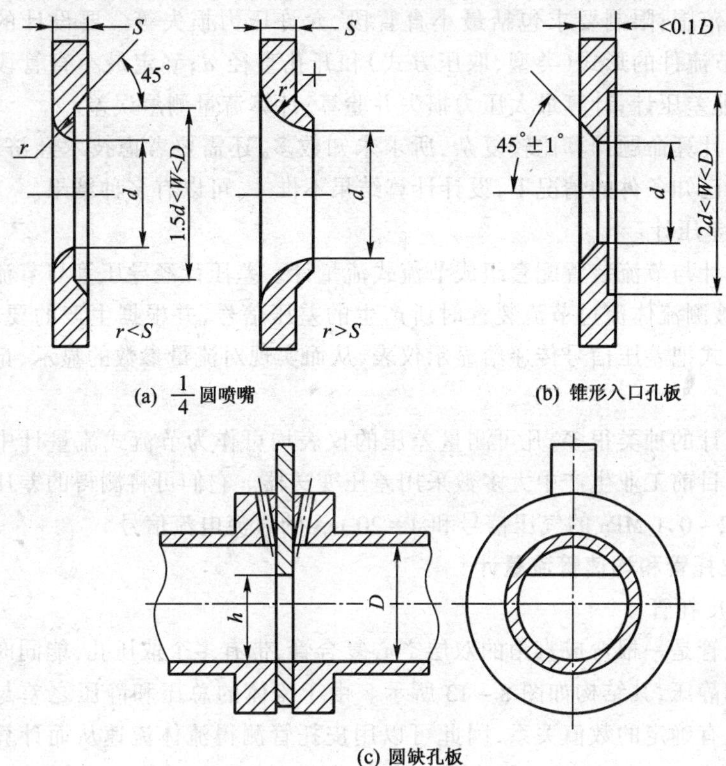

(a) $\frac{1}{4}$ 圆喷嘴　　(b) 锥形入口孔板

(c) 圆缺孔板

图 8-12　非标准节流装置

上部,测量管道一般水平安装。圆缺孔板采用单独钻孔取压,取压孔应在圆缺孔板的顶部。

还有一些非标准节流装置,如偏心孔板、双重孔板、环形孔板等在此不予以介绍了。

(3) 标准节流装置的计算

在生产过程中,根据实际需要节流装置的计算可归纳为两类。

① 流量计算

这类计算命题是在管道、节流装置、取压方式、被测流体参数已知的情况下,根据测得的差压值计算被测介质流量。这种计算属校核计算,常用在使用现场,如选用节流装置与实际管道不一致时,需要重新计算刻度,以及对流量进行验算等。

要完成已知条件下的流量计算,所依据的基本公式是流量公式。

② 设计节流装置

这类计算命题是要根据用户提出的已知条件以及限制要求来设计标准节流装置,属设计计算。已知条件包括:管道内径及布置情况、被测流体性质与参数、大致流量范围;限制要求包括最小直管段、允许压力损失等。要设计的工作包括:确定节流件的形式(类型、取压方式)和开孔直径 d;确定最小直管段长度并验算;选配差压计;计算最大压力损失并验算;计算流量测量误差。

这类计算命题计算比较复杂,所求未知数多,还需要考虑技术经济问题,在满足设计已知条件的情况下,设计计算结果不惟一,可以有多种结果。

(4) 差压计

差压计与节流装置配套组成节流式流量计。差压计经导压管与节流装置连接,接受被测流体流过节流装置时所产生的差压信号,并根据生产的要求,以不同信号形式把差压信号传递给显示仪表,从而实现对流量参数的显示、记录和自动控制。

差压计的种类很多,凡可测量差压的仪表均可作为节流式流量计中的差压计使用。目前工业生产中大多数采用差压变送器。它们可将测得的差压信号转换为 0.02 ~ 0.1 MPa 的气压信号和 4 ~ 20 mA 的直流电流信号。

2. 皮托管和均速管流量计

(1) 皮托管

皮托管是一根弯成直角的双层空心复合管,带有多个取压孔,能同时测量流体总压和静压,其结构如图 8 – 13 所示。由于流体的总压和静压之差与被测流体的流速有确定的数值关系,因此可以用皮托管测得流体流速从而计算出被测流量的大小。

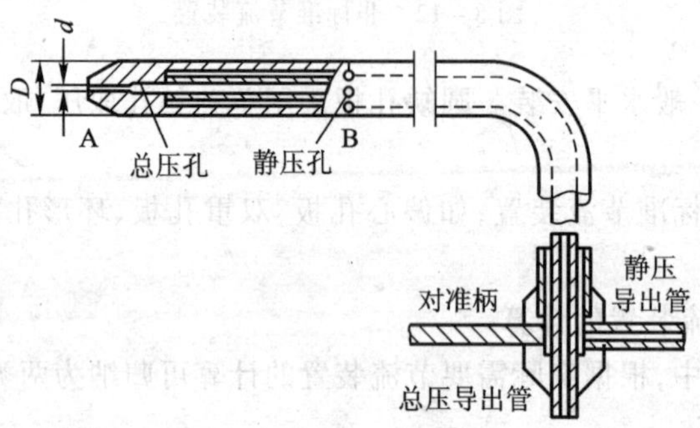

图 8 – 13　皮托管结构

皮托管的工作原理可分析如下:

皮托管头部迎流方向开有一个小孔 A,称为总压孔,在距头部一定距离处开有若干垂直于流体流向的静压孔 B,各孔所测静压在均压室均压后输出。设在均匀流动的管道中某点处流体的静压为 p,流速为 u。若在此处放置一根皮托管,并使皮托管轴线与流向平行,如图 8 – 14 所示,紧靠皮托管前端 A 的流体被阻滞,在阻滞区域的中心形成“驻点”,驻点处流动完全停止,流速等于零,压力由静压 p 上升到滞止压力 p_1(总压)。设流动为不可压缩无粘性流体的稳定流动,则驻点处流体的伯努利方程为：

$$\frac{p_1}{\rho}+0=\frac{p}{\rho}+\frac{u^2}{2} \tag{8-28}$$

式中，p_1 为驻点处流体总压；p、u 分别为驻点处流体静压和流速；ρ 为流体密度。由此可以得该点的流速为：

$$u=\sqrt{\frac{2}{\rho}(p_1-p)}=\sqrt{\frac{2}{\rho}\Delta p} \tag{8-29}$$

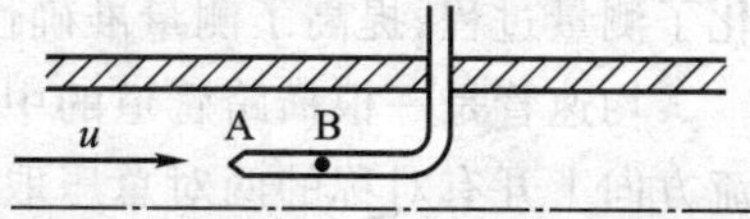

图 8-14 皮托管测量原理

A—总压感应点；B—静压感应点

考虑到实际测量情况与理论上的差别，引入皮托管系数 α（数值由实验确定）对上式进行修正，修正后的流速公式为：

$$u=\alpha\sqrt{\frac{2}{\rho}\Delta p} \tag{8-30}$$

对于可压缩流体，考虑到压缩性的影响，实际流速计算公式为：

$$u=\alpha(1-\varepsilon)\sqrt{\frac{2}{\rho}\Delta p} \tag{8-31}$$

式中，$(1-\varepsilon)$为流体可压缩性修正系数，对不可压缩流体 $\varepsilon=0$。

皮托管可以测得管道截面上某一点的流速，若该点流速恰为管道截面上的平均流速 $\overline{u}$，则流量可由式 $q_V=\overline{u}A$（A 为管道截面积）求出。理论上可以根据前述流速分布与平均流速关系式求出平均流速所在半径位置（例如层流状态时，在管道半径 $r=0.707R$ 的圆环上的流速等于管道截面平均流速，R 为管道内半径），只要将皮托管放在该位置就可测得平均流速，进而求出流量。但实际应用中，该方法误差大，难以实施，因为由于种种因素的影响，圆管内的实际流速分布并不能按理论方法确定。因此，实用中通常采取在同一截面选取多点测量，然后求出平均流速的方法。如何选取测量点是皮托管测流量的关键，目前较常用的方法有等环面法、切比雪夫积分法和对数线性法。

使用皮托管时，需将其牢固固定，测头轴线应与管道轴线平行，被测流体的流动应尽可能保持稳定，否则将带来测量误差。在管路中选择插入皮托管的横截面位置，应保证其有足够长的上下游直管段。

皮托管具有压损小、价格低廉等优点，适用于中、大管径管道的流量测量，尤其在实验室研究和测定流体的流速分布时，更具明显优越性。缺点是测量结果受流速分布影响严重、计算复杂，精度也较低，测量时间长，难以实现自动测量等。

(2) 均速管流量计

均速管流量计（又称阿纽巴 Annubar 管）是基于皮托管原理而发展起来的一

种新型流量计。均速管能够直接测出管道截面上的平均流速,比之于皮托管,简化了测量过程,提高了测量准确性。

均速管是一根横跨管道的中空、多孔金属管,其结构如图 8-15 所示。在迎流方向上开有对称的两对总压取压孔(也可以是二对以上),各总压取压孔位置分别对应 4 个面积相等的半环形和半圆形区域,各总压孔相通,测得的流体总压均压后由总压管引出,这可认为是反映截面平均流速的总压。在背向流体流向一侧的中央开有一个静压取压孔,测得流体静压由静压管引出。由平均总压与静压之差即可求得管道截面的平均流速,从而实现测量流量的目的。

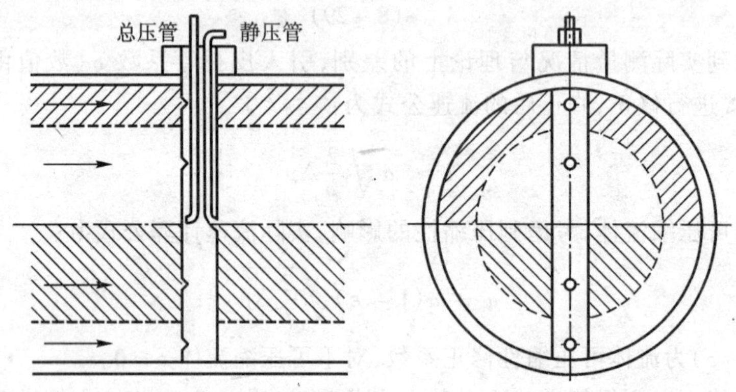

图 8-15 均速管原理

均速管测量流速的原理与皮托管相同,其流速也可以用皮托管的流速公式(8-30)表示,而体积流量可由下式确定

$$q_v = \alpha A\sqrt{\frac{2}{\rho}\Delta p} \tag{8-32}$$

式中,A 为管道截面积;α 为取决于均速管及管道内径的流量系数,由实验确定。

均速管流量计结构简单,便于安装,价格便宜;压力损失小,能耗少;准确度及长期稳定性较好;适用范围广,可适用于液体、气体和蒸汽等多种流体以及高温高压介质的流量测量。均速管流量计适用的管径范围为 25 ~ 9 000 mm,尤其适用于大口径管道的流量测量。但它产生的差压信号较低,需要配用低量程差压计;不适用于污脏、有沉淀物的流体。

3. 转子流量计

转子流量计又称浮子流量计。它也是利用节流原理测量流体的流量,但在测量过程中节流元件前后的差压值基本保持不变,而通过节流面积的变化反映流量的大小,故也称恒压降变截面流量计。

转子流量计在工业生产过程中应用较广,可以测量多种介质的流量,特别适用于中小管径和低雷诺数的中小流量测量。转子流量计结构简单,灵敏度高,量程比宽(10:1),压力损失小且恒定,对直管段的要求不高,刻度近似线性,价格便宜,使用维护简便。但仪表受被测介质密度、粘度、温度、压力等因素的影响,其精度一般在 1.5 级左右。

(1) 测量原理

转子流量计本体由一根自下向上直径逐渐扩大的垂直锥形管和一只可以随流体流量大小而沿锥形管上下自由移动的转子组成,如图 8-16 所示。

当被测流体自下而上流经锥形管时,由于节流作用而在转子上下端面产生差压形成作用于转子的上升力,使得转子向上运动。随着转子的上移,转子与锥形管之间的环形流通面积增大,流体流速变慢,直到转子的重量与流体作用在转子上的力达到平衡时,转子就稳定在一个平衡位置上。当流量变化时,转子便会移到新的平衡位置,这样平衡位置的高度就代表被测介质流量值的大小。

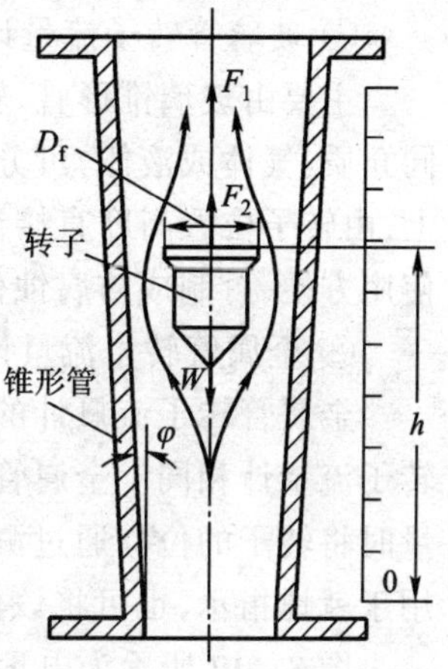

图 8-16 转子流量计测量原理

根据流体连续性方程和伯努利方程,转子流量计的体积流量可表示为

$$q_V = \alpha A\sqrt{\frac{2}{\rho}\Delta p} \qquad (8-33)$$

式中,α 为流量系数;A 为转子与锥形管间的环形流通面积;ρ 为流体密度;Δp 为差压。

转子在锥形管中的受力平衡条件为

$$A_f\Delta p = V_f(\rho_f - \rho)g \qquad (8-34)$$

式中,A_f、V_f 为转子的迎流面积和体积;ρ_f 为转子的密度;g 为重力加速度;

环形流通面积 A 的大小由转子和锥形管尺寸所决定,即

$$A = \frac{\pi}{4}(D^2 - D_f^2) \qquad (8-35)$$

式中,D 为转子所在处锥形管内径;D_f 为转子的最大直径

若锥形管设计时保证在零刻度处 $D = D_f$,锥形管锥角为 φ,转子高度为 h,因为锥角 φ 很小,则 A 可近似表示为

$$A = \pi D_f h\tan\varphi$$

因此,体积流量为

$$q_V = \alpha\pi D_f h\tan\varphi\sqrt{\frac{2V_f(\rho_f - \rho)g}{\rho A_f}} \qquad (8-36)$$

由式(8-36)可知,只要保持流量系数 α 为常数,则流量与转子所处高度 h 成近似线性关系,测得 h 就可知流量大小。

流量系数 α 与转子形状、流体流动状况及其物理性质有关。一般可认为 α

是雷诺数的函数，每种流量计有相应的界限雷诺数，在低于此值情况下 α 不再是常数，q_v 与 h 不呈线性，从而影响测量精度。因此，转子流量计测量的流体，其雷诺数应大于一定的 Re 范围。

(2) 转子流量计结构

转子流量计按锥形管制造材料不同，可分为两大类。

① 玻璃管转子流量计

主要由玻璃锥形管、转子和支撑结构组成。转子根据不同的测量范围及不同介质(气体或液体)可分别采用不同材料制成不同形状。流量示值刻在锥形管上，由转子位置高度直接读出流量值。玻璃管转子流量计结构简单，价格低廉，使用方便，可制成防腐蚀仪表，耐压低，多用于透明流体的现场测量。

② 金属管转子流量计

金属管转子流量计的锥形管采用金属材料制成，其流量检测原理与玻璃管转子流量计相同。金属管转子流量计有就地指示型和电气信号远传型两种，测量时将转子的位移通过测量转换机构进行传递变换，变换后的位移信号可直接用于就地指示，也可将该位移转换为电信号或气信号进行远传及显示。

图 8－17 所示为电远传式转子流量计工作原理。采用差动变压器作为转换机构，用于测量转子的位移。当流体流量变化引起转子移动时，磁钢 1、2 通过磁耦合带动杠杆 3 及连杆机构 6、7、8，使指针 10 在标尺 9 上就地指示流量，同时再通过连杆机构 11、12、13 带动差动变压器中的铁心 14 作上、下运动，产生的差动电势通过放大和转换后输出电信号表示相应流量大小，供显示和调节。

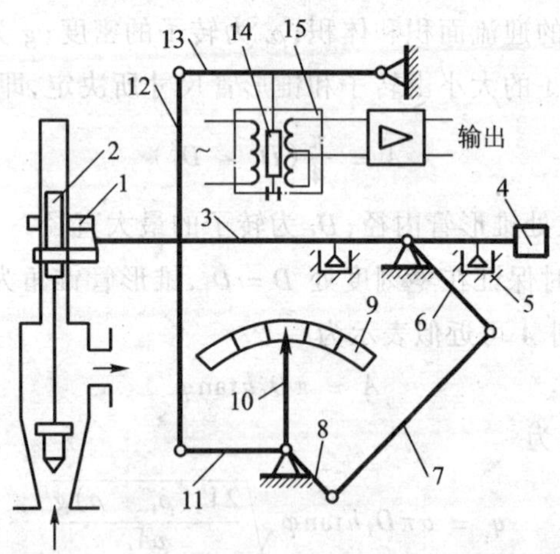

图 8－17　电远传式转子流量计工作原理图

1、2—磁钢；3—杠杆；4—平衡锤；5—阻尼器；6、7、8—连杆机构；9—标尺；10—指针；11、12、13—连杆机构；14—铁心；15—差动变压器

(3) 转子流量计的刻度换算

转子流量计是一种非通用性仪表,出厂时其刻度需单独标定。仪表厂在工业标准状态(20 ℃,0.101 33 MN)下,以空气标定测量气体测量的仪表;以水标定测量液体流量的仪表。因此实际使用时,若被测介质不是水或空气,则流量计的指示值与实际流量值之间存在差别,必须对流量指示值按照实际被测介质的密度、温度、压力等参数的具体情况进行刻度修正。

对于液体介质,一般只需进行密度修正,其修正关系为

$$q_V' = q_V\sqrt{\frac{(\rho_f - \rho')\rho}{(\rho_f - \rho)\rho'}} \tag{8-37}$$

式中,q_V、q_V'分别为流量计标定刻度流量和被测介质的实际流量;ρ、ρ'为标定流体密度和被测介质密度;ρ_f 为转子的密度

对于气体介质,即使所测流体与标定流体相同但其温度、压力与标定状态参数不同时,亦应修正。其修正关系为

$$q_V' = q_V\sqrt{\frac{p'}{p}\cdot\frac{T}{T'}} \tag{8-38}$$

式中,p、p'为标定流体的和被测流体的绝对压力;T、T'为标定流体和被测流体的热力学温度。

如果测量流体和标定流体相同,但需要改变仪表量程时,可由改变转子材料,即改变转子密度来实现。量程扩大后灵敏度降低,相反则灵敏度增大。改变前后的转子应满足几何相似条件。

4. 靶式流量计

靶式流量计是一种适用于测量高粘度、低雷诺数流体流量的流量测量仪表,例如用于测量重油、沥青、含固体颗粒的浆液及腐蚀性介质的流量。

靶式流量计由检测(传感)和转换部分组成,检测部分包括放在管道中心的圆形靶、杠杆、密封膜片和测量管,如图 8-18 所示。当流体流过靶时,靶受到主要由流体的动压力和靶对流体的节流作用而形成的力 F 的作用,此作用力与流速之间存在着一定关系,通过测量靶所受作用力,可以求出流体流速与流量。

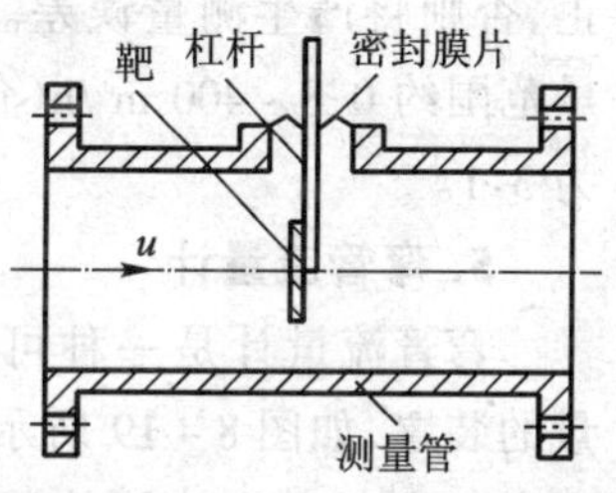

图 8-18 靶式流量计工作原理

流体对靶的作用力 F 与流体流速 u、密度 ρ 及靶的受力面积 A_B 的关系为

$$F = k\frac{\rho}{2}u^2A_B \tag{8-39}$$

式中,k 为比例常数。

设管道直径为 D,靶直径为 d,环隙通道面积为 A,则可求出流体体积流量为

$$q_V = A \cdot u = \sqrt{\frac{1}{k}}\frac{D^2 - d^2}{d}\sqrt{\frac{\pi}{2}}\sqrt{\frac{F}{\rho}} \tag{8-40}$$

令:$\alpha = \sqrt{\frac{1}{k}}$;$\beta = \frac{d}{D}$,则流量公式可写成如下形式

$$q_V = \alpha D\left(\frac{1}{\beta} - \beta\right)\sqrt{\frac{\pi}{2}}\sqrt{\frac{F}{\rho}} \tag{8-41}$$

α 为靶式流量计的流量系数,其数值与靶的几何尺寸、结构、管道内径 D、直径比 β、雷诺数以及流体的性质有关,由实验确定。实验表明,在管道条件与靶的形状确定的情况下,α 随雷诺数的增大而逐步趋于稳定,趋于稳定时的界限雷诺数比标准节流装置的界限雷诺数要低得多,所以这种方法适合于高粘度、低雷诺数的流体测量。

靶式流量计的转换部分按输出信号有电动和气动两种结构形式。测量时通过杠杆机构将靶上所受力引出,按照力矩平衡方式将此力转换为相应的标准电信号或气压信号,由显示仪表显示流量值。

与节流式流量计相比,靶式流量计结构比较简单,不需安装引压管和其他辅助管件,安装维护方便;压力损失一般低于节流式流量计,约为孔板压力损失的一半。

靶式流量计在安装与使用时,为了保证测量精度,流量计前后应有必要的直管段,且一般应水平安装,若必须安装在垂直管道上时,要注意流体的流动方向应由下向上,安装后必须进行零点调整。此外应注意,仪表刻度是按一定流体介质标定的,用于其他流体或在工作条件(温度、压力)变化时,读数需进行适当修正,否则将产生测量误差。靶式流量计适用的管道口径范围为 15～200 mm,测量范围约 0.8～400 m^3/h(介质为水),精度可达 ±1%(用实际介质标定),量程比为 3:1。

5. 弯管流量计

弯管流量计是一种可用于任何工艺管道流量测量的装置,如图 8-19 所示。它是利用流体在弯管处因离心力而产生差压的原理工作的。当流体流经弯曲管道时,流动的方向发生了变化,流体受到角加速度的作用而产生的离心力会使弯管外侧管壁压力增大,从而在弯管的外内侧管壁之间形成差压,此差压与流量有一定比例关系。如果在弯管的内外侧设取压孔,测出压力差便可求出流量。此压力差与流体的

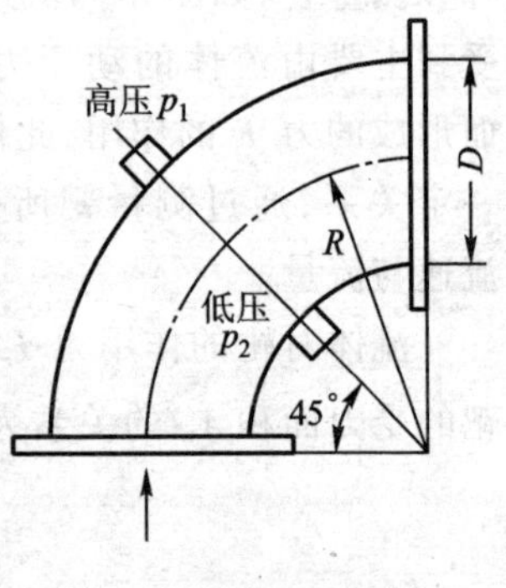

图 8-19　弯管流量计

运动速度及密度有关。在相同流速下,流体密度越大,压力差越大,因此弯管流量计较适用于具有较高密度的液体流量测量。

设弯管直径为 D,弯管中心线半径为 R,流体密度 ρ,根据弯管流速面积分布定律和流体能量守恒定律可推导出体积流量 q_V 与流体差压 Δp 的理论关系式:

$$q_V = 2\pi\sqrt{\frac{\Delta p}{\rho}} \cdot \frac{R^2 - \frac{D^2}{4}}{\sqrt{RD}} \cdot \left(R - \sqrt{R^2 - \frac{D^2}{4}}\right) \qquad (8-42)$$

考虑到流体粘性、管道形状及实际使用条件的影响,将上式乘上由实验求得的流量系数 α,并令 $X = 2R/D$,则可得弯管流量计的实用流量公式:

$$q_V = \alpha\frac{\pi D^2}{4}\sqrt{\frac{2\Delta p}{\rho}} \cdot (X^2 - 1) \cdot (X - \sqrt{X^2 - 1}) \cdot \sqrt{\frac{1}{X}} \qquad (8-43)$$

弯管流量计是一种尚未标准化的仪表。它结构简单,无可动部件,安装维修方便;对流体流动无障碍,没有附加压力损失;可用于一般液体或含固体颗粒及含悬浮物污水的测量。由于许多装置上都有不少的弯头,所以在受到工艺管道条件限制情况下,可采用弯管流量计测量流量。使用时要求直管段长度,上游至少 $10D$,下游至少 $5D$。弯管流量计精度不高,约在 ±5%。专门加工的弯管流量计,经单独标定,精度可提高到 ±0.5%。

如果将管道弯成同心圆,就可构成环形管流量计(见图 8-20),流体流入和流出方向相同。从测量原理来说,应用环形管与应用弯管完全相同,因此流量公式可直接应用式(8-42)。考虑到在制造时,环形管直径与管道直径比 $2R/D$ 很大,因而可得环形管流量计的流量近似公式:

$$q_V = \frac{\pi D^2}{4}\sqrt{\frac{\Delta p}{\rho} \cdot \frac{R}{D}} \qquad (8-44)$$

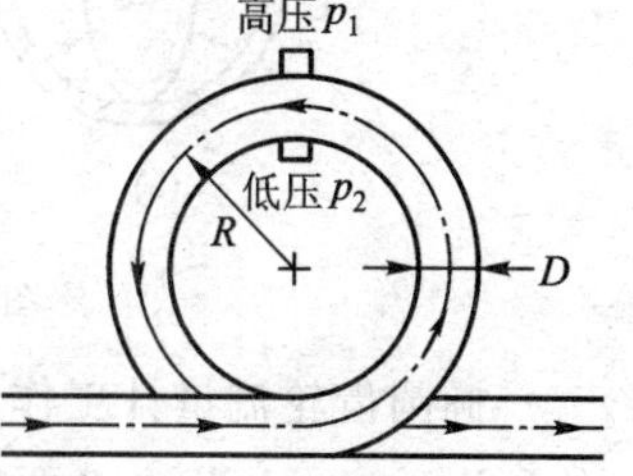

图 8-20 环形管流量计

环形管流量计受粘度及脉动影响较小,可以在直线管道上安装,与弯管流量计相比,测量值比较稳定。

8.2.2 容积式流量计

容积式流量计是一种直接测量型流量计,它利用机械测量元件,把流体连续不断地分隔为单个的固定容积部分排出,而后通过计数单位时间或某一时间间隔内经仪表排出的流体固定容积的数目来实现流量的计量与计算,它可用于各种液体和气体的体积流量测量。

容积式流量计的优点是:测量精度高,量程比宽,对上游流动状态不敏感,无前后直管段长度要求,特别适合高粘度介质的测量,因此广泛应用于工业生产过程的流量测量并作为流量计量的标准仪表。其缺点是对被测流体中的污物较敏感,当被测管道口径较大时,流量计比较笨重。

容积式流量计的种类很多,按其测量元件形式和测量方式可分为椭圆齿轮流量计、腰轮流量计、刮板流量计、活塞式流量计、湿式流量计和皮囊式流量计等。工业生产中使用比较普遍的有椭圆齿轮、腰轮和刮板流量计。

1. 椭圆齿轮流量计

椭圆齿轮流量计的测量本体由一对相互啮合的椭圆齿轮和壳体组成,这对椭圆齿轮在流量计进出口两端流体差压作用下,交替地相互驱动并各自绕轴作非匀角速度的旋转。两椭圆齿轮在运动过程中与壳体构成具有固定容积的测量室,椭圆齿轮与测量室内壁的间隙很小,以减少流体的滑流量并保证测量的精度。通过椭圆齿轮的转动,连续不断地将充满在齿轮与壳体之间的固定容积内的流体一份份排出,并通过机械的或其他的方式测出齿轮的转数,从而可得到被测流体的体积流量。

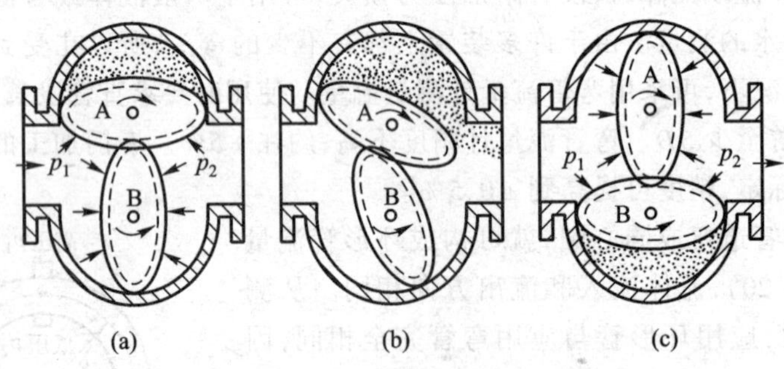

图 8-21　椭圆齿轮流量计工作原理

椭圆齿轮流量计工作原理如图 8-21 所示。由于流体在流量计入、出口处的压力 $p_1 > p_2$,当 A、B 两轮处于图 8-21(a)所示位置时,A 轮与壳体间构成容积固定的半月形测量室(图中阴影部分),此时进出口差压作用于 B 轮上的合力矩为零,而在 A 轮上的合力矩不为零,产生一个旋转力矩,使得 A 轮作顺时针方向转动,并带动 B 轮逆时针旋转,测量室内的流体排向出口;当两轮旋转处于图 8-21(b)位置时,两轮均为主动轮;当两轮旋转 90°,处于图 8-21(c)位置时,转子 B 与壳体之间构成测量室,此时,流体作用于 A 轮的合力矩为零,而作用于 B 轮的合力矩不为零,B 轮带动 A 轮转动,将测量室内的流体排向出口。当两轮旋再转 90°时,A、B 两轮重新回到位置(a)。如此周期地主从更换,两椭圆齿轮作连续的旋转。当椭圆齿轮每旋转一周时,流量计将排出 4 个半月形(测量室)体积的流体。设测量室的容积为 V,则椭圆齿轮每旋转一周排出的流体体积为 4V。只要测量椭圆齿轮的转数 N 和转速 n,就可知道累积流量和单位时间内的流量,即瞬时流量:

$$
\begin{aligned}
Q &= 4NV \\
q_V &= 4nV
\end{aligned}
\tag{8-45}
$$

椭圆齿轮流量计适用于高粘度液体的测量。流量计基本误差为 ±0.2% ~ ±0.5%,量程比为 10:1。椭圆齿轮流量计的测量元件是齿轮啮合传动,被测介质中的污物会造成齿轮卡涩和磨损,影响正常测量,故流量计的上游均需加装过滤器,这样会造成较大的压力损失。

2. 腰轮流量计

腰轮流量计又称罗茨流量计,其工作原理与椭圆齿轮流量计相同,结构也很相似,只是转子的形状略有不同,如图 8-22 所示。腰轮流量计的转子是一对不带齿的腰形轮,在转动过程中两腰轮不直接接触而保持微小的间隙,依靠套在壳体外的与腰轮同轴上的啮合齿轮来完成驱动。这一点与椭圆齿轮流量计相比具有明显的优点。椭圆齿轮啮合接触磨损大,受被测流体清洁度影响较大,容易损坏和降低准确度,而腰轮由于靠附加驱动齿轮发生联动,工作时各测量元件间都不接触,因此运行中磨损很小,可达较高的测量准确度,能保持流量计的长期稳定性。

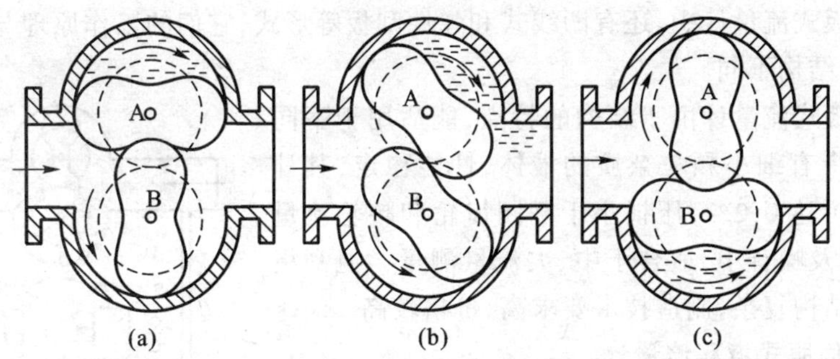

图 8-22 腰轮流量计

腰轮流量计的结构按照工作状态可分为立式和卧式两种:其中腰轮的结构有一对腰轮和由两对互呈 45°夹角的腰轮构成的组合式腰轮两种。组合式腰轮流量计运转平稳,可使管道内压力波动大大减小,通常大口径流量计采用立式或卧式组合腰轮以减小或消除在流量测量过程中引起的管道振动。

腰轮流量计的转子线型比较合理,允许测量含有微小颗粒的流体,可用于气体和液体的测量,它是近年来迅速发展、广泛应用的一种容积式流量计,该型流量计除用于工业测量外,还作为标准流量计对其他类型的流量计进行标定,精度可达 ±0.1%。

3. 刮板式流量计

刮板流量计是一种高精度的容积式流量计,适用于含有机械杂质的流体。较常见的凸轮式刮板流量计如图 8-23 所示。这种流量计主要由可旋转的转子、刮板、固定的凸轮及壳体组成。壳体的内腔为圆形，转子是一个可以转动、有一定宽度的空心薄壁圆筒，筒壁上开了四个互成 90°的槽，刮板可在槽内径向自由滑动。四块刮板由两根连杆连接，相互垂直，在空间交叉。每一刮板的一端装有一小滚轮，沿一具有特定曲线形状的固定凸轮的边缘滚动，使刮板时伸时缩，且因为有连杆相连，若某一端刮板从转子筒边槽口伸出，则另一端的刮板就缩进筒内。转子在流量计进、出口差压作用下转动，每当相邻两刮板进入计量区时均伸出至壳体内壁且只随转子旋转而不滑动，形成具有固定容积的测量室，当离开计量区时，刮板缩入槽内，流体从出口排出，同时后一刮板又与其另一相邻刮板形成测量室。转子旋转一周，排出 4 份固定体积的流体，由转子的转数就可以求得被测流体的流量。

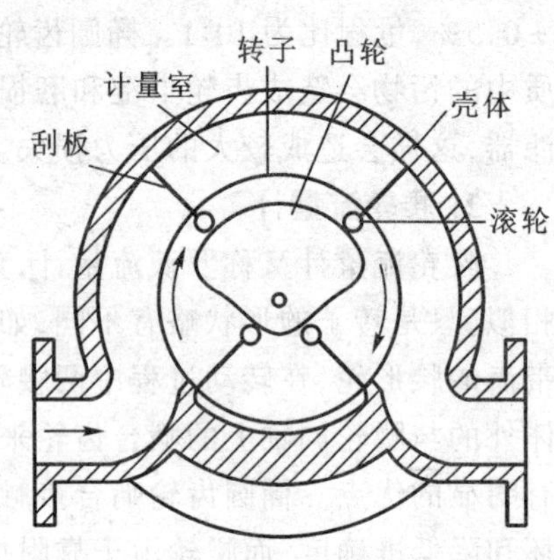

图 8－23　凸轮式刮板流量计

刮板式流量计中，还有凹线式和弹性刮板等形式，它们的工作原理与凸轮式相似，但结构不同。

刮板式流量计由于结构的特点，能适用于不同粘度和带有细小颗粒杂质的液体，性能稳定，其计量精度可达 0.2%，压损小于椭圆齿轮和腰轮流量计，振动及噪音小，适合于中、大流量测量。但刮板流量计结构复杂，制造技术要求高，价格较高。

4. 伺服式容积流量计

常用容积式流量计的转子（椭圆齿轮、腰轮或刮板等）与壳体之间、转子与转子之间，都有一定的间隙，由于流量计入出口之间存在压差，就会产生流体泄漏，从而导致测量误差，特别在测量小流量、低粘度流体时，测量误差较大。为解决此问题，发展了伺服式容积流量计。采用伺服机构的容积流量计，通过使流量计入出口差压保持接近于零的状态，消除泄漏，提高对小流量、低粘度流体的测量精度。伺服式容积式流量计是目前解决微小流量测量的较好仪表之一。

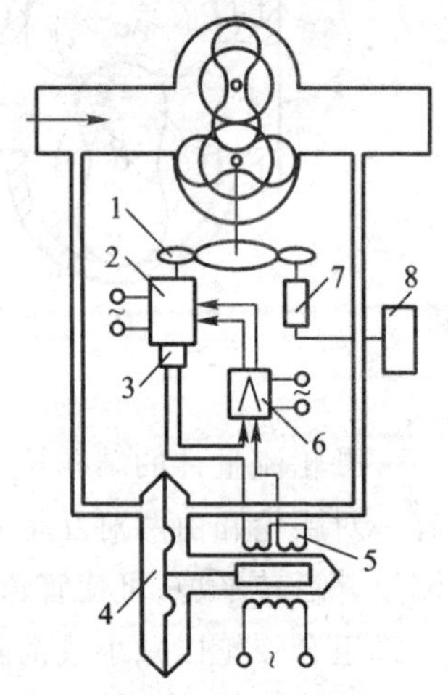

图 8－24　伺服式腰轮流量计工作原理图

1—传动齿轮；2—伺服电机；3—反馈测速发电机；4—微差压变送器；5—差动变压器；6—伺服放大器；7—DC 测速发电机；8—显示记录器

图 8－24 为伺服式腰轮流量计工作原理图。如图所示，在流量计工作时，腰轮由伺服电机通过传

动齿轮带动,伺服电机转动的快慢,随流体入出口压力差的大小而改变。导压管将入出口压力引至差压变送器以测量入出口压差的变化,当入出口压差大于零时,差压变送器输出信号经放大后驱动伺服电机带动腰轮加快旋转,使流量计排出较大流量的流体,从而使压差趋近于零。这种近于无压差的流量计,使泄漏量减小到最低限度,因而可以实现小流量的高精度测量,而且测量误差几乎不受流体压力、粘度和密度的影响。

其他型式的伺服式容积流量计的结构和工作原理与伺服式腰轮流量计类似,而伺服式容积流量计的瞬时流量及累积流量的计数方法与一般容积流量计相同。

5. 容积式流量计的安装与使用

容积式流量计的安装地点应满足技术性能规定的条件,管线应安装牢固。多数容积式流量计可以水平安装,也可以垂直安装,安装时要注意被测流体的流动方向应与流量计外壳上的流向标志一致。容积式流量计只能测量单相洁净流体,安装前必须先清洗上游管线,在流量计上游要安装过滤器,以免杂质进入流量计内,卡死或损坏测量元件;当测量含气液体或易气化的液体时,还应考虑加装消气器;调节流量的阀门应位于流量计下游,为维护方便需设置旁通管路;流量计前后无设置直管段要求。

流量计在使用过程中被测流体应充满管道,并工作在规定的流量范围内;当粘度、温度等参数超过规定范围时应对流量值进行修正;流量计需定期清洗和检定。

8.2.3 速度式流量计

速度式流量计是利用测量管道内流体流动速度来测量流量的,若测得管道截面上的平均流速,则流体的体积流量为平均流速与管道横截面积的乘积。这种测量方法称为流量的速度式测量方法,也是流量测量的主要方法之一。工业生产中使用的速度式流量计种类很多,目前还在不断地发展中。

速度式流量计对管道内流体的速度分布有一定的要求,流量计前后必须有足够长的直管段或加装整流器,以使流体形成稳定的速度分布。

1. 涡轮流量计

涡轮流量计是一种典型的速度式流量计。它具有测量精度高、反应快以及耐压高等特点,因而在工业生产中应用日益广泛。

(1) 工作原理与结构

涡轮流量计是基于流体动量矩守恒原理工作的。被测流体推动涡轮叶片使涡轮旋转,在一定范围内,涡轮的转速与流体的平均流速成正比,通过磁电转换装置将涡轮转速变成电脉冲信号,经放大后送给显示记录仪表,即可以推导出被测流体的瞬时流量和累积流量。

涡轮流量计的结构如图 8 - 25 所示，主要由壳体、导流器、支承、涡轮和磁电转换器组成。涡轮是测量元件，由导磁性较好的不锈钢制成，根据流量计直径的不同，其上装有 2 ~ 8 片螺旋形叶片，支承在摩擦力很小的轴承上。为提高对流速变化的响应性，涡轮的质量要尽可能的小。

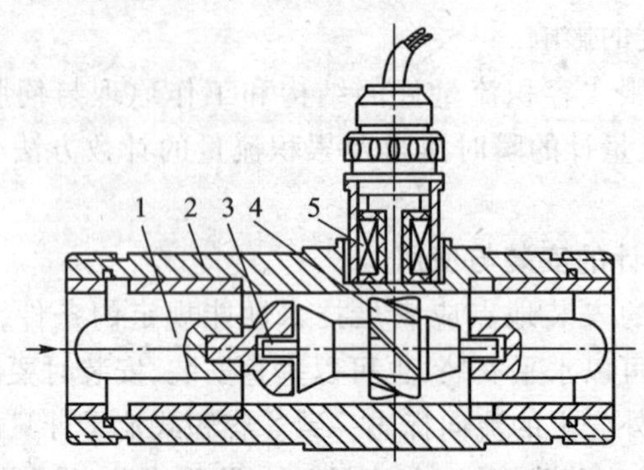

图 8 - 25　涡轮流量计结构

1—导流器；2—壳体；3—支承；4—涡轮；5—磁电转换器

导流器由导向片及导向座组成，用以导直流体并支承涡轮，以免因流体的漩涡而改变流体与涡轮叶片的作用角，从而保证流量计的精度。

磁电转换装置由线圈和磁钢组成，安装在流量计壳体上，它可分成磁阻式和感应式两种。磁阻式将磁钢放在感应线圈内，涡轮叶片由导磁材料制成。当涡轮叶片旋转通过磁钢下面时，磁路中的磁阻改变，使得通过线圈的磁通量发生周期性变化，因而在线圈中感应出电脉冲信号，其频率就是转过叶片的频率。感应式是在涡轮内腔放置磁钢，涡轮叶片由非导磁材料制成。磁钢随涡轮旋转，在线圈内感应出电脉冲信号。由于磁阻式比较简单、可靠，所以使用较多。除磁电转换方式外，也可用光电元件、霍尔元件、同位素等方式进行转换。

为提高抗干扰能力和增大信号传送距离，在磁电转换器内装有前置放大器。

(2) 流量方程

流体经导直后沿平行于管道轴线的方向以平均速度 u 冲击叶片，使涡轮旋转，涡轮叶片与流体流向成 θ 角，流体平均流速 u 可分解为叶片的相对速度 u_r 和切向速度 u_s，如图 8 - 26 所示，切向速度

$$u_s = u\tan\theta \tag{8-46}$$

而当涡轮稳定旋转时，叶片的切向速度

$$u_s = \omega R \tag{8-47}$$

则涡轮转速为

$$n = \frac{\omega}{2\pi} = \frac{u\tan\theta}{2\pi R} \tag{8-48}$$

式中,R 为涡轮叶片的平均半径。

可见,涡轮转速 n 与流速 u 成正比。而磁电转换器所产生的脉冲频率为

$$f = nZ = \frac{u\tan\theta}{2\pi R}Z \tag{8-49}$$

式中,Z 为涡轮叶片的数目。

则流体的体积流量方程为

$$q_V = uA = \frac{2\pi RA}{Z\tan\theta}f = \frac{f}{\xi} \tag{8-50}$$

式中,A 为涡轮的流通截面积;ξ 为流量转换系数,$\xi = Z\tan\theta/2\pi RA$

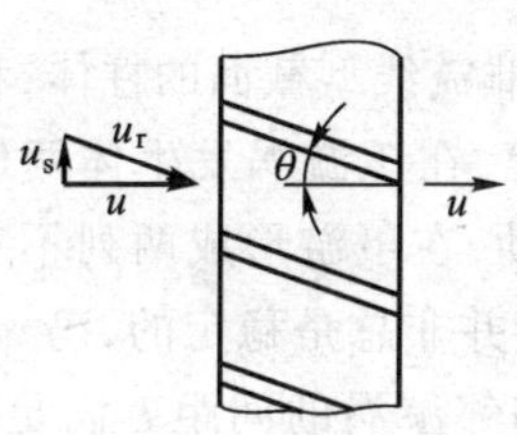

图 8-26 涡轮叶片速度分解

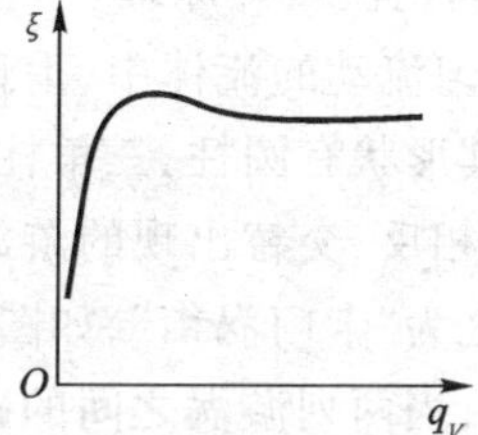

图 8-27 ξ 与流量的关系曲线

流量转换系数 ξ 的含义是单位体积流量通过磁电转换器所输出的脉冲数,它是涡轮流量计的重要特性参数。由式(8-50)可见,对于一定的涡轮结构,流量转换系数为常数。因此流过涡轮的体积流量 q_V 与脉冲频率 f 成正比。但是由于涡轮轴承的摩擦力矩、磁电转换器的电磁力矩以及流体和涡轮叶片间的摩擦阻力等因素的影响,在整个流量测量范围内流量转换系数不是常数,它与流量间的关系曲线如图 8-27 所示。由图中可见,在小流量时,ξ 值变化很大,这主要是由于各种阻力矩之和与叶轮的转矩相比较大;当流量大于某一数值后,ξ 值才近似为一个常数,这就是涡轮流量计的工作区域,因此涡轮流量计也有测量范围的限制。

(3) 涡轮流量计的特点和使用

涡轮流量计可用以测量气体、液体流量,但要求被测介质洁净,并且不适用于对粘度大的液体测量,其测量精度高,可达 0.5 级以上,在小范围内可达 ±0.1%,复现性和稳定性均好;量程范围宽,量程比可达(10~20):1,刻度线性;耐高压,承受的工作压力可达 16 MPa,而压力损失在最大流量时小于 25 kPa;对流量变化反应迅速,可测脉动流量,其时间常数一般仅为几到几十毫秒;输出为脉冲信号,抗干扰能力强,信号便于远传及与计算机相连。

涡轮流量计的缺点是制造困难,成本高。由于涡轮高速转动,轴承易损,降低了长期运行的稳定性,影响使用寿命。通常涡轮流量计主要用于精度要求高、

流量变化快的场合，还用作标定其他流量计的标准仪表。

涡轮流量计应水平安装，并保证其前后有一定的直管段。要求被测流体粘度低，腐蚀性小，不含杂质，以减少轴承磨损，一般应在流量计前加装过滤装置。如果被测液体易气化或含有气体时，要在流量计前装消气器。流体介质密度和粘度的变化对流量示值有影响，必要时应做修正。

2. 涡街流量计

20 世纪 60 年代末期发展起来一种应用流体振动原理测量流量的仪表，即所谓漩涡式流量计。涡街流量计属于漩涡式流量计中的一种，它是利用流体自然振动的卡门漩涡列原理进行流量测量的。

(1) 涡街流量计原理

在均匀流动的流体中，垂直地插入一个具有非流线型截面的柱体，称为漩涡发生体，其形状有圆柱、三角柱、矩形柱、T 形柱等，在该漩涡发生体两侧会产生旋转方向相反、交替出现的漩涡，并随着流体流动，在下游形成两列不对称的漩涡列，称之为“卡门涡街”，如图 8－28 所示。涡街并非总是稳定的，冯·卡门在理论上证明，当两列漩涡之间的距离 h 和同列中相邻漩涡的间距 L 满足关系 $h/L=0.281$ 时，涡街才是稳定的。实验已经证明，在一定的雷诺数范围内，每一列漩涡产生的频率 f 与漩涡发生体的形状和流体流速 u 有确定的关系

$$f = S_t \frac{u}{d} \tag{8-51}$$

式中，d 为漩涡发生体的特征尺寸；S_t 为称为斯特罗哈尔数。S_t 与漩涡发生体形状及流体雷诺数有关，但在雷诺数 500～150 000 的范围内，S_t 值基本不变，对于圆柱体 $S_t=0.21$，三角柱体 $S_t=0.16$，工业上测量的流体雷诺数几乎都不超过上述范围。式(8－51)表明漩涡产生的频率仅决定于流体的流速 u 和漩涡发生体的特征尺寸，而与流体的物理参数如温度、压力、密度、粘度及组成成分无关。

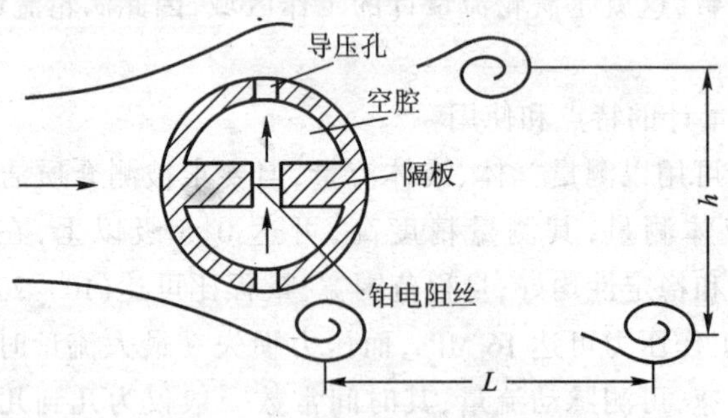

图 8－28 圆柱漩涡发生器

当漩涡发生体的形状和尺寸确定后，可以通过测量漩涡产生频率来测量流体的流量。假设漩涡发生体为圆柱体，直径为 d，管道内径为 D，流体的平均流

速为 u,在漩涡发生体处的流通截面积

$$A = \frac{\pi D^2}{4}\left[1 - \frac{2}{\pi}\left(\frac{d}{D}\sqrt{1-\left(\frac{d}{D}\right)^2} + \sin^{-1}\frac{d}{D}\right)\right] \tag{8-52}$$

当 $d/D < 0.3$ 时,可近似为

$$A = \frac{\pi D^2}{4}\left(1 - 1.25\frac{d}{D}\right) \tag{8-53}$$

则其流量方程式为

$$q_V = uA = \frac{\pi D^2 fd}{4S_t}\left(1 - 1.25\frac{d}{D}\right) \tag{8-54}$$

从流量方程式可知,体积流量与频率成线性关系。

(2) 漩涡频率的测量

漩涡频率的检出有多种方式,可以将检测元件放在漩涡发生体内,检测由于漩涡产生的周期性的流动变化频率,也可以在下游设置检测器进行检测。

图 8-28 为圆柱漩涡检测器原理。如图所示,在中空的圆柱体两侧开有导压孔与内部空腔相连,空腔由中间有孔的隔板分成两部分,孔中装有铂电阻丝。当流体在下侧产生漩涡时,由于漩涡的作用使下侧的压力高于上侧的压力;如在上侧产生漩涡,则上侧的压力高于下侧的压力,因此产生交替的压力变化,空腔内的流体亦呈脉动流动。用电流加热铂电阻丝,当脉动的流体通过铂电阻丝时,交替地对电阻丝产生冷却作用,改变其阻值,从而产生和漩涡频率一致的脉冲信号,检测此脉冲信号,即可测出流量。也可以在空腔间采用压电式或应变式检测元件测出交替变化的压力。

图 8-29 为三角柱体涡街检测器原理示意图,在三角柱体的迎流面对称地嵌入两个热敏电阻组成桥路的两臂,以恒定电流加热使其温度稍高于流体,在交替产生的漩涡的作用下,两个电阻被周期地冷却,使其阻值改变,阻值的变化由桥路测出,即可测得漩涡产生频率,从而测出流量。三角柱漩涡发生体可以得到更强烈更稳定的漩涡,故应用较多。

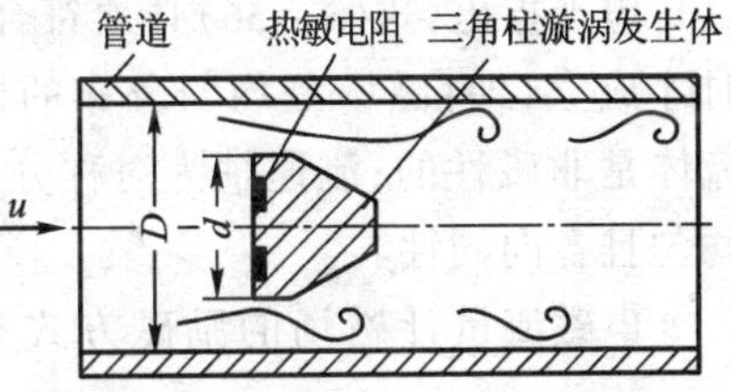

图 8-29 三角柱涡街检测器

(3) 涡街流量计的特点

涡街流量计测量精度较高,为 ±0.5% ~ ±1%;量程比宽,可达 30:1;在管道内无可动部件,使用寿命长,压力损失小,水平或垂直安装均可,安装与维护比较方便;测量几乎不受流体参数(温度、压力、密度、粘度)变化的影响,用水或空气标定后的流量计无须校正即可用于其他介质的测量;仪表输出是与体积流量成比例的脉冲信号,易与数字仪表或计算机相连接。这种流量计对气体、液体和蒸汽介质均适用,是一种正在得到广泛应用

的流量仪表。

涡街流量计实际是通过测量流速测流量的，流体流速分布情况和脉动情况将影响测量准确度，因此适用于紊流流速分布变化小的情况，并要求流量计前后有足够长的直管段。

3. 电磁流量计

电磁流量计是工业中测量导电流体常用的流量计，它能够测量酸、碱、盐溶液以及含有固体颗粒(例如泥浆)或纤维液体的流量。

(1) 测量原理和结构

电磁流量计是基于法拉第电磁感应原理制成的一种流量计，其测量原理如图 8 – 30 所示。当被测导电流体在磁场中沿垂直于磁力线方向流动而切割磁力线时，在对称安装在流通管道两侧的电极上将产生感应电势，磁场方向、电极及管道轴线三者在空间互相垂直，感应电势 E 的大小与被测液体的流速有确定的关系，即

$$E = BDu \tag{8-55}$$

式中，B 为磁感应强度；D 为管道内径；u 为流体平均流速。

当仪表结构参数确定之后，则流体流量方程为

$$q_V = \frac{1}{4}\pi D^2 u = \frac{\pi D}{4B}E = \frac{E}{k} \tag{8-56}$$

式中，$k = \frac{4B}{\pi D}$称为仪表常数。对于确定的电磁流量计，k 为定值，因此测量感应电势就可以测出被测导电流体的流量。

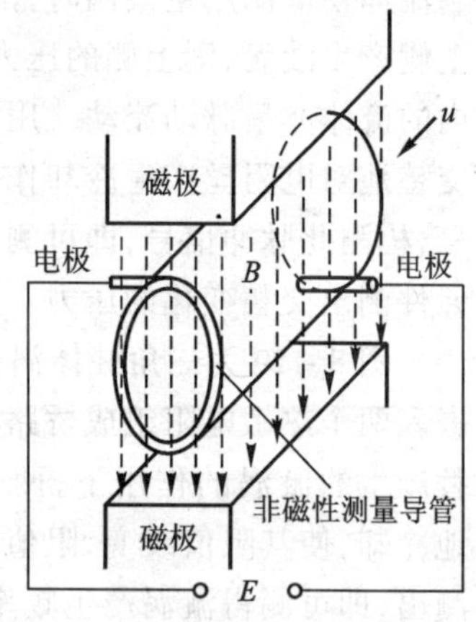

图 8 – 30　电磁流量计原理

应当指出，式(8 – 56)必须符合以下假定条件时才成立，即：磁场是均匀分布的恒定磁场；被测流体是非磁性的；流速轴为对称分布；流体电导率均匀且各向同性。

电磁流量计磁场的励磁方式有 3 种，即直流励磁、交流励磁和低频方波励磁。直流励磁方式能产生一个恒定的均匀磁场，受交流磁场干扰较小，但电极上产生的直流电势将使被测液体电解，使电极极化，破坏了原来的测量条件，影响测量精度。所以直流励磁方式只适用于非电解质液体，如液态金属钠或汞等的流量测量。对电解性液体，一般采用工频交流励磁，可以克服直流励磁的极化现象，便于信号的放大，但会带来一系列的电磁干扰问题，主要是正交干扰和同相干扰，影响测量。低频方波励磁兼具直流和交流励磁的优点，能排除极化现象，避免正交干扰；抑制交流磁场在流体和管壁中引

起的电涡流,是一种较好的励磁方式。

电磁流量计的结构如图 8－31 所示。图中,励磁线圈和磁轭构成励磁系统,以产生均匀和具有较大磁通量的工作磁场。为避免磁力线被测量导管管壁短路,并尽可能地降低涡流损耗,测量导管由非导磁的高阻材料制成,一般为不锈钢、玻璃钢或某些具有高电阻率的铝合金。导管内壁用搪瓷或专门的橡胶、环氧树脂等材料作为绝缘衬里,使流体与测量导管绝缘并增加耐腐蚀性和耐磨性。电极一般由非导磁的不锈钢材料制成,测量腐蚀性流体时,多用铂铱合金、耐酸钨基合金或镍基合金等。电极嵌在管壁上,若导管为导电材料,必须和测量导管很好地绝缘。电极应在管道水平方向安装,以防止沉淀物堆积在电极上而影响测量精度。电磁流量计的外壳用铁磁材料制成,以屏蔽外磁场的干扰,保护仪表。

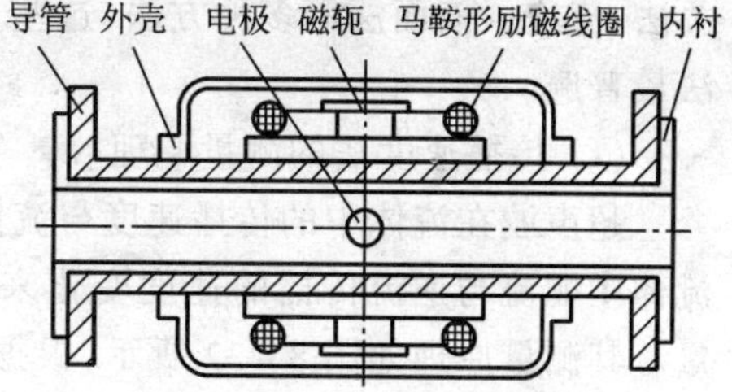

图 8－31 电磁流量计结构

(2) 电磁流量计的特点及应用

电磁流量计的测量导管中无阻力件,压力损失极小,适用于含有颗粒、悬浮物等流体(如纸浆、矿浆、煤粉浆)的流量测量;由于电极和衬里是防腐的,故可以用来测量腐蚀性介质的流量;流量测量范围大,量程比一般为 10:1,有大到 100:1 的;流量计的管径小到 1 mm,大到 2 m 以上;测量精度为 0.5～1.5 级;电磁流量计的输出与流量呈线性关系,且不受被测介质的物理性质(如温度、压力、粘度)的影响;反应迅速,可以测量脉动流量。电磁流量计对直管段要求不高,使用比较方便。

但是,被测介质必须是导电的液体,不能用于气体、蒸汽及石油制品的流量测量;流速测量下限有一定限度,一般为 50 cm/s;由于电极装在管道上,工作压力受到限制。此外电磁流量计结构也比较复杂,成本较高。

电磁流量计的安装地点应尽量避免剧烈振动和交直流强磁场,要选择在任何时候测量导管内都能充满液体。在垂直安装时,流体要自下而上流过仪表,水平安装时两个电极要在同一平面上。要确保流体、外壳、管道间的良好接地和良好点接触。

电磁流量计的选择要根据被测流体情况确定合适的内衬和电极材料。其测量准确度受导管的内壁,特别是电极附近结垢的影响,使用中应注意维护清洗。

4. 超声流量计

超声波在流体中传播时,受到流体速度的影响而载有流速信息,通过检测接收到的超声波信号可以测知流体流速,从而求得流体流量。超声波测量流速、流量的技术已在工业以及医疗、河流和海洋观测等领域的计量测试中得到广泛应用。

超声波测流量的作用原理有传播速度法、多普勒法、波束偏移法、噪声法、相关法、流速－液面法等多种方法，这些方法各有特点，在工业应用中以传播速度法最普遍。

(1) 传播速度法的测量原理

超声波在流体中的传播速度与流体流速有关。传播速度差法利用超声波在流体中顺流与逆流传播的速度变化来测量流体流速并进而求得流过管道的流量。其测量原理如图 8－32 所示，根据具体测量参数的不同，又可分为时差法、相差法和频差法。

① 时差法

时差法就是测量超声波脉冲顺流和逆流时传播的时间差。

如图 8－32 所示，在管道上、下游相距 L 处分别安装两对超声波发射器(T_1、T_2)和接收器(R_1、R_2)。设声波在静止流体中的传播速度为 c，流体的流速为 u，则声波沿顺流和逆流的传播速度将不同。当 T_1 按顺流方向、T_2 按逆流方向发射超声波时，超声波到达接收器 R_1 和 R_2 所需要的时间 t_1 和 t_2 与流速之间的关系为

$$t_1 = \frac{L}{c + u}$$
$$t_2 = \frac{L}{c - u} \qquad (8-57)$$

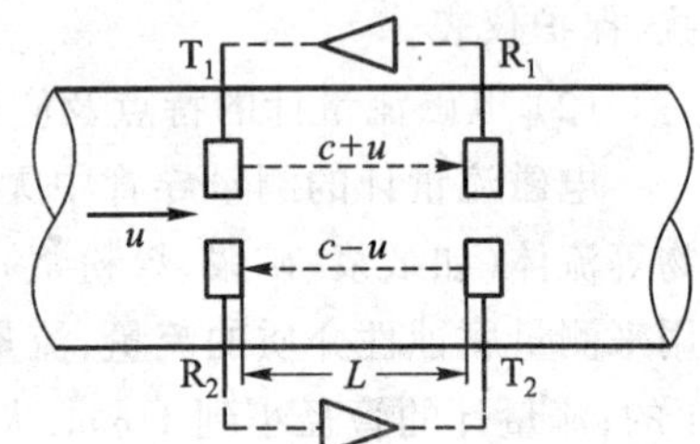

图 8－32 超声测速原理

由于流体的流速相对声速而言很小，即 $c \gg u$，可忽略，因此时差

$$\Delta t = t_2 - t_1 = \frac{2Lu}{c^2}$$

而流体流速
$$u = \frac{c^2}{2L}\Delta t \qquad (8-58)$$

当声速 c 为常数时，流体流速和时差 Δt 成正比，测得时差即可求出流速，进而求得流量。但是，时差 Δt 非常小，在工业计量中，若流速测量要达到 1% 精度，则时差测量要达到 0.01 μs 的精度。这样不仅对测量电路要求高，而且限制了流速测量的下限。因此，为了提高测量精度，早期采用了检测灵敏度高的相位差法。

② 相差法

相位差法是把上述时间差转换为超声波传播的相位差来测量。设超声换能器向流体连续发射形式为 $s(t) = A\sin(\omega t + \varphi_0)$ 的超声波脉冲，式中 ω 为超声波

的角频率。

按顺流和逆流方向发射时收到的信号相位分别为 $\varphi_1=\omega t_1+\varphi_0$ 和 $\varphi_2=\omega t_2+\varphi_0$。则在顺流和逆流接收的信号之间有相位差

$$\Delta\varphi=\varphi_2-\varphi_1=\omega\Delta t=2\pi f\Delta t$$

式中,f 为超声波振荡频率。由此可见,相位差 $\Delta\varphi$ 比时差 Δt 大 $2\pi f$ 倍,且在一定范围内,f 越大放大倍数越大,因此相位差 $\Delta\varphi$ 要比时差 Δt 容易测量。将式(8-58)代入上式,则流体的流速

$$u=\frac{c^2}{2\omega L}\cdot\Delta\varphi=\frac{c^2}{4\pi fL}\cdot\Delta\varphi \tag{8-59}$$

相差法用测量相位差取代测量微小的时差提高了流速的测量精度。但在时差法和相位差法中,流速测量均与声速 c 有关,而声速是温度的函数,当被测流体温度变化时会带来流速测量误差,因此为了正确测量流速,均需要进行声速修正。

③ 频差法

频差法是通过测量顺流和逆流时超声脉冲的循环频率之差来测量流量的。其基本原理可用图 8-32 说明。超声波发射器向被测流体发射超声脉冲,接收器收到声脉冲并将其转换成电信号,经放大后再用此电信号去触发发射电路发射下一个声脉冲,不断重复,即任一个声脉冲都是由前一个接收信号脉冲所触发,形成“声循环”。脉冲循环的周期主要是由流体中传播声脉冲的时间决定的,其倒数称为声循环频率(即重复频率)。因此可得。顺流时脉冲循环频率和逆流时脉冲循环频率分别为:

$$f_1=\frac{1}{t_1}=\frac{c+u}{L}$$

$$f_2=\frac{1}{t_2}=\frac{c-u}{L}$$

顺流和逆流时的声脉冲循环频差为 $$\Delta f=f_1-f_2=\frac{2u}{L} \tag{8-60}$$

所以流体流速 $$u=\frac{L}{2}\Delta f \tag{8-61}$$

由上式可知流体流速和频差成正比,式中不含声速 c,因此流速的测量与声速无关,这是频差法的显著优点。循环频差 Δf 很小,直接测量的误差大,为了提高测量精度,一般需采用倍频技术。

由于顺、逆流两个声循环回路在测循环频率时会相互干扰,工作难以稳定,而且要保持两个声循环回路的特性一致也是非常困难的。因此实际应用频差法测量时,仅用一对换能器按时间交替转换作为接收器和发射器使用。

④ 流量方程

时差法、相差法、频差法测得的流速 u 是超声波传播途径上的平均流速。它和截面平均流速 $\bar{u}$ 是不相同的，因此在确定流量方程时需要知道截面平均流速 $\bar{u}$ 和测量值 u 之间的关系，这一关系取决于截面上的流速分布。

在层流流动状态时（$Re<2\ 300$）可以推导出

$$u=\frac{4}{3}\bar{u} \tag{8-62}$$

当流动状态为紊流时，测量值与截面平均流速 $\bar{u}$ 之间的关系可表示为

$$u=k\bar{u} \tag{8-63}$$

式中 $k=u/\bar{u}$ 为修正系数，是雷诺数 Re 的函数，在 $Re<10^5$ 时，$k=1.119-0.011\lg Re$；在 $Re\geqslant10^5$ 时，$k=1+0.01\sqrt{6.25+431Re^{-0.237}}$。

有了测量值与截面平均流速之间的关系以后，即可写出流体的体积流量方程为

$$q_V=\frac{\pi}{4}D^2\bar{u}=\frac{\pi}{4k}D^2u \tag{8-64}$$

式中 u 用相应的式子代入，即可得到时差法、相差法和频差法的流量方程。

(2) 多普勒法测量原理

根据多普勒效应，当声源和观察者之间有相对运动时，观察者所感受到的声频率将不同于声源所发出的频率。这个频率的变化与两者之间的相对速度成正比。超声多普勒流量计就是基于多普勒效应测量流量的。

在超声多普勒流量测量方法中，超声波发射器为固定声源，随流体一起运动的固体颗粒相当于与声源有相对运动的观察者，它的作用是把入射到其上的超声波反射回接收器。发射声波与接收器接收到的声波之间的频率差，就是由于流体中固体颗粒运动而产生的声波多普勒频移。这个频率差正比于流体流速，故测量频差就可以求得流速，进而得到流体流量。

利用多普勒效应测流量的必要条件是：被测流体中存在一定数量的具有反射声波能力的悬浮颗粒或气泡。因此，超声多普勒流量计能用于两相流的测量，这是其他流量计难以解决的。超声多普勒法测流量的原理如图 8－33 所示。

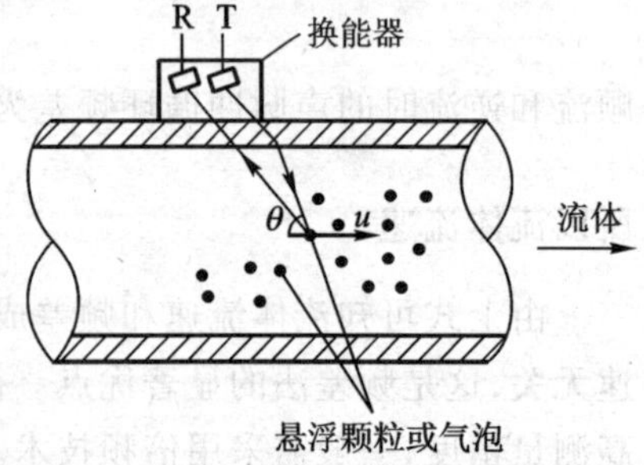

图 8－33　超声多普勒法流量测量原理

设入射超声波与流体运动速度的夹角为 θ，流体中悬浮粒子（或气泡）的运动速度与流体流速相同，均为 u。当频率为 f_1 的入射超声波遇到粒子时，粒子相对超声波发射器以 $u\cos\theta$ 的速度离去。粒子接收到的超声波频率 f_2 应低于 f_1，其值为

$$f_2 = \frac{c - u\cos\theta}{c} \cdot f_1 \tag{8-65}$$

由于粒子同样以 $u\cos\theta$(忽略超声波入射方向与反射方向的夹角)的速度离开接收器,所以粒子反射给接收器的声波频率 f_s 将又一次降低,为

$$f_s = \frac{c - u\cos\theta}{c} \cdot f_2 \tag{8-66}$$

将 f_2 代入上式,可得

$$f_s = f_1 \cdot \left(1 - \frac{u\cos\theta}{c}\right)^2 = f_1 \cdot \left(1 - \frac{2u\cos\theta}{c} + \frac{u^2\cos^2\theta}{c^2}\right) \tag{8-67}$$

由于声速 c 远大于流体的速度 u,故上式中的平方项可以略去,由此得

$$f_s = f_1 \cdot \left(1 - \frac{2u\cos\theta}{c}\right) \tag{8-68}$$

接收器接收到的反射超声波频率与发射超声波频率之差,即多普勒频移 Δf_d 为

$$\Delta f_d = f_1 - f_s = \frac{2u\cos\theta}{c} \cdot f_1 \tag{8-69}$$

因此,由上式可得流体流速 u

$$u = \frac{c}{2f_1\cos\theta} \cdot \Delta f_d \tag{8-70}$$

由上式可见,流速 u 与多普勒频移 Δf_d 成正比。

式(8-70)中含有声速 c,而声速与被测流体的温度和组分有关。当被测流体温度和组分变化时会影响流量测量的准确度。因此,在超声多普勒流量计中一般采用声楔结构来避免这一影响。

(3) 超声流量计的特点与应用

超声流量计由超声换能器、电子线路及流量显示系统组成。超声换能器通常由锆钛酸铅陶瓷等压电材料制成,通过电致伸缩效应和压电效应,发射和接收超声波。流量计的电子线路包括发射、接收电路和控制测量电流,显示系统可显示瞬时流量和累积流量。

超声流量计的换能器大致有夹装型、插入型和管道型三种结构形式。换能器在管道上的配置方式如图 8-34 所示,Z 式是最常见的方式,即单声道,装置简单,适用于有足够长的直管段,流速分布为管道轴对称的场合;V 式适用于流速不对称的流动流体的测量;当安装距离受到限制时,可采用 X 式。换能器一般均交替转换作为发射和接收器使用。

超声流量计测量时,超声换能器可以置于管道外,不与流体直接接触,不破坏流体的流场,没有压力损失。其可用于各种液体的流量测量,包括测量腐蚀性液体、高粘度液体和非导电液体的流量,尤其适于测量大口径管道的水流量或各

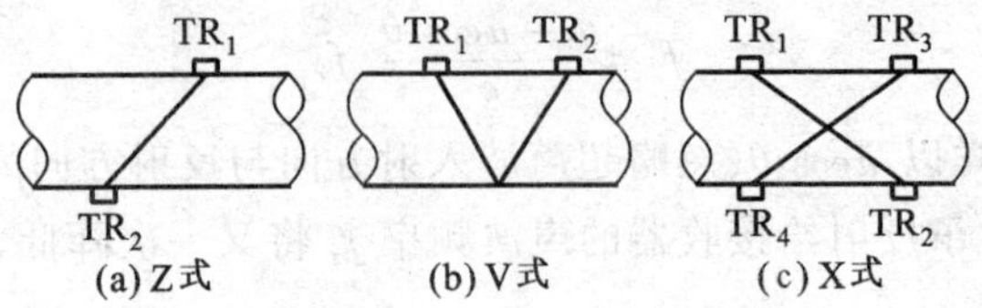

图 8－34　超声换能器在管道上的配置方式

种水渠、河流、海水的流速和流量，在医学上还用于测量血液流量等。

和其他流量计一样，超声流量计前需要一定长度的直管段。一般直管段长度在上游侧需要 $10D$ 以上，而在下游侧则需要 $5D$ 左右。

8.2.4　质量流量计

流体的体积是流体温度、压力和密度的函数。在工业生产和科学研究中，仅测量体积流量是不够的，由于产品质量控制、物料配比测定、成本核算以及生产过程自动调节等许多应用场合的需要，还必须了解流体的质量流量。

质量流量计的测量方法，可分为间接测量和直接测量两类。间接式测量方法通过测量体积流量和流体密度经计算得出质量流量，这种方式又称为推导式；直接式测量方法则由检测元件直接检测出流体的质量流量。

1. 间接式质量流量计

间接式质量流量测量方法，一般是采用体积流量计和密度计或两个不同类型的体积流量计组合，实现质量流量的测量。常见的组合方式主要有 3 种。

(1) 节流式流量计与密度计的组合

由前述知，节流式流量计的差压信号 Δp 正比于 ρq_V^2，如图 8－35 所示，密度计连续测量出流体的密度 ρ，将两仪表的输出信号送入运算器进行必要运算处理，即可求出质量流量为

$$q_m = \sqrt{\rho q_V^2 \cdot \rho} = \rho q_V \tag{8-71}$$

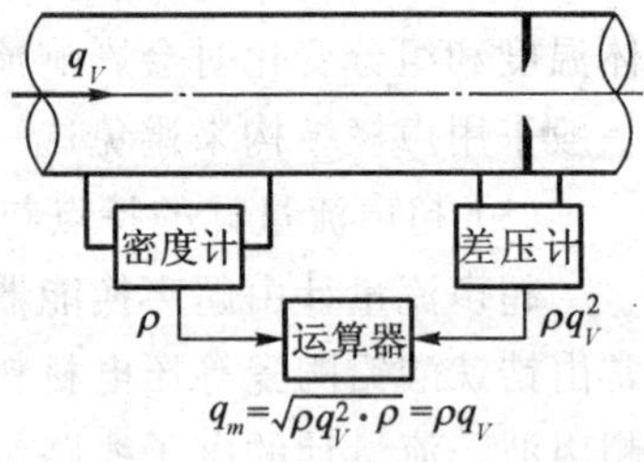

图 8－35　节流式流量计与密度计组合

靶式流量计的输出信号与 ρq_V^2 也成正比关系，故同样可按上法与密度计组合构成质量流量计。

密度计可采用同位素、超声波或振动管式等连续测量密度的仪表。

(2) 体积流量计与密度计的组合

如图 8－36 所示，容积式流量计或速度式流量计，如涡轮流量计、电磁流量计等，测得的输出信号与流体体积流量 q_V 成正比，这类流量计与密度计组合，通过乘法运算，即可求出质量流量为

$$q_m = \rho \cdot q_V \tag{8-72}$$

(3) 体积流量计与体积流量计的组合

如图 8－37 所示，这种质量流量检测装置通常由节流式流量计和容积式流量计或速度式流量计组成，它们的输出信号分别正比于 ρq_V^2 和 q_V，通过除法运算，即可求出质量流量为

$$q_m = \frac{\rho q_V^2}{q_V} = \rho q_V \tag{8-73}$$

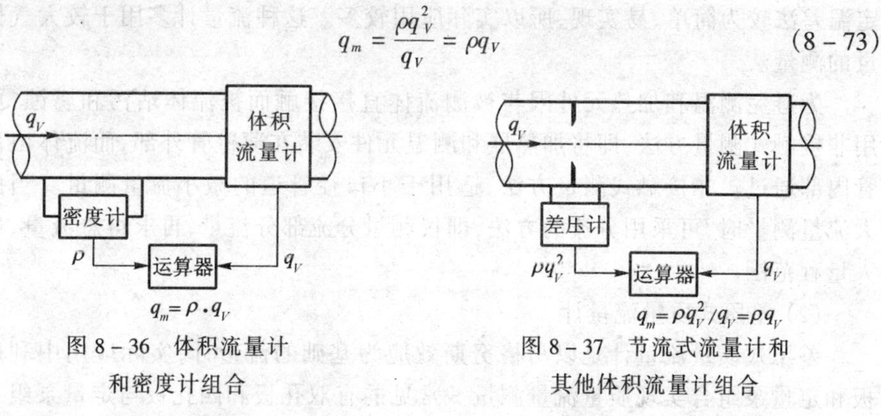

图 8－36 体积流量计和密度计组合

图 8－37 节流式流量计和其他体积流量计组合

除上述几种组合式质量流量计外，在工业上还常采用温度、压力自动补偿式质量流量计。由于流体密度是温度和压力的函数，而连续测量流体的温度和压力要比连续测量流体的密度容易，因此，可以根据已知被测流体密度与温度和压力之间的关系，同时测量流体的体积流量以及温度和压力值，通过运算求得质量流量或自动换算成标准状态下的体积流量。但这种测量方式不适合高压或温度变化范围大的情形，因为在此条件下自动补偿检测出来的温度、压力很困难。

2. 直接式质量流量计

直接式质量流量计的输出信号直接反映质量流量，其测量不受流体的温度、压力、密度变化的影响。直接式质量流量计有许多种形式。

(1) 热式质量流量计

热式质量流量计的基本原理是利用外部热源对管道内的被测流体加热，热能随流体一起流动，通过测量因流体流动而造成的热量（温度）变化来反映出流体的质量流量。

如图 8－38 所示，在管道中安装一个加热器对流体加热，并在加热器前后的对称点上检测温度。设 c_p 为流体的定压比热，ΔT 为测得的两点温度差，则根据传热规律，对流体的加热功率 P 与两点间温差的关系可表示为

$$P = q_m c_p \Delta T \tag{8-74}$$

由上式可写出质量流量的方程式

$$q_m = \frac{P}{c_p \Delta T} \tag{8-75}$$

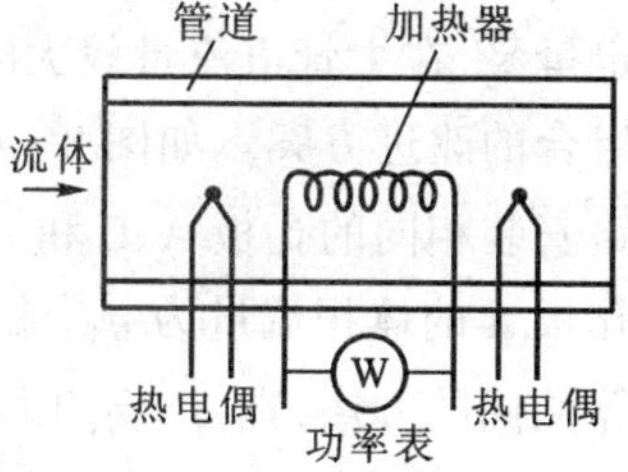

图 8－38 热式质量流量计示意图

当流体成分确定时，流体的定压比热为已知常数。因此由上式可知，若保持加热功率 P 恒定，则测出温差 ΔT 便可求出质量流量；若采用恒定温差法，即保持两点温差 ΔT 不变，则通过测量加热的功率 P 也可以求出质量流量。由于恒定温差法较为简单、易实现，所以实际应用较多。这种流量计多用于较大气体流量的测量。

为避免测温和加热元件因与被测流体直接接触而被流体玷污和腐蚀，可采用非接触式测量方法，即将加热器和测温元件安装在薄壁管外部，而流体由薄壁管内部通过。非接触式测量方法，适用于小口径管道的微小流量测量。当用于大流量测量时，可采用分流的方法，即仅测量分流部分流量，再求得总流量，以扩大量程范围。

(2) 差压式质量流量计

差压式质量流量计是以马格努斯效应为基础的流量计，实际应用中利用孔板和定量泵组合实现质量流量测量。常见的有双孔板和四孔板与定量泵组合两种结构。

双孔板结构形式如图 8－39 所示，在主管道上安装结构和尺寸完全相同的两个孔板 A 和 B，在分流管道上装置两个流向相反、流量固定为 q 的定量泵，差压计连接在孔板 A 入口和孔板 B 出口处。设主管道体积流量为 q_V，且满足 $q > q_V$，则由图可知，流经孔板 A 的体积流量为 $q_V - q$，流经孔板 B 的流量为 $q_V + q$，根据差压式流量测量原理，孔板 A 和 B 处压差分别为

$$\Delta p_A = p_2 - p_1 = K\rho(q_V - q)^2 \tag{8-76}$$

$$\Delta p_B = p_2 - p_3 = K\rho(q_V + q)^2 \tag{8-77}$$

式中，K 为常数；ρ 为流体的密度。由上式可得

$$\Delta p_B - \Delta p_A = p_1 - p_3 = 4K\rho q_V q = K_1\rho q_V \tag{8-78}$$

可见，孔板 A、B 前后的压差 $\Delta p = p_1 - p_3$ 与流体质量流量 $q_m = \rho q_V$ 成正比，测出压差 Δp 便可以求出流体质量流量。

由于双孔板质量流量计的定量泵流量必须大于主管道流量，并且要用两个定量泵，在主管道流量较大时比较困难。因此，提出采用一个定量泵和四个孔板组合的改进方案。如图 8－40 所示，从主管道流入的流量 q_V 分成两路，并在支路安装相同的孔板 A、C 和 B、D，两个支路间安装一个定量泵，流量为 q。设流过孔板 A 的体积流量为 q_A，流过孔板 B、C、D 的体积流量如图中所示。用与上述计算相同的方法，在 $q > q_V$ 时，可求出如下关系

$$p_2 - p_3 = 4Kq\rho q_V \tag{8-79}$$

如果 $q < q_V$，则变成如下关系

$$p_1 - p_4 = 4Kq\rho q_V \tag{8-80}$$

可见,四孔板与定量泵组合结构不论 $q > q_V$ 或 $q < q_V$ 均可测量。

这种测量方法,适于测量液体的质量流量,测量范围为 0.5 ~ 250 kg/h,量程比为 20:1,测量准确度可达 0.5%。

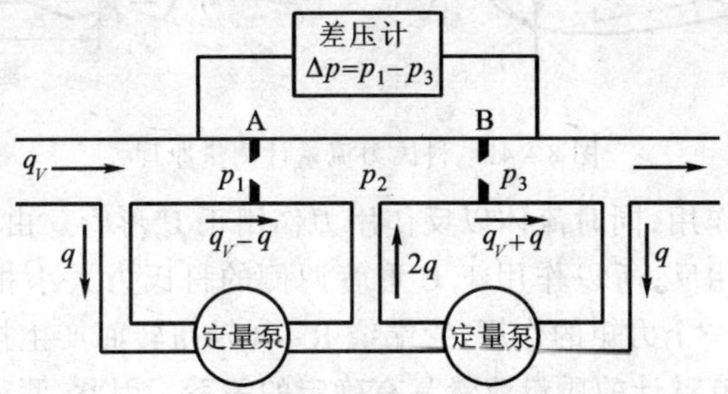

图 8-39 双孔板差压式质量流量计

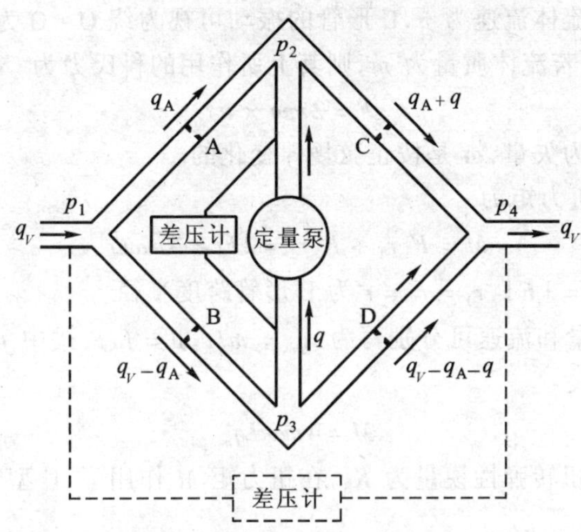

图 8-40 四孔板差压式质量流量计

(3) 科里奥利质量流量计

科里奥利质量流量计(简称科氏力流量计)是一种利用流体在振动管中流动而产生与质量流量成正比的科里奥利力的原理来直接测量质量流量的仪表。

科氏力流量计结构有多种形式,一般由振动管与转换器组成。振动管(测量管道)是敏感器件,有 U 形、Ω 形、环形、直管形及螺旋形等几种形状,也有用双管等方式,但基本原理相同。下面以 U 形管式的质量流量计为例介绍。

图 8-41 所示为 U 形管式科氏力流量计的测量原理示意图。U 形管的两个开口端固定,流体由此流入和流出。U 形管顶端装有电磁激振装置,用于驱动 U 形管,使其铅垂直于 U 形管所在平面的方向以 O-O 为轴按固有频率振动。U 形管的振动迫使管中流体在沿管道流动的同时又随管道作垂直运动,此时流体

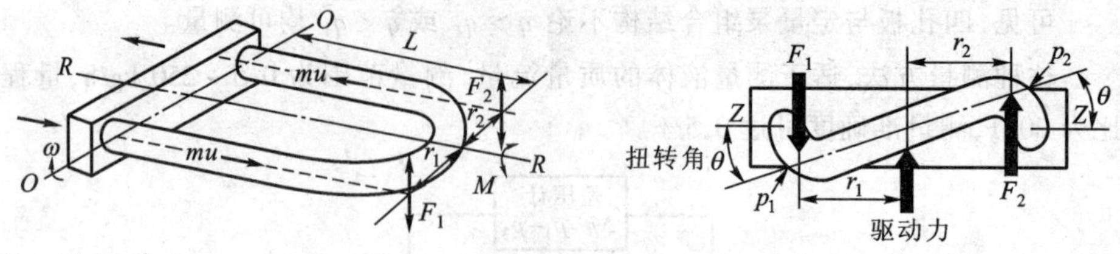

图 8-41　科氏力流量计测量原理

将受到科氏力的作用,同时流体以反作用力作用于 U 形管。由于流体在 U 形管两侧的流动方向相反,所以作用于 U 形管两侧的科氏力大小相等方向相反,从而使 U 形管受到一个力矩的作用,管端绕 R-R 轴扭转而产生扭转变形,该变形量的大小与通过流量计的质量流量具有确定的关系。因此,测得这个变形量,即可测得管内流体的质量流量。

设 U 形管内流体流速为 u,U 形管的振动可视为绕 O-O 为轴的瞬时转动,转动角速度为 ω;若流体质量为 m,则其上所作用的科氏力为

$$\boldsymbol{F} = 2m\boldsymbol{\omega} \times \boldsymbol{u} \tag{8-81}$$

式中,$\boldsymbol{F}$、$\boldsymbol{\omega}$、$\boldsymbol{u}$ 均为矢量,$\boldsymbol{\omega}$ 是按正弦规律变化的。

U 形管所受扭力矩为

$$M = F_1 r_1 + F_2 r_2 = 2Fr = 4m\omega ur \tag{8-82}$$

式中 $F_1 = F_2 = F = |\boldsymbol{F}|$,$r_1 = r_2 = r$ 为 U 形管跨度半径。

因为质量流量和流速可分别写为:$q_m = m/t$,$u = L/t$,式中 t 为时间,则上式可写为

$$M = 4m\omega rLq_m \tag{8-83}$$

设 U 型管的扭转弹性模量为 K_S,在扭力矩 M 作用下,U 型管产生的扭转角为 θ。故有

$$M = K_S\theta \tag{8-84}$$

因此,由上两式得

$$q_m = \frac{K_S\theta}{4\omega rL} \tag{8-85}$$

U 型管在振动过程中,θ 角是不断变化的,并在管端越过振动中心位置 Z-Z 时达到最大。若流量稳定,则此最大 θ 角是不变的。由于 θ 角的存在,两直管端 p_1、p_2 将不能同时越过中心位置 Z-Z,而存在时间差 Δt。由于 θ 角很小,设管端在振动中心位置时的振动速度为 u_p($u_p = \omega L$),则

$$\Delta t = \frac{2r\sin\theta}{u_p} = \frac{2r\theta}{\omega L} \tag{8-86}$$

从而

$$\theta = \frac{\omega L}{2r}\Delta t \tag{8-87}$$

将上式代入式(8-85),得

$$q_m = \frac{K_S}{8r^2}\Delta t \tag{8-88}$$

对于确定的流量计,式中的 K_S 和 r 是已知的,故质量流量 q_m 与时间差 Δt 成正比。如图所示,只要在振动中心位置 Z-Z 处安装两个光电或磁电位移传感器,测出时间差 Δt 即可由式(8-88)求得质量流量。

科氏力流量计能直接测得气体、液体和浆液的质量流量,也可以用于多相流测量,且不受被测介质物理参数的影响。测量精度较高,量程比可达 100:1。

8.3 流量标准装置

为了得到准确的流量值,除了正确使用和维护流量计外,还必须对流量计进行标定和定期校验,以保证计量的精度。流量计的标定随流体的不同有很大的差异,需要建立各种类型的流量标准装置。流量标准装置的建立是比较复杂的,不同的介质如水、气、油,以及不同的流量范围和管径大小均要有与之相应的装置。以下介绍几种典型的流量标准装置。

8.3.1 液体流量标准装置

液体流量的标定方法和标准装置大致有以下几种。

1. 标准容积法

容积法液体流量标准装置由水源、流量稳压装置、试验管道、切换机构和标准计量容器等几个部分组成。其中流量稳压装置有高位水槽和气液容器稳压法两种。标准计量容器是经过精确标定的,其容积精度可达万分之几,其上装有读数装置,有各种不同的容积可根据流量范围需要选用。图 8-42 所示为标准容积法流量标准装置示意图。在校验时,高位水槽中的液体通过被校流量计经切换机构流入标准容器。从标准容器的读数装置上读出在一定时间内进入标准容器的液体体积,并将由此决定的体积流量值作为标准值与被校流量计的显示值相比较。高位水槽内有溢流装置以保持槽内液位的恒定,补充的液体由水泵从下面的水池中抽取。切换机构的作用是当流动达到稳定后再将流体引入标准容器。夹表器是一种可伸缩装置,利用它的伸长或缩进,解决长度不同的被检流量计与试验管道连接的问题。

进行校验的方法有动态校验法和静态校验法两种。动态校验法是让液体以一定的流量流入标准容器,读出在一定时间间隔内标准容器内液面上升量,或者读出液面上升一定高度所需的时间。静态校验法是控制停止阀或切换机构让一定体积的液体进入标准容器,测定开始流入到停止流入的时间间隔。

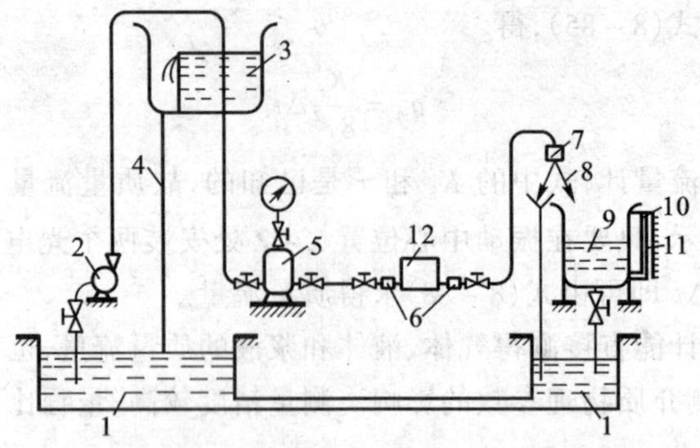

图 8-42　标准容积法流量标准装置

1—水池；2—水泵；3—高位水槽；4—溢流管；
5—稳压容器；6—夹表器；7—切换机构；8—
切换挡板；9—标准容积计量槽；10—液位标尺；
11—游标；12—被校流量计

标准容积法有较高精度，但在标定大流量时制造精密的大型标准容器比较困难。

2. 标准质量法

这种方式是以秤代替标准容器作为标准器，用秤量一定时间内流入容器内的流体总量的方法来求出被测液体的流量。秤的精度较高，这种方法可以达到 ±0.1% 的精度。其实验方法也有静态法和动态法两种，静态法可以消除流体的剩余动能的影响，精度更高。

3. 标准流量计法

这种方式是采用高精度流量计作为标准仪表对其他工作用流量计进行校正。用作高精度流量计的有容积式、涡轮式、电磁式和差压式等型式，可以达到 ±0.1% 左右的测量精度。对一般工作用流量计进行校验时，采用这种校验方法比较简单、方便且节省费用。

4. 标准体积管

用标准体积管作为流量标准装置可以在现场对流量计进行较大流量的实流标定，由于标定条件与使用条件一致，因而有较高精度，可以检定高精度的流量计。

标准体积管流量装置在结构上有多种类型，其基本组成部分有：两个检测开关之间的基准体积管；安装在基准管进出口的检测开关及发讯器；在标准体积管中起置换、发讯、密封和清管作用的置换器（球）。图 8-43 为单球式标准体积管的原理示意图。合成橡胶球经交换器进入体积管，在流过被校验仪表的液流推动下，按箭头所示方向前进。橡胶球经过入口探头时发出信号启动计数器，橡胶球经过出口探头时停止计数器工作。橡胶球受导向杆阻挡，落入交换器，再为下一次实验作准备。被校表的体积流量总量与标准体积段的容积相等，脉冲计数器的累计数相应于被校表给出的体积流量总量。这样,根据检测球走完标准体积段的时间求出的体积流量作为标准,把它与被校表显示值进行对比,即可得知被校表的精度。

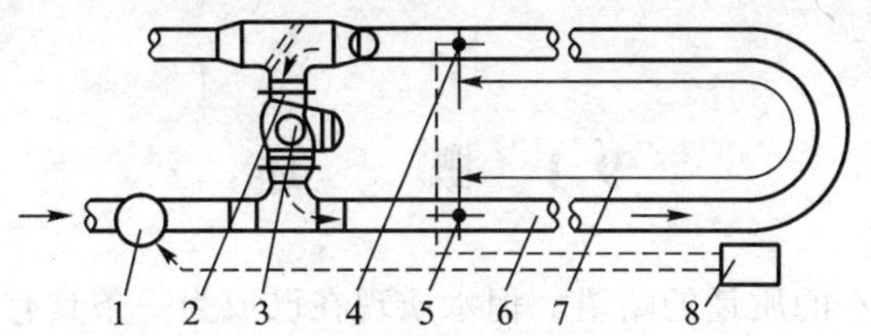

图 8-43　单球式标准体积管原理示意图
1—被校验流量计;2—交换器;3—球;4—终止检测器;
5—起始检测器;6—体积管;7—校验容积;8—计数器

8.3.2　气体流量标准装置

对于气体流量计,常用的校正方法有:用标准气体流量计的校正法,用标准气体容积的校正法,使用液体标准流量计的置换法等。

标准气体容积校正的方法采用钟罩式气体流量校正装置,其系统示意图如图 8-44 所示。作为气体标准容器的是钟罩,钟罩的下部是一个水封容器。由于下部液体的隔离作用,使钟罩下形成储存气体的标准容积。工作气体由底部的管道送入或引出。钟罩上部经过滑轮悬有平衡重物,为了克服浮力的影响,使钟罩内压力不随钟罩浸入深度的变化而变化,保证在检定过程中钟罩下的压力恒定,还配有补偿机构。钟罩侧面有经过分度的标尺,以计量钟罩内气体体积。

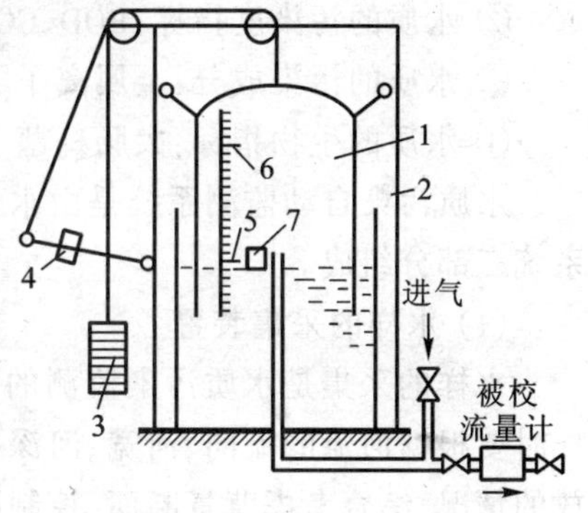

图 8-44　钟罩式气体流量校正装置
1—钟罩;2—导轨和支架;3—平衡锤;
4—补偿锤;5、6—挡板;7—发讯器

在对流量计进行校准时,先由送风机将气体送入钟罩,使钟罩浮起。当气体量达到预定要求时,关闭进气阀停止进气,然后打开通向被校流量计的阀门和流量计后的调节阀。钟罩以稳定速度下降,钟罩内气体经被校流量计流入大气。当挡板 5、6 先后到达发讯器 7 时,发讯器分别给出计数器开始和停止计数的信号。两挡板间的钟罩容积已事先经过标定,被校表的累积流过总量应与此相符。采用该方法也要对温度、压力进行修正。这种方法比较常用,可达到较高精度。

此外,还有用音速喷嘴产生恒定流量值对气体流量计进行校正的方法。

第9章 水环境与水污染检测技术

9.1 概　　述

水质原来是水的质量的略语。但水质现在已成为一条具有特定科技内容的用语。每一项水质参数表征一项由水质成分所对应的物理、化学或生物特征。通过水质监测,可了解水的性质,污染程度,为水的利用及水污染治理提供依据。

水质监测可分为环境水体监测和水污染源监测。环境水体监测包括地表水(江、河、湖、库、海水)和地下水的监测;水污染源监测包括生活污水、工业废水、医院污水及其他各种废水的监测。

水的监测指标由以下几部分组成:

① 一般指标:水温、电导、氧化还原电位、溶解氧、浊度、悬浮物等。

② 水质的污染度指标:BOD、COD、TOC、TOD、UV 吸收等。

③ 水质的污染成分:金属离子、氰化物、酚、农药等。

④ 水质的生物指标:大肠杆菌、细菌总数等。

水质污染自动监测系统是由水样的采集装置、检测仪器、数据的传递及处理系统三部分组成。

(1) 水样的采集装置

水样的采集是水质污染监测的关键。对于环境水体(例如河流)的采样,采样时要根据河流的流向、河宽、河深等因素,同时根据气象、水文及沿岸污染源排放的情况,综合考虑背景断面、控制断面、削减断面设置要求来确定监测断面,并注意采样时间的选择。对于污染源的监测,采样点应根据监测内容及要求,可设在车间排放口,污水处理厂的进、出口等。

(2) 检测仪器

目前,水质污染检测仪器从测定原理上有浸渍式检出法、间歇取样检出法及流通式检出法三种。从仪器结构上大体可分两类,一类是将手工操作的湿化学分析法的操作流程连续化、仪器化,使之适于自动监测的要求,一般间歇取样检出法属于这一类,此类仪器的技术关键是连续自动运行的可靠性;另一类是选择各种传感元件直接连续测定,通常浸渍式检出法、流通式析出法属于这一类。

(3) 数据的传递及处理系统

各水质监测站检测出的污染数据,用有线或无线遥传到监测中心站,中心站设有计算机及各种处理设备,可收集各子站的实测数据,计算时平均、日平均、月平均值,打印报表,绘制各种污染曲线、图形,累积存贮数据,并向各监测子站发送开机、停机、校正、取水等遥控指令,以及向工厂排放源或水系下游发出污染警报或预报等。

9.2 水质的一般指标及其检测方法

9.2.1 水温

水的物理化学性质与水温有密切关系。一般来说天然水中溶解性气体(如氧、二氧化碳等)的溶解度、水生生物和微生物的活动、化学和生物化学反应的速度及盐度、pH 值等都比较稳定,但以上这些参数均受水温变化的影响。通常,水的温度因水源不同而有很大差异。一般来说,地下水温度通常为 8 ~ 12 ℃,地表水随季节和气候变化较大,大致变化范围为 0 ~ 30 ℃。工业废水的温度因工业类型、生产工艺的不同有很大差别。常用的水温测量方法及原理如下:

(1) 水温计法

水温计是安装于金属半圆槽内的水银温度表,下端连接一金属贮水杯,温度计水银球部悬于杯中,其顶端的槽壳带一圆环,拴以一定长度的绳子。测量范围通常为 - 6 ~ 41 ℃,最小分度为 0.2 ℃。测量时,将其插入一定深度的水中,放置 5 min 后,迅速提出水面并读数。

(2) 颠倒温度计法

颠倒温度计用于测量深层水温度,一般装在采水器上使用。它由主温表和辅温表构成。主温表是双端式水银温度计,用于观测水温;辅温表为普通水银温度计,用于观测读取水温时的气温,以校正因环境改变而引起的主温表读数的变化。测量时,将其沉入预定深度水层,感温 7 min,提出水面后立即读数,并根据主、辅温度表的读数,用海洋常数进行校正。

(3) 热敏电阻温度计法

测量水温一般用感温元件如铂电阻、热敏电阻做传感器。将感温元件浸入被测水中并接在平衡电桥的一个臂上,当水温变化时,感温电阻随之变化,则电桥平衡状态被破坏,有电压讯号输出,根据感温元件电阻变化值与电桥输出电压值的定量关系实现对水温的测量,其原理如图 9 - 1 所示。

9.2.2 pH 值

pH 值是最常用的水质指标之一。它表示水的酸碱性的强弱,而酸度或碱度是水中所含酸性或碱性物质的含量。

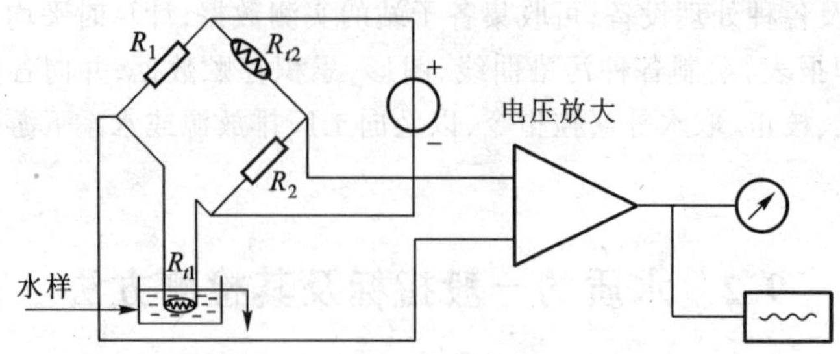

图 9－1　水温自动测量原理

1. 测量方法及原理

测定水的 pH 值的方法有玻璃电极法和比色法。如果粗略地测定水样 pH 值,也可使用 pH 试纸。

(1) 比色法

比色法是基于各种酸碱指示剂在不同 pH 值的水溶液中显示不同的颜色,且每种指示剂都有一定的变色范围。将一系列已知 pH 值的缓冲溶液加入适当的指示剂制成标准色液并封装在小安瓿瓶内,测定时取与缓冲溶液同量的水样,加入与标准系列相同的指示剂,然后进行比较,以确定水样的 pH 值。

该方法不适用于有色、浑浊或含较高游离氯、氧化剂、还原剂的水样。

(2) 玻璃电极法

玻璃电极法测定 pH 值是以 pH 玻璃电极为指示电极,饱和甘汞电极为参比电极,将二者与被测溶液组成原电池,其电动势为:

$$E_{电池} = \varphi_{甘汞} - \varphi_{玻璃} \tag{9-1}$$

式中,$\varphi_{甘汞}$为饱和甘汞电极的电极电位,不随被测溶液中氢离子活度(a_{H}^{+})变化,可视为定值;$\varphi_{玻璃}$为 pH 玻璃电极电位,随被测溶液中氢离子活度(a_{H}^{+})的变化而变化。可用能斯特方程式表示为(25 ℃时)

$$E_{电池} = \varphi_{甘汞} - (\varphi_0 + 0.059\ \lg a_{H^+}) = K + 0.059\ pH \tag{9-2}$$

可见,只要测得 $E_{电池}$,就能求出被测溶液 pH。在实际测定中,准确求得 K 值比较困难,故不采用计算方法,而以已知 pH 值的溶液作标准进行校准,用 pH 计直接测出溶液的 pH 值。

设 pH 标准溶液和被测溶液的 pH 分别为 pH_s 和 pH_x,其相应的电动势分别为 E_S 和 E_x,则 25 ℃时:

$$E_S = K + 0.059\ pH_s \tag{9-3}$$

$$E_x = K + 0.059\ pH_x \tag{9-4}$$

两式相减并移项得:

$$pH_x = pH_s + \frac{E_x - E_s}{0.059} \tag{9-5}$$

可见,pH_x 是以标准溶液 pH_s 为基准,并通过比较 E_x 和 E_s 的差值确定的。25 ℃条件下,E_x 与 E_s 之差每变化 59 mV,则相应变化 1pH。pH 检测仪的种类虽多,操作方法也不尽相同,但都是依据上述原理测定溶液的 pH 值。

pH 玻璃电极的内阻一般高达几十到几百兆欧,所以与之匹配的 pH 计都是高阻抗输入的晶体管毫伏计或电子电位计。为校正温度对 pH 测定的影响,pH 计上都设有温度补偿装置。为简化操作、使用方便和适于现场使用,已广泛使用复合 pH 电极,制成多种袖珍和笔式的 pH 计。

玻璃电极测定法准确、快速,受水的色度、浊度、胶体物质、氧化剂、还原剂及盐度等因素的干扰程度小。

表 9-1 为各种 pH 值测定方法的比较。

表 9-1 pH 值测定方法的比较

方法比较	原理	特点	适用范围
比色法	根据各种酸碱指示剂在不同氢离子浓度的水溶液中所产生的不同颜色来比色测定	目视比色,可准确到 0.1pH 单位	浑浊度与色度很低的天然水、饮用水
玻璃电极法	以玻璃电极为指示电极,饱和甘汞电极为参比电极,插入溶液中组成原电池。25 ℃时,电动热每变化 59 mV 相当于 1pH 单位,在仪器上直接以 pH 值标度	简便快速,可准确到 0.01pH 单位	各种天然水、污水和废水

2. pH 监测仪

pH 监测仪由复合式 pH 玻璃电极、温度自动补偿电极、电极夹、电极连接箱、专用电缆、放大指示系统及计算机等组成。为防止因长期浸泡于水中而在表面粘附污物,电极上带有超声波清洗装置,可定时自动清洗电极。其原理如图 9-2 所示。

9.2.3 电导率

电导率表示溶液传导电流的能力。所谓水的电导率是指电流通过横截面积均为 1 cm^2,相距 1 cm 的两电极之间水样的电导。纯水的电导率很小,当水中含无机酸、碱或盐时,电导率增加。电导率常用于间接推测水中离子成分的总浓度。水溶液的电导率取决于离子的性质和浓度、溶液的温度和粘度等。

1. 测定方法及原理

由于电导(L)是电阻(R)的倒数,因此,两个电极(通常为铂电极或铂黑电

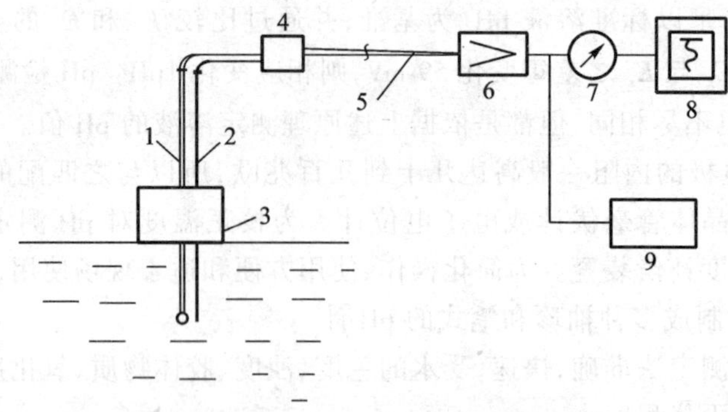

图 9 - 2　pH 连续自动测定原理

1—复合式 pH 电极；2—温度自动补偿电极；3—电极夹；
4—电线连接箱；5—电缆；6—阻抗转换及放大器；
7—指示表；8—记录仪；9—计算机

极)插入溶液中,可以测出两电极间的电阻 R。根据欧姆定律,当水温一定时,这个电阻值与电极的间距 L(cm)成正比,与电极的截面积 A(cm^2)成反比。即:

$$R = \rho \frac{L}{A} \tag{9-6}$$

由于电极面积 A 与间距 L 都是固定不变的,故$\frac{L}{A}$是一常数,称电导池常数(以 Q 表示)。比例常数 ρ 为电阻率。其倒数$\frac{1}{\rho}$称为电导率,以 K 表示。

$$S = \frac{1}{R} = \frac{1}{\rho Q} \tag{9-7}$$

S 表示电导度,反映导电能力的强弱。所以,$K = QS$ 或 $K = Q/R$。当已知电导池常数,并测出电阻后,即可求出电导率。

2. 电导仪

电导仪由电导池系统和测量仪器组成。电导池是盛放或发送被测溶液的容器。在电导池中,装有电导电极和感温元件等。根据测量电导的原理不同,电导仪可分为平衡式电导仪、电阻分压式电导仪、电流测量式电导仪和电磁诱导式电导仪等。

(1) 平衡电桥式电导仪

其原理如图 9 - 3 所示,R_x(电导池)和 R_1、R_2、R_3 组成四个桥臂,当电桥调至平衡时,则下式成立

$$R_x = R_1 \frac{R_3}{R_2}$$

式中，R_1、R_2 为均为标准电阻，称为倍率电阻，其比值可为 0.1、1、10、100，以适应不同测量范围的要求。R_3 为带刻度盘的标准可变电阻。

测量时，调节 R_1，使电桥输出端 AB 间电压减小至零（由平衡指示器得知），则电桥达到平衡，故从 R_1 的刻度盘上可以读出被测溶液的电阻（R_x）或电导（L_x）。

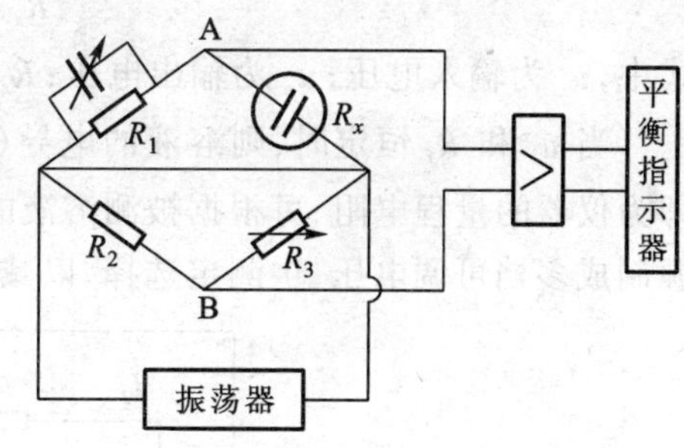

图 9-3 平衡电桥式电导检测式原理图

(2) 电阻分压法电导仪

电阻分压法电导仪的测定原理如图 9-4 所示，被测溶液电阻（R_x）与分压电阻（R_m）串联。接通外加电源后，构成闭合回路，则 R_m 上的分压（u_m）为：

$$u_m = \frac{R_m u_I}{R_x + R_m} = \frac{R_m u_I}{\frac{1}{L_x} + R_m} \tag{9-8}$$

由上式可知，因为输入电压（u_I）和分压电阻（R_m）均为定值，则被测溶液的电阻（R_x）或电导（L_x）的变化必将引起输出分压（u_m）的相应变化，所以通过测量 u_m 便可得知 R_x 或 L_x。电导检测仪可直接读出测量结果。

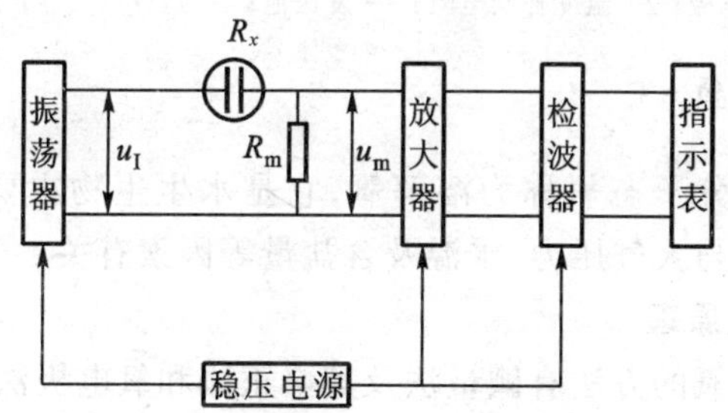

图 9-4 电阻分压式电导仪检测原理图

(3) 电流测量法电导率仪

电流测量法电导仪如图 9-5 所示，运算放大器 4 有两个输入端，其中 A 为反相输入端，B 为同相输入端，它有很高的开环放大倍数。如果把放大器输出电压通过反馈电阻 R_f 向输入端 A 引入深度负反馈，则运算放大器就变成电流放大器，此时流过 R_f 的电流 I_2 等于流过电导池（电阻为 R_x，电导为 L_x）的电流 I_1，即

$$\frac{u_i}{R_x} = \frac{u_o}{R_f} \tag{9-9}$$

$$L_x = \frac{1}{R_x} = \frac{u_o}{u_i} \cdot \frac{1}{R_f} \tag{9-10}$$

式中，u_i 为输入电压；u_o 为输出电压；R_x 为溶液电阻；R_f 为反馈电阻。

当 u_i 和 R_f 恒定时，则溶液的电导（L_x）正比于输出电压（u_o），反馈电阻 R_f 即为仪器的量程电阻，可根据被测溶液的电导来选择其值。另外，还可将振荡电源制成多档可调电压，供测定选择，以减小极化作用的影响。

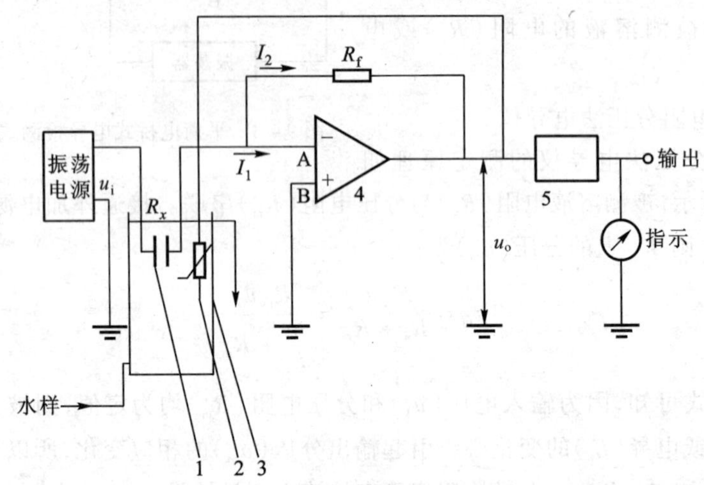

图 9－5 电流法电导率仪工作原理

1—电导电极；2—温度补偿电阻；3—发送池；4—运算放大器；5—整流器

9.2.4 溶解氧

溶解在水中的分子态氧称为溶解氧，它是水生生物主要的生存条件之一。水中溶解氧的含量与大气压力、水温及含盐量等因素有关。

1. 测定方法及原理

测定水中溶解氧的方法有碘量法及其修正法和氧电极法。清洁水可用碘量法，受污染的地表水和工业废水采用碘量法或氧电极法。

(1) 碘量法

在水中加入硫酸锰和碱性碘化钾，水中的溶解氧将二价锰氧化成四价锰，并生成氢氧化物沉淀。加酸后，沉淀溶解，四价锰又可氧化碘离子而释放出与溶解氧量相当的游离碘。以淀粉为指示剂，用硫代硫酸钠标准溶液滴定释放出的碘，可计算出溶解氧含量。反应式如下：

$MnSO_4 + 2NaOH = Na_2SO_4 + Mn(OH)_2$

$Mn(OH)_2 + O_2 = 2MnO(OH)_2$

$MnO(OH)_2 + 2H_2SO_4 = Mn(SO_4)_2 + 3H_2O$

$Mn(SO_4)_2 + 2KI = MnSO_4 + I_2 + K_2SO_4$

$2Na_2S_2O_3 + I_2 = Na_2S_4O_6 + 2NaI$

当水中含有氧化性物质、还原性物质及有机物时，会干扰测定，应预先消除并根据不同的干扰物质采用修正碘量法。

(2) 修正碘量法

① 叠氮化钠修正法

当水样中含有亚硝酸盐会干扰碘量法测定，这时可采用叠氮化钠将亚硝酸盐分解后再用碘量法测定。分解亚硝酸盐的反应如下：

$$2NaN_3 + H_2SO_4 = Na_2SO_4 + 2NH_3$$

$$2HNO_2 + 2NH_3 = N_2O + N_2 + 3H_2O$$

亚硝酸盐主要存在于经生化处理的废水和河水中，它能与碘化钾作用释放出游离碘而产生正干扰，即

$$2HNO_2 + 2KI + H_2SO_4 = K_2SO_4 + 2H_2O + 2NO + I_2$$

如果反应到此为止，引入的误差尚不大，但当水样和空气接触时，新溶入的氧将和 N_2O_2 作用，再形成亚硝酸盐：

$$2N_2O_2 + 2H_2O + O_2 = 4HNO_2$$

如此循环，不断地释放出碘，将会引入相当大的误差。

当水样中三价铁离子含量较高时，也会干扰测定，可加入氟化钾或用磷酸代替硫酸酸化来消除这种干扰。

测定结果按下式计算：

$$DO(O_2, mg/L) = \frac{M \cdot V \times 8 \times 1000}{V_{水}} \quad (9-11)$$

式中，M 为硫代硫酸钠标准溶液浓度(mol/L)；V 为滴定消耗硫代硫酸钠标准溶液体积(mL)；$V_{水}$ 为水样体积(mL)；8 为氧换算值。

② 高锰酸钾修正法

该方法适用于水样中含大量亚铁离子，不含其他还原剂及有机物的情况。用高锰酸钾氧化亚铁离子，消除干扰，过量的高锰酸钾可用草酸钠溶液除去，生成的高价铁离子用氟化钾掩蔽。测量过程同碘量法。

(3) 氧电极法

广泛应用的溶解氧电极是聚四氟乙烯薄膜电极。根据其工作原理，可分为极谱型和原电池型两种。极谱型氧电极的结构如图 9-6 所示。由黄金阴极、银-氯化银阳极、聚四氟乙烯薄膜、壳体等部

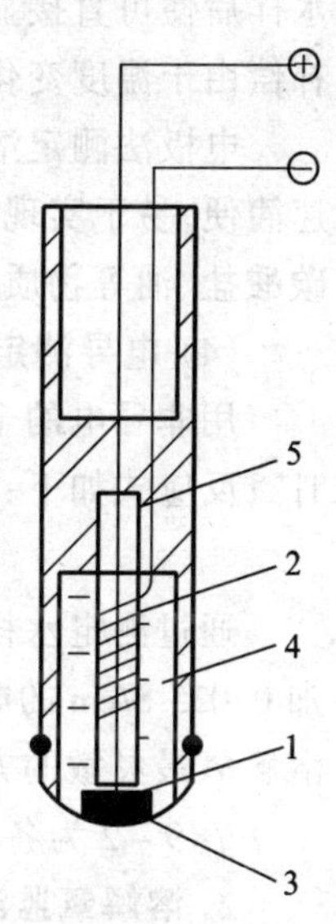

图 9-6 溶解氧电极结构

1—黄金阴极；2—银丝阳极；3—薄膜；4—KCl 溶液；5—壳体

分组成。电极腔内充入氯化钾溶液，聚四氟乙烯薄膜将内电解液和被测水样隔开，溶解氧通过薄膜渗透扩散。当两极间加上0.5～0.8 V固定极化电压时，则水样中的溶解氧通过薄膜扩散，并在阴极上还原，产生与氧浓度成正比的扩散电流。电极反应如下：

阴极：$O_2 + 2H_2O + 4e = 4OH^-$

阳极：$4Ag + 4Cl^- = 4AgCl + 4e$

产生的还原电流 $i_{还}$ 可表示为：

$$i_{还} = K \cdot n \cdot F \cdot A \cdot \frac{p_m}{L} \cdot c_0 \tag{9-12}$$

式中，K 为比例常数；n 为电极反应得失电子数；F 为法拉第常数；A 为阴极面积，mm^2；p_m 为薄膜的渗透系数；L 为薄膜的厚度，mm；c_0 为溶解氧的分压或浓度。

可见，当实验条件固定后，上式除 c_0 以外的其他项均为定值，故只要测得还原电流就可以求出水样中溶解氧的浓度。各种溶解氧测定仪都是依据这一原理工作的。测定时，首先用无氧水样校正零点，再用化学法校准仪器刻度值，测定水样后便可直接显示其溶解氧浓度。仪器设有自动或手动温度补偿装置，用以补偿由于温度变化造成的测量误差。

电极法测定溶解氧不受水样色度、浊度及化学滴定法中干扰物质的影响，快速简便，易于实现自动连续测量，适用于现场测定。但当水样中含藻类、硫化物、碳酸盐、油等物质时，会使薄膜堵塞或损坏，应及时更换薄膜。

(4) 电导测定法

用非导电的金属铊或其他化合物与水中溶解的氧反应生成能导电的离子 Tl^+；反应式如下：

$$2Tl + 0.5O_2 + H_2O = 2Tl^+ + 2OH^-$$

通过测定水样电导率的增量，可求得(换算)溶解氧的浓度。实验表明：每增加0.035 S/cm的电导率相当于有1 mg/L的溶解氧。此法也可连续检测，是测定溶解氧最灵敏的方法之一。

表9－2为各种溶解氧测定方法的技术性能比较。

2. 溶解氧监测仪

在水污染连续自动监测系统中，广泛采用隔膜电极法测定水中溶解氧。常用的有两种隔膜电极，一种是原电池式隔膜电极，另一种是极谱式隔膜电极，由于后者使用中性内充溶液，维护简便，适用于自动监测系统中，其原理见氧电极法。其电极可安装在溢流式发送池中，也可浸入搅动的水样(如曝气池)中。该仪器设有清洗装置，可定期自动清洗粘附在电极上的污物。如图9－7所示。

表 9-2 溶解氧测定方法的比较

方法名称	原理	特点	适用范围
碘量法	在水中加入硫酸锰和碱性碘化钾，水中的溶解氧将二价锰氧化成四价锰，并生成氢氧化物沉淀。加酸后，沉淀溶解，四价锰又可氧化碘离子而释放出与溶解氧量相当的游离碘。以淀粉为指示剂，用硫代硫酸钠标准溶液滴定释放出的碘，可计算出溶解氧的含量	准确、精密可靠，但受多种杂质干扰	较清洁水
高锰酸钾修正法	用高锰酸钾氧化亚铁离子，消除干扰，过量的高锰酸钾用草酸钠溶液除去，生成的高价铁离子用氟化钾掩蔽，测定原理同上	可去除有机物及一些还原性无机物的干扰	Fe^{2+} >1 mg/L 的水、受污染的水和生活污水
叠氮化钠修正法	叠氮化钠（NaN_3）在酸性条件下将 NO_2^- 分解破坏，以消除亚硝酸盐的干扰，测定原理同上	可去除 NO_2^- 的干扰	NO_2^-—N > 0.05 mg/L 及 Fe^{2+} < 1 mg/L 的水、受污染的水和生活污水，经生化处理后的出水
膜电极法	氧敏感薄膜电极由浸没在电解质溶液中的两个金属电极和氧选择性半透膜组成。氧半透膜只允许溶解氧扩散透过，而几乎完全阻挡水和溶解性固体。透过膜的氧在阴极上还原，产生的扩散电流与水样中氧的浓度成正比，将浓度信号转变成电信号后，可由电流计读出	不受颜色、浊度及大多数杂质的干扰，快速简便。当水样中有氯、溴、碘的气体或蒸汽及二氧化硫时仍有干扰	可适用溶解氧大于 0.1 mg/L 的所有水样。尤宜进行不同水深水体和水处理设备运行时的现场连续自动监测
电导测定法	根据非导电元素或化合物与溶解氧反应产生能导电的离子，如氧化氮气体与溶解氧生成硝酸根离子，增加电导率，即可求得溶解氧含量	灵敏、准确，但水样须先经过离子交换树脂混合床，以降低原水中的电导率	检测限为几个 μg/L，可监测锅炉管道水中的溶解氧

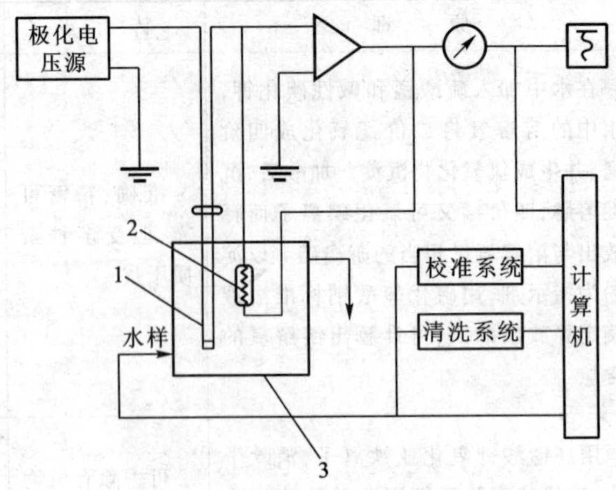

图 9-7　溶解氧连续自动测定原理

1—隔膜式电极；2—热敏电阻；3—发送池

9.2.5　浊度

浊度是一项反映水的感官物理性状的重要指标，它是指水中悬浮物对光线透过时所发生的阻碍程度，是用来反映水中悬浮物含量的一个水质替代参数。

1. 测定方法及原理

测定浊度的方法有分光光度法、目视比浊法、浊度计法等。

(1) 分光光度法

将一定量的硫酸肼与六次甲基胺聚合，生成白色高分子聚合物，以此作为浊度标准溶液，在一定条件下与水样浊度比较。

(2) 目视比浊法

将水样与用硅藻土（或白陶土）配制的标准溶液进行比较，以确定水样的浊度。规定 1 L 蒸馏水中含 1 mg 一定粒度的硅藻土（或白陶土）所产生的浊度为一个浊度单位，简称度。

(3) 浊度计测定法

浊度计是依据浑浊液对光进行散射或透射的原理制成的测定水体浊度的专用仪器，一般用于水体浊度的连续自动测定。

各种浊度测定方法的技术性能比较如表 9-3 所示。

2. 浊度监测仪

图 9-8 所示为表面散射式浊度监测仪的工作原理图。被测水样经阀 1 进入消泡槽，去除水样中的气泡后，由槽底经阀 2 进入测量槽，再由该槽顶溢流流出。

表 9-3 浊度测定方法比较

方法名称	原理	特点	适用范围
目视比浊法	将水样与用硅藻土(或白陶土)配制的标准溶液进行比较,以确定水样的浊度。规定 1 L 蒸馏水中含 1 mg 一定粒度的硅藻土(或白陶土)所产生的浊度为一个浊度单位,简称度	烛光浊度单位(JTU)	生活饮用水及其水源水
分光光度法	将一定量的硫酸肼与六次甲基胺聚合,生成白色高分子聚合物,以此作为浊度标准溶液,在一定条件下与水样浊度比较	散射浊度单位(NTU)	0~100 NTU
散射浊度法	利用根据散射原理制成的散射浊度计,测定与入射光呈 90°的散射光强度,依次与标准浑浊度液作比较	NTU 或 FTU	可测 0.02 NTU 或更小的浑浊度
积分球浊度法	测定水样中微粒所显示的散射光与透射光强度之比,依此与标准浑浊度液作比较	NTU	可测定水样小于 0.2 NTU 的浑浊度

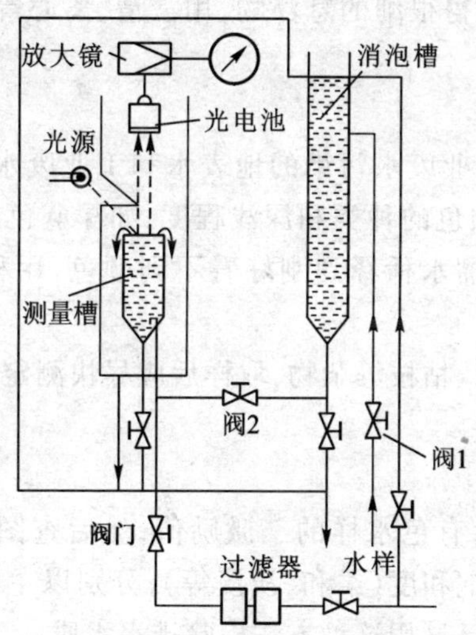

图 9-8 表面式散射式浊度自动监测仪工作原理

测量槽顶经特别设计,使溢流水保持稳定,从而形成稳定的水面。从光源射入溢流水面的光束被水样中的颗粒物散射,其散射光被安装在测量槽上部的光电池接收,转化为光电流。同时,通过光导纤维装置导入一部分光源作为参比光束输入到另一光电池(图中未画出),两光电池产生的光电流送入运算放大器运算,并转换成与水样浊度呈线性关系的电讯号,用电表指示或记录仪记录。仪器零点可用通过过滤器的水样进行校正,量程可用标准溶液或标准散射板进行校正。光电元件、运算放大器应装于恒温器中,或由系统进行温度补偿以避免温度变化带来的影响。测量槽内污物可采用超声波清洗装置定期自动清洗。

9.2.6　色度

水的颜色可分为真色和表色两种。真色是指去除悬浮物后水的颜色;没有去除悬浮物的水所具有的颜色称为表色。对于清洁或浊度很低的水,其真色和表色相近;对于着色很深的工业废水,二者差别较大。水的色度一般是指真色而言。水的颜色常用以下方法测定。

(1) 铂钴标准比色法

本方法是用氯铂酸钾与氯化钴配成标准色列,再与水样进行目视比色来确定水样的色度。规定每升水中含 1 mg 铂和 0.5 mg 钴所具有的颜色为 1 度,以此作为标准色度单位。测定时如果水样浑浊,则应放置澄清,也可用离心法或用孔径 0.45 μm 滤膜过滤,去除悬浮物,但不能用滤纸过滤。

该方法适用于较清洁的、带有黄色色调的天然水和饮用水的测定。如果水样中有泥土或其他分散得很细的悬浮物,用澄清、离心等方法处理仍不透明时,可测定其“表色”。

(2) 稀释倍数法

该方法适用于受工业废水污染的地表水和工业废水颜色的测定。测定时,首先用文字描述水样颜色的种类和深浅程度,如深蓝色、棕黄色、暗黑色等。然后取一定量水样,用蒸馏水稀释到刚好看不到颜色,用稀释倍数表示该水样的色度。

所取水样应无树叶、枯枝等杂物,取样后应尽快测定,否则,应于 4 ℃保存并在 48 小时内测定。

(3) 分光光度法

用分光光度法求出有色水样的三激励值,然后查图和表,得知水样的色调(红、绿、黄等)、亮度和饱和度(柔和、浅淡等),分别以主波长、明度和纯度表示。近年来,我国某些行业已试用这种方法检验排水水质。

各种色度的测定方法比较如表 9-4 所示。

表 9-4 各种色度的测定方法比较

方法名称	原　理	特　点	适用范围
铂钴标准比色法	用氯铂酸钾与氯化钴配成标准色列，再与水样进行目视比色来确定水样的色度。规定每升水中含 1 mg 铂和 0.5 mg 钴所具有的颜色为 1 度，以此作为标准色度单位。测定时如果水样浑浊，则应放置澄清，也可用离心法或用孔径 0.45 μm 滤膜过滤，去除悬浮物，但不能用滤纸过滤	只能用于测定黄色调的水。最低检测色度为 5 度。操作简便	天然水、饮用水、工业用水
铬钴比色法	原理同上法，用较便宜的重铬酸钾代替氯铂酸钾，用硫酸钴代替氯化钴，配成标准溶液，与水样作目视比色	只能用于测定黄色色调的水。最低检测色度为 5 度。操作简便	天然水、饮用水、工业用水
稀释倍数法	首先用文字描述水样颜色的种类和深浅程度，如深蓝色、棕黄色、暗黑色等。然后取一定量水样，用蒸馏水稀释到刚好看不到颜色，用稀释倍数表示该水样的色度	方法简便	各种工业废水
分光光度法	用分光光度法求出有色水样的三激励值，然后查图和表，得知水样的色调（红、绿、黄等）、亮度和饱和度（柔和、浅淡等），以主波长、明度和纯度表示	按国际照明委员会（CIE）确定的色表示法	各种水样

9.2.7 连续自动监测一般水质的指标系统

一般水质指标连续自动监测系统如图 9-9 所示，主要由采水设备、监测仪器及附属设备组成，可连续监测水温、pH 值、电导率、溶解氧、浊度等水质指标。该监测系统可进行连续或间断自动监测。

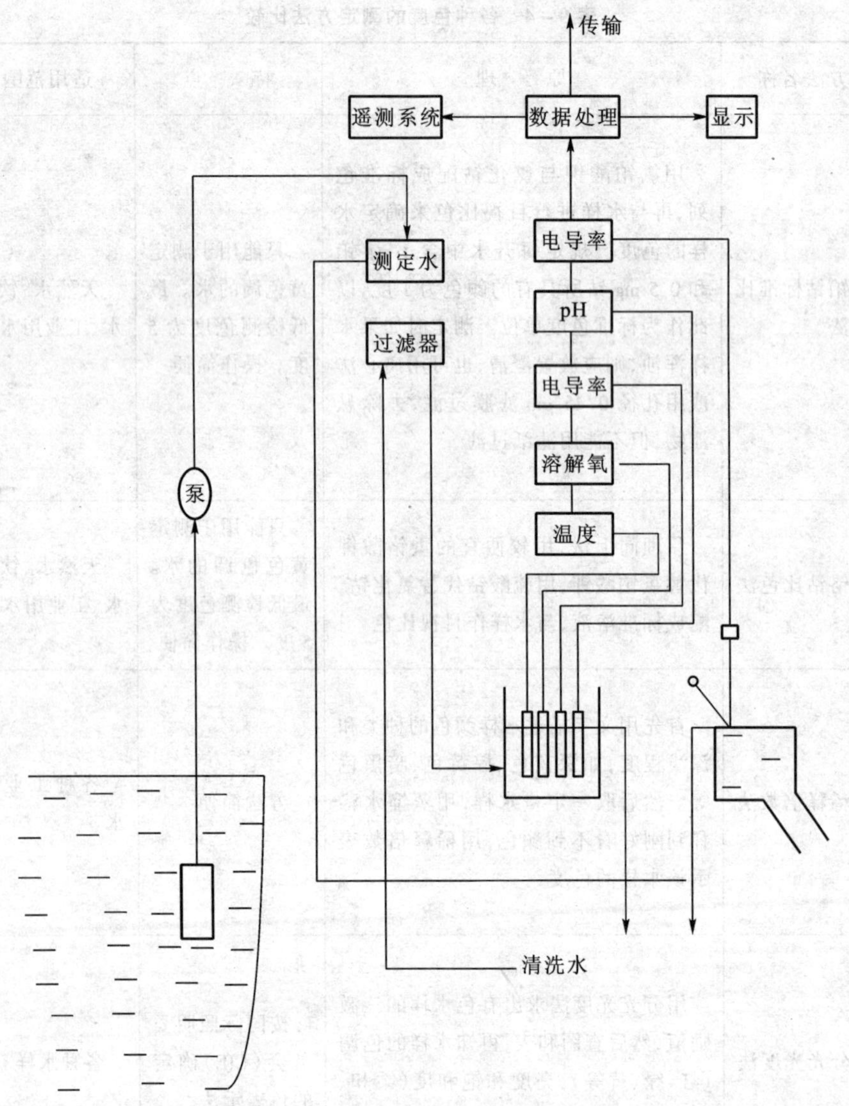

图 9-9　一般水质指标连续自动监测系统

9.3　水质污染度指标

9.3.1　BOD

生化需氧量(BOD)是指在有溶解氧的条件下,好氧微生物在分解水中有机物的生物化学氧化过程中所消耗的溶解氧量,同时亦包括硫化物、亚铁等还原性无机物质氧化所消耗的氧量，但这部分通常仅占很小的比例。

1. 测定方法及原理

BOD 的测定方法有五天培养法、检压法、库仑法、微生物电极法等。五天培养法为实验室测定法；检压法、库仑法为半自动式，测定时间仍为五天；以微生物膜电极为传感器的 BOD 快速测定仪，可用于自动、间歇测定。

(1) 五天培养法

五天培养法的测定原理是水样经稀释后，在 20±1 ℃条件下培养 5 天，求出培养前后水样中溶解氧含量，二者的差值记为 BOD_5。如果水样的五日生化需氧量未超过 7 mg/L，则不必进行稀释，可直接测定。

(2) 检压法

将水样置于装有一个 CO_2 吸收剂小池的密闭培养瓶中，当水样中的有机物被微生物氧化分解时，消耗的溶解氧则由气体管中的氧气补充，产生的 CO_2 又被吸收池中的吸收剂吸收，结果导致密闭系统内的压力降低，根据压力计测出的压力降低值来求出水样的 BOD 值。在实际测量中，先用葡萄糖－谷氨酸标准溶液校正压力计，即可从压力计直接读出水样的 BOD 值。

(3) 库仑法

库仑法是在检压法的基础上发展起来的一种 BOD 检测技术，与检压法不同的是，库仑法微生物氧化分解有机物所消耗的氧由电解产生的氧气来供给和补充，电解槽通过密闭气路的压差由导电溶液的继电回路自动控制，可保持培养瓶上部氧气的相对稳定状态，这样可使测定的结果更加准确。水样的 BOD 与电解产生的氧气相当，可通过电解所消耗的电量来计算出水样的 BOD 值。

(4) 微生物电极法

微生物电极是一种将微生物技术与电化学检测技术相结合的传感器，其结构如图 9－10 所示，主要由溶解氧电极和紧贴其透气膜表面的固定化微生物组成。测定 BOD 的原理是当将其插入恒温、溶解氧浓度一定的不含 BOD 物质的底液时，由于微生物的呼吸活性一定，底液中的溶解氧分子通过微生物膜扩散进入氧电极的速率一定，微生物电极输出一稳态电流；如果将 BOD 物质加入底液中，则该物质的分子与氧分子一起扩散进入微生物膜，因为膜中的微生物对

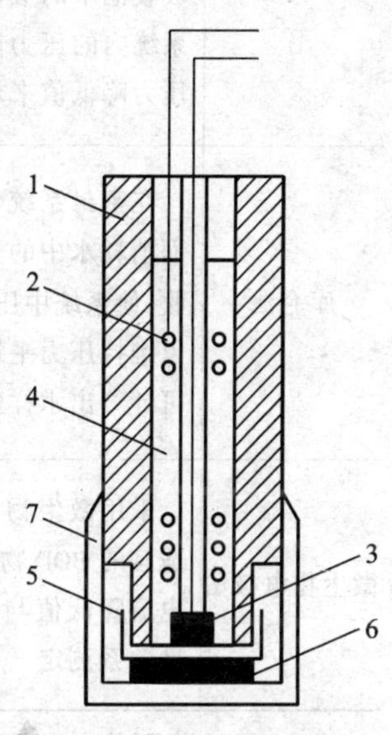

图 9－10 微生物膜电极结构

1—塑料管；2—Ag－AgCl 电极；3—黄金片电极；4—KCl 内充液；5—聚四氟乙烯薄膜；6—微生物膜；7—压帽

BOD 物质发生同化作用而耗氧,导致进入氧电极的氧分子减少,并在几分钟内降至新的稳态值。在适宜的 BOD 物质浓度范围内,电极输出电流降低值与 BOD 物质浓度之间呈线性关系,而 BOD 物质浓度又和 BOD 值之间有定量关系,以此计算出 BOD 值。

各种 BOD 测定方法的技术特点及性能比较如表 9-5 所示。

表 9-5　生化需氧量测定方法的比较

方法名称	原　理	特　点	适用范围
五天培养法	水样经稀释后,在 20±1 ℃条件下培养 5 天测定其培养前后的溶解氧量,再按稀释比计算 BOD_5	需接种,耗时长,操作要求高	生活污水、工业废水和受污染的天然水
检压法	将水样置于装有一个 CO_2 吸收剂小池的密闭培养瓶中,当水样中的有机物被微生物氧化分解时,消耗的溶解氧则由气体管中的氧气补充,产生的 CO_2 又被吸收池中的吸收剂吸收,结果导致密闭系统内的压力降低,根据压力计测出的压力降低值来求出水样的 BOD 值		科研用
库仑法	在密封系统中,由有机物的生物氧化而消耗水中的 O_2,放出 CO_2 被吸收剂吸收,使系统中压力改变,引导电解产生气以维持压力平衡。由电解所需的电量即可计算出水样的 BOD	可测出任何时日的生化需氧量	科研或在线测定
微生物电极法	采用微生物电极作为传感器,利用在适宜的 BOD 物质浓度范围内,电极输出电流降低值与 BOD 物质浓度之间呈线性关系测定		易降解废水的测定

2.BOD 监测仪

(1) 微生物膜电极 BOD 监测仪

微生物膜电极 BOD 监测仪的工作原理如图 9-11 所示。该测定仪由测量池(装有微生物膜电极、鼓气管及被测水样)、恒温水浴、恒电压源、控温器、鼓气泵及信号转换和测量系统组成。恒电压源输出 0.72 V 电压,加于 Ag-AgCl 电极(正极)和黄金电极(负极)上。黄金电极因被测溶液 BOD 物质浓度不同产生的极化电流变化，将其送至阻抗转换和微电流放大电路，经放大的微电流再送至I/V和A/D转换电路，或I/V和V/F转换电路，然后对转换后的信号进行数字显示或由记录仪记录。仪器经用标准BOD物质溶液校准后，可直接显示被测溶液的BOD值，并在20 min内完成一个水样的测定。该仪器适用于多种易降解废水的BOD监测。

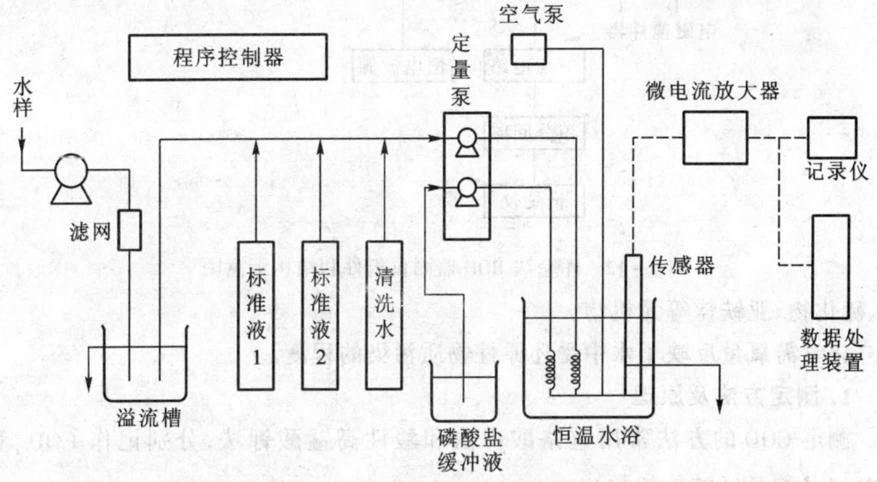

图 9－11 微生物膜式BOD监测仪原理图

(2) 库仑法BOD监测仪

仪器的结构如图9－12所示。将经过预处理的试样置于培养瓶中，并和作为CO_2吸收剂的碱石灰一起密封后放在恒温箱内(保持温度20 ℃ ±1 ℃)，同时用电磁搅拌器不断搅拌。由于瓶中好氧微生物的作用，水样中所含有机物发生好氧降解，消耗溶解氧而释出CO_2，培养瓶中装的碱石灰将CO_2吸收，同时培养瓶上部空间中的氧气溶入水样，以补充消耗掉的溶解氧，结果使瓶内处于减压状态，这种状态被电磁式压力计检出，使中继电路动作，驱动电解装置进行硫酸铜的恒电流电解，由电解产生氧气补充给密闭的培养瓶，当瓶内压力恢复原状时，电解又自动停止。在BOD测定时间内由于电解产生的氧量就相应于水样的BOD值，可按式(9－13)求出。

$$O_2 = \frac{16it}{2 \times 96487}(\text{g}) \qquad (9-13)$$

式中，i为电解时的电流强度：t为积算电解时间。

9.3.2 COD

化学需氧量(COD)是指水样在一定的条件下，氧化1L水样中还原性物质所消耗的氧化剂的量，以氧的mg/L表示。水中还原性物质包括有机物和亚硝酸

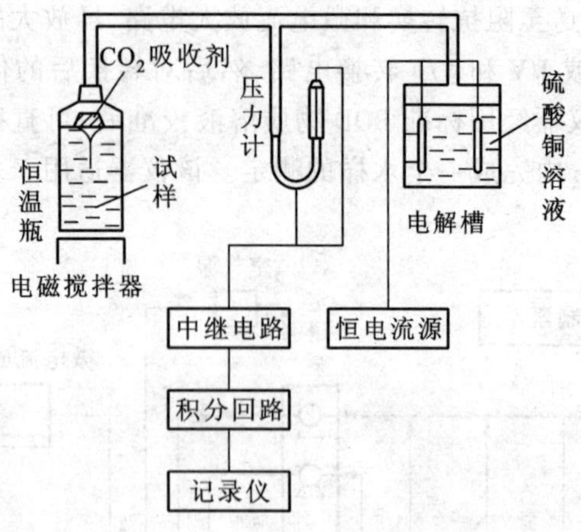

图 9－12　库仑法 BOD 监测仪组件和结构示意图

盐、硫化物、亚铁盐等无机物。

化学需氧量反映了水中受还原性物质污染的程度。

1. 测定方法及原理

测定 COD 的方法常用重铬酸钾法和酸性高锰酸钾法，分别记作 COD_{Cr} 和 COD_{Mn}（又称高锰酸盐指数）。

（1）重铬酸钾法

定量的重铬酸钾在强酸性溶液中将有机物氧化，剩余的重铬酸钾以试亚铁灵为指示剂，用硫酸亚铁铵标准回滴，由实际消耗的重铬酸钾的量，计算水样的化学耗氧量。反应式如下：

$$Cr_2O_7^{2-} + 14H^+ + 6e \rightleftharpoons 2Cr^{3+} + 7H_2O$$

$$Cr_2O_7^{2-} + 14H^+ + 6Fe^{2+} \rightarrow 6Fe^{3+} + 2Cr^{3+} + 7H_2O$$

（2）酸性高锰酸钾法

水样在酸性条件下，加入高锰酸钾溶液，在沸水浴中加热 30 min，使水中有机物被氧化，剩余的高锰酸钾以草酸回滴，然后根据实际消耗的高锰酸钾量计算出化学耗氧量。其反应式为：

$$4MnO_4^- + 5C + 12H^+ \rightarrow 4Mn^{2+} + 5CO_2\uparrow + 6H_2O$$

$$5C_2O_4^{2-} + 2MnO_4^- + 16H^+ \rightarrow 2Mn^{2+} + 10CO_2\uparrow + 8H_2O$$

$$2MnO_4^- + 5C_2O_4^{2-} + 16H^+ \rightarrow 2Mn^{2+} + 10CO_2\uparrow + 8H_2O$$

（3）其他测定方法

除上述方法外，测定 COD 的方法还有密封管法、比色法、氧化还原电位法、滴定法及恒电流库仑法。这些方法所使用的氧化剂和反应原理与 COD_{Cr} 和 COD_{Mn} 完全相同，只是在某些方面，特别是检测手段上做了一些改进而已。

① 密封管法:不同之处在于使用密封管,而不是加热回流。测定时将样品和氧化剂及催化剂密封于管中,在 150 ℃下加热 2 h,使样品中有机物完全氧化,然后测定出氧化剂的剩余量,计算出样品的 COD。

② 比色法:测定时将水样、$K_2Cr_2O_7$ 溶液、硫酸及硫酸银置于三角瓶,准确加热回流 10 min,冷至室温后于 600 nm 处测定上 Cr(Ⅲ)的吸光度,再根据用 COD 标准溶液(邻苯二甲酸氢钾)绘制的标准曲线计算出样品的 COD 值。

③ 氧化还原电位滴定法:水样被自动输入到检测水槽,与硫酸溶液、硫酸银溶液及高锰酸钾溶液经自动计量后,自动被输送至氧化还原反应槽,温度调节器将水浴温度自动调节到沸点,反应 30 min,立即准确注入 10 mL 草酸标准溶液,终止氧化反应。过量的草酸以高锰酸钾溶液回滴,用电位差计测定铂指示电极和饱和甘汞电极之间的电位差,以确定反应终点,求出高锰酸钾标准溶液的消耗量,用反应终点指示器将其滴定耗去的容量转为电信号,经运算回路变为 COD 值,由自动记录仪记录。每次测定需 1 h,测定范围 $0 \sim 2 \times 10^{-5}$ g/L。

④ 恒电流库仑分析法:首先让水样与 0.05 mol/L 的高锰酸钾混合后在沸水浴中反应 30 min,在反应终了的溶液中加入 Fe^{3+},将恒电流电解产生的 Fe^{2+} 作为库仑滴定剂,与溶液中剩余的高锰酸钾反应,当反应达到终点时,电解停止。由电流与时间可计算电解所消耗的电量。根据法拉第定律,求剩余的高锰酸钾的量,计算出高锰酸钾的实际用量,换算为 COD 值并显示读数。测定过程中,水样及试剂加入量均自动计量。国内已生产出恒电流库仑法测 COD 值的专用仪器,分析一个样本只需 30 min,测定范围 5×10^{-7} g/L ~ 10^{-3} g/L,对浓度高于 10^{-3} g/L 的样品应稀释后才能进行分析。

各种检测方法如表 9-6 所示。

表 9-6 COD 测定方法比较

方法名称	原理	特点	适用范围
重铬酸钾法	水在酸性溶液中加热回流 2 h,一定量的重铬酸钾氧化水中的还原物质,过量的重铬酸钾以试亚铁灵为指示剂,用硫酸亚铁铵标准溶液滴定	准确,但测定费时	< 500 mg/L
酸性高锰酸钾法	水样在酸性条件下,加入高锰酸钾溶液,在沸水浴中加热 30 min,使水中有机物被氧化,剩余的高锰酸钾用草酸钠回滴	操作简便	Cl^- < 300 mg/L
碱性高锰酸钾法	在碱性溶液中,高锰酸钾氧化水中的还原性物质,酸化后,加入过量的草酸钠溶液,再用高锰酸钾溶液滴定至微红色	操作简便	Cl^- > 300 mg/L

续表

方法名称	原　理	特　点	适用范围
恒电流库仑法	首先让水样与0.05 mol/L的高锰酸钾混合后在沸水浴中反应30 min,在反应终了的溶液中加入Fe^{3+},将恒定电流产生的Fe^{2+}作为库仑滴定剂,与溶液中剩余的高锰酸钾反应,当反应达到终点时,电解停止。由电流与时间可知电解所消耗的电量。根据法拉第定律,求剩余的高锰酸钾的量,计算出高锰酸钾的实际用量,换算为COD值并显示读数	简便、快速,试剂用量少	0.05 ~ 10 mg/L
密封管法	测定时将样品和氧化剂及催化剂密封于管中,在150 ℃下加热2 h,使样品中有机物完全氧化,然后测定出氧化剂的剩余量,计算出样品COD	快速,节省试剂	50 ~ 2 500 mg/L
比色法	测定时将水样、$K_2Cr_2O_7$溶液、硫酸及硫酸银置于三角瓶,准确加热回流10 min,冷至室温后于600 nm处测定上Cr(Ⅲ)的吸光度,再根据用COD标准溶液(邻苯二甲酸氢钾)绘制的标准曲线计算出样品的COD值	操作简便,节省试剂	10 ~ 100 mg/L,大批量样品的测定

2.COD监测仪

(1) 库仑式COD测定仪

库仑式COD测定仪的工作原理如图9-13所示。由库仑滴定池、电路系统和电磁搅拌器等组成。库仑池由工作电极对、指示电极对及电解液组成。其中,工作电极对为双铂片工作阴极和铂丝辅助阳极(置于充3 mol/L的H_2SO_4的底部具有液络部的玻璃内),用于电解产生滴定剂;指示电极对为铂片指示电极(正极)和钨棒参比电极(负极,置于充饱硫酸钾溶液,底部具有液络部的玻璃管中),以其电位的变化指示库仑滴定终点。电解液为10.2 mol/L的硫酸、重铬酸钾和硫酸铁的混合液。电路系统由终点微分电路、电解电流变换电路、频率变换积分电路、数字显示逻辑运算电路等组成,用于控制库仑滴定终点。变换和显示电解电流,将电解电流进行频率转换、积分,并根据电解定律进行逻辑运算,可直接显示水样的COD值。

(2) 高锰酸钾指数自动监测仪器

如图9-14所示,在程序控制器的控制下,依次将水样、硝酸银溶液、硫酸溶液和0.005 mol/L高锰酸钾溶液经自动计量后送入置于100 ℃恒温水浴中的反

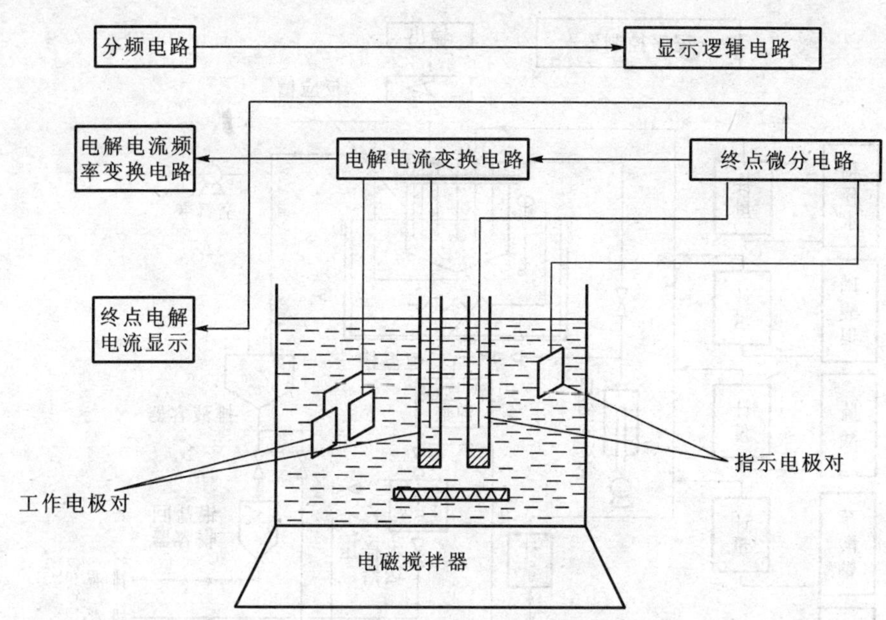

图 9-13 库仑式 COD 测定仪工作原理

应槽内,待反应 30 min 后,自动加入 0.0125 mol/L 草酸钠溶液,将残留的高锰酸钾还原,过量草酸钠溶液再用 0.005 mol/L 高锰酸钾自动滴定,到达滴定终点时,指示电极系统(铂电极和甘汞电极)发出控制信号,滴定剂停止加入。数据采集与处理系统计算出水样消耗的标准高锰酸钾溶液量,并直接显示或记录高锰酸钾指数。测定过程一结束,反应液从反应槽自动排出,继之用清洗水自动清洗几次,将整机恢复至初始状态,再进行下一个周期的测定。每一测定周期需 1 h。

9.3.3 (紫外)吸光度

由于溶解在水中的不饱和烃和芳香族化合物等有机物对 254 nm 附近的光有强烈的吸收作用,而对可见光吸收甚微,水中的无机物对紫外光吸收也甚微,因此,对特定水域或废水,可根据其对紫外光的吸收大小来反映对有机物的污染程度。这种方法易实现自动化,同时测定的吸光度与 BOD、COD、TOD 之间也有很好的相关性。

1. 测定方法及原理

紫外可见分光光度法是选一定波长的光,照射被测物质溶液,测量其吸光度,再依据吸光度计算出被测组分的含量。计算的理论根据是“吸收定律”,即朗伯 - 比尔定律。

朗伯 - 比尔定律是指当一束平行单色光通过均匀、非散射的稀溶液时,溶液对光的吸收程度与溶液的浓度及液层厚度的乘积成正比,即:

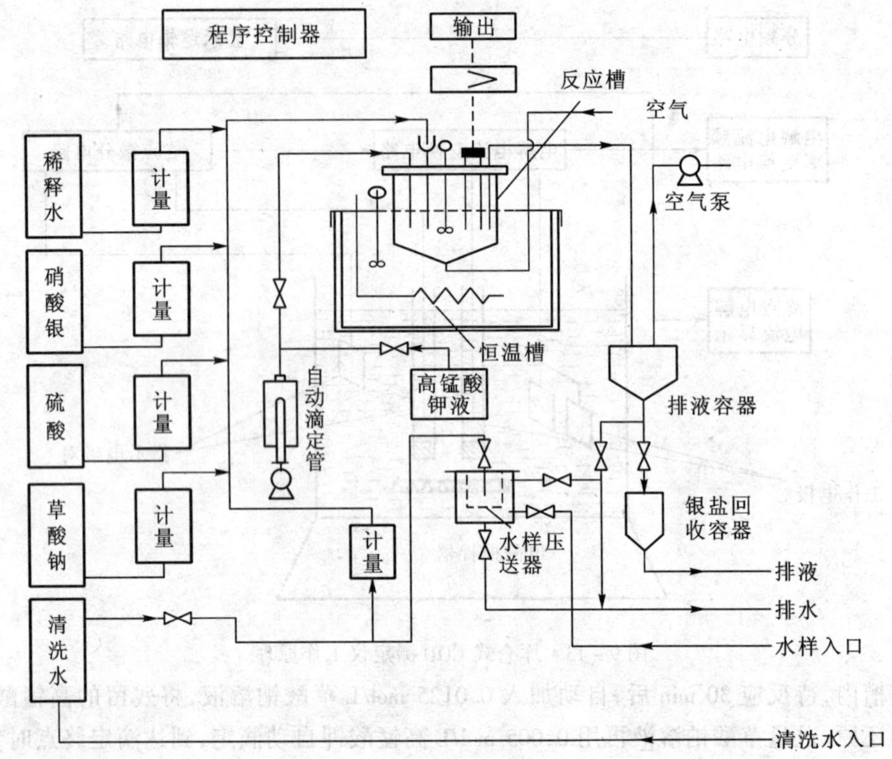

图 9－14　电位滴定式高锰酸钾盐指数自动监测仪工作原理

$$A = KCL \tag{9-14}$$

式中，A 为吸光度；C 为溶液浓度；L 为液层厚度；K 为比例常数。

2.UV(紫外)吸收监测仪

低压汞灯发出约 90% 的 254 nm 紫外光束，通过水样发送池后，聚焦并射到与光成 45° 角的半透射半反射镜上，将其分成两束，一束经紫外光滤片得到 254 nm的紫外光(测量光束)，射到光电转换器上，将光信号转换成电信号，它反映了水中有机物对 254 nm 光的吸收和水中悬浮粒子对该波长光吸收及散射的衰减程度。另一束光成 90°角反射，经可见光滤光片滤去紫外光(参比光束)射到另一光电转换器上，将光信号转换成电信号，它反映水中悬浮粒子对参比光束(可见光)吸收和散射后的衰减程度。假设悬浮粒子对紫外光的吸收和散射与对可见光的吸收和散射近似相等，则两束光的电信号经差分放大器作减法运算后，可消除水中悬浮粒子对有机物测定的影响。差分放大器输出信号即为水样中有机物对 254 nm 紫外光的吸光度，消除了悬浮粒子对测定的影响。仪器可直接显示有机物的浓度。双波长 UV 吸收自动监测仪器工作原理如图 9－15 所示。

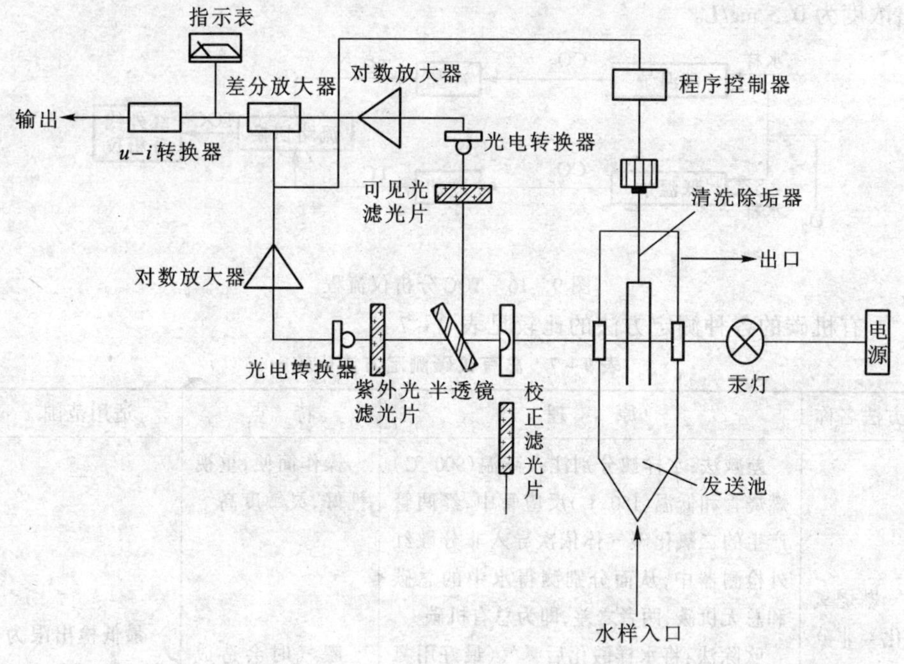

图 9-15 UV 吸收自动监测仪器工作原理图

9.3.4 TOC

TOC 是以碳的含量表示水中有机物质总量的一项综合性指标，单位为 mgC/L。TOC 标志着有机物的含量，反映了水中总有机物污染程度，是水中有机物污染的综合指标之一。

1. 测定方法及原理

目前广泛应用的测定 TOC 的方法是燃烧氧化－非分散红外吸收法。其测定原理是：将一定量水样注入高温炉内的石英管中，在 900～950 ℃温度下，以铂和三氧化二铬为催化剂，使有机物燃烧，裂解转化为二氧化碳，然后用红外线气体分析仪测定 CO_2 含量，从而确定水样中碳的含量。因为在高温下，水样中的碳酸盐也分解产生二氧化碳，故上面测得的为水中的总碳（TC）。为获得有机碳含量，可采用两种方法：一是将水样预先酸化，通入氮气曝气，驱除各种碳酸盐分解生成的二氧化碳后再注入仪器测定。另一种方法是使用高温炉和低温炉皆有的 TOC 测定仪。将等量水样分别注入高温炉（900 ℃）和低温炉（150 ℃），则水样中的有机碳和无机碳均转化为 CO_2，而低温炉的石英管中装有磷酸浸渍的玻璃棉，能使无机碳酸盐在 150 ℃分解为 CO_2，有机物却不能被分解氧化。将高、低温炉中生成的 CO_2 依次导入非分散红外气体分析仪，分别测得总碳（TC）和无机碳（IC），二者之差即为总有机碳（TOC）。测定流程如图 9-16 所示，该方法最低检出浓度为 0.5 mg/L。

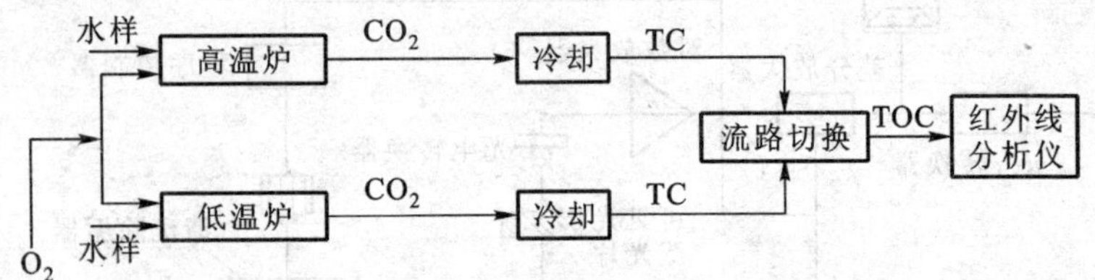

图 9-16　TOC 分析仪流程

有机碳的各种测定方法的比较见表 9-7。

表 9-7　总有机碳测定方法比较

方法名称	原　理	特　点	适用范围
燃烧氧化-非分散红外吸收法	差减法:水样被分别注入高温(900 ℃)燃烧管和低温(150 ℃)反应管中,经两管产生的二氧化碳气体依次导入非分散红外检测器中,从而分别测得水中的总碳和总无机碳,两者之差,即为总有机碳 吹除法:将水样酸化后曝气(最好用氮气吹脱),使各种碳酸盐分解生成的二氧化碳驱除后,再注入高温燃烧管中,生成的二氧化碳进入非分散红外检测器中而直接测得总有机碳	操作简便,重视性好,灵敏度高 曝气时会造成水样中挥发性有机物的损失。因此,测得的结果实际是不可吹脱的有机物	最低检出限为 0.5 mg/L
过硫酸盐-紫外氧化法	在紫外线的照射下,水样中的有机碳被过硫酸盐氧化生成二氧化碳。二氧化碳可用非分散红外检测器测定	测定水中微量有机物快速准确	最低检出限为 0.05 mg/L
湿式氧化法	将水样酸化后曝气以去除无机碳,再在高压釜中,116~130 ℃下用过硫酸盐氧化,生成的二氧化碳用非分散红外检测器测定		最低检出限为 0.10 mg/L,但不适用于测定挥发性有机物

2. TOC 监测仪

TOC 自动监测仪是根据非分散红外线吸收法原理设计的,有单通道和双通道两种类型。图 9-17 为单通道型仪器的流程图。用定量泵连续采集水样并送入混合槽,在混合槽内与以恒定流量输送来的稀盐酸溶液混合,使水样的 pH 值达 2~3,则碳酸盐分解为 CO_2,经除气槽随鼓入的氮气排出。已除去无机碳化合物的水样和氧气一起进入 850~950 ℃的燃烧炉(装有催化剂),则水样中的有机碳转化为 CO_2,经除湿后,用非分散红外分析仪测定,用邻苯二甲酸氢钾作标准物质定期自动对仪器进行校正。图 9-18 为双通道型 TOC 自动测定仪的工作原理图。

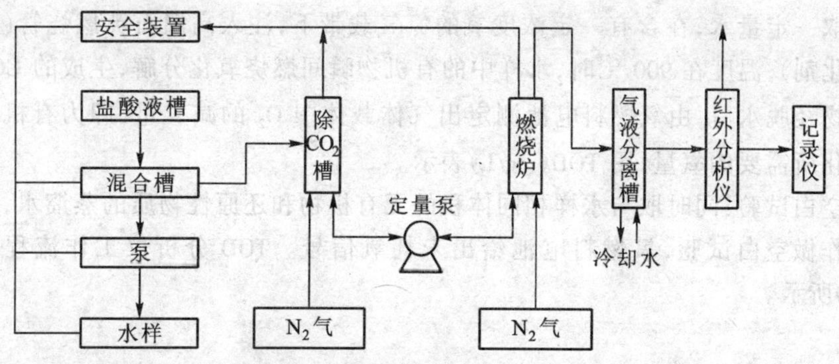

图 9-17 单通道 TOC 自动监测仪工作原理

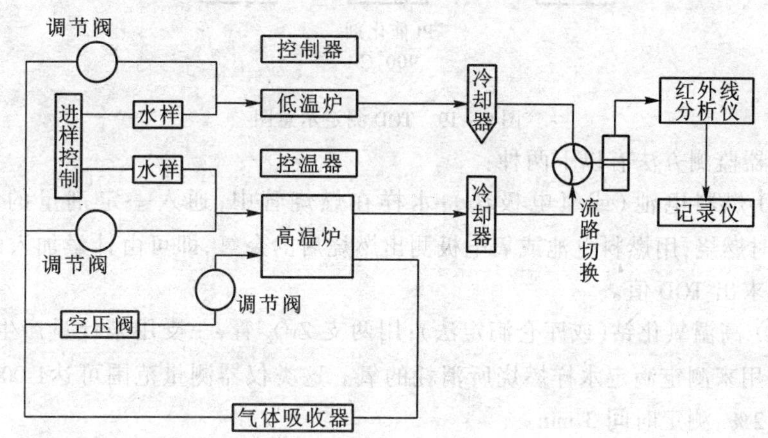

图 9-18 双通道 TOC 自动监测仪器工作原理

9.3.5 TOD

总需氧量(TOD)是指水中有机物和还原性无机物在高温下燃烧生成稳定的氧化物时的需氧量,用 TOD 表示,单位为 mg/L。各 TOD 和 TOC 的比值可以提供水中有机碳种类的大致信息,对于不含氮的有机物(这是水污染控制工程中对仅含 C、H、O 三种元素而不含 N、P、S 的有机化合物,如葡萄糖、醋酸等的习惯称呼)。理论上这一比值为$\frac{O_2}{C}=\frac{32}{12}=2.67$。如果某水样的 TOD/TOC 为 2.67 左右,可以认为主要是水中不含氮有机物引起的。若比值大于 4.0,则应考虑水样中有大量的含有 S、P 的有机物存在,因为 S、P 元素只显示 TOD 值而不显示 TOC

值。当 TOD/TOC 小于 2.6 时,就应考虑水样中硝酸盐和亚硝硝盐量较大的可能性,这是由于它们在高温催化条件下,会放出氧气,而使 TOD 测量值偏低。

1. 测定方法及原理

取一定量水,在含有一定浓度氧的氮气载带下,注入高温石英燃烧管(内填铂催化剂),温度在 900 ℃时,水样中的有机物瞬间燃烧氧化分解,生成的 CO_2 等氧化物经脱水后,由氧燃料电池测定出气体载体中 O_2 的减少量,即为有机物完全氧化所需要的氧量,用 TOD(mg/L)表示。

空白试验:同时取与水样相同体积的无有机物和还原性物质的蒸馏水,按上述操作做空白试验,氧燃料电池给出未耗氧信号。TOD 分析仪工作流程如图 9-19所示。

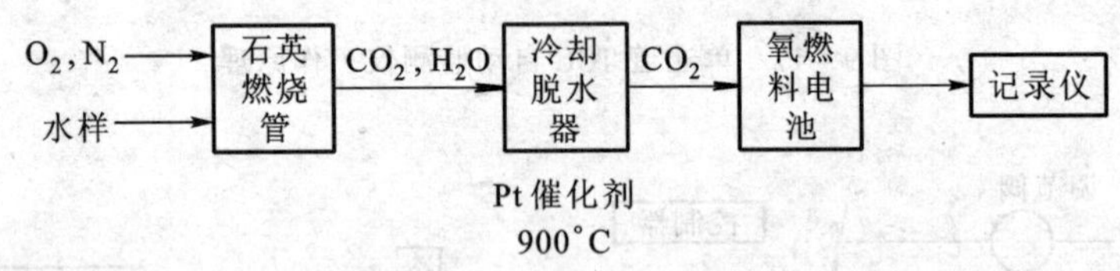

图 9-19 TOD 测定示意图

仪器监测方法有以下两种:

(1) 燃料电池(或氧电极法):水样在燃烧管中,通入一定剂量的 O_2,在 900 ℃时燃烧,用燃料电池或氧电极测出燃烧后的余氧,即可由计量加入的氧减去余氧求出 TOD 值。

(2) 高温氧化钴(或库仑滴定法):用两支 ZrO_2 管,一支用来计量产生的氧。另一支用来测定滴定水样燃烧所消耗的氧。这类仪器测量范围可达1 000 ppm,精度 ±2%,测定时间 3 min。

2.TOD 监测仪

TOD 自动监测仪的工作原理如图 9-20 所示。将含有一定浓度氧的惰性气体连续地通过燃烧反应室,当将水样间歇或连续地定量打入反应室时,在 900 ℃和铂催化剂的作用下,水样中的有机物和其他还原物质瞬间完全氧化,消耗了载气中的氧,导致载气中氧浓度的降低,其降低量用氧化锆氧量检测器测定。当用已知 TOD 的标准溶液校正仪器后,便可直接显示水样的 TOD 值。氧化锆氧量检测器是一种高温固体电解质浓差电池,其参比半电池由多孔铂电极和已知含氧量的参比气体组成;测量半电池由多孔铂电极和被测气体组成,中间用氧化锆固体电解质连接,则在高温条件下构成浓差电池,其电动势取决于待测气体的氧浓度。所需载气用纯氮气通过置于恒温室中的渗氧装置(用硅酮橡胶管从空气中渗透氧于载气流中)获得。

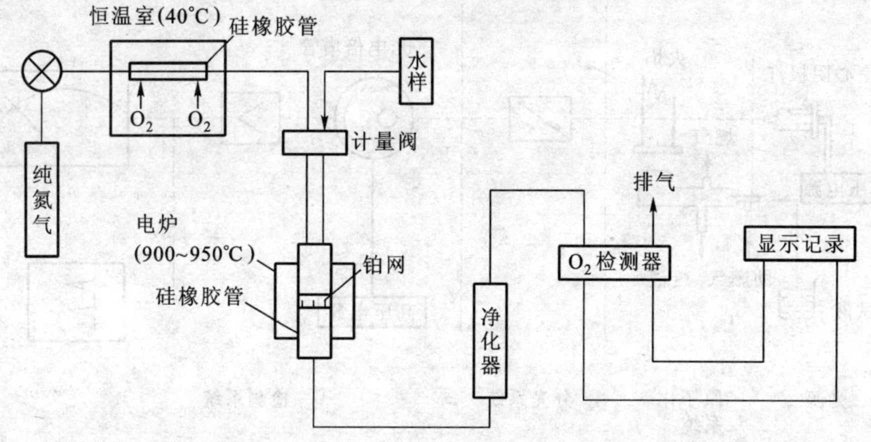

图 9-20 TOD 自动监测仪工作原理图

9.4 水质污染成分指标及其检测方法

9.4.1 镉

镉的毒性很强,可在人体的肝、肾等组织中蓄积,造成各脏器组织的损坏,尤以对肾脏损害最为明显,还会导致骨质疏松和软化。

镉主要来自电镀、采矿、冶炼、染料、电池和化学工业等排放的废水。

1. 测定方法及原理

测量镉的方法有吸收分光光度法、双硫腙分光光度法、阳极溶出伏安法和示波极谱法等。

(1) 原子吸收分光光度法

① 原子吸收分析的工作原理

图 9-21 为火焰原子吸收分析法的测定过程示意图。将含待测元素的溶液通过原子化系统喷成细雾,随载气进入火焰中解离成基态原子。当空心阴极灯辐射出待测元素的特征波长光通过火焰时,被火焰中待测元素的基态原子吸收而减弱,在一定实验条件下,特征波长光强的变化与火焰中待测原子的浓度有定量关系,从而与试样中待测元素的浓度(c)有定量关系,即

$$A = k'c \tag{9-15}$$

式中,k'为常数;A 为待测元素的吸光度。

这说明吸光度与浓度服从比耳定律。因此,测定吸光度可以求出待测元素的浓度,这是原子吸收分析的定量依据。用作原子吸收分析的仪器称为原子吸收分光光度计或原子吸收光谱仪。它主要由光源、原子化系统、分光系统及检测

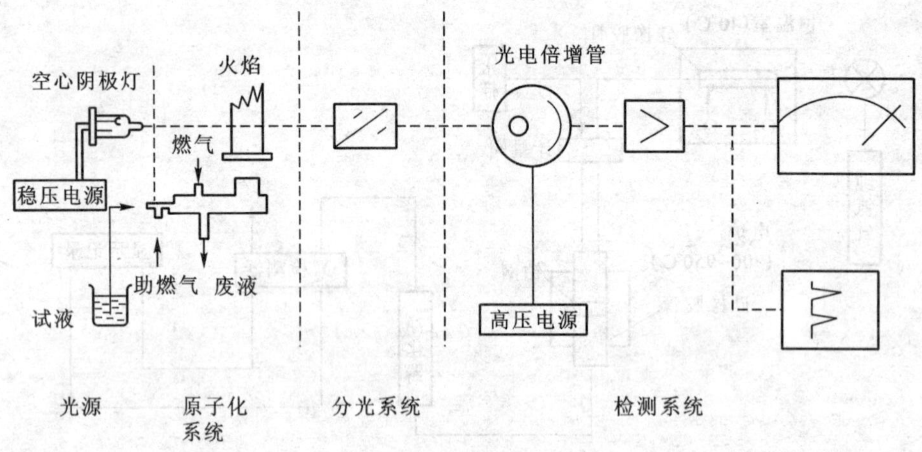

图 9 – 21 原子吸收分析过程示意图

系统四个主要部分组成。

空心阴极灯是一种低压辉光放电管，包括一个空心圆筒形阴极和一个阳极，阴极由待测元素材料制成。当两极间加上一定电压时，则因阴极表面溅射出来的待测金属原子被激发，便发射出特征光。这种特征光谱线宽度窄，干扰少，故称空心阴极灯为锐线光源。

原子化系统是将待测元素转变成原子蒸气的装置，可分为火焰原子化系统和无火焰原子化系统。火焰原子化系统包括喷雾器、雾化室、燃烧器和火焰及气体供给部分。火焰是将试样雾滴蒸发、干燥并经过热解离或还原作用产生大量基态原子的能源，常用的火焰是空气 – 乙炔火焰。对用空气 – 乙炔火焰难以解离的元素，如 Al、Be、V、Ti 等，可用氧化亚氮 – 乙炔火焰（最高温度可达 3 300 K）。常用的无火焰原子化系统是电热高温石墨管原子化器，其原子化效率比火焰原子化器高得多，因此可大大提高测定灵敏度。此外，还有氢化物原子化器等。无火焰原子化法的测定精密度比火焰原子化法差。

分光系统又称单色器，主要由色激元件、四面镜、狭缝等组成。在原子吸收分光光度计中，单色器放在原子化系统之后，将待测元素的特征谱线与邻近谱线分开。

检测系统由光电倍增管、放大器对数转换器、指示器（表头、数显器、记录仪及打印机等）和自动调节、自动校准等部分组成，是将光信号转变成电信号并进行测量的装置。

② 定量分析法

标准曲线法：同分光光度法一样，先配制相同基体的含有不同浓度待测元素的系列标准溶液，分别测其吸光光度，以扣除空白值之后的吸光度为纵坐标，对应的标准溶液浓度为横坐标绘制标准曲线，在同样操作条件下测定试样溶液的吸光度,从标准曲线查得试样溶液的浓度。

标准加入法:如果试样的基体组成复杂且对测定有明显干扰时,则在标准曲线成线性关系的浓度范围内,可使用这种方法测定。

③ 直接吸入火焰原子吸收法测定镉

清洁水样可不经预处理直接测定;污染的地面水和废水需用硝酸或硝酸-高氯酸消解,并进行过滤、定容。将试样溶液直接吸入喷雾火焰中原子化,测量各元素对其特征光产生的吸收,用标准曲线法或标准加入法定量。

④ 萃取火焰原子吸收法测定微量镉

本方法适用于含量较低,需进行富集后测定的水样。

清洁水样或经消解的水样中的待测金属离子在酸性介质中与吡咯烷二硫代氨基甲酸铵(APDC)生成络合物,用甲基异丁基甲酮(MIBK)萃取后吸入火焰进行原子吸收分光光度测定。当水样中的铁含量较高时,采用碘化钾-甲基异丁基甲酮(KI-MIBK)萃取体系的效果更好。其操作条件同直接吸入原子吸收法。

⑤ 离子交换火焰原子吸收法测定微量镉

用强酸型阳离子交换树脂吸附富集水样中的镉,再用酸洗脱后吸入火焰进行原子吸收测定。

⑥ 石墨炉原子吸收分光光度法测定微量镉

将清洁水样和标准溶液直接注入石墨炉内进行测定。每次进样量 10~20μL(视元素含量而定)。测定时,石墨炉分三阶段加热升温。首先以低温(小电流)干燥试剂,使溶剂完全挥发,但以不发生剧烈沸腾为宜,称为干燥阶段;然后用中等电流加热,使试样灰化或碳化(灰化阶段),在此阶段应有足够长的灰化时间和足够高的灰化温度,使试样基本完全蒸发,但又不使被测元素损失;最后用大电流加热,使待测元素迅速原子化(原子化阶段),通常选择最低原子化温度。测定结束后,将温度升至最大允许值并维持一定时间,以除去残留物,消除记忆效应,做好下一次进样的准备。

(2) 双硫腙分光光度法

在强碱性介质中,镉离子与双硫腙生成红色螯合物,用三氯甲烷萃取分离后,于 518 nm 处测其吸光度,与标准溶液比较定量。反应式如下:

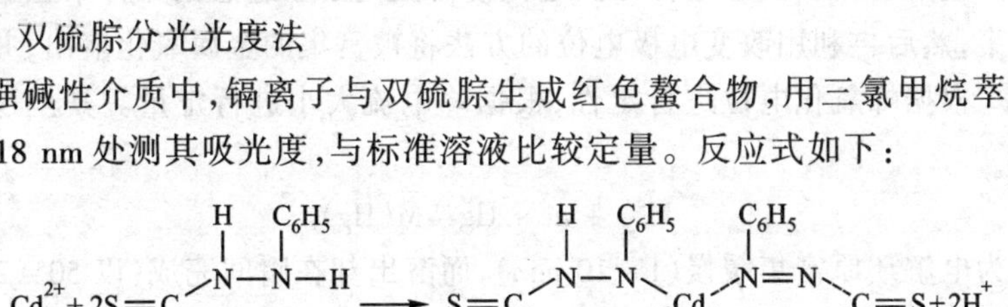

$$Cd^{2+}+2S=C\begin{matrix}\diagup N(H)-N(C_6H_5)-H\\ \diagdown N=N(C_6H_5)\end{matrix} \longrightarrow S=C\begin{matrix}\diagup N(H)-N(C_6H_5)\diagdown\\ \diagdown N=N(C_6H_5)\diagup\end{matrix}Cd\begin{matrix}\diagup N(C_6H_5)=N\diagdown\\ \diagdown N(C_6H_5)-N(H)\diagup\end{matrix}C=S+2H^+$$

水样中含铅 20 mg/L、锌 30 mg/L、铜 4 mg/L、锰和铁 4 mg/L。不干扰测定,镁离子浓度达 20 mg/L 时,需多加酒石酸钾钠掩蔽。

本方法适用于受镉污染的天然水和废水中镉的测定,测定前应对水样进行消解处理。

① 极谱分析法的原理

极谱分析是根据电解过程中得到的电流－电压关系曲线进行定性、定量分析的一种在特殊电解条件下的电化学分析方法。其基本装置如图 9－22 所示。U_S 为直流电源，AB 为滑线电阻，加于电解池（极化池）两电极上的电压可借移动触点 C 来调节。V 为伏特计。电解池中的两个电极，一是滴汞电极，二是汞池电极或饱和甘汞电极（S，C，E）。滴汞电极（负极）是一支上部连接贮汞瓶（H）的毛细管（内径 0.05 mm），将汞滴有规则地滴入电解池（D）中，因为汞滴表面积小，故在电解过程中电流密度较大，使汞滴周围液层的离子浓度与主体溶液中离子浓度相差较大，形成浓差极化，故称滴汞电极为极化电极。汞池电极或饱和甘汞电极表面积较大，电解过程中电流密度小，不易发生浓差极化，电极电位不随外加电压的改变而出现变化，称为去极化电极。

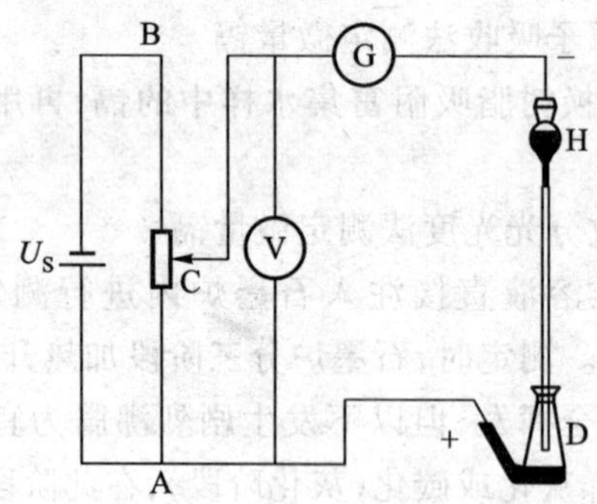

图 9－22　极谱分析法基本装置

② 阳极溶出伏安法测定镉

溶出伏安法也称反向溶出极谱法。因为测定金属离子是用阳极溶出反应，故称为阳极溶出伏安法。这种方法是先使待测离子于适宜的条件下在微电极上进行富集，然后再利用改变电极电位的方法将被富集的金属氧化溶出，并记录其氧化波。根据峰氧化电位进行定性；根据峰电流大小进行定量。其全过程可表示为：

$$M^{n+} + ne + Hg \leftrightarrow M(Hg)$$

因为电解还原富集缓慢（1～10 min），而溶出却在瞬间完成（以 50～200 mV/s 的电压扫描速度进行），故使溶出电流大大增加，从而使此方法的灵敏度大为提高，其检测下限可达 10^{-12} mol/L。由于阳极溶出伏安法测定的浓度比较低，应十分注意可能来自环境、器皿、水或试剂的污染。对汞的纯度要求在 99.99 % 以上。

镉的各种测定方法的比较见下表 9－8 所示。

表 9－8 镉测定方法的比较

方法名称	原理	特点	适用范围
直接吸入火焰原子分光光度法	将试液直接吸入空气－乙烃火焰中，在 228.8 nm 处测定吸光度	快速准确，使用广泛	地下水、地面水和废水中镉的测定，测定范围 0.05～5.0 mg/L
萃取火焰原子吸收分光光度法	吡咯烷二硫代氨基甲酸铵在 pH 3.0 时，与镉离子螯合后萃入甲基异丁基甲酮中，然后直接吸入火焰进行原子吸收分光光度测定	灵敏度高	地下水和清洁地面水中低浓度的镉，测定范围 0.05～1 mg/L
离子交换火焰原子分光光度法	用强酸型阳离子树脂对水样中的镉离子进行吸附，用酸作为洗脱液，将洗脱液吸入火焰进行原子吸收分光光度测定	操作简便，富集倍数可达 100 倍	较清洁地面水的监测，测定范围 0.9～9.8 μg/L
石墨炉原子吸收分光光度法	将样品注入石墨管，用电加热方式使石墨升温，样品蒸发离解成原子蒸汽，对来自光源的特征电磁辐射产生吸收，据此确定样品中镉离子的浓度	操作简便，灵敏度高	地下水和清洁的镉，测定范围 0.6～2 μg/L
双硫腙分光光度法	在强碱溶液中，镉离子与双硫腙生成红色络合物，用氯仿萃取后，在 518 nm 波长处进行分光光度测定，求出镉的含量	操作简便	受镉污染的天然水和废水中镉，检测范围 0.6～2 μg/L

2. 镉离子浓度测定仪

镉离子浓度测定仪工作原理如图 9－23 所示。定量泵 1 抽取水样经过过滤器、高位槽送入混合槽，在此与由定量泵 2 输送来的掩蔽剂－调节剂混合，将水样调至保持要求的离子强度和 pH 值，然后流入测量槽测定后排出。测量槽中安装有镉离子选择电极和甘汞电极，将镉离子浓度转换成电信号，经放大、运算等处理后,送指示表或记录仪显示记录。在程序控制器的控制下,定期用标准溶液校正仪器,用机械式电极清洗器清洗电极及喷射清洁水清洗过滤器和测量槽。

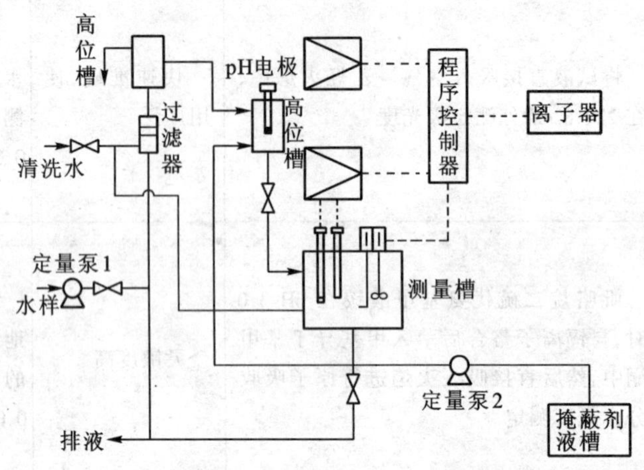

图 9-23 镉离子自动监测仪工作原理

9.4.2 汞

汞及其化合物属于剧毒物质,特别是有机汞化合物。天然水中含汞极少,一般不超过 0.1μg/L。我国饮用水标准限值为 0.001 mg/L。

1. 测定方法及原理

(1) 冷原子吸收法

汞原子蒸气对 253.7 nm 的紫外光有选择性吸收。在一定浓度范围内,吸光度与汞浓度成正比。

水样经消解后,将各种形态汞转变成二价汞,再用氯化亚锡将二价汞还原为元素汞,用载气将产生的汞蒸气带入测汞仪的吸收池测定吸光度,与汞标准溶液吸光度进行比较定量。

该方法适用于各种水体中汞的测定,其最低检测浓度为 0.1~0.5 mg/L 汞(因仪器灵敏度和采气体积不同而异)。

(2) 冷原子荧光法

该方法是将水样中的汞离子还原为基态汞原子蒸气,吸收 253.7nm 的紫外光后,被激发而产生特征共振荧光,在一定的测量条件下和较低的浓度范围内,荧光强度与汞浓度成正比。

方法最低检出浓度为 0.05 μg/L,测定上限可达 1 μg/L,且干扰因素少,适用于地表水、生活污水和工业废水的测定。

(3) 双硫腙分光光度法

使水样于 95 ℃,在酸性介质中用高锰酸钾和过硫酸钾消解,将无机汞和有机汞转变为二价汞。

用盐酸羟胺还原过剩的氧化剂,加入双硫腙溶液,与汞离子生成橙色螯合物,用三氯甲烷或四氯化碳萃取,再用碱溶液洗去过量的双硫腙,于 485 nm 波长处测定吸光度。以标准曲线法定量。

汞的最低检出浓度为 2 μg/L,测定上限为 40 μg/L。此方法适用于工业废水和受汞污染的地表水的监测。

汞的各种测定方法的比较见表 9-9。

表 9-9 汞测定方法比较

方法名称	原理	特点	适用范围
冷原子吸收法	在加热的硫酸-硝酸介质中,用高锰酸钾和过硫酸钾将试样消解,使所含汞全部转化为二价汞。用盐酸羟胺将过剩的氧化剂还原,再用氯化亚锡将二价汞还原成金属汞。在室温下,通空气或氮气流将金属汞汽化,载入冷原子吸收测汞仪,测量吸收值并求得汞的含量	选择性好,灵敏度高	地面水、地下水、饮用水、生活污水及工业废水,最低检出浓度为 0.05 μg/L
冷原子荧光法	水样中的汞离子以被还原成单质汞,形成汞蒸汽其基态原子被波长 253.7 nm 的紫外光激发而产生共振荧光,在一定的测量条件下和较低的浓度范围内,荧光强度与汞浓度成正比	选择性好,灵敏度高	地面水,生活污水和工业污水,测定范围为 0.05~1 μg/L
双硫腙分光光度法	在 95 ℃用高锰酸钾和过硫酸钾将试样消解,使汞全部转化为二价汞。用盐酸羟胺将过剩的氧化剂还原,在酸性条件下,汞离子与双硫腙生成红色螯合物,用有机溶剂萃取,再用碱溶液洗去过剩的双硫腙,在 485 nm 处测量其吸光度	简便易行,应用广泛	生活污水、工业废水和受汞污染的地面水中的汞,测定范围为 2~40 μg/L

2. 测汞仪

(1) 冷原子吸收测汞仪

图 9 – 24 为一种冷原子吸收测汞仪的工作流程。低压汞灯辐射 253.7 nm 紫外光,经紫外光滤光片射入吸收池,则部分被试样中还原释放出的汞蒸气吸收,剩余紫外光经石英透镜聚焦于光电倍增管上,产生的光电流经电子放大系统放大,送入指示表指示或记录仪记录。当指示表刻度用标准样校准后,可直接读出汞浓度。汞蒸气发生过程是:抽气泵将载气(空气或氮气)抽入盛有经预处理的水样和氯化亚锡的还原瓶,在此产生泵蒸气并随载气经分子筛瓶除水蒸气后进入吸收池,测其吸光度,然后经流量计、脱汞阱(吸收废气中的汞)排出。

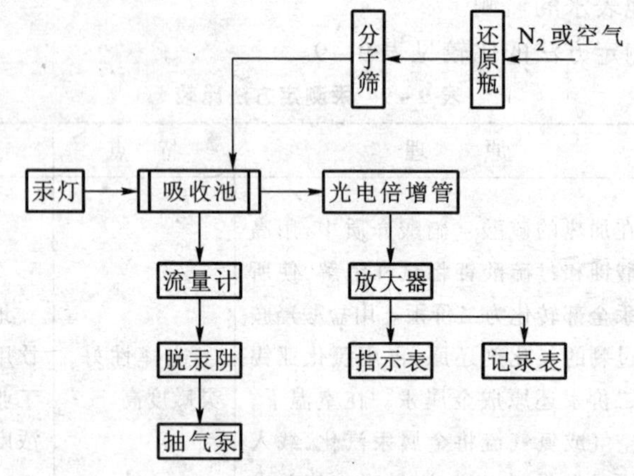

图 9 – 24 冷原子吸收测汞仪工作原理

(2) 冷原子荧光测汞仪

冷原子荧光测汞仪的工作原理如图 9 – 25 所示。它与冷原子吸收测汞仪相比,不同之处在于后者是测定特征紫外光在吸收池中被汞蒸气吸收后的透射光强,而冷原子荧光测定仪是测定吸收池中的汞原子蒸气吸收特征紫外光后被激发所发射的特征荧光(波长较紫外光长)强度,其光电倍增管必须放在与吸收池相垂直的方向上。

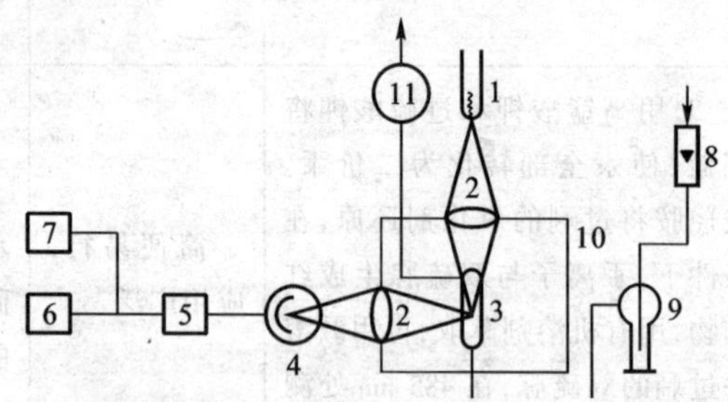

图 9 – 25 冷原子荧光测汞仪工作原理

1—低压汞灯;2—石英聚光镜;3—吸收 – 激发池;4—光电倍增管;5—放大器;6—指示表;7—记录仪;8—流量计;9—还原瓶;10—荧光池(铝材发黑处理);11—抽气泵

9.4.3 铅

铅是可在人体和动植物组织中蓄积的有毒金属,其主要毒性效应是导致贫血、神经机能失调和肾损伤等。铅对水生生物的安全浓度为 0.16 mg/L。

铅的主要污染源是蓄电池、冶炼、五金、机械、涂料和电镀工业等部门的排放废水。

测定水体中铅的方法与测定镉的方法相同。可以采用原子吸收分光光度法和双硫腙分光光度法,也可以用阳极溶出伏安法和示波极谱法。

双硫腙分光光度法基于在 pH8.5~9.5 的氨性柠檬酸盐—氰化物的还原介质中,铅与双硫腙反应生成红色螯合物,用三氯甲烷(或四氯化碳)萃取后于 510 nm波长处比色测定。其显色反应式为:

$$Pb^{2+} + 2S{=}C\begin{cases} N(H)-N(C_6H_5)-H \\ N{=}N-C_6H_5 \end{cases} \longrightarrow S{=}C\begin{cases} N(H)-N(C_6H_5) \\ N{=}N(C_6H_5) \end{cases}Pb\begin{cases} N{=}N(C_6H_5) \\ N(C_6H_5)-N(H) \end{cases}C{=}S + 2H^+$$

测定时,要特别注意器皿、试剂及去离子水是否含痕量铅,这是能否获得准确结果的关键。Bi^{3+}、Sn^{2+} 等干扰测定,可预先在 pH2~3 时用双硫腙三氯甲烷溶液萃取分离。为防止双硫腙被一些氧化物质如 Fe^{3+} 等氧化,在氨性介质中加入了盐酸羟胺。

该方法适用于地面水和废水中痕量铅的测定。当使用 10 mm 比色皿,取水样 100 mL,用 10 mL 双硫腙三氯甲烷溶液萃取时,最低检测浓度可达 0.01 mg/L,测定上限为 0.3 mg/L。

原子吸收分光光度等测定铅的方法见镉的测定。

9.4.4 铬

铬化合物的常见价态有三价和六价。在水体中,六价铬一般以 CrO_4^{2-}、$HCr_2O_7^-$、$Cr_2O_7^{2-}$ 等三种阴离子形式存在,受水体 pH 值、温度、氧化还原物质、有机物等因素的影响,三价铬和六价铬化合物可以互相转化。

铬是生物体所必须的微量元素之一。铬的毒性与其存在价态有关,六价铬具有强毒性,为致癌物质,并易被人体吸收而在体内蓄积。通常认为六价铬的毒性比三价铬大 100 倍。但是,对鱼类来说,三价铬化合物的毒性比六价铬大。当水中六价铬浓度达 1 mg/L 时,水呈黄色并有涩味,三价铬浓度达 1 mg/L 时,水的浊度明显增加。陆地天然水中一般不含铬,海水中铬的平均浓度为 0.05μg/L,饮用水中更低。

铬的工业污染源主要来自铝矿石加工、金属表面处理、皮革鞣制、印染及照相材料等行业的废水。铬是水质污染控制的一项重要指标。

水中铬的测定方法主要有二苯碳酰二肼分光光度法、原子吸收分光光度法、硫酸亚铁铵滴定法等。分光光度法是国内外的标准方法;滴定法适用于含铬量较高的水样。

(1) 二苯碳酰二肼分光光度法

① 六价铬的测定

在酸性介质中,六价铬与二苯碳酰二肼(DPC)反应,生成紫红色络合物,于 540 nm 波长处进行比色测定。其反应式为:

$$O{=}C\begin{matrix}\diagup NH{-}NH{-}C_6H_5\\ \diagdown NH{-}NH{-}C_6H_5\end{matrix} + Cr^{6+} \longrightarrow O{=}C\begin{matrix}\diagup NH{-}NH{-}C_6H_5\\ \diagdown N{=}N{-}C_6H_5\end{matrix} + Cr^{3+} \longrightarrow \text{紫红色络合物}$$

(DPC) (苯肼羟基偶氮苯)

本方法最低检出浓度为 0.004 mg/L,使用 10 mm 比色皿,测定上限为1 mg/L。其测定要点如下:

a. 对于清洁水样可直接测定;对于色度不大的水样,可用以丙酮代替显色剂的空白水样作参比测定;对于浑浊、色度较深的水样,以氢氧化锌做共沉淀剂,调节溶液 pH 至 8 ~ 9,此时 Cr^{3+}、Fe^{3+}、Cu^{2+} 均形成氢氧化物沉淀,可被过滤除去,与水样中的 Cr^{6+} 分离;存在亚硫酸盐、二价铁等还原性物质和次氯酸盐等氧化性物质时,也应采取相应消除干扰措施。

b. 取适量清洁水样或经过预处理的水样,加酸,显色,定容,以水作参比测其吸光度并作空白校正,从标准曲线上查得并计算水样中六价铬含量。

c. 配制系列铬标准溶液,按照水样测定步骤操作。将测得的吸光度经空白校正后,绘制吸光度对六价铬含量的标准曲线。

② 总铬的测定

在酸性溶液中,先将水样中的三价铬用高锰酸钾氧化成六价铬,过量的高锰酸钾用亚硝酸钠分解,过量的亚硝酸钠用尿素分解;然后,加入二苯碳酰二肼显色,于 540 nm 处进行分光光度测定。其最低检测浓度同六价铬。

清洁地面水可直接用高锰酸钾氧化后测定;水样中含大量有机物时,用硝酸 - 硫酸消解。

(2) 硫酸亚铁铵滴定法

本法适用于总铬浓度大于 1 mg/L 的废水。其原理为在酸性介质中以银盐作催化剂,用过硫酸铵将三价铬氧化成六价铬;加少量氯化钠并煮沸,除去过量的过硫酸铵和反应中产生的氯气;以苯基代邻氨基苯甲酸作指示剂,用硫酸亚铁

铵标准溶液滴定,至溶液呈亮绿色。其滴定反应式如下:

$$6Fe(NH_4)_2(SO_4)_2 + K_2Cr_2O_7 + 7H_2SO_4 = 3Fe_2(SO_4)_3 + Cr_2(SO_4)_3 + K_2SO_4 + 6(NH_4)_2SO_4 + 7H_2O$$

根据硫酸亚铁铵溶液的浓度和进行试剂空白校正后的用量,可计算出水样中总铬的含量。

测定铬的方法还有原子吸收分光光度法、极谱法、气相色谱法、中子活化法、化学发光法等。

9.4.5 氰化物

氰化物包括简单氰化物、络合氰化物和有机氰化物(腈)。简单氰化物易溶于水,毒性大;络合氰化物会在水体中受 pH 值、水温和光照等影响离解为毒性强的简单氰化物。

1. 测量方法及原理

测定水体中氰化物的方法有容量滴定法、分光光度法和离子选择电极法。在测定之前,通常先将水样在酸性介质中进行蒸馏,把能形成氰化氢的氰化物(全部简单氰化物和部分络合氰化物)蒸出,使之与干扰组分分离。

(1) 硝酸银滴定法

取一定量预蒸馏溶液,调节至 pH 值为 11 以上,以试银灵作指示剂,用硝酸银标准溶液滴定,则氰离子与银离子生成银氰络合物$[Ag(CN)_2]^-$,稍过量的银离子与试银灵反应,使溶液由黄色变为橙红色,即为滴定终点。

(2) 分光光度法

① 异烟酸 - 吡唑啉酮分光光度法

取一定量预蒸馏溶液,调节 pH 值至中性,加入氯胺 T 溶液,则氰离子被氯胺 T 氧化生成氯化氰(CNCl),再加入异烟酸 - 吡唑啉酮溶液,氯化氰与异烟酸作用,经水解生成戊烯二醛,与吡唑啉进行缩合反应,生成蓝色染料,在 638 nm 波长下,进行吸光度测定,用标准曲线定量。

② 吡啶 - 巴比妥酸分光光度法

取一定量蒸馏馏出液,调节 pH 至中性,氰离子与氯胺 T 反应生成氯化氰,氯化氰与吡啶反应生成戊烯二醛,戊烯二醛再与巴比妥酸发生缩合反应,生成红紫色染料,于 580 nm 波长处比色定量。

氰化物的各种测定方法的比较见表 9 - 10。

2. 氰离子浓度自动监测仪

比色式氰离子浓度自动监测仪的工作原理如图 9 - 26 所示。

用定量泵将被测水样和试剂 A(氯氨 T 溶液)、B(吡唑啉酮溶液)、C(异烟酸溶液)各以一定流量连续输入蛇形反应管,水样中的氰离子在反应管内与上述三

表 9-10 水中氰化物测定方法比较

方法名称	原理	特点	适用范围
硝酸银滴定法	取一定量预蒸馏溶液,调节至 pH 值为 11 以上,以试银灵作指示剂,用硝酸银标准溶液滴定,则氰离子与银离子生成银氰络合物 $[Ag(CN)_2]^-$,稍过量的银离子与试银灵反应,使溶液由黄色变为橙红色,即为滴定终点	高浓度的样品分析	饮用水、地表水、生活污水和工业污水中的氰化物。测定范围为 1~100 mg/L
异烟酸-吡唑啉酮分光光度法	在中性条件下,样品中氰化物与氯胺 T 反应生成戊烯二醛,最后与吡唑酮缩合生成蓝色染料,其色度与氰化物的含量成正比,用分光光度法进行测定	低浓度的样品分析	饮用水、地表水、生活污水和工业污水中的氰化物。测定范围为 0.004~0.25 mg/L
吡啶-巴比妥酸分光光度法	在中性条件下,样品中的氰离子与氯胺 T 反应生成氯化氰,氯化氰与吡唑反应生成戊烯二醛,戊烯二醛与两个巴比妥酸分子缩合生成红紫色染料,用分光光度法进行测定	低浓度的样品分析	饮用水、地表水、生活污水和工业污水中的氰化物。测定范围为 0.002~0.45 mg/L

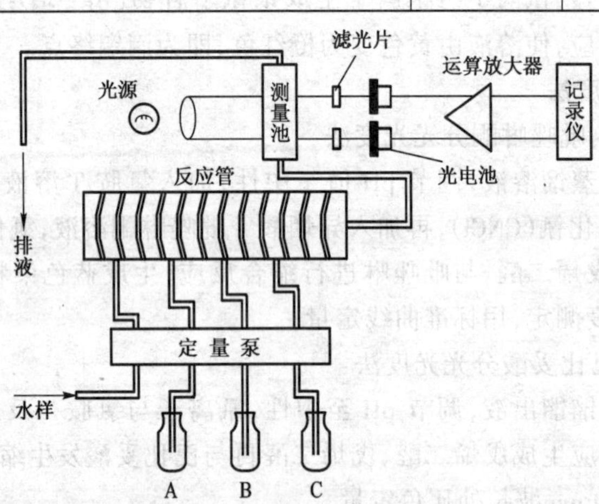

图 9-26 比色式氰离子浓度自动监测仪工作原理图

种试剂发生反应,生成红紫色化合物,送至流通式比色槽进行比色测定。从光源发射出一定强度的光,经透镜系统获得平行光束,照射在比色槽上,其透过光分别通过 700 nm 和 540 nm 滤光片,得到两束不同波长的光,其中,700 nm 光强度不随氰离子浓度变化,以此作参比光束;540 nm 光为有色氰化物的特征吸收光,强度随水样中氰离子浓度变化。两束光分别照射在配对的两个光电池上,产生的两个光电流送入运算放大器进行运算和放大后,由显示和记录仪表直接显示和记录氰离子浓度值。

9.4.6 矿物油

水中的矿物油来自工业废水和生活污水。工业废水中石油类(各种烃类的混合物)污染物主要来自原油开采、加工及各种炼制油的使用部门。矿物油漂浮在水体表面,影响空气与水体界面间的氧交换;分散于水中的油可被微生物氧化分解,消耗水中的溶解氧,使水质恶化。矿物油中还含有毒性大的芳烃类。

测定矿物油的方法有重量法、非色散红外法、紫外分光光度法、荧光法、比浊法等。

(1) 重量法

重量法是常用的方法,它不受油品种的限制,但操作繁琐,灵敏度低,只适用于测定 10 mg/L 以上的含油水样。其测定原理是以硫酸酸化水样,用石油醚萃取矿物油,然后蒸发除去石油醚,称量残渣重,计算矿物油含量。

该法的测定结果是指水中可被石油醚萃取的物质总量,可能含有较重的石油成分不能被萃取。蒸发除去溶剂时,也会造成轻质油的损失。

(2) 非色散红外法

本法系利用石油类物质的甲基($—CH_3$)、亚甲基($—CH_2—$)在近红外区(3.4 μm)有特征吸收,作为测定水样中油含量的基础。标准油可采用受污染地点水中石油醚萃取物。根据我国原油组分特点,也可采用混合石油烃作为标准油,其组成为:十六烷:异辛烷:苯 = 65:25:10(体积比)。

测定时,先用硫酸将水样酸化,加氯化钠破乳化,再用三氯三氟乙烷萃取,萃取液经无水硫酸钠层过滤、定容,注入红外分析仪测其含量。

所有含甲基、亚甲基的有机物质都将产生干扰。如水样中有动、植物性油脂以及脂肪酸物质应预先将其分离。此外,石油中有些较重的组分不溶于三氯三氟乙烷,致使测定结果偏低。

(3) 紫外分光光度法

石油及其产品在紫外光区有特征吸收。带有苯环的芳香族化合物的主要吸收波长为 250 ~ 260 nm;带有共轭双键的化合物主要吸收波长为 215 ~ 230 nm。一般原油的两个吸收峰波长为 225 nm 和 254 nm;轻质油及炼油厂的油品可选 225 nm。

水样用硫酸酸化,加氯化钠破乳化,然后用石油醚萃取,脱水,定容后测定。标准油用受污染地点水样石油醚萃取物。

不同油品特征吸收峰不同,如难以确定测定波长时,可用标准油样在波长

215 ~ 300 nm 之间的吸收光谱，采用其最大吸收峰的位置。一般在 220 ~ 225 nm 之间。

9.5 水质的生物指标

1. 概述

水环境中存在着大量的水生生物群落，各类水生生物之间及水生生物与其赖以生存的水环境之间存在着互相依存又互相制约的密切关系。当水体受到污染而使水环境条件改变时，各种不同的水生生物由于对环境的要求和适应能力不同而产生不同的反应，据此了解污染对水生生物的直接危害，判断水体污染的类型和程度。

利用水生生物来监测研究水体污染状况的方法较多，如生物群落法、生产力测定法、残毒测定法、急性毒性试验、细菌学检验等。

我国水环境生物监测技术规范中，对采样断面布设原则和方法及监测方法都作了规定。

水生生物监测断面和采样点的布设，也应在对监测区域的自然环境和社会环境进行调查研究的基础上，遵循断面要有代表性，尽可能与化学监测断面相一致，并考虑水环境的整体性、监测工作的连续性和经济性等原则。对于河流，应根据其流经区域的长度，至少设上(对照)、中(污染)、下游(观察)三个断面；采样点数视水面宽、水深、生物分布特点等确定。对于湖泊、水库，一般应在入湖(库)区、中心区、出口区、最深水区、清洁区等处设监测断面。

2. 生物毒性监测仪

生物毒性(污染)监测仪是基于毒性物质对特殊的发光细菌的发光度的阻滞作用而设计的，它通过测定发光细菌发光度的变化，量度被测环境样品中由重金属和其他有机污染物所造成的急性生物毒性。与传统的鱼、蚤和其他水生生物作为生物检测方法相比，发光细菌法简便、快速、灵敏、适应性强、重复性好、精度高、费用低、用途广，凡有毒化合物、废水、废弃物的生物毒性均可测定。因此，它是对受污染环境的生物毒性检测进行初筛、监测较为理想的工具，也是其他领域开拓新的实验测试方法的新工具。该方法已列为国家标准，标准号为“GB/T 15449—1995 水质急性毒性的测定发光细菌法”。经过近二十年的不断开发，已经在环境科学、微生物学、免疫学、细菌学、生物化学和临床检验等领域得到广泛应用。

9.6 水质自动监测系统

9.6.1 环境水质自动监测系统

1. 环境水质自动监测系统

水质自动监测技术是一个集分析仪器、取水、控制及数据传输与处理的系统工程，目前国内在地表水监测上使用较多的是以北京晟德瑞环境技术开发公司(Sentech)开发研制的中心控制通信模块为核心，以用户的具体要求和实际情况为基础，结合 Sentech 公司合理的整体设计方案，配备相应的先进仪器设备，研制成功的、科学的、先进的、有效的水质自动监测系统。

该系统技术先进，与国际水平同步，可实现远程诊断、控制，高度自动化，操作简便，维护方便，整体运行费用较低。可对地表水中的温度、pH 值、电导、浊度、溶解氧、氨氮、总有机碳、高锰酸钾指数等常规参数进行监测，系统留有外部接口，可以随时根据用户的需要进行测试参数的增减。

系统组合为 SWM－1、SWM－2 和 SWM－3 三个系统组合。包括五参数测试仪、氨氮测试仪、TOC 测试仪、COD 测试仪、总磷测试仪、总氮测试仪及控制通信系统，可以随时外接其他的标准分析设备。

整个水质自动监测系统由以下部分组成：自动监测站的站房、外部采水系统、配水系统及内部水样的预处理、仪器部分、通信及控制系统、中心软件、辅助设施。

系统特点：

* 性能价格比优异；
* 灵活多样的采水、配水系统，能够适应多样的地表水监测；
* 系统的维护量小；
* 资源占用少，能耗少；
* 运行成本低；
* 与现有国家环保局水质监测网完全兼容；
* 系统集成度高，可靠性好；
* 强大的通信和远程控制功能；
* 独特的测量校验功能；
* 操作简单，操作人员易掌握；
* 完善的系统自我保护功能；
* 系统具有良好的可扩展性，可满足用户扩展监测内容的要求。

2. 水质自动监测站

它是由采水系统、主调整槽、自动采样仪以及各种自动监测仪所组成。由于河流中含有泥沙、漂浮物等杂质，为了保证连续工作，一般采用双路采水系统，其流程如图 9－27 所示。表 9－11 为水质自动监测站的基本配置情况。

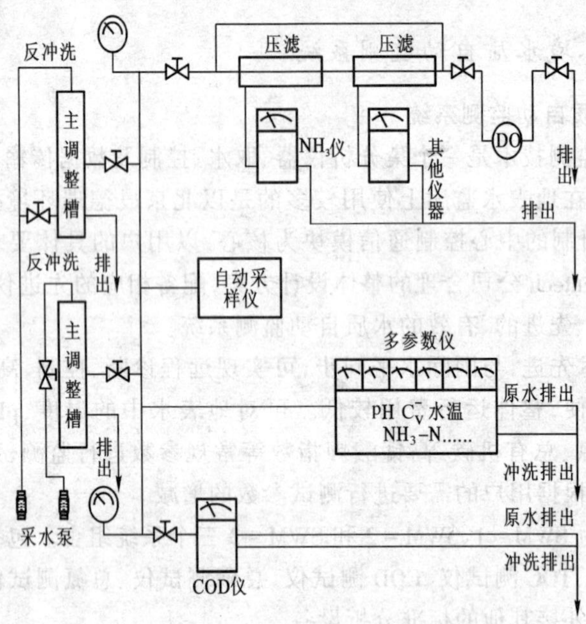

图 9－27　水质自动监测站流程图

表 9－11　水质自动监测站的基本配置情况

名称	基　本　要　求
站房建筑	面积:35～45 m^2 冷暖空调;具有供水供电设备 照明:一般室内照明,工作检修照明及水面搜索照明,取水口光控防撞信号灯 地下管线:供水、供电管线,电信号管线,原水管线,排水管线
主要监测仪器	NO_3^- – N 监测仪、COD 监测仪、DO 监测仪、pH、SS 等水质监测仪
自动采样仪	化学实验工作台,化学分析仪器及必需的工作设备 日平均或月平均自动采样仪,突发事故超标报警采样仪,树脂富集采样仪
计算机通信	微型计算机,A/D、D/A 转换装置,无线数传、通话收发装置,无线通信天线,天线铁塔、避雷、防撞信号灯装置
水文气象	水位计,流速测量仪,雨量计,风向、风速、航标测量装置
站内辅助设备	电器配电装置,交流稳压电源(3 kV),电信号控制装置,废液储存、处理装置,棒状高压过滤装置,净水器
外围设备	采样泵,格栅,保护井筒,保护桩及水泥,金属构筑物 原水试样输送管道,单泵双管或双泵双管(带隔热保温层),主调整槽(初级过滤装置),栈桥桩基工程及保护桩和拦污设备

9.6.2 污染源测流和在线连续监测系统

1. 测定方法及原理

仪器通过活塞上的小孔进行参比测量,可以自动记录及补偿测量室玻璃壁上色度和浊度的变化。

在活塞将水样吸入测量室的同时,活塞密封件会以机械方式清除测量室玻璃壁上的污物。

仪器可以连续监测活性污泥的沉降过程。

仪器对沉降后的上清液区进行分光光度测量后,计算出 NO_3^- – N、SAC254(光谱吸收系数)与 COD、TOC 的监测数据并显示在屏幕上。

沉降过程开始 30 s 后仪器开始进行 NO_3^- – N 监测并且每 10 s 重复测量一次。约 90 s 之后,NO_3^- – N 的读数基本趋向稳定。

污泥测量的初始值显示为总固体,曲线的斜率显示为污泥沉降比。

2. 数据显示

显示屏上能够显示 NO_3^- – N、COD 与 TOC 或 SAC254(可选项)监测数据的变化趋势曲线图形。污泥数据 SVeq、TSeq 和 SIeq 为数值显示。控制器配备了模拟输出和双向串行数据传输接口。

3. 干扰的排除

活性污泥和固体颗粒物会干扰分光光度法的测量。该仪器是在封闭系统内测量固体物沉降的同时连续检测其他参数。而测量数据的稳定性是判断该数据正确与否的一条附加标准。

4. 监测与控制

污水水质在线监测仪可以用于污水处理厂,为其提供完整可靠的包括活性污泥特性、硝酸盐氮、碳组分以及其他光谱分析数据在内的测量数据。该仪器用于污水处理工艺的监测控制和优化,费用低,效果显著。

5. 仪器特点

污水水质在线监测仪可以同时监测的污水水质参数包括:NO_3^- – N、SAC254(光谱吸收系数)、COD、TOC、总固体、污泥沉降比、污泥指数等。

对于污水和活性污泥进行全面的、基于光学法的分析,往往需要非常流畅连贯的分析设备。污水水质在线监测仪就是这样的一种设备,其所有的测量装置均集中于一个探头之内。这种最新型的在线分析仪采用了一种专利型的解决方案来进行分析测量,从而在许多方面建立了新的标准。污水水质在线监测仪的测量装置是一个分光光度法探头,其分析光谱的范围在 190 ~ 720 nm 之间。该探头可以直接将待测水样吸入测量室,而无需任何样品预处理装置。若安装在曝气池,该探头可以监测活性污泥中的总固体浓度并将监测数据显示为 TSeq。

此外,它还可以通过对沉降过程进行监测来计算污泥沉降比 SVeq,单位为 mL/L。随后还可以根据总固体 TSeq 和污泥沉降比来计算得出污泥指数并显示为 SIeq,单位为 mL/g。

同时在监测沉降过程中,污水水质在线监测仪可以连续监测可直测参数如硝酸盐氮($NO_3^- - N$)、光谱吸收系数(SAC254)与非直测参数如 COD、TOC 及它们随时间的变化趋势,其监测周期根据污泥指数的不同一般为 1 ~ 5 min。污水水质在线监测仪基本上无需维护。

第10章 环境空气与大气污染检测技术

10.1 概 述

10.1.1 大气污染物

大气污染物系指由于人类活动或自然过程排入大气并对人和环境产生有害影响的那些物质。大气污染物种类很多,按其存在形态可概括为两大类:气溶胶状态污染物、气体状态污染物。

(1) 气溶胶状态污染物

在大气污染中,气溶胶系指沉降速度可以忽略的小固体粒子、液体粒子或它们在气体介质中的悬浮体系。按气溶胶的来源和物理性质,可分为粉尘(1~200 μm)、烟(0.01~1 μm)、飞灰、黑烟、雾等。

(2) 气体状态污染物

气体状态污染物是以分子状态存在的污染物。气态污染物的种类很多,总体上可以分为五大类:以 SO_2 为主的含硫化合物,以氧化氮和二氧化氮为主的含氮化合物,碳氧化物,有机化合物及卤素化合物等,如表10-1所示。

表10-1 气体状态大气污染物的总分类

污染物	一次污染物	二次污染物
含硫化合物	SO_2、H_2S	SO_3、H_2SO_4、MSO_4
含氮化合物	NO、NH_3	NO_2、HNO_3、MNO_3
碳的氧化物	CO、CO_2	无
有机化合物	C_1 ~ C_{10}	醛酮过氧乙酰硝酸酯、O_3
卤素化合物	HF、HCl	无

注:MSO_4、MNO_3 分别为硫酸盐和硝酸盐。

对于气态污染物,又可分为一次污染物和二次污染物。一次污染物是指直接从污染源排到大气中的原始污染物质;二次污染物是指一次污染物与大气中已有组分或几种污染物之间经过一系列化学或光化学反应而生成的与一次污染物质不同的新的污染物。在大气污染物控制中,受到普遍关注的一次污染物有硫氧化物(SO_x)、氮氧化物(NO_x)、碳氧化物(CO、CO_2)及有机化合物(C_1 ~ C_{10}化合物)等;二次污染物主要有硫酸烟雾和光化学烟雾等。

10.1.2 大气污染监测系统

大气污染监测系统一般由采样装置、污染监测仪器、数据传递系统及数据处理四部分组成。

(1) 采样装置

采样装置由采样管线和列管组成(玻璃系统),列管直径为 50 nm,各监测仪器从列管内抽取样品,样品的流量应大于各监测仪器从列管内取样总量的 3 ~ 6 倍。有时在采样系统中加一混合室。

(2) 监测仪器

仪器随要求监测的项目而定,而监测项目取决于监测系统设置的目的或地方规定的环境空气质量的要求。

(3) 数据传输系统

在大气监测系统中各监测站(点)连续监测的各种污染指标及气象数据,由各子站传至中心站,经过计算机处理后显示实测污染数据,为污染预报提供依据。

数据传送方式包括有线(传输较近)和无线(传输较远)两种。

信号传输采用模拟量方式和数字方式两种。模拟量方式通常是将污染浓度转换成信号电流(4 ~ 20 mA)再进行传输;数字方式传送过程受噪声影响较小,适于高精度远传,已被广泛采用。

(4) 数据处理系统

监测数据为及时、简便地反映大气污染现状和变化规律,并预报预测,需对数据进行处理,作出短期污染预报和长期数据累积统计。其表达方式通常以时、日、月、季、年的均值表示,或以频率分布或浓度风玫瑰图、污染浓度分布图等表示。

10.2 大气污染指标监测

10.2.1 二氧化硫

SO_2 是主要大气污染物之一,为大气环境污染例行监测项目。它来源于煤和石油等燃料的燃烧,含硫矿石的冶炼,硫酸等化工产品生产排放的废气。SO_2 是一种无色、易溶于水、有刺激性气味的气体。它能通过呼吸进入气管,对局部组织产生刺激和腐蚀作用,是诱发支气管炎等疾病的原因之一;特别是当它与烟尘等气溶胶共存时,可加重对呼吸道黏膜的损害。SO_2 的味阈值是 0.3 ppm,达 30 ~ 40 ppm 时,人呼吸将会感到困难。

1. 测定方法及原理

测定 SO_2 常用的方法有溶液电导率法、紫外荧光法、红外线吸收法、库化滴定法、火焰光度检测法等。

(1) 紫外荧光法

① 原理　紫外荧光通常是指某物质受到紫外光照射时,各自吸收了一定波长的光之后,发射出比照射光波长长的光,而当紫外光停止照射后,这种光也随之很快消失。当然,荧光现象不限于紫外光区,还有 X 荧光、红外荧光等。利用测荧光波长和荧光强度建立起来的定性、定量方法称为荧光分析法。

荧光通常发生于具有 $\pi-\pi$ 电子共轭体系的分子中,如果将激发荧光的光源用单色器分光后照射这种物质,测定每一种波长的激发光所发射的荧光波长及其强度,以荧光强度对激发光波长或荧光波长作图,便得到荧光激发光谱或荧光发射光谱(简称荧光光谱)。不同物质的分子结构不同,其激发光谱和发射光谱不同,这是进行定性分析的依据。最直接的荧光定性分析方法是将待分析物质的荧光发射光谱与预期化合物的荧光发射相比较,方法简便并能取得较好的效果。在一定的条件下,物质发射的荧光强度与其浓度之间有一定的关系,这是进行定量分析的依据。

含被测物质的溶液被入射光(I_0)激发后,可以在溶液的各个方向观测到荧光强度(F)。但由于激发光源能量的一部分透过溶液,故在透射方向观测荧光是不适宜的。一般在与激发光源发射光垂直的方向,如图 10-1 所示。

根据比耳定律,透过光的比例为

$$\frac{I}{I_0}=10^{-\xi bc}$$

式中,I_0 为入射光(激发光)强度;I 为透过光强度;c 为被测物质的浓度;ξ 为被测物质的摩尔吸光系数;b 为透过液层厚度。

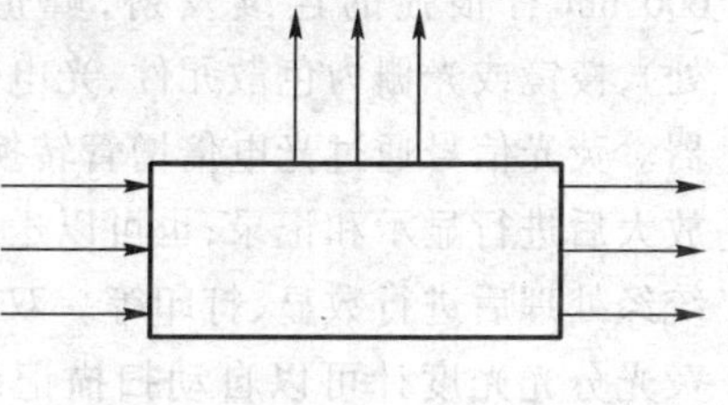

图 10-1　观测荧光主向示意图

被吸收和散射等光的比例为

$$1-\frac{I}{I_0}=1-10^{-\xi bc}$$

即

$$I_0-I=I_0(1-10^{-\xi bc})$$

总发射荧光强度(F)与试样吸收的激发光的光量子数和荧光量子效率(ϕ_F 为荧光物质吸收激发光后所发射的荧光量子数与吸收的激发光量子数之比值)成正比。即

$$F=\phi_F(I_0-I)=I_0\phi_F(1-10^{-\xi bc})$$

将上式括号内的指数项展开可得

$$F = I_0 \phi_F \left[2.3\xi bc - \frac{(-2.3\xi bc)^2}{2!} + \frac{(-2.3\xi bc)^3}{3!} - \cdots \right]$$

对于很稀的溶液，被吸收的激发光不到 2%，ξbc 很小，上式中括号内第二项后各项可忽略不计，则简化为

$$F = 2.3\phi_F \xi bc I_0$$

对于一定的荧光物质，当测定条件确定后，上式中的 ϕ_F、I_0、ξ、b 均为常数，故又可简化为

$$F = kc$$

即荧光强度与荧光物质浓度呈线性关系。荧光强度和浓度的线性关系仅限于很稀的溶液。

影响荧光强度的因素有：激发光照射时间、溶液温度和 pH 值、溶剂种类及伴生的各种散射光等。

② 荧光计和荧光分光光度计　用于荧光分析的仪器有目视荧光计、光电荧光计和荧光分光光度计等。它们由光源、滤光片或单色器、样品池及检测系统等部分组成。光电荧光计以高压汞灯为激发光源；滤光片为色散元件；光电池为检测器，将荧光强度转换成光电流，用微电流表测定。结构比较简单，用于测定微量荧光物质可得到满意的结果。

如果对荧光物质进行定性研究或选择定量分析的适宜波长，则需要使用荧光分光光度计，其结构示于图 10-2。它以氙灯作光源（在250～600 nm 有很强的连续发射，峰值约在 470 nm 处），棱镜或光栅为色散元件，光电倍增管为检测器。荧光信号通过光电倍增管转换为电信号，经放大后进行显示和记录；也可以送入数据处理系统经处理后进行数显、打印等。双光束自动扫描荧光分光光度计可以自动扫描记录荧光激发光谱和发射光谱。

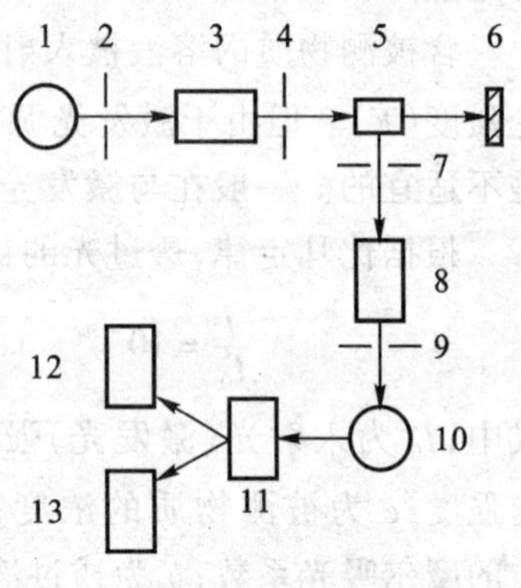

图 10-2　荧光分光光度计结构示意图

1—光源；2、4、7、9—狭缝；3—激发光单色器；5—样品池；6—表面吸光物质；8—发射光单色器；10—光电倍增管；11—放大器；12—指示器；13—记录仪

(2) 溶液电导法

用酸性过氧化氢溶液吸收气样中的二氧化硫

$$SO_2 + H_2O_2 \rightarrow H_2SO_4 \rightleftharpoons 2H^+ + SO_4^{2-}$$

所生成的硫酸，使吸收液电导率增加，其增加值决定于气样中 SO_2 含量，故通过测量吸收液吸收 SO_2 前后电导率的变化，就可以得知气样中 SO_2 的浓度。

各种方法的原理及性能比较参见表 10－2。

表 10－2 常用 SO_2 自动分析方法及性能比较

方法名称	原理	特点	测定范围（L/m^3）
溶液电导法	以一定比例使废气与吸收液（硫酸酸性的 H_2O_2 溶液）接触，测定吸收液的电导率变化，连续地测定废气中的 SO_2 浓度	设备费较低，易于推广。抗干扰性能较差，日常维护管理较麻烦	5～2 000
红外线吸收法	将试样气体导入气体池，用选择性检测器测定 SO_2 在 7.3μm 附近的红外线吸收，即可连续测得 SO_2 的浓度	此法不需要配置溶液，维护管理简单，适用于水分和 CO_2 影响可以忽略的场合	10～2 000
紫外线吸收法	将试样气体导入气体池，在 280～320 nm 附近对 SO_2 的紫外吸收量变化进行光电测定，即可连续测得 SO_2 的浓度	此法系干法操作，维护方便。NO_2 存在时有干扰，需设法消除	10～2 000
火焰光度检测法	将试样气体导入富氢火焰中，SO_x 将在 394 nm 附近产生特征波长的光，测定它的发光强度，即可连续测得 SO_2 的浓度	此法检测灵敏度很高，不仅可测 SO_2 浓度，也可测 SO_x 的总量和 H_2S 等，除磷氧化物外其他物质几乎不干扰	5～1 000
恒电位电解法	将试样气体导入电解池，对电解液中扩散吸收的 SO_2 进行定比电位电解，测定其电解电流，即可连续测得 SO_2 的浓度	此法装置便于携带，但湿法操作在维护管理上不便。H_2S、NO_2 浓度高时有干扰，当其可忽略或可消除影响时，可用此法	5～2 000

2. 二氧化硫监测仪

(1) 紫外荧光监测仪

紫外荧光法测定环境空气中的 SO_2，具有选择性好，不消耗化学试剂，适用于连续自动监测等特点，已被世界卫生组织在全球监测系统中采用。目前广泛用于大气环境地面自动监测系统中。

用波长 190～230 nm 紫外光照射大气样品，则 SO_2 紫外光被激发至激发态，即

$$SO_2 + h\nu_1 \rightarrow SO_2^*$$

激发态 SO_2 不稳定，瞬间返回基态，发射出波峰为 330 nm 的荧光，即

$$SO_2^* \rightarrow SO_2 + h\nu$$

式中，h 为普朗克常数；ν 为发射光频率。

发射荧光强度和 SO_2 浓度成正比，用光电倍增管及电子测量系统测量荧光强度，即可得知大气中 SO_2 的浓度。

荧光法测定 SO_2 的主要干扰物质是水分和芳香烃化合物。水分的影响一方面是由于 SO_2 可溶于水造成损失，另一方面由于 SO_2 遇水产生荧光猝灭而造成负误差，可用半透膜渗透法或反应室加热法除去水的干扰。芳香烃化合物在 190 ~ 230 nm 紫外光激发下也能发射荧光造成正误差，可用装有特殊吸附剂的过滤器预先除去。

紫外荧光 SO_2 监测仪由气路系统及荧光监测系统两部分组成，如图 10 - 3 和图 10 - 4 所示。

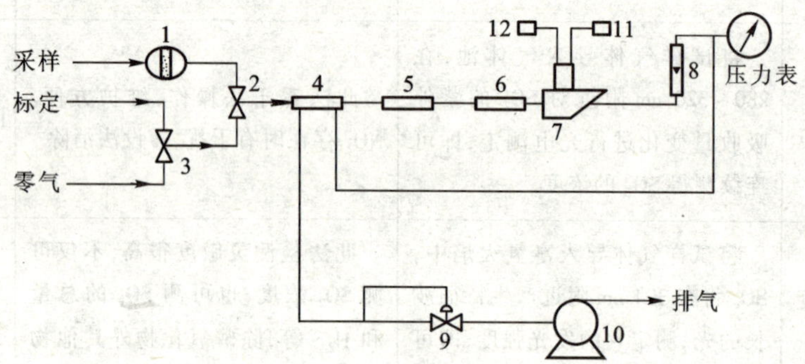

图 10 - 3　紫外荧光 SO_2 监测仪

1—除尘过滤器；2—采样电磁阀；3—零气/标定电磁阀；4—渗透膜除水器；5—毛细管；6—除烃器；7—反应室；8—流量计；9—调节阀；10—抽气泵；11—电源；12—信号处理及显示系统

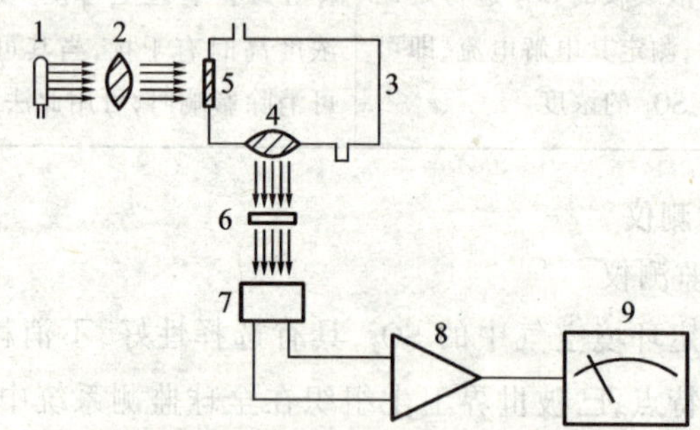

图 10 - 4　SO_2 监测仪荧光计工作原理

1—紫外光源；2、4—透镜；3—反应室；5—激发光滤光片；6—发射光滤光片；7—光电倍增管；8—放大器；9—指示表

大气试样经除尘过滤器后通过采样阀进入渗透膜除水器、除烃器到达荧光反应室，反应后的干燥气体经流量计测定流量后排出。气样流速为 1.5 L/min。

荧光计脉冲紫外光源发射脉冲紫外光经激发光滤光片(光谱中心 220 nm)进入反应室,SO_2 分子在此被激发产生荧光,经发射光滤光片(光谱中心 330 nm)投射到光电倍增管上,将光转换成电信号,经电子放大系统等处理后直接显示浓度读数。

该仪器操作简便:开启电源预热 30 min,待稳定后通入零气,调节零点,然后通入 SO_2 标准气,调节指示标准气浓度值,继之通入零气清洗气路,待仪器指零后即可采样测定。如果采用微机控制,可进行连续自动监测,其最低检测浓度可达 1 ppb。

(2) 库仑滴定式 SO_2 监测仪器

依据库仑滴定式原理设计的 SO_2 自动监测仪工作原理示于图 10-5。发送池是由铂丝阳极、铂网阴极、活性炭参比电极及 0.3 mol/L 碱性碘化钾溶液组成的库仑(电解)池。若将一恒流电加于两电解电极上,则电流从阳极流入,经阴极和参比电极流出。因参比电极通过负载电阻和阴极连接,故有阴极电位是参比电极电位和负载上的电压降之和。此时两电极上的反应为

$$\text{阳极}\quad 3I^- \rightarrow I_3^- + 2e$$

$$\text{阴极}\quad I_3^- + 2e \rightarrow 3I^-$$

如果进入库仑池的气样中不含 SO_2,库仑池又无其他反应,则阳极氧化的碘离子和阴极还原的碘离子相等,即阳极电流等于阴极电流,参比电极无电流输出。如果气样中含 SO_2,则与溶液中的碘发生下列反应

$$SO_2 + I_2 + 2H_2O \rightarrow SO_4^{2-} + 2I^- + 4H^+$$

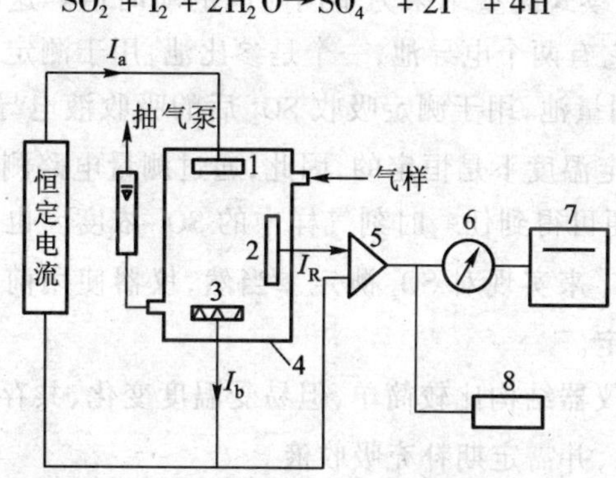

图 10-5 库仑式滴定式 SO_2 监测仪工作原理

1—铂丝电极;2—活性参比电极;3—铂网阴极;4—库仑池;
5—放大器;6—微安表;7—记录仪;8—数据处理系统

由于该反应的发生,降低了流入阴极的电解液中 I_2 的浓度,使阴极电流下降。为维持电极间氧化还原平衡,降低的电流将由参比电极流出

$$C(\text{氧化态}) + ne \rightarrow C(\text{还原态})$$

气样中 SO_2 含量越大,消耗碘越多,导致阴极电流减小而通过参比电极流出的电流越大。当气样以固定流速连续地通入库仑池时,则参比电极电流和 SO_2 量间的关系如下:

$$P = \frac{I_R \cdot M}{96\ 500 \cdot n} = 0.000\ 332\ I_R$$

式中,P 为每秒进入库仑池的 SO_2 量($\mu g/s$);I_R 为参比电极电流(μA);M 为 SO_2 相对分子质量(64 g/mol);n 为参加反应的每个 SO_2 分子的电子变化数。

设通入库仑池的气样流量为 F(L/min);气样中 SO_2 浓度为 c($\mu g/L$),则每秒进入库仑池的 SO_2 量为

$$P = \frac{c \cdot F}{60}$$

则

$$c = \frac{0.000\ 32 I_R \cdot 60}{F} \approx 0.02\frac{I_R}{F}$$

若 $F = 0.25$ L/min,则 $c = 0.08 I_R$。

由此可见,参比电极增加 1 μA 电流,相当于气样中 0.08 mg/m^3 的 SO_2。将参比电极电流变化放大后,由微安表显示或用记录仪记录被测气体的 SO_2 浓度。仪器还设有数据处理系统,对测定结果进行数字显示和打印。

(3) 电导式 SO_2 自动监测仪器

电导式 SO_2 自动监测仪有间歇式和连续式两种类型。间歇式测量结果为采样时段平均浓度,连续式测量结果为不同时间的瞬时值。这种仪器的工作原理如图 10-6 所示。它有两个电导池,一个是参比池,用于测定空白吸收液的电导率(K_1),另一个是测量池,用于测定吸收 SO_2 后的吸收液电导率(K_2),而空白吸收液的电导率在一定温度下是恒定的,因此,通过测量电路测出两种电导液电导率差值($K_2 - K_1$),便可得到任一时刻气样中的 SO_2 浓度。也可以通过比例运算放大电路测量 K_2/K_1 来实现对 SO_2 测定。当然,仪器使用前需用标准 SO_2 气体或标准硫酸溶液标定。

电导测量法的仪器结构比较简单,但易受温度变化、共存气体(如 CO_2、NO_2、NH_3、H_2S 等)的干扰,并需定期补充吸收液。

(4) 火焰光度法硫化物自动监测仪

火焰光度法硫化物自动监测仪器是以色谱仪中的火焰光度检测器为信号转换装置设计的仪器,其工作原理示于图 10-7。抽气泵 1 将气样抽入火焰光度检测器 2 的富氢火焰中,则二氧化硫还原为硫原子,并在适宜温度下被激发,激发态在硫原子瞬间跃至基态,发射 300 ~ 394 nm 的特征窄带紫外光,经干涉滤光片 3 选择 394 nm 的特征窄带紫外光,用光电倍增管 4 将光信号变成电信号,送入电

子放大系统 7 放大，再转换成电压信号送至记录仪显示和记录。由于发光强度与激发态硫原子浓度成比例，而在一定条件下，被激发的硫原子浓度与气样中硫化物浓度的平方成正比，故通过测量电信号的大小可得知气样中含硫化合物的浓度。硫化氢等其他硫化物均有响应，测量时应设法排除。

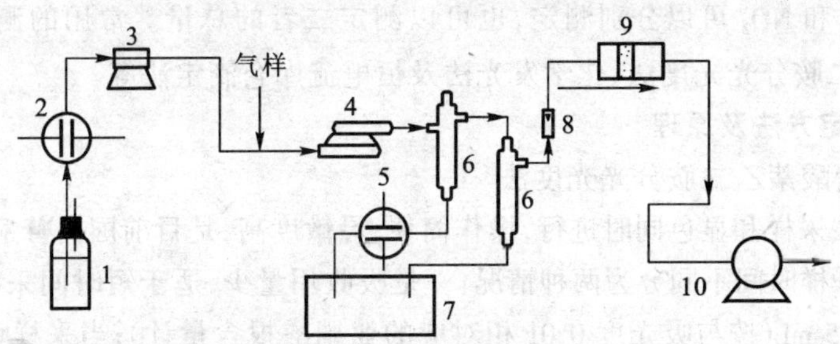

图 10-6 电导式 SO_2 自动监测仪工作原理

1—吸收液贮瓶；2—参比电极；3—定量泵；4—吸收管；5—测量电导池；6—气液分离器；7—废液槽；8—流量计；9—滤膜过滤器；10—抽气泵

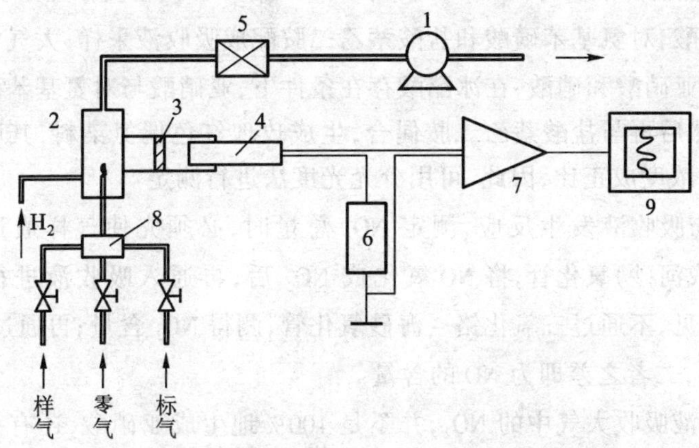

图 10-7 火焰光度法硫化物监测仪器工作原理

1—抽气泵；2—火焰光度检测器；3—滤光片；4—光电倍增管；5—减压控制阀；6—高压电源；7—电子放大系统；8—自动切换阀；9—记录仪

(5) 比色法二氧化硫监测仪

该仪器将二氧化硫的比色测定方法实现了自动化，它采用程序控制自动采样装置和自动加液计量装置，依次量取吸收液，采集定量气样，加入显色剂和进行比色测定。

10.2.2 氮氧化物

氮的氧化物有一氧化氮、二氧化氮、三氧化二氮、四氧化三氮和五氧化二氮等多种形式。大气中的氮氧化物主要以一氧化氮(NO)和二氧化氮(NO_2)形式存在。它们主要来源于石化燃料高温燃烧和硝酸、化肥等生产排放的废气,以及汽车尾气。

一氧化氮为无色、无臭、微溶于水的气体,在大气中易被氧化为 NO_2。NO_2 为棕红色气体,具有刺激性臭味,是引起支气管炎等呼吸道疾病的有害物质。大气中的 NO 和 NO_2 可以分别测定,也可以测定二者的总量。常用的测定方法有盐酸萘乙二胺分光光度法、化学发光法及恒电流库仑滴定法等。

1. 测定方法及原理

(1) 盐酸萘乙二胺分光光度法

该方法采样和显色同时进行,操作简便,灵敏度高,是目前国内普遍采用的方法。根据采样时间不同分为两种情况:一是吸收用量少,适于短时间采样,检出限为 0.05 μg/5 mL(按与吸光度 0.01 相对应的亚硝酸根含量计);当采样体积为 6 L 时,最低检出浓度(以 NO_2 计)为 0.01 mg/m^3。二是吸收液用量大,适于 24 h 连续采样,测定大气中 NO_x 的日平均浓度;其检出限为 0.25 μg/25 mL。当 24 h 采气量为 288 L 时,最低检出浓度为(以 NO_2 计)为 0.002 mg/m^3。其检测原理如下:

用冰醋酸、对氨基苯磺酸和盐酸萘乙二胺配成吸收液采样,大气中的 NO_2 被吸收转变成亚硝酸和硝酸,在冰醋酸存在条件下,亚硝酸与对氨基苯磺酸发生重氮化反应,然后再与盐酸萘乙二胺偶合,生成玫瑰红色偶氮染料,其颜色深浅与气样中 NO_2 浓度成正比,因此,可用分光光度法进行测定。

NO 不与吸收液发生反应,测定 NO_x 总量时,必须先使气样通过三氧化二铬－海砂(或河砂)氧化管,将 NO 氧化成 NO_2 后,再通入吸收液进行吸收和显色。由此可见,不通过三氧化铬－海砂氧化管,测得 NO_2 含量;再通过氧化管,测出 NO_x 总量,二者之差即为 NO 的含量。

用吸收液吸收大气中的 NO_2,并不是 100% 地生成亚硝酸,还有一部分生成硝酸。用标准 NO_2 气体实验测知,NO_2(气)转化为 NO_3^-(液)的系数为 0.76,因此在计算结果时需除以该系数。

(2) 化学发光法

NO_x 分子吸收化学能后,被激发到激发态,再由激发态返回至基态时,以光量子的形式释放出能量,这种化学反应称为化学发光反应;利用测量化学发光强度对物质进行分析测定的方法称为化学发光分析法。

化学发光现象通常出现在放热化学反应中,包括激发和发光两个过程,即

$$A + B \xrightarrow{M} C^* + D$$

$$C^* \longrightarrow C + h\nu$$

式中,A 和 B 为反应物;C^* 为激发态产物;D 为其余产物;M 为参与反应的第三

种物质；h 为普朗克常数；ν 为发射光子的频率。

化学发光反应可在液相、气相、固相中进行。液相化学发光多用于天然水、工业废水中有害物质的测定。例如，鲁米诺(3－氨基邻苯二甲酰环肼)与过氧化氢在 Co^{2+}、Fe^{2+} 等金属离子催化下发生化学发光反应，当鲁米诺与过氧化氢过量时，发光强度与金属离子的浓度成正比，可用于测定恒量金属离子。气相化学发光反应主要用于大气中 NO_x、SO_2 等气态有害物质的测定。

化学发光分析法的特点是：灵敏度高，可达 ppb 级，甚至更低；选择性好，对于多种污染物质共存的大气，通过化学发光反应和发光波长的选择，可不经分离而有效地进行测定；线性范围宽，通常可达 5～6 个数量级。为此，在环境监测、生化分析等领域得到较广泛地应用。

(3) 原电池库仑滴定法

这种方法与 SO_2 库仑滴定测定法的不同之处是库仑池不施加直流电压，而依据原电池原理工作，如图 10－8 所示。库仑池中有两个电极，一是活性炭阳极，二是铂网阴极，池内充 0.1 mol/L 磷酸盐缓冲溶液(pH = 7)和 0.3 mol/L 碘化钾溶液。当进入库仑池的气样中含有 NO_2 时，则与电解液中的 I^- 反应，将其氧化成 I_2，而生成的 I_2 又立即在铂网阴极上还原为 I^-，便产生微小电流。如果电流效率达 100%，则在一定条件下，微电流大小与气样中 NO_2 浓度成正比，故可根据法拉第电解定律将产生的电流换算成 NO_2 的浓度，直接进行显示和记录。测定总氮氧化物时，需先让气样通过三氧化铬氧化管，将 NO 氧化成 NO_2。

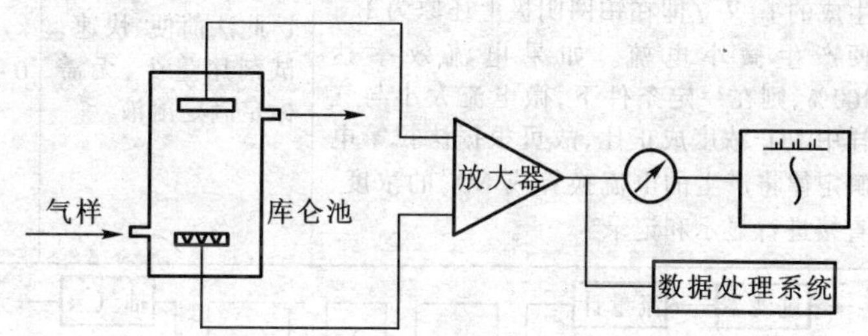

图 10－8 原电池库仑滴定法测定 NO_x 原理

该方法的缺点是 NO_2 流经水溶液时发生歧化反应，造成电流损失，使测得的电流仅为理论值的 70%左右。

各种方法的原理及性能比较参见表 10－3。

2. 氮氧化物监测仪

(1) 比色法氮氧化物监测仪

比色法监测仪的工作原理示于图 10－9。仪器采用程序控制，间歇地自动测定大气中的 NO_x，启动程序控制器后，输液泵首先将吸收—显色液体打入吸收显色瓶，并由液面监测仪控制取 30 mL；接着，气样经过滤器、流量计被抽进吸收—显色液瓶，被吸收并与显色剂发生显色反应。吸收 NO_2 后的气样再抽入盛有 $H_2SO_4-KMnO_4$ 溶液的 NO 氧化瓶，将 NO 氧化成 NO_2 后，进入另一吸收显色液瓶并发生显色反应。最后将两种已显色的溶液分别导入比色计的测量池测量吸光度，便可分别测知 NO_2 和 NO 的浓度。一个测定周期完成后，按程序控制进行清洗，再开始第二个测定周期，仪器定期自动打入标准溶液进行校准，显示记录器直接显示，记录 NO 的浓度值。

表 10-3 常用 NO_2 自动分析方法及性能比较

方法名称	原理	特点	测定范围
盐酸萘乙二胺分光光度法	NO_2 被吸收液吸收后，生成亚硝酸和硝酸。其中亚硝酸与对氨基苯磺酸起重氮化反应，再与盐酸萘乙二胺偶合，呈玫瑰红色，根据颜色深浅，于波长 540 nm 处，用分光光度法测定	本方法采样与显色同时进行，操作简便，方法灵敏	检出限 0.01 μg/mL
化学发光法	NO_x 分子吸收化学能后，被激发到激发态，再由激发态返回至基态时，以光量子的形式释放出能量，这种化学反应称为化学发光反应。利用测量化学发光强度对物质进行分析测定的方法称为化学发光分析法	灵敏度高，可达 ppb 级，甚至更低；选择性好；线性范围宽，通常可达 5～6个数量级	0～10 mL/m^3
原电池库仑滴定法	当进入库仑池的气样中含有 NO_2 时，则与电解液中的 I^- 反应，将其氧化成 I_2，而生成的 I_2 又立即在铂网阴极上还原为 I^-，便产生微小电流。如果电流效率达100%，则在一定条件下，微电流大小与气样中 NO_2 浓度成正比，故可根据法拉第电解定律将产生的电流换算成 NO_2 的浓度，直接进行显示和记录	此法简便、快速，试剂用量少，无需标定滴定溶液	0～200 mL/m^3

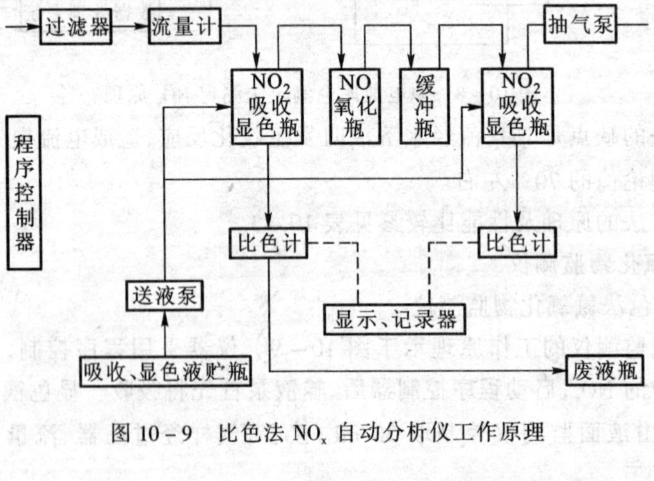

图 10-9 比色法 NO_x 自动分析仪工作原理

(2) 化学发光 NO_x 监测仪

以 O_3 为反应剂的氮氧化物监测仪可以测定大气中 NO、NO_2 及其总浓度。其工作原理如图 10-10 所示，汽车尾气分析用的 NO_x 监测仪与大气 NO_x 监测仪大同小异，不过不需要很高的灵敏度。

由图可见，气路分为两部分，一是 O_3 发生气路，即氧气经电磁阀、膜片阀、流量计进入 O_3 发生器，在紫外光照射或无声放电等作用下，产生数百 ppm 的 O_3 送入反应室。二是气样经尘埃过滤器进入转换器，将 NO_2 转换成 NO，再通过三通电磁阀、流量计到达反应室。气样中的 NO 与 O_3 在反应室中发生化学发光反应，产生的光量子经反应室端面上的滤光片获得特征波长光射到光电倍增管上，将光信号转换成与气样中 NO_2 浓度成正比的电信号，经放大和信号处理后，送入指示、记录仪表显示和记录测定结果。反应后的气体由泵抽出排放。还可以通过三通电磁阀抽入零气校正仪器的零点。

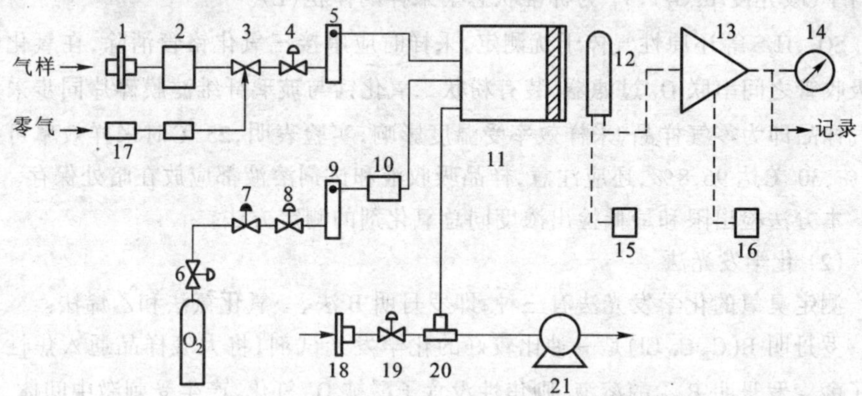

图 10-10 化学发光法 NO_x 监测仪工作原理图

1、18—尘埃过滤器；2—NO_2→NO 转换器；3、7—电磁阀；4、16、19—针形阀；5、9—流量计；8—膜片阀；10—O_3 发生器；11—反应室及滤光片；12—光电倍增管；13—放大器；14—指示表；15—稳压电源；17—零处理装置；20—三通管；21—抽气泵

10.2.3 臭氧

臭氧是最强的氧化剂之一，它是大气中的氧在太阳紫外线的照射下或受雷击形成的。臭氧具有强烈的刺激性，在紫外线的作用下，参与烃类和 NO_x 的光化学反应。同时，臭氧又是高空大气的正常组分，能强烈吸收紫外光，保护人和生物免受太阳紫外光的辐射。

1. 测定方法及原理

O_3 的测定方法有吸光光度法、化学发光法、紫外线吸收法等。

(1) 硼酸碘化钾分光光度法

该方法为用含有硫代硫酸钠的硼酸碘化钾溶液作吸收液采样，大气中的 O_3 等氧化剂氧化碘离子为碘分子，而碘分子又立即被硫代硫酸钠还原，剩余硫代硫酸钠加入过量碘标准溶液氧化，剩余碘于 352 nm 处以水为参比测定吸光度。同时采集零气（除去 O_3 的空气）并准确加入与采集大气样品相同量的碘标准溶液，氧化剩余的硫代硫酸钠，于 352 nm 测定剩余碘的吸光度，则气样中剩余碘的吸光度减去零气样剩余碘的吸光度即为气样中 O_3 氧化碘化钾转化成碘的吸光度。根据标准曲线建立的回归方程式，按下式计算气样中 O_3 的浓度：

$$O_3(\text{mg/L})=\frac{f\cdot[(A_1-A_2)-a]}{b\cdot V_n}$$

式中，A_1 为总氧化剂样品溶液的吸光度；A_2 为零气样品溶液的吸光度；f 为样品溶液最后体积系列标准溶液体积之比；a 为回归方程式的截距；b 为回归方程式的斜率（吸光度/μgO_3）；V_n 为标准状态下采样的体积（L）。

SO_2、H_2S 等还原性气体干扰测定，采样时应串接三氧化铬管消除，在氧化管和吸收管之间串联 O_3 过滤器（装有粉状二氧化锰与玻璃纤维滤膜碎片同步采集大气样品即为零气样品，采样效率受温度影响，实验表明，25 ℃时采样效率可达 100%，30 ℃达 96.8%，还应注意，样品吸收液和试剂溶液都应放在暗处保存。

本方法检出限和最低检出浓度同总氧化剂的测定方法。

(2) 化学发光法

测定臭氧的化学发光法有三种，即罗丹明 B 法、一氧化氮法和乙烯法。

罗丹明 B（$C_{28}C_{31}Cl$）是一种比较好的化学发光试剂，将大气样品通入焦性没食子酸－罗丹明 B 乙醇溶液，则焦性没食子酸被 O_3 氧化，产生受刺激中间体，并迅速与罗丹明 B 作用，使罗丹明 B 被激发而发光，发光峰值波长为 584 nm；发光强度与 O_3 浓度成正比；测定 O_3 浓度范围为 3～140 ppm。共存 NO_x、SO_2 等组成不干扰测定。

一氧化氮法是利用 NO 与 O_3 接触发生化学发光反应原理建立的，发光峰值波长 1 200 nm，测定 O_3 浓度范围为 0.001～50 ppm，该反应主要用于测定 NO。

乙烯法是较为通用的方法，1971 年就被美国环境保护局确定为测定大气中 O_3 的标准方法。O_3 能与乙烯发生均相化学发光反应，即气样中 O_3 与过量乙烯反应，生成激发态甲醛，而激发态甲醛瞬间回至基态，放出光子，波长范围为 300～600 nm，峰值波长 435 nm，发光强度与 O_3 浓度成正比，其反应式如下：

$$2O_3+2C_2H_4\rightarrow 2C_2H_4O_3\rightarrow 4HCHO^*+O_2$$

$$HCHO^*\rightarrow HCHO+h\nu$$

各种方法的原理及性能比较参见表 10－4。

表 10-4 常用 O_3 自动分析方法及性能比较

方法名称	原理	特点	测定范围
化学发光法	O_3 能与乙烯发生均相化学发光反应,即气样中 O_3 与过量乙烯反应,生成激发态甲醛,而激发态甲醛瞬间回至基态,放出光子,波长范围为 300~600 nm,峰值波长 435 nm,发光强度与 O_3 浓度成正比	灵敏度高、分析速度快、选择性好,但设备费较贵	检出限 0.005 mg/m³,测定范围为 0~2.0 mg/m³
硼酸碘化钾分光光度法	用含有 $Na_2S_2O_3$ 的硼酸碘化钾溶液作为吸收液采集空气样品,同时采集零空气样品,在吸收液中分别加入碘液,在 325 nm 处分别测定吸光度。利用总氧化剂吸光度减去零空气样品的吸光度,即为 O_3 相应的吸光度,从而计算出 O_3 的浓度	本法准确度较高,设备一般,操作不难,易于推广使用。但水、试剂、仪器的清洁等要求较高	最低检出限 0.006 mg/m³
紫外吸收法	该法原理是基于 O_3 分子对波长 254 nm 紫外光的特征吸收,直接测定紫外光通过 O_3 后减弱的程度,根据朗伯-比尔定律求出 O_3 浓度	设备简单,无需试剂和气体消耗,灵敏度高,响应快,线性好,可连续自动监测	检出限 · 0~1 mL/m³

2. 臭氧监测仪

(1) 乙烯法 O_3 监测仪

乙烯法化学发光 O_3 监测仪的工作原理示于图 10-11。测定过程中需通入四种气体,反应气乙烯由钢瓶供给,经稳压、稳流后进入反应室;空气 A 经活性炭过滤器净化后作为零气抽入反应室,供调节仪器零点,空气 B 经过滤净化进入标准 O_3 发生器,产生标准浓度的 O_3 进入反应室校准仪器刻度。测量时将三通阀旋至测量挡,样气经粉尘过滤器吸入反应室与乙烯发生化学发光反应,其发射光经滤光片滤光投至光电倍增管上,将光信号转换成电信号,经阻抗转换和放大后,差额由显示和记录仪表显示,记录测量结果。反应后的废气经抽气泵、流量计进入催化燃烧装置,将废气中剩余乙烯烧掉后排出。为降低光电倍增管的暗电流和噪音,提高仪器的稳定性,还安装了半导体制冷器,使光电倍增管在较低的温度下工作。

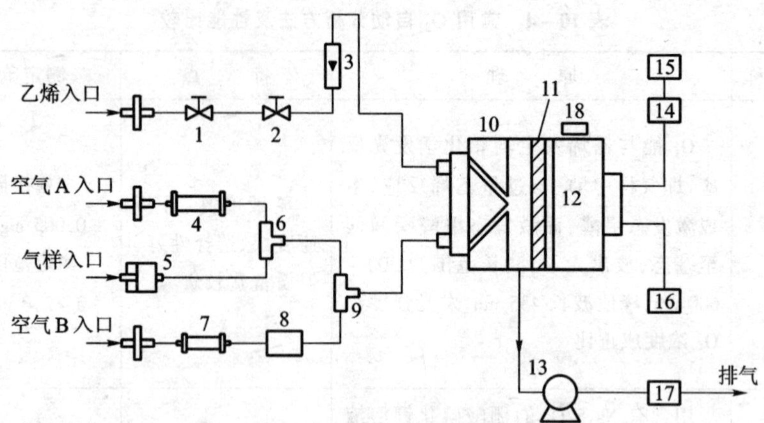

图 10－11　乙烯法 O_3 监测仪工作原理

1—稳压阀；2—稳流阀；3—流量计；4—净化器；5—粉尘过滤器；6、9—三通阀；7—过滤器；8—标准 O_3 发生器；10—反应室；11—滤光片；12—光电倍增管；13—抽气泵；14—阻抗转换及放大器；15—显示、记录仪表；16—高压电源；17—催化燃烧除烃装置；18—半导体制冷器

(2) 紫外吸收式 O_3 分析仪

其原理基于 O_3 对 254 nm 附近的紫外光有特征吸收，根据吸光度确定气样中 O_3 的浓度，为防止背景气中其他成分的干扰，仪器每 10 s 完成一个循环，交替地测量环境空气和除 O_3 后的无臭氧空气，以校准仪器零点，获得消除背景干扰后的 O_3 浓度，仪器还定期输入标准气进行量程校准。图 10－12 是这种仪器的

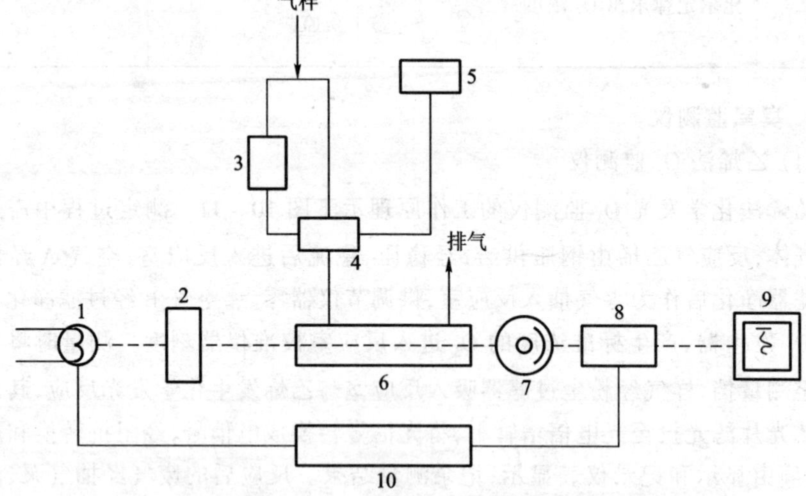

图 10－12　紫外吸收式 O_3 分析仪工作原理

1—紫外光源；2—单色器；3—去除器；4—电磁阀；5—标准；6—发生器；7—光电倍增管；8—放大器；9—记录仪；10—稳压电源

工作原理图。

10.2.4 一氧化碳

一氧化碳(CO)是大气中主要污染物之一。CO 是一种无色、无味的有毒气体,燃烧时呈淡蓝色火焰。

1. 测定方法及原理

测定大气中 CO 的方法有非分散红外吸收法、气相色谱法、定电位电解法、间接冷原子吸收法等。

(1) 非分散红外吸收法

这种方法被广泛用于 CO、CO_2、CH_4、SO_2、NH_3 等气态污染物质的监测,具有测定简便、快速,不破坏被测物质和能连续自动监测等优点。

当 CO、CO_2 等气态分子受到红外辐射(1 ~ 25 μm)照射时,将吸收各自特征波长的红外光,引起分子振动能级和转动能级的跃迁,产生振动 - 转动吸收光谱,即红外吸收光谱。在一定浓度范围内,气态物质吸收光谱的峰值(吸光度)与气态物质浓度之间的关系符合朗伯—比尔定律,因此,测其吸光度即可确定气态物质的浓度。

CO 的红外吸收峰在 4.5 μm 附近,CO_2 在 4.3 μm 附近。水蒸气在 3 μm 和 6 μm附近。因为空气中 CO_2 和水蒸气的浓度远大于 CO 浓度,故干扰 CO 的测定。在测定前用制冷或通过干燥剂的方法可除去水蒸气;用窄带光学滤光片或气体滤光片或气体滤波室将红外辐射限制在 CO 吸收的窄带光范围内,可消除 CO_2 的干扰。

(2) 气相色谱法

气相色谱法又称层析分析法,是一种分离测定多组分混合物的极其有效的分析方法。它基于不同物质在相对运动的两相中具有不同的分配系数,当这些物质随流动相移动时,就在两相之间进行反复多次分配,使原来分配系数只有微小差异的各组分得以很好地分离,依次送入检测器测定,达到分离、分析各组分的目的。

色谱法的分类方法很多,常按两相所处的状态来分。用气体为流动相时,称为气相色谱;用液体作为流动相时,称为液相色谱或液体色谱。

(3) 置换汞法

置换汞法也称间接冷原子吸收法,该方法基于气样中的 CO 与活性氧化汞在 180 ~ 200 ℃发生反应,置换出汞蒸气,带入冷原子吸收测定汞的含量,再换算成 CO 浓度,置换反应式如下

$$\mathrm{CO(气)} + \mathrm{HgO(固)} \xrightarrow{180 \sim 200\ ℃} \mathrm{Hg(蒸气)} + \mathrm{CO_2(气)}$$

各种方法的原理及性能比较参见表 10－5。

表 10－5 常用环境空气中 CO 自动分析方法及性能比较

方法名称	原理	特点	测定范围
非分散红外吸收法	利用 CO 对 4.5 μm 附近的红外光波具有选择吸收的特点，在一定浓度范围内，吸收值与 CO 浓度成正比	该法属干法操作，无需配置溶液，操作简便、快速，可实现连续自动监测。CO_2、水蒸气和悬浮颗粒物有干扰，需经特殊过滤管处理	0～62.5 mg/m^3
气相色谱法	空气中 CO、CO_2、CH_4 经 TDX—01 碳分子筛柱分离后，于 H_2 流中在镍催化剂（360 ± 10 ℃）作用下，CO、CO_2 皆能被转化为 CH_4，用氢火焰离子化检测器可分别测定上述三种污染物的浓度，以保留时间定性，峰值定量	操作简单、快速，可实现连续自动监测。最好选择 H_2 作为载气	1～1 000 mg/m^3
置换汞法	利用 CO 与活性氧化汞在 180～200 ℃下反应，置换出汞蒸汽，它对 253.7 nm 的紫外线具有强烈吸收作用。利用光电转换检测器测出汞蒸气含量，可换成 CO 浓度	该法灵敏度高。空气中丙酮、甲醛、乙烯、乙炔、SO_2 及水蒸气干扰测定，需经特殊过滤管滤除	0.04 mg/m^3

2. 一氧化碳监测仪

(1) 汞置换法 CO 测定仪

汞置换法 CO 测定仪的工作流程如图 10－13 所示，空气经灰尘过滤器、活性炭管、分子筛管及硫酸亚汞硅胶管等净化装置除去尘埃、水蒸气、丙酮、甲醛、乙烯、乙炔等干扰物质后，通过流量计、六通阀，由定量管取样送入氧化汞反应室；被 CO 置换出的汞蒸气随气流进入测量室，吸收低汞灯发射的 253.7 nm 紫外光；用散光电管、放大器及显示、记录仪表测量吸光度，以实现对 CO 的定量测定。测量后的气体经碘—活性炭吸附管由抽气泵抽出排放。

空气中的甲烷和氢在净化过程中不能除去，和 CO 一起进入反应室，其中 CH_4 在这种条件下不与氧化汞发生反应，而 H_2 则与之反应，干扰测定，可在仪器调零时除去。校正零点时，将霍加特氧化管串入气路，将空气中的 CO 氧化为 CO_2 后作为零气。

测定时，先将适宜浓度（c_s）的 CO 标准气由定量管进样，测量吸收峰高（h_s）

或吸光度(A_s),再用定量管进入气样,测其峰高(h_x)或吸光度(A_x),按下式计算气样中 CO 的浓度。即

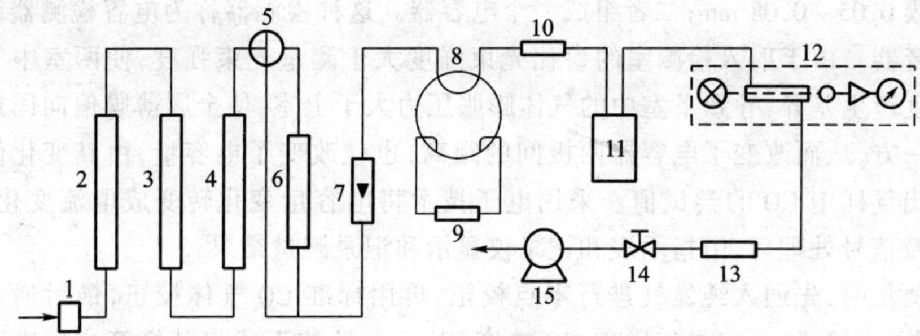

图 10-13 汞置换法 CO 测定仪工作原理

1—灰尘过滤器;2—活性炭管;3—分子筛管;4—硫酸亚汞硅胶管;5—三通活塞;6—霍加特氧化管;7—转子流量计;8—六通阀;9—定量管;10—小分子筛管;11—加热炉及反应室;12—冷原子吸收测汞仪;13—限流孔;14—流量调节阀;15—抽气泵

$$c_x = c_s \cdot \frac{h_x}{h_s}$$

式中,c_x 为待测气样中 CO 的浓度;c_s 为标准气样 CO 浓度;h_x 为待测样吸收峰高;h_s 为标准气样吸收峰高。

该方法的检出限为 0.04 mg/m^3。

(2) 非分散红外吸收法 CO 监测仪

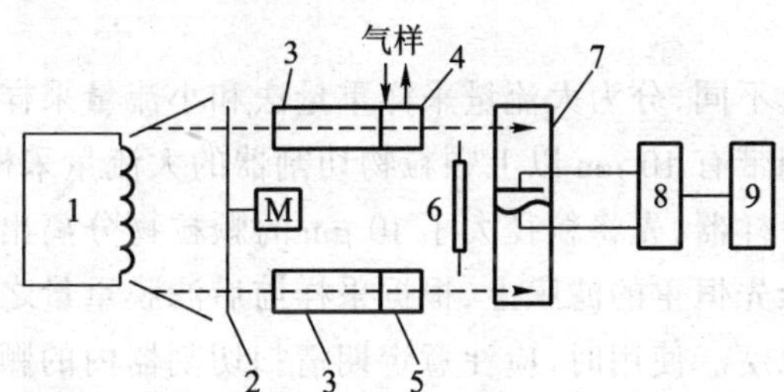

图 10-14 非分散红外线吸收法 CO 监测仪原理

1—红外光源;2—切光片;3—滤波室;4—测量室;5—参比室;6—调零挡板;7—检测室;8—放大及信号处理系统;9—指示表及记录仪

非分散红外吸收法 CO 监测仪的工作原理示于图 10-14,从红外光源发射出能量相等的两束平行光,被同步电机带动的切光片交替切断。然后一路通过滤波室(内充 CO 和水蒸气,用以消除干扰光)、参比室(内充不吸收红外光的气体,如氮气)射入检测室,这束光称为参比光束,其 CO 特征吸收波长光强度不变。另一束光称为测量光束,通过滤波室、测量室射入检测室。由于测量室内有气样通过,则气样中的 CO 吸收了部分特征波长的红外光,使射入检测室的光束

强度减弱,且 CO 含量越高,光强越弱越多,检测室用一金属薄膜(厚 5 ~ 10 μm)分隔为上、下两室,均充等浓度 CO 气体,在金属薄膜一侧还固定一圆形金属片,距薄膜 0.05 ~ 0.08 mm,二者组成一个电容器。这种检测器称为电容检测器或薄膜微音器。由于射入检测室的参比光束强度大于测量光束强度,使两室中气体的温度产生差异,导致下室中的气体膨胀压力大于上室,使金属薄膜偏向固定金属片一方,从而改变了电容器两极间的距离,也就改变了电容量,由其变化值即可得出气样中 CO 的尝试值。采用电子技术将电容量变化转变成电流变化,经放大及信号处理后,由指示表和记录仪显示和记录测量结果。

测量时,先通入纯氮气进行零点校正,再用标准 CO 气体校正,最后通入气样,便可直接显示、记录气样中 CO 浓度,以 ppm 计按下式将其换算成标准状态下的质量浓度(mg/m^3)。

$$CO(mg/m^3) = 1.25c$$

式中,1.25 为标准状态下由 ppm 换算成 mg/m^3 的换算系数。

我国生产的非分散红外吸收 CO 监测仪有多种型号和规格,分别用于大气和废气的监测,最低检出限达 0.1 ppm。

10.2.5 飘尘

粒径小于 10 μm 的颗粒物称为飘尘。测定飘尘的方法有重量法、压电晶体振荡法、射线吸收法及光散射法等。

1. 测定方法及原理

(1) 重量法

根据采样流量不同,分为大流量采样重量法和小流量采样重量法。

大流量法使用带有 10 μm 以上颗粒物切割器的大流量采样器采样。使一定体积的大气通过采样器,先将粒径大于 10 μm 的颗粒物分离出去,小于 10 μm 的颗粒物被收集在预先恒重的滤膜上,根据采样前后滤膜重量之差及采样体积,即可计算出飘尘的浓度。使用时,应注意定期清扫切割器内的颗粒物;采样时必须将采样头及入口各部件旋紧,以免空气从旁侧进入采样器造成测定误差。

小流量法使用小流量采样器,如我国推荐使用 13 L/min。使一定体积的空气通过具有分离和捕集装置的采样器,首先将粒径大于 10 μm 的颗粒物阻留在撞击挡板的入口挡板内,飘尘则通过入口挡板被捕集在预先恒重的纤维滤膜上,根据采样前后的滤膜重量及采样体积计算飘尘的浓度,滤膜还可供进行化学组分分析。采样器流量计一般用皂膜流量计校准,其他同大流量法。

(2) 压电晶体振荡法

这种方法以石英谐振器为测定飘尘的传感器,进行测定。

(3) β 射线吸收法

该测量方法的原理基于：β射线通过特定物质后其强度衰减程度与所透过的物质量有关，而与物质的物理、化学性质无关。设同强度的β射线分别穿过清洁滤带和采尘滤带后的强度为 N_0（计数）和 N（计数），则二者关系为：

$$N = N_0^{-K\cdot\Delta m}$$

式中，K 为质量吸收系数（cm^2/mg）；Δm 为滤带单位面积上尘的质量（mg/cm^2）。

上式经变换可写成如下形式

$$\Delta m = \frac{1}{K}\ln\frac{N_0}{N}$$

设滤带采尘部分的面积为 S，采气体积为 V，则大气中含尘浓度（c）为：

$$c = \frac{\Delta m\cdot S}{V} = \frac{S}{V\cdot K}\ln\frac{N_0}{N}$$

上式说明当仪器工作条件选定后，气体含尘浓度只决定于β射线穿透清洁滤带和采尘滤带后的两次计数值。

β射线可用 ^{14}C、^{60}Co 等；检测器采用计数管，对放射性脉冲进行计数，反映β射线的强度。

2. 飘尘测定仪

(1) 石英晶体飘尘测定仪

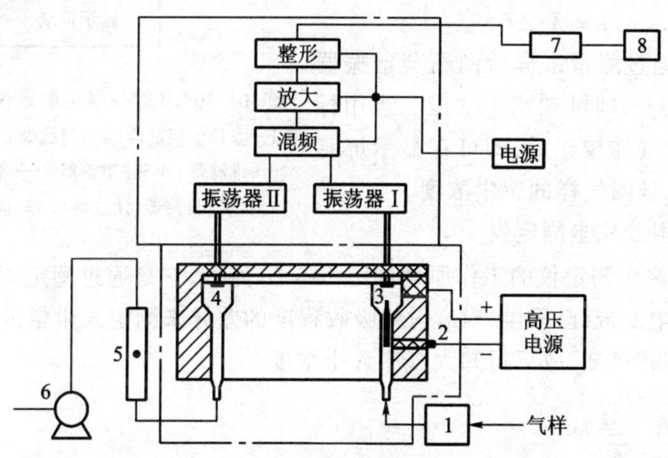

图 10-15 石英晶体飘尘测定仪工作原理

1—大粒子切割器；2—放电针；3—测量石英振荡器；4—参比石英谐振器；5—流量计；6—抽气泵；7—浓度计算器；8—显示器

其工作原理如图 10-15 所示，气样经粒子切割器剔除粒径大于 10 μm 的颗粒物，小于 10 μm 的飘尘进入测量气室，测量气室内有高压放电针、石英谐振器及电极构成的静电采样器，气样中的飘尘因高压电晕放电作用而带上负电荷，继之在带正电的石英谐振器电极表面放电并沉积，除尘后的气样流经参比室内的石英谐振器排出，因参比石英谐振器没有集尘作用，当没有气样进入仪器时，两谐振器固有振荡频率相同($f_1 = f_2$)，其差 $\Delta f = f_1 - f_2 = 0$，无信号送入电子处理系统，数显屏幕上显示零；当有气样进入仪器时，则测量石英谐振器因集尘而质量增加，使振荡频率(f_1)降低，两振荡器频率之差(Δf)经信号处理系统转换成飘尘浓度并在数显屏幕上显示。测量石英谐振器集尘越多，振荡频率(f_1)降低也越多，二者具有线性关系，即

$$\Delta f = K \cdot \Delta M$$

式中，K 为由石英晶体特性和温度等因素决定的常数；ΔM 为测量石英晶体质量增值，即采集的飘尘质量(mg)。

设大气中飘尘浓度为 c(mg/m³)，采样流量为 Q(m³/min)，采样时间 t(min)，则

$$\Delta M = c \cdot Q \cdot t$$

代入上式得

$$c = \frac{1}{K} \cdot \frac{\Delta f}{Q \cdot t}$$

因实际测量时 Q、t 值均已固定，故可改写为

$$c = A \cdot \Delta f$$

可见，通过测量采样后两石英谐振器频率之差(Δf)，即可知飘尘浓度。当用标准飘尘浓度气样校正后，即可在显示屏幕上直接显示被测气样的飘尘浓度。

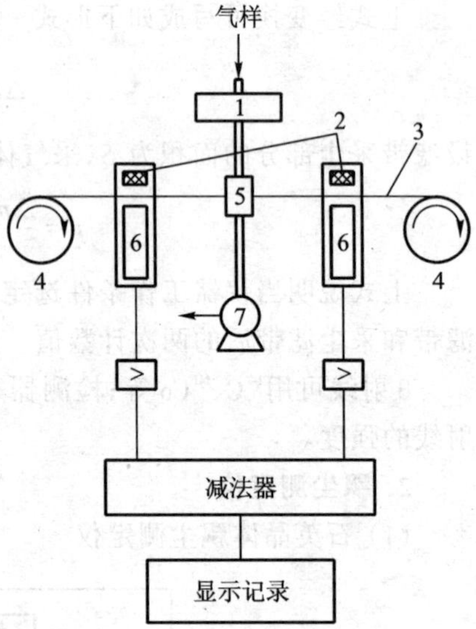

图 10－16　β 射线飘尘测定仪工作原理

1—大粒子切割器；2—射线源；3—玻璃纤维滤带；4—注射滚筒；5—集尘器；6—检测器(计数器)；7—抽气泵

(2) β 射线飘尘测定仪

β 射线飘尘测定仪的工作原理如图 10－16 所示，它是通过测定清洁滤带(未采尘)和采尘滤带(已采尘)对 β 射线吸收程度的差异来测定采尘量的，因采集含尘大气的体积已知，故可得知大气中含尘浓度。

10.2.6　总烃

总烃氢化物常以两种方法表示，一种包括甲烷在内的碳氢化合物，称为总烃(THC)，另一种除甲烷以外的碳氢化合物，称为非甲烷烃(NMHC)。大气中的碳氢化合物主要是甲烷，其浓度范围为 2～8 ppm。

1. 测定方法及原理

测定总烃(THC)和非甲烷烃的主要方法有气相色谱法、光电离检测法等。

(1) 气相色谱法

其原理基于以氢火焰离子化检测器分别测定气样中的总烃和甲烷含量，两

者之差即为非甲烷烃(NMHC)含量。

以氮气载气测定总烃时,总烃峰包括氧峰,即大气中的氧产生正干扰。可采用两种方法消除该干扰,一种方法用除碳氢化合物后的空气测定空白值,从总烃中扣除;另一种方法用除碳氢化合物后的空气作载气,在以氮气为稀释气的标准气中加入一定体积纯氧气,使配制的标准气样中氧含量与大气样品相近,则氧的干扰可相互抵消。

(2) 光电离检测法

有机化合物分子在紫外光的照射下可产生光电离现象,即

$$RH + h\nu \rightarrow RH^{+} + e$$

用 PID 离子检测器收集产生的离子流,其大小与进入电离室的有机化合物的质量成正比。凡是电离能小于 PID 紫外辐射能的物质(至少低 0.3 eV)均可被电离测定。PID 光电离检测法通常使用 10.2 eV 的紫外光源,此时氧、氮、二氧化碳、水蒸气等不电离,无干扰,CH_4 的电离能为 12.98 eV,也不被电离,而 C_4 以上的烃大部分可电离,这样直接测定大气中的非甲烷烃。该方法简单,可进行连续监测。但是,所检测的非甲烷是指 C_4 以上的烃,而色谱法检测的是 C_2 以上的烃。

2. 总烃监测仪

间歇式总烃自动测定仪的工作原理如图 10-17 所示。在程序控制的控制

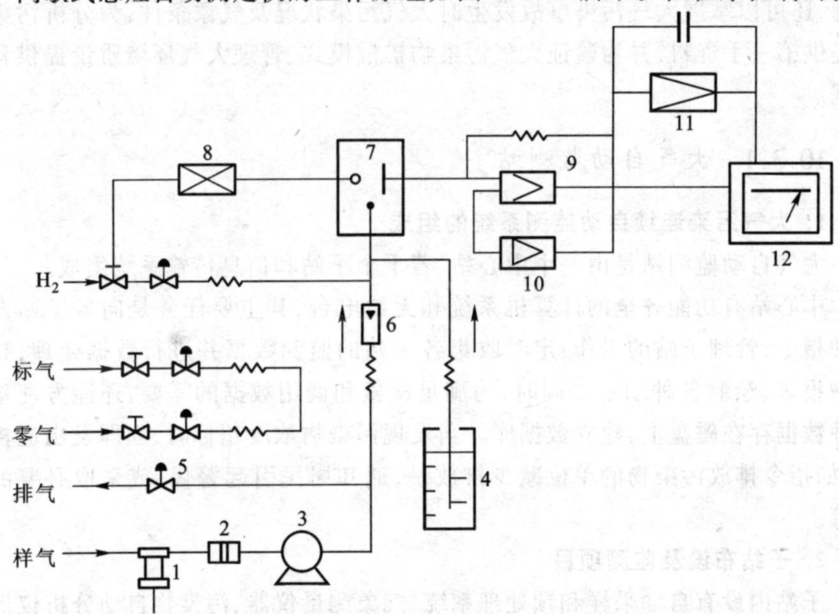

图 10-17 总烃自动监测仪工作原理

1—水分捕集器;2—滤尘器;3—气泵;4—鼓泡器;5—流量控制器;6—流量计;7—FID;8—灭火报警器;9—电流放大器;10—自动校正装置;11—积分器;12—记录仪

下,该测定仪周期性地自动采样、测定、进行数据处理和显示,并定期校准零点和量程,测定仪鼓泡器用于精密控制气体流量;灭火警报器是为了实现无人操作设置的自动切断气源的保险装置,如测定非甲烷烃,需取与测总烃同量气样,经二氧化碳、水分及甲烷以外的碳氢化合物预处理装置,测出甲烷含量,则总烃与甲烷含量之差即为非甲烷烃含量。

10.3 环境空气自动连续监测系统

大气中污染物质的浓度和分布是随时间、空间、气象条件及污染源排放等因素的变化而不断变化的,定点、定时人工采样测定结果不能确切反映污染物质的动态变化,及时提供污染现状和预测发展趋势。为了及时获得污染物质在环境中的动态变化信息,正确评价污染状况,并为研究污染物扩散、转移和转化规律提供依据,必须采用和发展连续自动监测技术。

大气污染连续自动监测系统的任务是对空气中的污染物进行连续自动监测,获得连续的瞬时大气污染信息,提供大气污染物的时间-浓度变化曲线和各类平均值与频数分配统计资料,为掌握大气污染特征及变化发展趋势,分析气象因素与大气污染的关系,评价环境大气质量提供基础数据。同样通过连续瞬时监测,还可以掌握大气污染事故发生时大气污染状况及气象条件,为分析污染事故提供第一手资料,并为验证大气污染物扩散模式、管理大气环境质量提供科学依据。

10.3.1 大气自动监测站

1. 大气污染连续自动监测系统的组成

大气自动监测站是由一个中心站、若干个子站和信息传输系统组成。

中心站有功能齐全的计算机系统和无线电台,其主要任务是向各子站发送各种指令;管理子站的工作;定时收集各子站的监测数据并进行数据处理;打印各种报表,绘制各种图形。同时,为满足检索和调用数据的需要,还能方便地将各种数据存在磁盘上,建立数据库。当发现污染物浓度超标时,立即发出遥控指令,如指令排放污染物的单位减少排放量,通知居民引起警惕,或采取必要的措施等。

2. 子站布设及监测项目

子站内设有自动采样和预处理系统、气象测量仪器、污染物自动分析仪器及其标准设备、计算机通信设备等。典型分站组成见图10-18所示。

3. 我国自动监测站概况

我国20世纪80年代在北京、上海、青岛等15个城市建立了地面大气自动

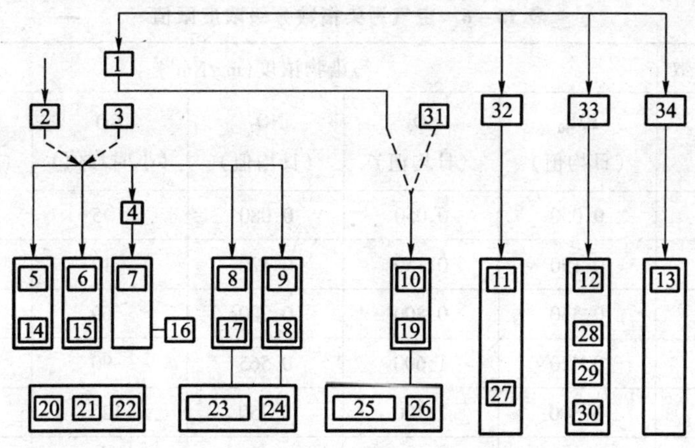

图 10-18 子站仪器装备框图

1、2、31、32、33、34—采样器；3—滤尘器；4—空气干燥器；5—SO_2 监测器；6—H_2S 监测器；7—CO 监测器；8—NO_2 监测器；9—NO 监测器；10—O_3 监测器；11—测尘仪；12—HF 监测器；13—HC 监测器；14—SO_2 标准源；15—H_2S 标准源；16—CO 钢瓶标气；17—NO_2 标准源；18—NO 标准源；19—O_3 标准源；20、21、22、23、24、25、26—稳压电源；27—调节器；28—去离子水；29—吸收液；30—标准液

监测站，并在全国范围内推广完善，使这项工作有了快速的发展。

(1) 我国空气污染指数及报告

① 空气污染指数分级及其浓度限值

为客观反映我国空气污染状况，近年来开始了大中城市空气污染指数(API)日报工作。目前进入空气污染指数项目定为：可吸入颗粒物(PM_{10})、二氧化硫(SO_2)、一氧化碳(CO)和臭氧(O_3)。空气污染指数的范围从 0～500，其中 50、100、200 分别对应于我国《环境空气质量标准》中的一、二、三级标准的污染物平均浓度限值，500 则对应于对人体健康产生明显危害的污染水平。

空气污染指数分级的浓度限值见表 10-6，相应的空气质量级别及对人体健康的影响见表 10-7。

② 空气污染指数的计算方法

污染物的分指数 I_k，可由其实测浓度值 ρ_k 按照分段线性方程计算。对于第 k 种污染物的第 j 个转折点(ρ_k，$I_{k,j}$)的分指数值 $I_{k,j}$ 和相应浓度值 $\rho_{k,j}$，可由表 10-6 确定。

当第 k 种污染物的浓度为 $\rho_{k,j} \leqslant \rho_k \leqslant \rho_{k,j+1}$ 时，则其分指数为

$$I_k = \frac{\rho_k - \rho_{k,j}}{\rho_{k,j+1} - \rho_{k,j}}(I_{k,j+1} - I_{k,j}) + I_{k,j}$$

表 10 – 6　空气污染指数分级浓度限值

空气污染指数 API	污染物浓度(mg/Nm³)				
	PM_{10}（日均值）	SO_2（日均值）	NO_2（日均值）	CO（小时均值）	O_3（小时均值）
50	0.050	0.050	0.080	5	0.120
100	0.150	0.150	0.120	10	0.200
200	0.350	0.800	0.280	60	0.400
300	0.420	1.600	0.565	90	0.800
400	0.500	2.100	0.750	120	1.000
500	0.600	2.620	0.940	150	1.200

表 10 – 7　空气污染指数范围及相应的空气质量级别

空气污染指数 API	空气质量级别	空气质量描述	表征颜色	对健康的影响	对应空气质量的适用范围
0 ~ 50	Ⅰ	优秀	蓝色	可正常活动	自然保护区、风景名胜区和其他需要特殊保护的地区
51 ~ 100	Ⅱ	良好	绿色	可正常活动	为城镇规划中确定的居住区、商业交通居民混合区、文化区、一般工业区和农村地区
101 ~ 200	Ⅲ	轻度污染	黄色	长期接触，易感人群症状有轻度加剧，健康人群出现刺激症状	特定工业区
201 ~ 300	Ⅳ	中度污染	橘黄色	一定时间接触后，心脏病和肺病患者症状加剧，运动耐受力降低，健康人群中普遍出现症状	
≥300	Ⅴ	重度污染	红色	健康人明显强烈症状，降低运动耐受力，提前出现某些疾病	

式中，I_k 为第 k 种污染物的污染分指数；ρ_k 为第 k 种污染物平均浓度的监测值，mg/Nm^3；$I_{k,j}$ 为第 k 种污染物 j 转折点的污染分指数值；$I_{k,j+1}$ 为第 k 种污染物 $j+1$ 转折点的污染分指数值；$\rho_{k,j}$ 为第 j 转折点上 k 种污染物的浓度限值（对应于 $I_{k,j}$），mg/Nm^3；$\rho_{k,j+1}$ 为第 $j+1$ 转折点上 k 种污染物的浓度限值（对应于 $I_{k,j+1}$），mg/Nm^3。

污染指数的计算结果只保留整数，小数点后的数值全部进位。

各种污染物的污染分指数都计算出以后，取最大值为该区域或城市的空气污染指数 API，则该种污染物即为该区域或城市的空气中首要污染物。API≤50 时，不报告首要污染物。

(2) 我国子站内的仪器装备

大气监测站计入空气污染指数的项目及其测定方法如表 10－8 所示。

表 10－8 我国计入空气污染指数的项目及其测定方法

空气污染指数名称	检测方法
可吸入颗粒物(PM_{10})	重量法
二氧化硫(SO_2)	紫外荧光法
二氧化氮(NO_2)	化学发光法
一氧化碳(CO)	分散红外法
臭氧(O_3)	紫外分光法

某市大气污染自动监测子站仪器装备如图 10－19 所示。

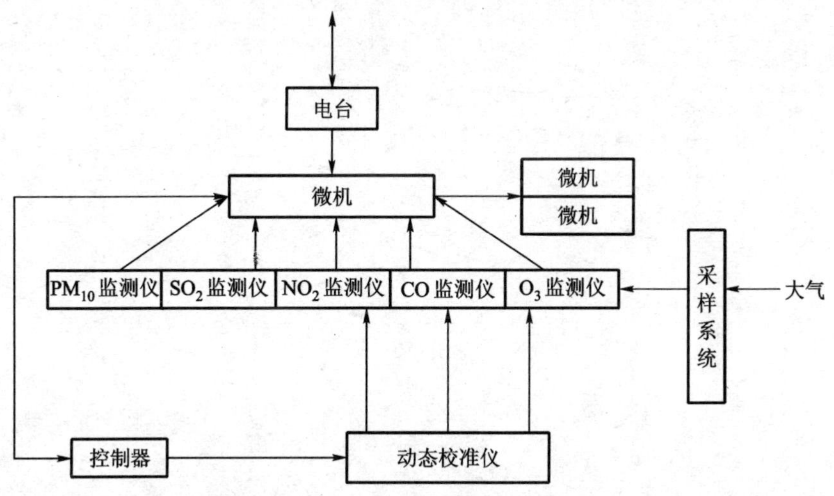

图 10－19 我国某市子站仪器装备框图

10.3.2　在线烟道气分析系统

烟道气分析系统包括采样、样气预处理和红外线二氧化硫分析仪及校准系统，能够连续分析烟道气中的 SO_2 成分，输出信号可以传送至指定的环保部门，使用单位也可以进行远程监测。根据需要可以增加 CO、NO、CO_2、O_2 的测量。适用于生产过程、燃烧过程及尾气的监测，可用于电站、水泥工业、垃圾焚化厂、玻璃、塑料、制糖、制药工业、钢铁工业、石化工业、造纸工业、工业锅炉、生活取暖锅炉。下面以国内应用较多的某烟道气分析系统为例介绍其系统组成。

(1) 气态污染物的测量系统

GXH－9201 型二氧化硫分析系统的特点：加热型取样头，烟气不冷却；取样头有反吹入口，延长维护周期；取样气路采取伴热保温，输送样气过程中无冷凝现象；分析时快速冷凝，样气中二氧化硫损失小，分析结果真实。

S700 系列气体分析器的特点：采用全新模块设计，可以灵活地根据应用场合及用户需要，自由设置及组合，可测量 60 多种不同的气体。

(2) 固态污染物测量系统

主要由通用测尘仪、高精度测尘仪、激光前散射测尘仪构成。另外还配置有辅助参数测量部分、(整个系统)数据处理机和通讯部分。

习题和思考题

绪 论

1. 综述并举例说明检测技术在现代化建设中的作用。
2. 检测系统通常由哪几个部分组成？各类检测系统对传感器及信号调理电路的一般要求是什么？
3. 试述信号调理和信号处理的主要功能和区别，并说明信号调理单元和信号处理单元通常由哪些部分组成。
4. 根据被检测参量的不同，检测系统通常可分成哪几类？
5. 检测技术的发展趋势是什么？

第1章 检测技术基础知识

1. 为什么一般测量均会存在误差？
2. 什么叫系统误差？什么叫随机误差？它们产生的原因有哪些？
3. 什么叫绝对误差？什么叫相对误差？什么叫引用误差？
4. 工业仪表常用的精度等级是如何定义的？精度等级与测量误差是什么关系？
5. 已知被测电压范围为0～5 V，现有(满量程)20 V、0.5级和150 V、0.1级两只电压表，应选用哪只电表来进行测量？
6. 试述减小和消除系统误差的方法主要有哪些？
7. 试求电阻 $R_1(=120\pm0.2\ \Omega)$与 $R_2(200\pm2\ \Omega)$相串联和并联的等效电阻及误差范围。
8. 对某电阻两端电压等精度测量10次，其值分别为28.03 V，28.01 V，27.98 V，27.94 V，27.96 V，28.02 V，28.00 V，27.93 V，27.95 V，27.90 V。分别用阿卑－赫梅特和马列科夫准则检验该次测量中有无系统误差。
9. 对某个电阻作已消除系统误差的等精度测量，已知测得的一系列测量数据 R_i 服从正态分布，①如果标准差 $\sigma=1.5\ \Omega$，试求被测电阻的真值 R_0 落在区间 $[R_i-2.8\ \Omega, R_i+2.8\ \Omega]$的概率是多少？②如果被测电阻的真值 $R_0=510\ \Omega$，标准差 $\sigma=2.4\ \Omega$，按95%的可能性估计测量值分布区间。
10. 什么是标准偏差？说明标准偏差的大小对概率分布的影响。

11. 不确定度的意义是什么？它与误差有哪些区别？

12. 用一把卡尺来测量一个工件的长度，在相同的条件下重复进行了 9 次测量，测量值如下：18.3，18.2，17.9，17.8，18.0，19.2，18.1，18.4，17.7（单位：cm）。检定证书上给出卡尺经检定合格，其最大允许误差为 ±0.1 cm。要求报告该工件长度及其扩展不确定度。

13. 在等精度和已消除系统误差的条件下，对某一电阻进行 10 次相对独立的测量，其测量结果如下表所示，试求被测电阻的估计值和当 $P = 0.98$ 时被测电阻真值的置信区间。

测量	1	2	3	4	5	6	7	8	9	10
阻值(Ω)	905	908	914	918	910	908	906	905	913	911

14. 常用的粗大误差处理方法有哪些，这些方法各有什么特点？

15. 简述测量不确定度和准确度两者的异同点。

16. 测量不确定度 A 类评定方法与 B 类评定方法分别依据什么？

17. 什么叫检测系统的响应时间？什么叫检测系统的延时时间？它们通常是如何定义的？

18. 常用的求拟合曲线的方法主要有哪几种？说明各种方法的优缺点。

19. 现有测试数据如下，用最小二乘法确定关系（$y = a + bx + cx^2$），求最优拟合曲线？

X	1	2	3	4	5
Y	2.9	9.3	21.5	42.0	95.7

第 2 章　电参量测量技术

1. 常用的测频方法有哪些，各有什么特点？

2. 通用电子计数器主要由哪几部分组成？画出其组成框图。

3. 简述计数式频率计测量频率的原理，说明这种测频方法测频有哪些测量误差。对一台位数有限的计数式频率计，是否可无限制地扩大闸门时间来减小 ±1 误差，提高测量精确度？

4. 用图 2 - 2 所示通用计数器测量被测信号频率 f_x，已知标准频率 $f_c = 1$ MHz，准确度为 2×10^{-7}，采用 $m = 10^3$ 分频，若 $f_x = 10$ kHz，试分别计算测频与测周时的最大相对误差 $\Delta f_x / f_x$。

5. 已知中界频率为 f_0，待测频率为 f_x，试分析说明在何种条件下应采取直接测频法测量 f_x，何种条件下应采取测周法测量 f_x。

6. 测量相位差的方法主要有哪些？简述它们各自的特点。
7. 直流电压的测量方法有哪些？
8. 交流电压的测量方案有哪些？
9. 用全波整流均值电压表分别测量正弦波、三角波和方波，若电压表指示值均为 10 V，问 3 种波形被测电压的有效值各为多少？
10. 为什么不能用单电桥测量低值电阻？试分析双电桥为什么适用于测量低值电阻。
11. 电流的测量方案有哪些？
12. 为什么交流电桥的桥臂阻抗必须按一定的原则匹配才能使电桥平衡？如果三个桥臂都是电阻，则第四个桥臂应是怎样的阻抗，交流电桥才能平衡？
13. 设如图 2-25 所示的交流电桥平衡时有下列参数：Z_3 为 $R_3=2\ 000\ \Omega$ 与 $C_3=0.5\ \mu F$ 相并联，Z_4 为 $R_4=1\ 000\ \Omega$ 与 $C_4=1\ \mu F$ 相串联，Z_2 为电容 $C_2=0.5\ \mu F$，信号源角频率 $\omega=10^3$ rad/s，求阻抗 Z_1 的元件值。

第 3 章　力学量检测技术

1. 简述“压力”的定义、单位及其表示方法。
2. 某容器的顶部压力和底部压力分别为 50 kPa 和 300 kPa，若当地的大气压力为标准大气压，试求容器顶部和底部处的绝对压力以及顶部和底部间的差压。
3. 常用的压力测量系统有哪几类？
4. 弹性式压力计的测压原理是什么？常用的弹性元件有哪些类型？
5. 举例说明常见的弹性压力计电远传方式。
6. 给出一种伺服式压力测量系统的结构原理图，并说明其工作过程与特点。
7. 简述测压仪表的选择原则。若被测压力变化范围为 0.5～1.4 MPa，要求测量误差不大于压力示值的 ±5%，可供选用的压力表量程规格为 0～1.6 MPa、0～2.5 MPa、0～4.0 MPa，精度等级有 1.0、1.5 和 2.5 三种。试选择合适量程和精度的仪表。
8. 测量力的方法主要有哪几种？哪些可以用于动态力的测量？
9. 常用的应变式测力传感器主要有哪几种？各有什么特点？
10. 什么是压磁效应，怎样构成压磁式测力传感器？
11. 给出一种应变式转矩传感器的原理示意图，并说明其工作过程。
12. 试推导出图 3-31 所示扭矩传感器中两路磁电感应脉冲相位差与扭矩的关系式，并说明在高、低不同转速时，齿形转轮的齿数 N 应如何选择。
13. 给出一种扭转角式转矩传感器的原理示意图，并说明其工作过程。
14. 压力传感器有哪几种动态校准方法？各有什么特点？

15. 准备用标准压力传感器校准一块0～1.6 MPa,1.5级的工业用压力表,应选择下列标准压力传感器中的哪一块?

(1) 0～1.6 MPa,0.5级　(2) 0～2.5 MPa,0.5级　(3) 0～6 MPa,0.2级

第4章　运动量检测技术

1. 简述位移检测常用的几种方法,并进行比较。
2. 简述速度检测常用的几种方法,并进行比较。
3. 简述加速度检测常用的几种方法,并进行比较。
4. 列举三种检测转速的方法,并进行比较。
5. 简述光纤陀螺的工作原理。
6. 简述伺服式加速度计的工作原理和应用范围。

第5章　振动测量技术

1. 简述由基础运动所引起的振动响应。
2. 简述阻尼比测量常用的几种方法。
3. 什么是机械阻抗? 什么是机械导纳?
4. 试比较稳态正弦激励测试和瞬态激励测试的优缺点和应用场合。
5. 什么是机械故障诊断学?

第6章　温度检测技术

1. 经验温标主要有哪几种? 它们是如何定义的?
2. 国际实用温标的指导思想是什么?
3. ITS—90温标是如何划分温区的,其标准仪器是什么?
4. 温度的测量方法有哪两大类,各有什么特点?
5. 工程上实用性良好的热电偶对其热电极材料有哪些要求?
6. 试述双金属温度计工作原理和适用场合。
7. 热敏电阻与热电阻、热电偶等其他换能式感温元件相比有哪些显著的特点?
8. 热电阻在应用的过程中有哪些典型的引线方式? 试对各种引线方式做比较。
9. 用R型热电偶测某高炉温度时,测得参比端温度 $t_1 = 25$ ℃;测得测量端和参比端间的热电动势 $E(t, 25\ ℃) = 11.304$ mV,试求实际炉温。
10. 铠装热电偶有什么优点?
11. 什么是亮度温度? 什么是颜色温度? 为什么比色辐射温度计通常比其他辐

射式温度计能获得较高的测量精度？

12. 试述光纤温度传感器的分类和各类光纤传感器的工作原理，说明光纤温度传感器的典型应用有哪些？
13. 试用一线制数字温度传感器 DS18B20 和单片机设计一个简易的温度测量电路，可以实现温度的测量和测量结果的显示。

第 7 章 物位检测技术

1. 为什么液位检测可以转化为压力检测？
2. 差压式液位计的零点迁移量的实质是什么？
3. 试述电容式液位计的理论依据。测量导电液体和非导电液体的电容式液位计有何不同？如何提高测量的灵敏度？
4. 超声液位计根据的原理是什么？由几部分组成？有哪些特点？
5. 试述激光式物位计的工作原理和组成；说明激光式物位计的特点。
6. 试述核辐射物位计的工作原理和组成；说明其典型的应用领域和特点。
7. 电阻式物位计在测量液位和料位时的原理是什么？测量方法有何区别？对被测介质有何要求？
8. 电容式料位计为什么常使用单电极作为测量电极？为什么要使用辅助电极？

第 8 章 流量测量技术

1. 解释流量的概念。流量的单位有哪些？
2. 流量计量的意义有哪些？流量计量的内容包括哪几方面？流量计通常可分为哪几种类型？
3. 解释牛顿流体和非牛顿流体，可压缩流体与不可压缩流体，理想流体和粘性流体，定常流动和非定常流动的概念。
4. 解释黏度的概念，并写出运动黏度和动力黏度的单位。
5. 雷诺数是如何定义的？试用雷诺数分析圆管内流体的流动状态
6. 试述差压式流量计的测量原理与测量基本方程式。
7. 节流装置由哪几部分构成？其各部分的作用是什么？为什么要保证测量管路在节流装置前后有一定的直管段长度？
8. 节流式流量计常用的取压方式有几种？各有什么特点？
9. 节流式流量计的流量系数与哪些因素有关？
10. 当被测流体的温度、压力值偏离设计值时，对节流式流量计的测量结果会有何影响？

11. 简述几种差压式流量计的工作原理。比较均速管流量计与皮托管的异同点。
12. 以椭圆齿轮流量计为例,说明容积式流量计的工作原理。
13. 腰轮流量计与椭圆齿轮流量计比较有哪些优点?
14. 简述涡轮流量计的工作原理和特点。
15. 简述涡街流量计的工作原理。
16. 简述电磁流量计的工作原理和特点。
17. 电磁流量计为什么要采用交变磁场?
18. 简述超声流量计的工作原理和特点。
19. 为什么超声流量计多采用频差法?
20. 质量流量测量有哪些方法?
21. 简述科里奥利质量流量计的工作原理及特点。
22. 在科里奥利质量流量计中,有几种输出检测实现方式?它们各自的特点是什么?
23. 流量计有哪几种常用校准方法?
24. 说明流量标准装置的作用,有哪几种主要类型?
25. 有一内径为 0.1 m 气体管道,测得管道横截面上的气体平均流速 $u = 8$ m/s,又知工作状态下的气体密度 $\rho = 13$ kg/m^3,试求气体流过测量管道内的体积流量和质量流量。
26. 已知涡轮流量计的流量系数为每立方米 20 000 脉冲数,在 5 min 内累计的脉冲数为 3 000 次,求流体的瞬时流量和 5 min 内累计的流量。
27. 某台浮子式流量计的测量范围 50 ~ 150 L/h,经检定,该流量计最大绝对示值误差为 0.6 L/h,试确定这台流量计的允许基本误差和精度等级。

第 9 章　水环境与水污染检测技术

1. 简述水质监测的意义。
2. 水质监测主要包括哪两类?水质监测指标可分哪几类?
3. 水质污染自动监测系统是由哪几部分组成?简述各部分的作用。
4. 水温有哪几种仪器测定方法?各自的测定原理是什么?
5. 水的 pH 值有哪几种测定方法?简述玻璃电极法测定 pH 的原理及特点。
6. 说明用平衡电桥法和电阻分压法测量水样电导仪的原理。水样的电导率和其含盐量有何关系?
7. 溶解氧的测定方法有哪几种?试比较氧电极法与电导法两类自动检测法,并说明各自的优缺点。

8. 浊度的测定方法有哪几种？各自的测定原理是什么？

9. 色度的监测方法有哪几种，简述各自的测定原理。

10. 水质连续自动监测系统是由哪几部分组成？并说明各自的作用。

11. 简述碘量法与氧电极法测定水样中 BOD_5 的优缺点。

12. 何谓 COD_{Cr} 与高锰酸盐指数。简述两者的仪器检测法。

13. 根据重铬酸钾法和库仑滴定法测定 COD 的原理，分析两种方法的联系、区别和影响测定的因素。

14. (紫外)吸光度的测定原理是什么？其测定的意义是什么？简述(紫外)吸光监测仪的工作原理。

15. TOC 测定方法有哪几种？简要说明 TOC 监测仪的工作原理。

16. 阐述水质指标 COD、BOD、TOC、TOD 的含义；对一种水体来说，它们之间在数量上是否有一定关系？为什么？

17. 镉有哪几种测定方法？其各自的测定原理是什么？

18. 冷原子吸收测汞仪、冷原子荧光测汞仪的原理是什么？已知污水中汞的浓度为 0.02 μg/L，请选择合适的测定方法，并简要说明理由。

19. 铬有哪些危害？简要说明其测定原理。

20. 污染源在线监测与环境水体自动连续监测系统有何差别？简要说明理由。

第 10 章　环境空气与大气污染检测技术

1. 大气污染物按形态可分为哪两类，它们是怎样产生的？

2. 大气污染检测系统由哪几部分组成，各部分的作用是什么？

3. 说明紫外荧光法测定二氧化硫的原理。荧光分光光度法与分光光度法有何主要不同？

4. 图示化学发光法测定大气中 NO_x 的流程，并说明其测定原理。

5. 臭氧有哪几种测定方法？其各自的测定原理是什么？臭氧监测仪有哪几种？

6. 说明非色散红外吸收 CO 分析仪的基本组成，如何将该法应用于大气中 CO 的监测？其原理是什么？

7. 飘尘有哪几种测定方法，各自的测定原理是什么？飘尘监测仪有哪几种？

8. 总烃有哪几种测定方法，各自的测定原理是什么？简述总烃监测仪的工作原理。

9. 大气自动监测站由哪几部分组成？我国计入空气污染指数的项目有哪些？

附　　录

附录1　标准化热电阻分度表

附表 1－1　**Pt100** 铂热电阻分度表（ZB Y301—85）

分度号：Pt100　　　　　　　　R（0 ℃）= 100.00 Ω（Ω）

温度/℃	－100	－0	温度/℃	0	100	200	300	400	500	600	700	800	温度/℃
－0	60.25	100.00	0	100	138.50	175.84	212.02	247.04	280.90	313.59	345.13	375.51	0
－10	56.19	96.09	10	103.90	142.29	179.51	215.57	250.48	284.22	316.80	348.22	378.48	10
－20	52.11	92.16	20	107.79	146.06	183.17	219.12	253.90	287.53	319.99	351.30	381.45	20
－30	48.00	88.22	30	111.67	149.82	186.82	222.65	257.32	290.83	323.18	354.37	384.40	30
－40	43.87	84.27	40	115.54	153.58	190.45	226.17	260.72	294.11	326.35	357.42	387.34	40
－50	39.71	80.31	50	119.40	157.31	194.07	229.67	264.11	297.39	329.51	360.47	390.26	50
－60	35.53	76.33	60	123.24	161.04	197.69	233.17	267.49	300.65	332.66	363.50		60
－70	31.32	72.33	60	127.07	164.76	201.29	236.65	270.86	303.91	335.79	366.52		70
－80	27.08	68.33	80	130.89	168.46	204.88	240.13	274.22	307.15	338.92	369.53		80
－90	22.80	64.30	90	134.70	172.16	208.45	243.59	277.56	310.38	342.03	372.52		90
－100	18.49	60.25	100	138.50	175.84	212.02	247.04	280.90	313.59	345.13	375.51		100
温度/℃	－100	－0	温度/℃	0	100	200	300	400	500	600	700	800	温度/℃

附表 1－2　Pt10 铂热电阻分度表（ZB Y301—85）

分度号：Pt10　　　　$R(0℃) = 10.000\ \Omega(\Omega)$

温度/℃	－100	－0	温度/℃	0	100	200	300	400	500	600	700	800	温度/℃
－0	6.025	10.000	0	10.000	13.850	17.584	21.202	24.104	28.090	31.359	34.513	37.551	0
－10	5.619	9.609	10	10.390	14.229	17.951	21.557	25.048	28.422	31.680	34.822	37.848	10
－20	5.211	9.216	20	10.779	14.606	18.317	21.912	25.390	28.753	31.999	35.130	38.145	20
－30	4.800	8.822	30	11.169	14.982	18.682	22.265	25.732	29.083	32.318	35.437	38.440	30
－40	4.387	8.427	40	11.554	15.358	19.045	22.617	26.072	29.411	32.635	35.742	38.734	40
－50	3.971	8.031	50	11.940	15.731	19.407	22.967	26.411	29.739	32.951	36.047	39.026	50
－60	3.553	7.633	60	12.324	16.104	19.769	23.317	26.749	30.065	33.266	36.350		60
－70	3.132	7.233	70	12.707	16.476	20.129	23.665	27.086	30.391	33.579	36.652		70
－80	2.708	6.833	80	13.089	16.846	20.488	24.013	27.422	30.715	33.892	36.953		80
－90	2.280	6.430	90	13.470	17.216	20.845	24.359	27.756	31.038	34.203	37.252		90
－100	1.849	6.025	100	13.850	17.584	21.202	24.704	28.090	31.359	34.513	37.551		100
温度/℃	－100	－0	温度/℃	0	100	200	300	400	500	600	700	800	温度/℃

附表 1－3 Cu100 铜热电阻分度表(JJG229—87)

(R_0 = 100.00 Ω, －50～150 ℃的电阻对照)

℃	0	1	2	3	4	5	6	7	8	9
－50	78.49	—	—	—	—	—	—	—	—	—
－40	82.80	82.36	81.94	81.50	81.08	80.64	80.20	79.78	79.34	78.92
－30	87.10	86.68	86.24	85.82	85.38	84.96	84.54	84.10	83.66	83.22
－20	91.40	90.98	90.54	90.12	89.68	89.26	88.82	88.40	87.96	87.54
－10	95.70	95.28	94.84	94.42	93.98	93.56	93.12	92.70	92.36	91.84
－0	100.00	99.56	99.14	98.70	98.28	97.84	97.42	97.00	96.56	96.14
0	100.42	100.00	100.86	101.28	101.72	102.14	102.56	103.00	103.42	103.66
10	104.28	104.72	105.14	105.56	106.00	106.42	106.86	107.28	107.72	108.14
20	108.56	109.00	109.42	109.84	110.28	110.70	111.14	111.56	112.00	112.42
30	112.84	113.28	113.70	114.14	114.56	114.98	115.42	115.84	116.26	116.70
40	117.12	117.56	117.98	118.40	118.84	119.26	119.70	120.12	120.54	120.98
50	121.40	121.84	122.26	122.68	123.12	123.54	123.96	124.40	124.82	125.26
60	125.68	126.10	126.54	126.96	127.40	127.82	128.24	128.68	129.10	129.52
70	129.96	130.38	130.82	131.24	131.66	132.10	132.52	132.96	133.38	133.80
80	134.24	134.66	135.08	135.52	135.94	136.38	136.80	137.24	137.66	138.08
90	138.52	138.94	139.36	139.80	140.22	140.66	141.08	141.52	141.94	142.36
100	142.80	143.22	143.66	144.08	144.50	144.94	145.36	145.80	146.22	146.66
110	147.08	147.50	147.94	148.36	148.80	149.22	149.66	150.08	150.52	150.94
120	151.36	151.80	152.22	152.66	153.08	153.52	153.94	154.38	154.80	155.24
130	155.66	156.10	156.52	156.96	157.38	157.82	158.24	158.68	159.10	159.54
140	159.96	160.40	160.82	161.26	161.68	162.12	162.54	162.98	163.40	163.84
150	164.27	—	—	—	—	—	—	—	—	—

附表 1－4 Cu50 铜热电阻分度表(JJG229—87)

(R_0 = 50.00 Ω, －50～150 ℃的电阻对照)

℃	0	1	2	3	4	5	6	7	8	9
－50	39.24	—	—	—	—	—	—	—	—	—
－40	41.40	41.18	40.97	40.75	40.54	40.32	40.10	39.89	39.67	39.46
－30	43.55	43.34	43.12	42.91	42.69	42.48	42.27	42.05	41.83	41.61
－20	45.70	45.49	45.27	45.06	44.84	44.63	44.41	44.20	43.93	43.72
－10	47.85	47.64	47.42	47.21	46.99	46.78	46.56	46.35	46.13	45.97

续表

℃	0	1	2	3	4	5	6	7	8	9
-0	50.00	49.78	49.57	49.35	49.14	48.92	48.71	48.50	48.28	48.07
0	50.00	50.21	50.43	50.64	50.86	51.07	51.28	51.50	51.71	51.93
10	52.14	52.36	52.57	52.78	53.00	53.21	53.43	53.64	53.86	54.07
20	54.28	54.50	54.71	54.92	55.14	55.35	55.57	55.73	56.00	56.21
30	56.42	56.64	56.85	57.07	57.28	57.49	57.71	57.92	58.14	58.35
40	58.56	58.78	58.99	59.20	59.42	59.63	59.85	60.06	60.27	60.49
50	60.70	60.92	61.13	61.34	61.56	61.77	61.98	62.20	62.41	62.62
60	62.84	63.05	63.27	63.48	63.70	63.91	64.12	64.34	64.55	64.76
70	64.98	65.19	65.41	65.62	65.83	66.05	66.26	66.48	66.69	66.90
80	67.12	67.33	67.54	67.76	67.97	68.19	68.40	68.62	68.83	69.04
90	69.26	69.47	69.68	69.90	70.11	70.33	70.54	70.76	70.97	71.18
100	71.40	71.61	71.83	72.04	72.25	72.47	72.68	72.90	73.11	73.33
110	73.54	73.75	73.97	74.19	74.40	74.61	74.83	75.04	75.26	75.47
120	75.68	75.90	76.11	76.33	76.54	76.76	76.97	77.19	77.40	77.62
130	77.83	78.05	78.26	78.48	78.69	78.91	79.12	79.34	79.55	79.77
140	79.98	80.20	80.41	80.63	80.84	81.05	81.27	81.49	81.70	81.92
150	82.13	—	—	—	—	—	—	—	—	—

附录2 标准化热电偶分度表

附表2-1 铂铑30-铂铑6热电偶分度表(B型)

(参考端温度为0 ℃)分度号 B

测量端温度/℃	0	1	2	3	4	5	6	7	8	9
	热电动势/mV									
0	0.000	0.000	0.000	0.000	0.000	-0.001	-0.001	-0.001	-0.001	-0.001
10	-0.001	-0.002	-0.002	-0.002	-0.002	-0.002	-0.002	-0.002	-0.002	-0.002
20	-0.002	-0.002	-0.002	-0.002	-0.002	-0.002	-0.002	-0.002	-0.002	-0.002
30	-0.002	-0.002	-0.001	-0.001	-0.001	-0.001	-0.001	-0.001	-0.000	-0.000
40	-0.000	0.000	0.000	0.000	0.001	0.001	0.002	0.002	0.002	0.002

续表

测量端温度/℃	0	1	2	3	4	5	6	7	8	9
	热电动势/mV									
50	0.003	0.003	0.003	0.004	0.004	0.004	0.005	0.005	0.006	0.006
60	0.007	0.007	0.008	0.008	0.008	0.009	0.010	0.010	0.010	0.011
70	0.012	0.012	0.013	0.013	0.014	0.015	0.015	0.016	0.016	0.017
80	0.018	0.018	0.019	0.020	0.021	0.021	0.022	0.023	0.024	0.024
90	0.025	0.026	0.027	0.028	0.028	0.029	0.030	0.031	0.032	0.033
100	0.034	0.034	0.035	0.036	0.037	0.038	0.039	0.040	0.041	0.042
110	0.043	0.044	0.045	0.046	0.047	0.048	0.049	0.050	0.051	0.052
120	0.054	0.055	0.056	0.057	0.058	0.059	0.060	0.062	0.063	0.064
130	0.065	0.067	0.069	0.069	0.070	0.072	0.073	0.074	0.076	0.077
140	0.078	0.080	0.081	0.082	0.084	0.085	0.086	0.088	0.089	0.091
150	0.092	0.094	0.095	0.097	0.098	0.100	0.101	0.103	0.104	0.106
160	0.107	0.109	0.110	0.112	0.114	0.115	0.117	0.118	0.120	0.122
170	0.123	0.125	0.127	0.128	0.130	0.132	0.134	0.135	0.137	0.139
180	0.141	0.142	0.144	0.146	0.148	0.150	0.152	0.153	0.155	0.157
190	0.159	0.161	0.163	0.165	0.167	0.168	0.170	0.172	0.174	0.176
200	0.178	0.180	0.182	0.184	0.186	0.188	0.190	0.193	0.195	0.197
210	0.199	0.201	0.203	0.205	0.207	0.210	0.212	0.214	0.216	0.218
220	0.220	0.223	0.225	0.227	0.229	0.232	0.234	0.236	0.238	0.241
230	0.243	0.245	0.248	0.250	0.252	0.255	0.257	0.260	0.262	0.264
240	0.267	0.269	0.273	0.274	0.276	0.279	0.281	0.284	0.286	0.289
250	0.291	0.294	0.296	0.299	0.302	0.304	0.307	0.309	0.312	0.315
260	0.317	0.320	0.322	0.325	0.328	0.331	0.333	0.336	0.339	0.341
270	0.344	0.347	0.350	0.352	0.355	0.358	0.361	0.364	0.366	0.369
280	0.372	0.375	0.378	0.381	0.384	0.386	0.389	0.394	0.395	0.398
290	0.401	0.404	0.407	0.410	0.413	0.416	0.419	0.422	0.425	0.428
300	0.431	0.434	0.437	0.440	0.443	0.446	0.449	0.453	0.456	0.459
310	0.462	0.465	0.468	0.472	0.475	0.478	0.481	0.484	0.488	0.491
320	0.494	0.497	0.501	0.504	0.507	0.510	0.514	0.517	0.520	0.524

续表

测量端温度/℃	0	1	2	3	4	5	6	7	8	9
	热电动势/mV									
330	0.527	0.530	0.534	0.537	0.541	0.544	0.548	0.551	0.554	0.558
340	0.561	0.565	0.568	0.572	0.575	0.579	0.582	0.586	0.589	0.593
350	0.596	0.600	0.604	0.607	0.611	0.614	0.618	0.622	0.625	0.629
360	0.632	0.636	0.640	0.644	0.647	0.651	0.655	0.658	0.662	0.666
370	0.670	0.673	0.677	0.681	0.685	0.689	0.692	0.696	0.700	0.704
380	0.708	0.712	0.716	0.719	0.723	0.727	0.731	0.735	0.739	0.743
390	0.747	0.751	0.755	0.759	0.763	0.767	0.771	0.775	0.779	0.783
400	0.787	0.791	0.795	0.799	0.803	0.808	0.812	0.816	0.820	0.824
410	0.828	0.832	0.836	0.841	0.845	0.849	0.853	0.858	0.862	0.866
420	0.870	0.874	0.879	0.883	0.887	0.892	0.896	0.900	0.905	0.909
430	0.913	0.918	0.922	0.926	0.931	0.935	0.940	0.944	0.949	0.953
440	0.957	0.962	0.966	0.971	0.975	0.980	0.984	0.989	0.993	0.998

注:根据“国际实用温标—1968”修正。

附表 2-2 铂铑 10-铂热电偶分度表(S 型)

(参考端温度为 0 ℃)分度号 S

测量端温度/℃	0	1	2	3	4	5	6	7	8	9
	热电动势/mV									
0	0.000	0.005	0.011	0.016	0.022	0.028	0.033	0.039	0.044	0.050
10	0.056	0.061	0.067	0.073	0.078	0.084	0.090	0.096	0.102	0.107
20	0.113	0.119	0.125	0.131	0.137	0.143	0.149	0.155	0.161	0.167
30	0.173	0.179	0.185	0.191	0.198	0.204	0.210	0.216	0.222	0.229
40	0.235	0.241	0.247	0.254	0.260	0.266	0.273	0.279	0.286	0.292
50	0.299	0.305	0.312	0.318	0.325	0.331	0.338	0.344	0.351	0.357
60	0.364	0.371	0.347	0.384	0.391	0.397	0.404	0.411	0.418	0.425
70	0.431	0.438	0.455	0.452	0.459	0.466	0.473	0.479	0.486	0.493
80	0.500	0.507	0.514	0.521	0.528	0.535	0.543	0.550	0.557	0.564
90	0.571	0.578	0.585	0.593	0.600	0.607	0.614	0.621	0.629	0.636

续表

测量端温度/℃	0	1	2	3	4	5	6	7	8	9
	热电动势/mV									
100	0.643	0.651	0.658	0.665	0.673	0.680	0.687	0.694	0.702	0.709
110	0.717	0.724	0.732	0.789	0.747	0.754	0.762	0.769	0.777	0.784
120	0.792	0.800	0.807	0.815	0.823	0.830	0.838	0.845	0.853	0.861
130	0.869	0.876	0.884	0.892	0.900	0.907	0.915	0.923	0.931	0.939
140	0.946	0.954	0.962	0.970	0.978	0.986	0.994	1.002	1.009	1.017
150	1.025	1.033	1.041	1.049	1.057	1.065	1.073	1.081	1.089	1.097
160	1.106	1.114	1.122	1.130	1.138	1.146	1.154	1.162	1.170	1.179
170	1.187	1.195	1.203	1.211	1.220	1.228	1.236	1.244	1.253	1.261
180	1.269	1.277	1.286	1.294	1.302	1.311	1.319	1.327	1.336	1.344
190	1.352	1.361	1.369	1.377	1.386	1.394	1.403	1.411	1.419	1.428
200	1.436	1.445	1.453	1.462	1.470	1.479	1.487	1.496	1.504	1.513
210	1.521	1.530	1.538	1.547	1.555	1.564	1.573	1.581	1.590	1.598
220	1.607	1.615	1.624	1.633	1.641	1.650	1.659	1.667	1.676	1.685
230	1.693	1.702	1.710	1.710	1.728	1.736	1.745	1.754	1.763	1.771
240	1.780	1.788	1.797	1.805	1.814	1.823	1.832	1.840	1.849	1.858
250	1.867	1.876	1.884	1.893	1.902	1.911	1.920	1.929	1.937	1.946
260	1.955	1.964	1.973	1.982	1.991	2.000	2.008	2.017	2.026	2.035
270	2.044	2.053	2.062	2.071	2.080	2.089	2.089	2.107	2.116	2.125
280	2.134	2.143	2.152	2.161	2.170	2.179	2.188	2.197	2.206	2.215
290	2.224	2.233	2.242	2.251	2.260	2.270	2.279	2.288	2.297	2.306
300	2.315	2.324	2.333	2.342	2.352	2.361	2.370	2.379	2.388	2.397
310	2.407	2.416	2.425	2.434	2.443	2.452	2.462	2.471	2.480	2.489
320	2.498	2.508	2.517	2.526	2.535	2.545	2.554	2.563	2.572	2.582
330	2.591	2.600	2.609	2.619	2.628	2.637	2.647	2.656	2.665	2.675
340	2.684	2.693	2.703	2.712	2.721	2.730	2.740	2.749	2.759	2.768
350	2.777	2.787	2.796	2.805	2.815	2.824	2.833	2.843	2.852	2.862
360	2.871	2.880	2.890	2.899	2.909	2.918	2.937	2.928	2.946	2.956
370	2.965	2.975	2.984	2.994	3.003	3.013	3.022	3.031	3.041	3.050

续表

测量端温度/℃	0	1	2	3	4	5	6	7	8	9
	热电动势/mV									
380	3.060	3.069	3.079	3.088	3.098	3.107	3.117	3.126	3.136	3.145
390	3.155	3.164	3.174	3.183	3.193	3.202	3.212	3.221	3.231	3.240
400	3.250	3.260	3.269	3.279	3.288	3.298	3.307	3.317	3.326	3.336
410	3.346	3.355	3.365	3.374	3.384	3.393	3.403	3.413	3.422	3.432
420	3.441	3.451	3.461	3.470	3.480	3.489	3.499	3.509	3.518	3.528
430	3.538	3.547	3.557	3.566	3.576	3.586	3.595	3.605	3.615	3.624
440	3.634	3.644	3.653	3.663	3.673	3.682	3.692	3.702	3.711	3.721
450	3.731	3.740	3.750	3.760	3.770	3.779	3.789	3.799	3.808	3.818
460	3.828	3.833	3.847	3.857	3.867	3.877	3.886	3.896	3.906	3.916
470	3.925	3.935	3.945	3.955	3.964	3.974	3.984	3.994	4.003	4.013
480	4.023	4.033	4.043	4.052	4.062	4.072	4.082	4.092	4.102	4.111
490	4.121	4.131	4.141	4.151	4.161	4.170	4.180	4.190	4.200	4.210
500	4.220	4.229	4.239	4.249	4.259	4.269	4.279	4.289	4.299	4.309
510	4.318	4.328	4.338	4.348	4.358	4.368	4.378	4.388	4.398	4.408
520	4.418	4.427	4.437	4.447	4.457	4.467	4.477	4.487	4.497	4.507
530	4.517	4.527	4.537	4.547	4.557	4.567	4.577	4.587	4.597	4.607
540	4.617	4.627	4.637	4.647	4.657	4.667	4.677	4.687	4.697	4.707
550	4.717	4.727	4.737	4.747	4.757	4.767	4.777	4.787	4.797	4.807
560	4.817	4.827	4.838	4.848	4.858	4.868	4.878	4.888	4.898	4.908
570	4.918	4.928	4.938	4.949	4.959	4.969	4.979	4.989	4.999	5.009
580	5.019	5.030	5.040	5.050	5.060	5.070	5.080	5.090	5.101	5.111
590	5.121	5.131	5.141	5.151	5.162	5.172	5.182	5.192	5.202	5.212
600	5.222	5.232	5.242	5.252	5.263	5.273	5.283	5.293	5.304	5.314
610	5.324	5.334	5.344	5.355	5.365	5.375	5.386	5.396	5.406	5.416
620	5.427	5.437	5.447	5.457	5.468	5.478	5.488	5.499	5.509	5.519
630	5.530	5.540	5.550	5.561	5.571	5.581	5.591	5.602	5.612	5.622
640	5.633	5.643	5.653	5.664	5.674	5.684	5.695	5.705	5.715	5.725

续表

测量端温度/℃	0	1	2	3	4	5	6	7	8	9
	热电动势/mV									
650	5.735	5.745	5.756	5.766	5.776	5.787	5.797	5.808	5.818	5.828
660	5.839	5.849	5.859	5.870	5.880	5.891	5.901	5.911	5.922	5.932
670	5.943	5.953	5.964	5.974	5.984	5.995	6.005	6.016	6.026	6.036
680	6.046	6.056	6.067	6.077	6.088	6.098	6.109	6.119	6.130	6.140
690	6.151	6.161	6.172	6.182	6.193	6.203	6.214	6.224	6.235	6.245
700	6.256	6.266	6.277	6.287	6.298	6.308	6.319	6.329	6.340	6.351
710	6.361	6.372	6.382	6.392	6.402	6.413	6.424	6.434	6.445	6.455
720	6.466	6.476	6.487	6.498	6.508	6.519	6.529	6.540	6.551	6.561
730	6.572	6.583	6.593	6.604	6.614	6.624	6.635	6.645	6.656	6.667
740	6.677	6.688	6.699	6.709	6.720	6.731	6.741	6.752	6.763	6.773
750	6.784	6.795	6.805	6.816	6.827	6.838	6.848	6.859	6.870	6.880
760	6.891	6.902	6.913	6.923	6.934	6.945	6.956	6.966	6.977	6.988
770	6.999	7.009	7.020	7.031	7.041	7.051	7.062	7.073	7.084	7.095
780	7.105	7.116	7.127	7.138	7.149	7.159	7.170	7.181	7.192	7.203
790	7.213	7.224	7.235	7.246	7.257	7.268	7.279	7.289	7.300	7.311
800	7.322	7.333	7.344	7.355	7.365	7.376	7.387	7.397	7.408	7.419
810	7.430	7.441	7.452	7.462	7.473	7.484	7.495	7.506	7.517	7.528
820	7.539	7.550	7.561	7.572	7.583	7.594	7.605	7.615	7.626	7.637
830	7.648	7.659	7.670	7.681	7.692	7.703	7.714	7.724	7.735	7.746
840	7.757	7.768	7.779	7.790	7.801	7.812	7.823	7.834	7.845	7.856
850	7.867	7.878	7.889	7.901	7.912	7.923	7.934	7.945	7.956	7.967
860	7.978	7.989	8.000	8.011	8.022	8.033	8.043	8.054	8.066	8.077
870	8.088	8.099	8.110	8.121	8.132	8.143	8.154	8.166	8.177	8.188
880	8.199	8.210	8.221	8.232	8.244	8.255	8.266	8.277	8.288	8.299
890	8.310	8.322	8.333	8.344	8.355	8.366	8.377	8.388	8.399	8.410
900	8.421	8.433	8.444	8.455	8.466	8.477	8.489	8.500	8.511	8.522
910	8.534	8.545	8.556	8.567	8.579	8.590	8.601	8.612	8.624	8.635
920	8.646	8.657	8.668	8.679	8.690	8.702	8.713	8.724	8.735	8.747

续表

测量端温度/℃	0	1	2	3	4	5	6	7	8	9
	热电动势/mV									
930	8.758	8.769	8.781	8.792	8.803	8.815	8.826	8.837	8.849	8.860
940	8.871	8.883	8.894	8.905	8.917	8.928	8.939	8.951	8.962	8.974
950	8.985	9.996	9.007	9.018	9.029	9.041	9.052	9.064	9.075	9.086
960	9.098	9.109	9.121	9.123	9.144	9.155	9.160	9.178	9.189	9.201
970	9.212	9.223	9.235	9.247	9.258	9.269	9.281	9.292	9.303	9.314
980	9.326	9.337	9.349	9.360	9.372	9.383	9.395	9.406	9.418	9.429
990	9.441	9.452	9.464	9.475	9.487	9.498	9.510	9.521	9.533	9.545
1000	9.556	9.568	9.579	9.591	9.602	9.613	9.624	9.636	9.648	9.659
1010	9.671	9.682	9.694	9.705	9.717	9.729	9.740	9.752	9.764	9.775
1020	9.787	9.798	9.810	9.882	9.833	9.845	9.856	9.868	9.880	9.891
1030	9.902	9.914	9.925	9.937	9.949	9.960	9.972	9.984	9.995	10.007
1040	10.019	10.030	10.042	10.054	10.066	10.077	10.089	10.101	10.112	10.124

注：根据“国际实用温标—1968”修正。

附表 2－3 铂铑 13－铂热

分度号:R(参比

温度/℃	0	100	200	300	400	500	600	700	800
0	0.000 54	0.647 76	1.468 89	2.400 98	3.407 104	4.471 109	5.582 114	6.741 119	7.949 123
10	0.054 57	0.723 77	1.557 90	2.498 98	3.511 105	4.580 109	5.696 114	6.860 119	8.072 124
20	0.111 60	0.800 79	1.647 91	2.596 99	3.616 105	4.689 110	5.810 115	6.979 119	8.196 124
30	0.171 61	0.879 80	1.738 92	2.695 100	3.721 105	4.799 111	5.925 115	7.098 120	8.320 125
40	0.232 64	0.959 82	1.830 93	2.795 101	3.826 107	4.910 111	6.040 115	7.218 121	8.445 125
50	0.296 67	1.041 83	1.923 94	2.896 101	3.933 106	5.021 111	6.155 117	7.339 121	8.570 126
60	0.363 68	1.124 84	2.017 94	2.997 102	4.039 107	5.132 112	6.272 116	7.460 122	8.696 126
70	0.431 70	1.208 86	2.111 96	3.099 102	4.146 108	5.244 112	6.388 117	7.582 121	8.822 127
80	0.501 72	1.294 86	2.207 96	3.201 103	4.254 108	5.356 113	6.505 118	7.703 123	8.949 127
90	0.573 74	1.380 88	2.303 97	3.304 103	4.362 109	5.469 113	6.623 118	7.826 123	9.076 127
100	0.647	1.468	2.400	3.407	4.471	5.582	6.741	7.949	9.203
温度/℃	0	100	200	300	400	500	600	700	800

电偶分度表(R 型)

端温度为 0 ℃)　　　　(单位:mV)

900	1000	1100	1200	1300	1400	1500	1600	1700	温度/℃
9.203 128	10.503 133	11.846 137	13.224 139	14.624 141	16.035 141	17.445 140	18.842 139	20.215 135	0
9.331 129	10.636 132	11.983 136	13.363 139	14.765 141	16.176 141	17.585 141	18.981 138	20.350 133	10
9.460 129	10.768 134	12.119 138	13.502 140	14.906 141	16.317 141	17.726 140	19.119 138	20.483 133	20
9.589 129	10.902 133	12.257 137	13.642 140	15.047 141	16.458 141	17.866 140	10.257 138	20.616 132	30
9.718 130	11.035 135	12.394 138	13.782 140	15.188 141	16.599 142	18.006 140	19.395 138	20.748 130	40
9.848 130	11.170 134	12.532 137	13.922 140	15.329 141	16.741 141	18.146 140	10.533 137	20.878 128	50
9.978 131	11.304 135	12.669 139	14.062 140	15.470 141	16.882 140	18.286 139	19.670 137	21.006	60
10.109 131	11.439 135	12.808 138	14.202 141	15.611 141	17.022 141	18.425 139	19.807 137		70
10.240 131	11.574 136	12.946 139	14.343 140	15.752 141	17.163 141	18.564 139	19.944 136		80
10.371 132	11.710 136	13.085 139	14.483 141	15.893 142	17.304 141	18.703 139	20.080 135		90
10.503	11.846	13.224	14.624	16.035	17.445	18.842	20.215		100
900	1 000	1 100	1 200	1 300	1 400	1 500	1 600	1 700	温度/℃

附表 2－4　镍铬－镍硅热

分度号:K(参比

温度/℃	－100	－0	温度/℃	0	100	200	300	400
－0	－3.553 299	0.000 392	0	0.000 397	4.095 413	8.137 400	12.207 416	16.395 423
－10	－3.852 286	－0.392 385	10	0.397 401	4.508 411	8.537 405	12.623 416	16.818 423
－20	－4.138 272	－0.777 379	20	0.798 405	4.919 408	8.638 403	13.039 417	17.241 423
－30	－4.410 259	－1.156 371	30	1.203 408	5.327 406	9.341 404	13.456 418	17.664 424
－40	－4.669 243	－1.527 362	40	1.611 411	5.733 404	9.745 406	13.874 418	18.088 425
－50	－4.912 229	－1.889 354	50	2.022 414	6.137 402	10.151 409	14.292 420	18.513 425
－60	－5.141 213	－2.243 343	0	2.436 414	6.539 400	10.560 409	14.712 420	18.938 425
－70	－5.354 196	－2.586 334	70	2.850 416	6.939 399	10.969 412	15.132 420	19.363 425
－80	－5.550 180	－2.920 322	80	3.266 415	7.338 399	11.381 412	15.552 422	19.788 426
－90	－5.730 161	－3.242 311	90	3.681 414	7.737 400	11.793 414	15.974 421	20.214 426
－100	－5.891	－3.553	100	4.095	8.137	12.207	16.395	20.640
温度/℃	－100	－0	温度/℃	0	100	200	300	400

电偶分度表(K 型)

端温度为 0 ℃)　　(单位:mV)

500	600	700	800	900	1000	1100	1200	1300	温度/℃
20.640 426	24.902 425	29.128 419	33.277 409	37.325 399	41.269 388	45.108 378	48.828 364	52.398 349	0
21.066 427	25.327 424	29.547 418	33.686 409	37.724 398	41.657 388	45.486 377	49.192 363	52.747 346	10
21.493 426	25.751 425	29.965 418	34.095 407	38.122 397	42.045 387	45.863 375	49.555 361	53.093 346	20
21.919 427	26.176 423	30.383 416	34.502 407	38.519 396	42.432 385	46.238 374	49.916 360	53.439 343	30
22.346 426	26.599 423	30.799 415	34.909 405	38.915 395	42.817 385	46.612 373	50.279 357	53.782 343	40
22.772 426	27.022 423	31.214 415	35.314 404	39.310 393	43.202 383	46.985 371	50.633 357	54.125 341	50
23.198 426	27.445 422	31.629 413	35.718 403	39.703 393	43.585 383	47.356 370	50.990 354	54.466 341	60
23.624 426	27.867 421	32.042 413	36.121 403	40.096 392	43.968 381	47.726 369	51.344 353	54.807	70
24.050 426	28.288 421	32.455 411	36.524 401	40.488 391	44.349 380	48.095 367	51.697 352		80
24.476 426	28.709 419	32.866 411	36.925 400	40.879 390	44.726 379	48.462 366	52.049 349		90
24.902	29.128	33.277	37.325	41.269	45.108	48.828	52.398		100
500	600	700	800	900	1 000	1 100	1 200	1 300	温度/℃

附表 2－5　镍铬－康铜热电偶分度表(E 型)

分度号:E(参比端温度为 0 ℃)　　(单位:mV)

温度/℃	－100	－0	温度/℃	0	100	200	300	400	500	600	700	800	900	温度/℃
－0	－5.237 443	0.000 581	0	0.000 591	6.317 679	13.419 742	21.033 781	28.943 801	36.999 809	45.085 806	53.110 797	61.022 784	68.783 766	0
－10	－5.680 427	－0.581 570	10	0.591 601	6.996 687	14.161 748	21.814 783	29.744 802	37.808 809	45.891 806	53.907 796	61.806 782	69.549 761	10
－20	－6.107 409	－1.151 558	20	1.192 609	7.683 694	14.909 752	22.597 786	30.546 804	38.617 809	46.697 805	54.703 795	62.588 780	70.313 762	20
－30	－6.516 391	－1.709 541	30	1.801 618	8.377 701	15.661 756	23.383 788	31.350 805	39.426 810	47.502 804	55.498 793	63.368 779	71.075 760	30
－40	－6.907 372	－2.254 535	40	2.419 628	9.078 709	16.417 761	24.171 790	32.155 895	40.236 809	48.306 803	56.291 792	64.147 777	71.835 758	40
－50	－7.279 352	－2.787 519	50	3.047 636	9.787 714	17.178 764	14.961 793	32.960 807	11.045 808	49.109 802	57.083 790	64.924 776	72.593 757	50
－60	－7.631 332	－3.306 505	60	3.683 646	10.501 721	17.942 768	25.754 795	33.767 807	41.853 809	49.911 802	57.873 790	65.700 773	73.350 754	60
－70	－7.963 310	－3.811 490	70	4.329 654	11.222 727	18.710 771	26.549 796	34.574 808	42.662 808	50.713 800	58.663 788	66.473 772	74.104 753	70
－80	－8.273 288	－4.301 476	80	4.983 663	11.949 732	19.481 775	27.345 798	35.382 808	43.470 808	51.513 799	59.451 786	67.245 770	74.857 751	80
－90	－8.561 263	－4.777 460	90	5.646 671	12.681 738	20.256 777	28.143 800	36.190 809	44.278 807	52.312 798	60.237 785	68.015 768	75.608 750	90
－100	－8.824	－5.237	100	6.317	13.419	21.033	28.943	36.999	45.085	53.110	68.022	68.783	76.358	100
温度/℃	－100	－0	温度/℃	0	100	200	300	400	500	600	700	800	900	温度/℃

附表2-6　铁-康铜热电偶分度表(J型)

分度号:J(参比端温度为 0 ℃)　　　　(单位:mV)

温度/℃	-100	-0	温度/℃	0	100	200	300	400	500	600	700	800	900	1000	1100	温度/℃
-0	-4.632 404	0.000 501	0	0.000 507	5.268 544	10.777 555	16.325 554	21.846 551	27.388 561	33.096 587	39.130 624	45.498 646	51.875 621	57.942 591	63.777 578	0
-10	-5.036 390	-0.501 494	10	0.507 512	5.812 547	11.332 555	16.879 553	22.397 552	27.949 562	33.683 590	9.754 628	46.144 646	52.496 619	58.533 588	64.355 578	10
-20	-5.426 375	-0.995 486	20	1.019 517	6.359 548	11.887 555	17.432 552	22.949 552	28.511 564	34.273 594	40.382 631	46.790 644	53.115 614	59.121 587	64.933 577	20
-30	-5.801 358	-1.481 479	30	1.536 522	6.907 550	12.442 556	17.984 553	23.501 553	29.075 567	34.867 597	41.013 634	47.434 642	53.729 612	59.708 585	65.510 577	30
-40	-6.519 340	-1.960 471	40	2.058 527	7.457 551	12.998 555	18.537 552	24.054 553	29.642 568	35.464 602	41.647 636	48.076 640	54.431 607	60.293 583	66.087 577	40
-50	-6.499 322	-2.431 461	50	2.585 530	8.008 552	13.553 555	19.089 551	24.607 554	30.210 572	36.066 605	42.283 639	48.716 638	54.948 605	60.876 583	66.664 576	50
-60	-6.821 301	-2.892 452	60	3.115 534	8.560 553	14.108 555	19.640 552	25.161 555	30.782 574	36.671 609	42.922 641	49.354 635	55.553 602	61.459 580	67.240 575	60
-70	-7.122 280	-3.344 441	70	3.649 537	9.113 554	14.663 554	20.192 551	25.716 556	31.356 577	37.280 613	43.563 644	49.989 632	56.155 598	62.039 580	67.815 575	70
-80	-7.402 257	-3.785 430	80	4.186 539	9.667 555	15.217 554	20.743 552	26.272 557	31.933 580	37.893 617	44.207 645	50.621 628	56.753 596	62.619 580	68.390 574	80
-90	-7.659 231	-4.215 417	90	4.725 543	10.222 555	15.771 554	21.295 551	26.829 559	32.513 583	38.510 620	44.852 646	51.249 626	57.349 593	63.199 578	68.964 572	90
-100	-7.890	-4.632	100	5.268	10.777	16.325	21.846	27.388	33.096	39.130	45.498	51.875	57.942	63.777	69.536	100
温度/℃	-100	-0	温度/℃	0	100	200	300	400	500	600	700	800	900	1 000	1 100	温度/℃

附表 2-7　铜-康铜热电偶分度表(T型)

分度号:T(参比端温度为 0 ℃)　　　　(单位:mV)

温度/℃	-200	-100	-0	温度/℃	0	100	200	300	温度/℃
-0	-5.603 150	-3.378 278	0.000 383	0	0.000 391	4.277 472	9.286 534	14.860 583	0
-10	-5.753 136	-3.656 267	-0.383 374	10	0.391 398	4.749 478	9.820 540	15.443 587	10
-20	-5.889 118	-3.923 254	-0.757 364	20	0.789 407	5.227 485	10.360 545	16.030 591	20
-30	-6.007 98	-5.177 242	-1.121 354	30	1.196 415	5.712 492	10.905 551	16.621 596	30
-40	-6.105 76	-4.419 229	-1.475 344	40	1.611 424	6.204 498	11.456 555	17.217 599	40
-50	-6.181 51	-4.448 217	-1.819 333	50	2.035 432	6.702 505	12.011 561	17.816 604	50
-60	-6.232 26	-4.865 204	-2.152 323	60	2.467 441	7.207 511	12.572 565	18.420 607	60
-70	-6.258	-5.069 192	-2.475 313	70	2.908 449	7.718 517	13.137 570	19.027 611	70
-80		-5.261 178	-2.788 301	80	3.357 456	8.235 522	13.707 574	19.638 614	80
-90		-5.439 164	-3.089 289	90	3.813 464	8.757 529	14.281 579	20.252 617	90
-100		-5.603	-3.378	100	4.277	9.286	14.860	20.869	100
温度/℃	-200	-100	-0	温度/℃	0	100	200	300	温度/℃

附表 2－8　镍铬硅－镍硅热电偶分度表(N 型)

分度号:N(参比端温度为 0 ℃)　　　　(单位:mV)

温度/℃	－100	－0	温度/℃	0	100	200	300	400	温度/℃
－0	－2.407	－0.000	0	0.000	2.774	5.912	9.340	12.972	0
－10	－2.612	－0.200	10	0.261	3.072	6.243	9.695	13.344	10
－20	－2.807	－0.518	20	0.525	3.374	6.577	10.053	13.717	20
－30	－2.994	－0.772	30	0.793	3.679	6.914	10.412	14.091	30
－40	－3.170	－1.023	40	1.064	3.988	7.254	10.772	14.467	40
－50	－3.336	－1.263	50	1.389	4.301	7.596	11.135	14.844	50
－60	－3.491	－1.509	60	1.619	4.617	7.940	11.499	15.222	60
－70	－3.634	－1.744	70	1.902	4.936	8.287	11.865	15.601	70
－80	－3.766	－1.972	80	2.188	5.258	8.636	12.233	15.981	80
－90	－3.884	－2.193	90	2.479	5.584	8.987	12.602	16.362	90
－100	－3.990	－2.407	100	2.774	5.912	9.340	12.972	16.744	100
温度/℃	－100	－0	温度/℃	0	100	200	300	400	温度/℃

温度/℃	500	600	700	800	900	1000	1100	1200	1300	温度/℃
－0	16.744	20.609	24.526	28.456	32.370	36.248	40.076	43.836	47.502	0
－10	17.127	20.999	24.919	28.849	32.760	36.633	40.456	44.207		10
－20	17.511	21.390	25.312	29.241	33.149	37.018	40.835	44.577		20
－30	17.896	21.781	25.705	29.633	33.538	37.402	41.213	44.947		30
－40	18.282	22.172	26.098	30.025	33.926	37.786	41.590	45.315		40
－50	18.668	22.564	26.491	30.417	34.315	38.169	41.966	45.682		50
－60	19.055	22.956	26.885	30.808	34.702	38.552	42.342	46.048		60
－70	19.443	23.348	27.278	31.199	35.089	38.934	42.717	46.413		70
－80	19.831	23.740	27.671	31.590	35.476	39.315	43.091	46.777		80
－90	20.220	24.133	28.063	31.980	35.862	39.696	43.464	47.140		90
－100	20.609	24.526	28.456	32.370	36.248	40.076	43.836	47.502		100
温度/℃	500	600	700	800	900	1 000	1 100	1 200	1 300	温度/℃

附录 3 钨铼热电偶分度表

列入国家标准的钨铼热电偶有钨铼 3 – 钨铼 25、钨铼 5 – 钨铼 26 热电偶。为了方便读者，本书中还收录了钨铼 5 – 钨铼 20 及钨 – 钨铼 26 热电偶的分度表。

附表 3 – 1 钨铼 5 – 钨铼 20 热电偶分度表

（参比端温度为 0 ℃）

热电动势/mV 温度/℃ \ 温度/℃	0	10	20	30	40	50	60	70	80	90
0	0.000	0.121	0.245	0.372	0.501	0.633	0.767	0.904	1.043	1.185
100	1.328	1.473	1.621	1.770	1.921	2.074	2.228	2.384	2.541	2.699
200	2.859	3.020	3.182	3.345	3.509	3.674	3.839	4.005	4.172	4.339
300	4.510	4.685	4.858	5.030	5.202	5.374	5.544	5.714	5.885	6.056
400	6.226	6.397	6.568	6.739	6.910	7.081	7.252	7.422	7.593	7.764
500	7.934	8.105	8.275	8.445	6.616	8.786	8.956	9.127	9.297	9.467
600	9.639	9.810	9.981	10.152	10.322	10.492	10.662	10.832	11.001	11.170
700	11.339	11.507	11.675	11.843	12.010	12.177	12.344	12.510	12.676	12.841
800	13.006	13.171	13.336	13.499	13.662	13.825	13.987	14.149	14.310	14.471
900	14.631	14.791	14.951	15.110	15.268	15.425	15.583	15.739	15.895	16.050
1 000	16.205	16.358	16.511	16.664	16.817	16.970	17.123	17.275	17.427	17.579
1 100	17.732	17.882	18.032	18.181	18.329	18.477	18.625	18.772	18.919	19.065
1 200	19.211	19.356	19.501	19.645	19.789	19.933	20.076	20.218	20.360	20.502
1 300	20.643	20.784	20.924	21.064	21.204	21.342	21.481	21.619	21.756	21.893
1 400	22.030	22.166	22.302	22.437	22.572	22.706	22.840	22.974	23.107	23.239
1 500	23.371	23.503	23.635	23.767	23.898	24.028	24.158	24.288	24.417	24.547
1 600	24.676	24.806	24.936	25.066	25.195	25.323	25.452	25.579	26.707	25.834
1 700	25.960	26.086	26.212	26.337	26.462	26.586	26.710	26.834	26.957	27.078
1 800	27.201	27.323	27.444	27.505	27.685	27.805	27.925	28.043	28.162	28.280
1 900	28.197	28.614	28.631	28.747	28.862	28.977	29.092	29.206	29.319	29.432
2 000	29.545									

参考文献

1 王伯雄.测试技术基础.北京:清华大学出版社,2003

2 刘国林,殷贯西,等.电子测量.北京:机械工业出版社,2003

3 孟华.工业过程检测与控制.北京:北京航空航天大学出版社,2002

4 刘迎春,叶湘滨.传感器原理设计与应用.第四版.长沙:国防科技大学出版社,2002

5 赵负周.传感器集成电路手册.北京:化学工业出版社,2002

6 樊尚春,周浩敏.信号与测试技术.北京:北京航空航天大学出版社,2002

7 范玉久.化工测量及仪表.北京:化学工业出版社,2002

8 郝吉明,马广大.大气污染控制工程.北京:高等教育出版社,2002

9 [美]艾佛里尔 B.查特菲尔德著.高精度惯性导航基础.武凤德、李凤山,等译.北京:国防工业出版社,2002

10 孙传友,孙晓斌.感测技术基础.北京:电子工业出版社,2001

11 张迎新.非电量测量技术基础.北京:北京航空航天大学出版社,2001

12 张宝芬.自动检测技术及仪表控制系统.北京:化学工业出版社,2000

13 王寿荣.硅微型惯性器件理论及应用.南京:东南大学出版社,2000

14 林德杰.电气测试技术.北京:机械工业出版社,2000

15 施文康,余晓芬.检测技术.北京:机械工业出版社,2000

16 陈光禹.现代电子测试技术.北京:国防工业出版社,2000

17 韩建国.现代电子测量技术基础.北京:中国计量出版社,2000

18 国家质量技术监督局计量司.测量不确定度评定与表示指南.北京:中国计量出版社,2000

19 马西秦.自动检测技术.北京:机械工业出版社,2000

20 常健生.检测与转换技术.北京:机械工业出版社,2000

21 叶德培.计量基础知识.北京:解放军总装备部电子信息部技术基础局,1999

22 刘君华.现代检测技术与测试系统设计.西安:西安交通大学出版社,1998

23 张国忠,赵家贵.检测技术.北京:中国计量出版社,1998

24 奚旦立.环境工程手册环境监测卷.北京:高等教育出版社,1998

25 刘智敏.测量不确定度手册.北京:中国计量出版社,1997

26 张乃国.实用电子测量技术.北京:电子工业出版社,1996

27 奚旦立．环境监测．修订版．北京:高等教育出版社,1996
28 王家桢．传感器与变送器．北京:清华大学出版社,1996
29 许国祯．惯性技术手册．北京:宇航出版社,1995
30 张秀彬．热工测量原理及其现代技术．上海:上海交通大学出版社,1995
31 王洪兰．陀螺理论及在工程测量中的应用．北京:国防工业出版社,1995
32 周杏鹏．检测技术及系统设计．南京:东南大学出版社,1995
33 吴邦灿．环境监测技术．北京:中国环境科学出版社,1995
34 卢文祥．工程测试与信息处理．武汉:华中理工大学出版社,1995
35 夏士智．测量系统设计与应用．北京:机械工业出版社,1995
36 张永瑞．电子测量技术基础．西安:西安电子科技大学出版社,1994
37 周泽存,刘馨媛．检测技术．北京:机械工业出版社,1993
38 周生国．机械工程测试技术．北京:北京理工大学出版社,1993
39 苏彦勋．流量计量与测试．北京:中国计量出版社,1992
40 张大年．环境监测系统及原理．上海:华东化工学院出版社,1992
41 李颂伦．电气测量技术．西安:西北工业大学出版社,1992
42 张坤宜．光电测距．湖南:中南工业大学出版社,1991
43 王魁汉．温度测量技术．沈阳:东北工学院出版社,1991
44 尤德斐．数字化测量与仪器．北京:机械工业出版社,1991
45 沙占友．实用数字化测量技术．北京:国防工业出版社,1991
46 周舒梅．动态信号分析及仪器．北京:机械工业出版社,1990
47 李慎安,李兴仁．测量不确定度与检测辞典．北京:中国计量出版社,1989
48 严钟豪．非电量电测技术．修订本．北京:机械工业出版社,1989
49 铃木周一(日),生物传感器．霍纪文等译．北京:科学出版社,1988
50 童竟．几何量测量．北京:机械工业出版社,1988
51 黄德鸣,程禄编．惯性导航系统．北京:国防工业出版社,1986
52 成钦炳．实用化工测量与成分分析仪表．江苏:江苏科学技术出版社,1986
53 陈锦荣．动态参量测试技术．北京:国防工业出版社,1985
54 何铁春,周世勤．惯性导航加速度计．北京:国防工业出版社,1983

策划编辑　金春英
责任编辑　张春英
封面设计　于文燕
责任绘图　朱　静
版式设计　张　岚
责任校对　胡晓琪
责任印制　陈伟光

郑重声明